戦前日本の家具・インテリア

『近代家具装飾資料』でよみがえる帝都の生活

上巻

新井竜治 [編著]

柏書房

上卷

目次

上巻　目次

解題：『近代家具装飾資料』の概要　9

　（1）『近代家具装飾資料』の書誌情報　10
　（2）『近代家具装飾資料』の内容概略　18
　（3）本書の編集方針　31
　（4）本書の意義　36

第1部　昭和戦前期東京地区百貨店における新作家具展示会　51

【第1章　三越（日本橋三越本店）】　53

第1節　三越の新作家具展の概要と特質　55
（1）大正・昭和戦前期三越の新作家具展の沿革　56
（2）新設計室内装飾展の特徴　75
（3）三匠会：趣味の和家具展の特徴　78

第2節　洋家具展　81
（1）三越「新設計室内装飾展」（1935年11月開催）第1集　83
（2）三越「新設計室内装飾展」（1936年11月開催）第8集　105
（3）三越「新設計室内装飾展」（1937年11月開催）第16集　127
（4）三越「新設計室内装飾展」（1938年11月開催）第24集　149
（5）三越「新設計室内装飾展」（1939年秋開催）第32集　171
（6）三越「実用洋家具展」（1941年初夏開催）第40集　193
（7）三越「実用洋家具展」（1942年7月開催）第44集　215

第3節　和家具展　237
（1）三越「三匠会：趣味の和家具展」（1936年11月開催）第11集　239
（2）三越「三匠会：趣味の和家具展」（1937年10月開催）第17集　261
（3）三越「三匠会：趣味の和家具展」（1938年10月開催）第22集　283
（4）三越「三匠会：趣味の和家具展」（1939年10月開催）第33集　305

第4節　室内構成・家具・工芸品の綜合展　327
（1）三越「東京工芸綜合展覧会・第二部：室内構成及び家具」（1941年10月開催）
　　第42・43合併集　329

（2）三越「家具及び工芸品綜合展観：三創会・日本民芸協会同人作品展」（1942年11月開催）
　　　第45・46合併集　373

第5節　三越及びその他の資料　419
（1）三越「三越家具新製品展覧会」（1922年開催）『木材工芸』第46号　421
（2）三越「三越呉服店家具新製品展覧会／三越呉服店家具新製品陳列会：日本趣味家具」（1925年開催）
　　　『木材工芸』第82号　422
（3）三越「三越新製洋家具陳列会／三越家具新製品展覧会」（1928年開催）『木材工芸』第118号　424
（4）三越「日本趣味を加味した新製洋家具展覧会」（1929年開催）『帝国工芸』第3巻第12号　425
（5）三越「新製洋家具陳列会」（1930年開催）『帝国工芸』第4巻第13号　427
（6）三越「新設計室内装置展観／新設計室内装備展」（1932年開催）『工芸ニュース』第1巻第6号／
　　　『帝国工芸』第6巻第12号　429
（7）三越「新設計室内装飾展観」（1933年11月開催）出品目録／『帝国工芸』第7巻第10・11号　433
（8）三越「新設計室内装飾展観」（1934年11月開催）出品目録／
　　　『帝国工芸』第8巻第11号／『帝国工芸』第9巻第1号／『住宅と庭園』第2巻第3号　440
（9）三越「新設計室内装飾展観」（1935年11月開催）『帝国工芸』第10巻第1号／
　　　『住宅と庭園』第3巻第3号　453
（10）三越「新設計室内装飾展観」（1936年11月開催）『帝国工芸』第11巻第1号　461
（11）三越「新設計室内装飾展観」（1937年11月開催）『帝国工芸』第12巻第1号／
　　　『工芸ニュース』第7巻第1号　464
（12）三越「新設計室内装飾展観」（1938年11月開催）絵葉書　468
（13）三越「和家具売場・洋家具売場」（年月不詳：c1941年）『三越写真帖』　470

【第2章　髙島屋（日本橋髙島屋）】　471

第1節　髙島屋の新作家具展の概要と特質　473
（1）大正・昭和戦前期髙島屋の新作家具展の沿革　474
（2）創作洋家具展の特徴　497
（3）工精会家具展の特徴　499

第2節　洋家具展　503
（1）髙島屋「［第4回］新興漆芸家具創作展」（1936年4月開催）第3集　505
（2）髙島屋「第5回　創作洋家具展」（1937年4月開催）第13集　527
（3）髙島屋「［第7回］創作洋家具展」（1939年3・4月開催）第26a集　549
（4）髙島屋「［第8回］新設計洋家具展」（1940年3月開催）第34a集　557
（5）髙島屋「［第9回］新時代洋家具展覧会」（1941年3月開催）第39集　571
（6）髙島屋「第10回　新作洋家具展覧会」（1942年11月開催）第47集　593

第3節　工精会家具展　615

（1）髙島屋「第1回　工精会家具展」（1938年5月開催）第20集　617
（2）髙島屋「第2回　工精会家具展」（1939年5月開催）第28集　639

第4節　籐家具・木工芸作品展　661

（1）髙島屋「夏の家具展」（開催年月不詳：c1939年）第27b集　663
（2）髙島屋「東京木工芸作家協会第一回作品展覧会」（1941年6月開催）第41集　675

第5節　髙島屋史料館及びその他の資料　697

（1）髙島屋「第3回家具装飾陳列会／大阪髙島屋呉服店第3回家具装飾展覧会」
　　（1923年10・11月長堀店開催）「流行だより臨時増刊」案内状／『木材工芸』第56号　699
（2）髙島屋「［東京］髙島屋第1回家具陳列会／［東京］髙島屋主催第1回和洋家具特製品陳列会」
　　（1924年3月東京店家具装飾部専門別館（南伝馬町旧店舗跡地）開催）『木材工芸』第61号　703
（3）髙島屋「髙島屋呉服店第4回家具陳列会」（1925年開催）『木材工芸』第82号　706
（4）髙島屋「第6回髙島屋呉服店洋家具陳列会：新しい趣味の家具／髙島屋呉服店装飾部主催
　　家具新作品展覧会」（1927年開催）『帝国工芸』第2巻第9号／『木材工芸』第105号　708
（5）髙島屋「髙島屋新興家具展覧会／新興家具陳列会」（1928年開催）『木材工芸』第118号　711
（6）髙島屋「家具」（年月不詳：c1931-33年京橋店）東京髙島屋家具装飾部通信販売しおり　713
（7）髙島屋「Furniture by Takashimaya」（年月不詳：c1931-33年京橋店）
　　東京髙島屋家具装飾部通信販売カタログ　717
（8）髙島屋「［第2回］新設計家具陳列」（開催年月不詳：c1934年［東京日本橋店］開催）
　　『住宅と庭園』第2巻第3号　736
（9）髙島屋「［第3回］新興洋家具陳列会」（1935年4月［東京日本橋店］開催）
　　『住宅と庭園』第2巻第6号
　　髙島屋「新興洋家具陳列会」（1935年5月長堀店開催）案内状
　　髙島屋「新撰洋家具陳列会」（1935年11月長堀店開催）案内状
　　髙島屋「新製和洋家具陳列大売出し」（1936年6月長堀店開催）案内状　738
（10）髙島屋「［第4回］東京髙島屋に於ける新漆芸応用家具の展示」（1936年4月東京日本橋店開催）
　　『帝国工芸』第10巻第5号　743
（11）髙島屋「林二郎氏新作泰西家具木工品陳列会」（1936年12月東京日本橋店開催）
　　『帝国工芸』第11巻第1号　747
（12）髙島屋「［第5回］第3回　創作家具展覧会」（1937年4月東京日本橋店開催）アルバム　750
（13）髙島屋「林二郎新作泰西家具展」（1937年11月東京日本橋店開催）
　　『帝国工芸』第11巻第12号　764
（14）髙島屋「［第6回］第4回　創作家具展覧会」（1938年東京日本橋店開催）アルバム／絵葉書　765
（15）髙島屋「第1回　工精会家具展覧会」（1938年5月東京日本橋店開催）しおり／出品目録／招待状／
　　招待券　771
（16）髙島屋「［第7回］第5回　創作家具展覧会／新設計洋家具展覧会」（1939年3・4月東京日本橋店開催）
　　出品目録／アルバム　781
（17）髙島屋「第2回　工精会家具木工展覧会」（1939年5月東京日本橋店開催）しおり　788
（18）髙島屋「［第9回］新時代洋家具展覧会」（1941年3月東京日本橋店開催）アルバム　798
（19）髙島屋「第10回　新作洋家具展覧会」（1942年11月東京日本橋店開催）アルバム　813

●下巻目次

【第3章　松坂屋（上野松坂屋）】

第1節　松坂屋の新作家具展の概要と特質
（1）昭和戦前期松坂屋の新作家具展の沿革
（2）国風家具展の特徴
（3）紫江会指物展の特徴

第2節　国風家具展
（1）松坂屋「［第1・2回］国風家具展」（1934年12月上野店・1935年10月上野店開催）第2a集
（2）松坂屋「［第3回］国風家具展」（1936年10月上野店開催）第7集
（3）松坂屋「［第4回］国風家具展覧会」（1937年11月上野店開催）第15a集
（4）松坂屋「［第5回］国風家具展」（1938年11月上野店開催）第25a集
（5）松坂屋「［第6回］国風家具展」（1939年10月上野店開催）第30a集

第3節　指物展
（1）松坂屋「［第3回］紫江会指物展」（1937年11月上野店開催）第15b集
（2）松坂屋「［第4回］紫江会指物展」（1938年11月上野店開催）第25b集
（3）松坂屋「［第5回］紫江会指物展」（1939年10月上野店開催）第30b集

第4節　J．フロントリテイリング史料館及びその他の資料
（1）松坂屋「家具サロン」（1933年11・12月上野店開催）アルバム／『帝国工芸』第7巻第10号
（2）松坂屋「［第1回］新国風家具展覧会」（1934年11月名古屋店開催）アルバム
（3）松坂屋「［第1回］新国風家具展」（1934年12月上野店開催）
　　『工芸ニュース』第4巻第2号／『帝国工芸』第9巻第1号／『住宅と庭園』第2巻第3号
（4）松坂屋「［第2回］国風家具展・［第1回］紫江会指物展」（1935年10月上野店開催）しおり
（5）松坂屋「［第2回］国風家具展・［第1回］紫江会指物展」（1935年11月名古屋店開催）しおり
（6）松坂屋「［第2回］国風家具展」（1935年10月上野店開催）『帝国工芸』第9巻第11号
（7）松坂屋「第3回　国風家具展・［第2回］紫江会指物展」（1936年10月上野店開催）アルバム
（8）松坂屋「［第3回］国風家具展・［第2回］紫江会指物展」（1936年11月名古屋店開催）しおり
（9）松坂屋「［第3回］国風家具展」（1936年10月上野店開催）『帝国工芸』第10巻第12号
（10）松坂屋「［第4回］国風家具展」（1937年11月上野店開催）アルバム
（11）松坂屋「［第4回］国風家具展」（1937年11月上野店開催）『帝国工芸』第11巻第12号

【第4章　白木屋（日本橋白木屋）】

第1節　白木屋の新作家具展の概要と特質
（1）昭和戦前期白木屋の新作家具展の沿革
（2）洋家具逸品会展の特徴

第2節　和洋家具展
（1）白木屋「近代的洋風のルームに適わしき家具の試作展」（開催年月不詳：c1935年）第2b集
（2）白木屋「新作洋家具陳列会：夏の室内装備」（1936年5月開催）第5集
（3）白木屋「洋家具逸品会展観」（1937年4月開催）第12集
（4）白木屋「洋家具逸品会展観：夏向きの室内装飾」（1938年5月開催）第19集
（5）白木屋「洋家具逸品会」（1939年10月開催）第34b集
（6）白木屋「洋家具逸品会展」（開催年月不詳：c1940年）第36集
（7）白木屋「和洋家具陳列展」（開催年月不詳：c1940年）第38集

第3節　その他の資料
（1）白木屋「家具逸品会出陳」（開催月不詳：1934年）『帝国工芸』第9巻第1号／『住宅と庭園』第2巻第3号

第5章　松屋（銀座松屋）

第1節　松屋の新作家具展の概要と特質
（1）昭和戦前期松屋の新作家具展の沿革
（2）室内装美展の特徴

第2節　和洋家具展
（1）松屋「和洋家具展観」（1938年10月開催）第23集
（2）松屋「洋家具試作展」（開催年月不詳：c1938-39年）第26b集
（3）松屋「新作和洋家具陳列会」（1939年秋開催）第31集

第3節　松屋総務部150年史編集準備室及びその他の資料
（1）松屋「書斎家具展覧会」（開催年月不詳：c1929年）『帝国工芸』第3巻第12号
（2）松屋「室内装美展」（1933年11月開催）『帝国工芸』第7巻第10号
（3）松屋「室内装美展」（1934年開催）『帝国工芸』第9巻第1号
（4）松屋「第6回　室内装美展」（開催年不詳：10月）案内状
（5）松屋「第7回　室内装美展」（開催年不詳：10月）案内状
（6）松屋「家具の設計より製作までの展覧会」（開催年月不詳）案内状
（7）松屋『松屋グラフ』掲載の家具（1928年11月～1936年6月）

第6章　東横（渋谷東横）

第1節　東横の新作家具展の概要と特質
（1）東横の新作家具展の概要
（2）東横の新作家具展の特徴

第2節　和洋家具展
（1）東横「新作実用洋家具陳列会」（開催年月不詳：c1939年）第27a集
（2）東横「新作洋家具陳列会」（開催年月不詳：c1940年）第35b集

第7章　伊勢丹（新宿伊勢丹）

第1節　伊勢丹の新作家具展の概要と特質
（1）伊勢丹の新作家具展の概要
（2）伊勢丹の新作家具展の特徴

第2節　和洋家具展
（1）伊勢丹「丹麗会家具展」（開催年月不詳：c1940年）第35a集

第8章　東京高等工芸学校・東京国有林産物販売所

第1節　東京高等工芸学校・東京国有林産物販売所の新作家具展の概要と特質
（1）東京高等工芸学校による家具展の特徴
（2）東京国有林産物販売所による家具展の特徴

第2節　洋家具展
（1）「東京高等工芸学校木材工芸別科創作展」（銀座三越）（1936年11月開催）第14a集

（2）「新興闊葉樹家具試作展」（東京丸ノ内東京商工奨励館）（1936年11月開催）第14b集

第2部　欧米家具作品・建築家アントニイ・レイモンド家具作品

【第9章　欧米家具作品：海外雑誌からの転載】

第1節　欧米家具作品の概要と特質
（1）欧米家具作品の概要
（2）欧米家具作品の特徴

第2節　欧米の新作家具作品
（1）「欧米に現われた最近の居間家具」（1936年6月発行：英米独仏）第4集
（2）「欧米家具作品（1）1934・36年に於ける海外新作品例」（1936年9月発行：欧米）第6集
（3）「欧米家具作品（2）」（1937年1月発行：欧米）第9集
（4）「欧米家具作品（3）」（1938年5月発行：独仏伊英米）第18集
（5）「欧米家具作品（4）」（1938年10月発行：欧米）第21集
（6）「欧米家具作品（5）」（1939年10月発行：欧米諸国、特に欧州）第29集
（7）「近代洋家具作品」（1940年12月発行：独逸）第37集

【第10章　建築家アントニイ・レイモンド家具作品】

第1節　アントニイ・レイモンド家具作品の概要と特質
（1）レイモンド家具作品の概要
（2）レイモンド家具作品の特徴

第2節　アントニイ・レイモンド家具作品
（1）「レイモンド家具作品」（1937年3月発行）第10集

付　録
昭和戦前期東京地区百貨店新作家具展示会開催状況一覧表

索　引

編集後記・謝辞

解題

『近代家具装飾資料』の概要

解題：『近代家具装飾資料』の概要　　　新井竜治

（1）『近代家具装飾資料』の書誌情報

『戦前日本の家具・インテリア──『近代家具装飾資料』でよみがえる帝都の生活』というタイトルの本書は、そのサブタイトルが示すとおり、昭和戦前期の1936（昭和11）年2月から1944（昭和19）年1月にかけて、洪洋社によって編集・発行された『近代家具装飾資料』全47集の全収録データ（写真・解説文）を「第1部　昭和戦前期東京地区百貨店における新作家具展示会」（39集分）、「第2部　欧米家具作品・建築家アントニイ・レイモンド家具作品」（8集分）の二部に再構成して再録し、各部・各章において詳細な解説を行うものである。

また、『近代家具装飾資料』の記録を補完する資料として、各百貨店史料館所蔵の当時の展示会アルバム・しおり・案内状・出品目録などの資料を始め、同時代の工芸雑誌である、『木工と装飾』・同改題『木材工芸』、『帝国工芸』、『住宅と庭園』、『工芸ニュース』、『新建築』に収録・掲載された、各百貨店で開催された新作家具展の写真と記事を併せて掲載するものである[1]。

なお、『近代家具装飾資料』全47集の書誌情報（タイトル・展示会場・展示会会期・発行年月）は一覧表にまとめて示してある（表・解-1）。

<1> 発行者

『近代家具装飾資料』を発行した洪洋社については、すでに菊池重郎や藤岡洋保などによって言及されてきているが、近年、日本建築学会計画系論文集に発表された論文において川嶋勝は、洪洋社の建築出版活動の全体を俯瞰して、その出版活動の全体像を描き出すと共に、その特質を実に的確に把握している。そして、洪洋社の建築出版活動の概要とその特質について、以下のように結論付けている。

> 洪洋社の建築出版活動について、刊行物の性格や編著者の特徴を検討しながら考察した結果、以下のことが明らかになった。
> 同社は、戦前期の建築専門出版社として活動期間が最も長いもののひとつであったこと、刊行点数は最大級と考えられること、また、その活動は3期に区分できることを示した。すなわち、第Ⅰ期［1912（明治45）年〜1919（大正8）年］は社主［高梨由太郎］の独力による建築プレート図集の市販事業の確立期であり、建築の様式や部位、類型などのカタログ形式と、印刷精度と図版数を重視することで広がる需要に応えた。第Ⅱ期［1920（大正9）年〜1930（昭和5）年］は、刊行形式を適宜使い分け、情報の即時性と資料性を高めていった興隆期であり、月刊誌は新興建築運動の複数の組織が共演する舞台となる一方で、叢書は講義録や学芸書、古今東西の芸術様式集など、建築家たちと共同しながら多角化、系統化していった。第Ⅲ期［1931（昭和6）年〜1944（昭和19）年］は出版社と著者の役割が明確化され、コンテンツの独自性を高めた円熟期であり、美術全書のような叢書も成功させ、建築学研究の学術性と商業出版ポピュラリティを均衡させていった。全期［1912年〜1944年］をつうじては、図集を軸とした叢書が建築様式や装飾を継続して紹介するなかで、やがて伝統建築と工芸に収斂していき、建築表現の新奇性に偏りがちな雑誌では継続されにくいテーマが展開されていった。［以下省略］[2]

川嶋勝によれば、1915（大正4）年10月に刊行が開始されて1943（昭和18）年10月ごろまでに推定266集が発行された『建築写真類聚』は、洪洋社の第Ⅰ期・確立期の代表作である。そして、『近代家具装飾資料』は第Ⅲ期・円熟期に刊行された洪洋社の社内編集による家具・木材工芸に関する月刊誌である。特に『近代家具装飾資料』第47集（1944年1月発行）は、戦前の洪洋社の最後の刊行物であった。このように『近代家具装飾資料』は、洪洋社の円熟期の最後を飾った月刊誌であり、それまでに培われた取材・撮影・編集等のノウハウを総動員した完成度の高いものであった。

また、藤森照信・初田亨・藤岡洋保らは、前述の『建築写真類聚』に収録された約13,000点

の建築写真の中から、当時の街や住宅の様子を多角的に紹介できるものを中心に805点を厳選して建物種別に2部17章に分類して解説を施した『写真集　失われた帝都東京――大正・昭和の街と住い』(柏書房、1991年)を著している。そして、この普及版は『写真集　幻景の東京――大正・昭和の街と住い』(柏書房、1998年)と改題された。この書の冒頭の「はしがき」において、藤岡洋保は、洪洋社社主の高梨由太郎の長男・勝重の息女・大月綾乃さんへの聞き取り調査の結果を踏まえて、洪洋社について以下のように記している。

> 高梨由太郎［1882～1938年］の孫の大月綾乃さんによれば、洪洋社のスタッフは昭和初期には6、7人で、由太郎の郷里からつてを頼って集めていたので、すべて長野県出身だったという。発足時には事務所は四谷区板橋の由太郎の自宅にあったが、すぐに市ヶ谷台町に移り、昭和9年［1934年］には由太郎の長男・勝重の設計(由太郎の3人の息子［長男・勝重、次男・信重、三男・康重］はすべて建築家になった)で、木造3階建てのインターナショナル・スタイルの事務所兼住宅を新築した。この事務所兼住宅は昭和20年［1945年］に空襲で焼け、倉庫にあった資料や本もすべて灰になってしまったそうである。昭和13年［1938年］の由太郎の死後、勝重が洪洋社の代表になっていたが、もともと画家を志望していたという芸術家タイプで、実際の経営にはあまり積極的ではなかったらしい。事務所は壊滅的な被害を受けたし、敗戦直後の厳しい状況の中では再建もむずかしかったのだろう。戦後の洪洋社は広島［世界］平和記念聖堂コンペの当選図集などを出版した程度で、ほとんど活動しないまま、消滅した。洪洋社は事実上高梨由太郎の一代限りの出版社だったといっていいだろう[3]。

なお、『近代家具装飾資料』各集の奥付(表・解－2)によれば、「発行所」は全47集とも、「洪洋社」(住所：東京牛込市谷台町10／東京市牛込区市谷台町10／東京市牛込区市谷台町10番地)である。また第41集(1941年9月)から第47集(1944年1月)には、「会員番号110037／出文協会員番号110037」が記されている。この「出文協会」とは「日本出版文化協会」(文協)のことである。そして、第40集(1941年8月)から第47集には、「配給元」として「日本出版配給株式会社」(住所：東京市神田区淡路町2-9)の名が記されている。これは、『近代家具装飾資料』の第40集以降が、出版統制下で配給されたことを示している[4]。

<2> 編集者

『近代家具装飾資料』各集の奥付(表・解－2)を見ると、「編集発行兼印刷人」として、第1集(1936年2月)から第21集(1938年10月)には「高梨由太郎」(住所：東京牛込市谷台町10)の名が、第22集(1938年12月)から第47集(1944年1月)には「高梨勝重」(住所：同上)の名が、それぞれ記されている。

高梨勝重については、第45・46集及び第47集の奥付に「編者略歴」として「洪洋社主・昭和5年［1930年］早高工建築科卒・建築工芸美術関係図書出版を経営」と記されている。この「早高工建築科」とは、早稲田高等工学校［1928(昭和3)年～1951(昭和26)年］建築学科(後に建築科と改称)のことである[5]。高梨由太郎は1938(昭和13)年晩秋に亡くなっているが、それは勝重が1930(昭和5)年に早高工建築科を卒業してから約8年後のことであった。

『近代家具装飾資料』と同時代に発行された『数寄屋聚成』(全20巻：1935年5月～1937年6月)の第20巻の「前詞」には、洪洋社に対する北尾春道による以下の謝辞が記されている。

> 本書全巻の発行に当たり、多大の御厚意を辱うせし洪洋社社主高梨由太郎氏並びに製図の労を願いし高梨勝重、高梨信重両氏、及び写真撮影に就いては洪洋社写真部峰尾松太郎氏、高梨良蔵氏の方々に対し、是処に感謝の意を表するものである[6]。

ここで北尾春道が述べているように、高梨由

太郎が亡くなる直前の『数寄屋聚成』においては、長男・勝重、次男・信重が、同書の製図を担当していた。洪洋社社主である父・高梨由太郎の下で、勝重、信重が洪洋社の出版物製作に深く携わっていたことが窺える。

　また、川嶋勝によれば、高梨由太郎は没年である1938年の数年前から病気療養中であったそうなので、『近代家具装飾資料』の第1集が発行された1936年2月の時点においては、父・由太郎の監修と指示の下、実質的に勝重が洪洋社の出版事業の現場を切り盛りしていたはずである。つまり、『近代家具装飾資料』刊行開始直後の頃の洪洋社は、それまでに蓄積された出版事業のノウハウをフル活用して、半ばルーチンワークのように取材・撮影・編集を行い、この写真集の定期刊行を行っていたのではないかと推測することができる。しかしながら、高梨由太郎の死後は、時代の趨勢はそのようなルーチンワークを容易には許さなかった。1937（昭和12）年の日中戦争勃発を受けて、1938年4月には「国家総動員法」が制定され、同法に基づく「各種材料使用禁止または制限令」が発令された。1939（昭和14）年には「9.18停止令」（価格等統制令）が発令され、1940〜41（昭和15〜16）年には出版統制が敷かれた。そして1941年12月には太平洋戦争が勃発した。このように、『近代家具装飾資料』の最後の方では、戦局の悪化に伴う物資不足と出版統制などのために、月刊はおろか、季刊すらままならない状況に陥り、最期には、事務所兼住宅と倉庫が空襲によって壊滅するという悲劇に見舞われたのである。

<3> 著者

　『近代家具装飾資料』の体裁の詳細については後述するが、『近代家具装飾資料』の各集の冒頭には、当該集の特集の概要を述べる「巻頭解説文」がある。また、表紙および表紙カバーには、巻頭解説文を縮約した「表紙解説文」が記載されている。そして、巻頭解説文に続いて、当該集の各写真に写っているモデルルーム及び家具に関する詳細な「写真解説文」が、写真別に記されている。

　洪洋社から発行されたロングランシリーズである『建築写真類聚』には、解説文と思しきものは一切見られない。しかし、『近代家具装飾資料』全47集には、一点一点の写真について、詳細な写真解説文が附されていて大変興味深い。特に、白黒版の写真の欠点を補うために、家具の裂地（生地：ファブリックス）の柄・織り・色彩、木材の材質・杢目（柾目・板目・玉杢など）、塗装の種類（漆塗、ラック塗、ラッカー塗等）・色彩に至るまで、様々な情報が詳細に記述されている。このことから、『近代家具装飾資料』は、厳然たる身分制度が存在していた昭和戦前期の上流階級から中流階級の上層部までの室内装飾（インテリア）と家具の実際の姿を知る上で、大変貴重な情報源となっている。

　これらの表紙解説文・巻頭解説文・写真解説文は、洪洋社編集部によって執筆されたものと思われる。しかし、新作家具展しおり等からの引用文に原文の著者名が明記されている以外、表紙解説文・巻頭解説文・写真解説文のどこにも著者名は記されていない。また奥付には「編集発行兼印刷人」として高梨由太郎・高梨勝重の名が記されているだけであり、必ずしも高梨由太郎・勝重がこれらの解説文を著したとは限らない。

　本書の編集作業において『近代家具装飾資料』全47集の表紙解説文・巻頭解説文・写真解説文を全て翻刻したが、各百貨店の巻頭解説文・写真解説文からは、百貨店毎に違うニュアンスを感じた。それは、これらの巻頭解説文・写真解説文が、各百貨店が発行した出品目録・しおり・案内状などに記された文章を参考にして執筆された場合があるからである。つまり、各百貨店の出品目録・しおり・案内状などの文言に引きずられた表現となっている場合がある。各百貨店が発行した現存する出品目録・しおり・案内状・アルバムなどに記された文章と、該当する『近代家具装飾資料』の巻頭解説文・写真解説文とを実際に比較検討してみると、明らかに後者のある部分は前者を参考にして書かれていることが判る[7]。

　また、後段に述べるが、『近代家具装飾資料』は木材工芸学会会員によって著された『木材工芸叢書』の姉妹刊行物であり、木材工芸学会と

洪洋社とは密接な関係にあったので、各百貨店に所属する木材工芸学会会員によって新作家具展の情報提供を受けていたとも考えられる[8]。

なお、巻頭解説文には、時局柄、戦意高揚を謳う文言が多々見られる。今日これらの解説文に触れる我々は、日中戦争から太平洋戦争の激戦化へと向かう当時の社会背景を考慮して読む必要がある。また、出版統制以降は、これらの文言がすべて軍部に検閲されていたことを前提として読む必要がある。

<4> 読者

次に、『近代家具装飾資料』の読者として、どのような人々が想定されていたのであろうか。『近代家具装飾資料』各集末に掲載された『近代家具装飾資料』についての社告には、「近代家具装飾資料は、常に内外家具装飾の優秀作例を紹介し、業界各位の為に脈々たる最尖端的型録として代弁せしむる様編集した月刊の写真図集で、……」(表・解－3) と紹介されている。また、『木材工芸叢書』各巻末に掲載された『近代家具装飾資料』についての社告には、『近代家具装飾資料』は『木材工芸叢書』の姉妹刊行物として、常に内外の優秀作例を紹介し、……併せて、業界各位の為に脈々たる最新型録として代弁せしむる様編集したもの」(表・解－4) とも記されている。つまり『近代家具装飾資料』は、家具・木材工芸の業界人を読者として想定していた。そして、家具業界人が自分たちの仕事の参考にすることができる優秀例を掲載した最新・最尖端の家具カタログとすることを狙ったのである。

鳥取環境大学情報メディアセンター図書館に所蔵されている『近代家具装飾資料』各集のカバー裏表紙には、九州博多の唐木匠の社印が押印されている。

```
美術優雅家具匠
    唐木屋　石橋貞治郎
    博多大濱町四丁目 10
    電話 4927 番
```

また、職業能力開発総合大学校図書館に所蔵されている『近代家具装飾資料』各集には、「産業工芸試験所東北支所」の所蔵印が押印されている。これらは、産業工芸試験所東北支所から移管された貴重書である。なお、「商工省工芸指導所」が「通商産業省工業技術院産業工芸試験所」と改組されるのは、戦後の 1952 (昭和 27) 年のことである。そこで、これらの『近代家具装飾資料』各集は、戦前の商工省工芸指導所東北支所の時代に収集されて、戦後の産業工芸試験所東北支所に引き継がれて押印され、さらに職業能力開発総合大学校図書館に移管されたものと思われる。

これらの事例から、『近代家具装飾資料』は、家具・木材工芸に従事する研究機関・同業者が定期購入していたことが判る。

<5> 発行年・刊行形式

『近代家具装飾資料』は、1936 (昭和 11) 年 2 月から 1944 (昭和 19) 年 1 月にかけて洪洋社から発行された。発行当初は月刊を予定していた。しかし実際には、1936 年から 1940 (昭和 15) 年までは年間 7～8 冊を発行した。そして、太平洋戦争が勃発した 1941 (昭和 16) 年以降は急減した。具体的には、1936 年 8 集、1937 年 7 集、1938 年 7 集、1939 年 8 集、1940 年 7 集、1941 年 4 集、1942 年 3 集、1943 年 2 集、1944 年 1 集であった (表・解－1)。

1936 年から 1938 (昭和 13) 年に発行された『木材工芸叢書』の巻末に掲載された社告には、『近代家具装飾資料』が「月刊写真集」、「月刊図集」である旨の記述が見られる (表・解－4)。また、1938 年 7 月発行の『近代家具装飾資料』第 19 集から、1942 (昭和 17) 年 1 月発行の第 42・43 集の集末に掲載された社告には、「月刊図集」、「月刊の写真図集」の文言が見られる (表・解－3)。しかし 1942 年 12 月発行の『近代家具装飾資料』第 44 集以降では、さすがに月刊ではなくなったので「月刊」の文言が削除されている。

さらにまた、『木材工芸叢書』巻末社告 (表・解－4) には、『近代家具装飾資料』は「1 集 2 集と毎月発行する。つまり刊行形式は雑誌である。四六倍判の、鮮麗を極めた写真ばかりの雑誌である。──型録に適わしき玻璃版印刷 [コロタ

イプ印刷］の精巧さを、アート紙の肌に輝かした美と実用との写真集である」と紹介されている。つまり、『近代家具装飾資料』は当時の内外の最新・最高の家具インテリアを特集する月刊のグラビア写真雑誌兼カタログであった。

なお、同社告（表・解－4）には、「……装幀は開閉のよいスクリュー綴とし、一年二年とたてば分類して合本し得る様にした」と記されており、読者が将来的に再分類・再編集して、合本することが想定されていた。またそのように企画されていた。

<6> 体裁・構成

『近代家具装飾資料』各集末社告（表・解－3）及び『木材工芸叢書』各巻末社告（表・解－4）によれば、『近代家具装飾資料』の「判型」は「四六倍判」すなわち「B5判」（6寸×8寸5分：巾182mm×高258mm）、「用紙」は「アート紙」、「印刷」は「高級玻璃版印刷」［コロタイプ印刷］である。1集当たり20葉［枚］のアート紙を綴じ込み、各アート紙の表面にだけ写真がコロタイプ印刷されている（裏面白紙）。そして通常は、1葉当たり写真（巾150mm×高100mm前後）が上下に2点掲載されているので、1集当たりの「写真点数」は「40図内外」となる。ただし、例外的に1葉当たり1点の大きな写真もしくは3～4点程度の小さな写真が掲載されている場合もある。また、各写真にはキャプションが附されている。「装丁」は「スクリュー綴じ」の「新装美本」であった。

実際に『近代家具装飾資料』を見ると、その標準的な体裁と構成は、以下のようになる。

体裁：B5判縦・スクリュー綴じ・右開き。
①カバー：色付厚紙地模様付。黒朱2色刷り。主要家具・モデルルームのパース図。表紙解説文。
②表紙：白色厚紙。黒朱2色刷り。カバーと同じデザイン。裏面印刷なし。
③内表紙表：上質紙。黒1色刷り。タイトル・発行者名。
④内表紙裏：上質紙。巻頭解説文（特集概要）、縦書き、1段組み。写真解説文、縦書き、2段組み。
⑤解説文ページ続き：上質紙1～2枚。写真解説文の続き。両面印刷。
⑥写真ページ：アート紙20枚。コロタイプ印刷。通常上下2点の写真掲載。例外的に写真1点もしくは3～4点程度掲載。片面印刷（裏面白紙）。
⑦奥付・社告ページ：上質紙1枚。奥付。社告4種類（家具写真集成・家具指物界の絶好資料・木材工芸叢書・近代家具装飾資料）。両面印刷。
⑧裏表紙：白色厚紙。両面とも印刷なし。

<7> 印刷

洪洋社が創業時から採用している「高級玻璃版印刷」［コロタイプ印刷］については、すでに菊池重郎・藤岡洋保・川嶋勝によって言及され、洪洋社の写真集の特徴的な性格であると評価されている。

コロタイプ印刷とは、写真製版法によってゼラチン上に作った版で印刷する方法で、1870年代にドイツのヨーゼフ・アルベルト（Joseph Albert：1825－1886）によって実用化された。厚板ガラスの平版に下引き液を塗布して、ゼラチン感光液（ゼラチン、二クロム酸アンモニウム、クロム明礬など）を引き、乾燥箱に入れて45～55℃で乾燥させて、これに反転した写真ネガを合せて露光して焼き付ける。これをグリセリンで処理すると、感光量によってインキの付着量が異なるゼラチン皺ができる。写真の濃淡を表すのに網点を使わず、ゼラチンの皺を利用しているので、写真の微妙な諧調を再現するのに最も適した印刷法である。このゼラチン層は厚板ガラスの上に形成されているので、日本では玻璃版とも呼ばれた。また原版が厚板ガラス上に形成されたゼラチン層であるがゆえに、印刷速度が遅く、耐刷力（何枚印刷できるかの能力）も小さい。ただし、コロタイプインキの耐久性は高い。このように、原写真と区別のつかない網点のない印刷ができ、少部数の印刷に適しているので、卒業アルバムや書画の複製に利用された[9]。

このように『近代家具装飾資料』の原著の写真ページは、アート紙に高級玻璃版印刷［コロ

タイプ印刷］されたものであるため、保存状態の良いものでは、出版から80年の歳月が経過していても、拡大鏡で細部を観察してみると、カーテンレースの模様、椅子張り裂地の表面の風合い（テキスタイルのテクスチャー）、表面木材の杢目、書棚に立て掛けられた書籍の背表紙の文字までも、しっかり読み取ることができる。

しかしながら、本書はコート紙にオフセット印刷で制作される。オフセット印刷は細かいドット（網点）で濃淡を表現するため、原著では拡大鏡を使えば確認できる上記のような詳細な情報（レース模様・裂地表面の風合い・表面木材の杢目・書籍背表紙文字など）を、そこまで明瞭には再現できていない。これが本書の限界である。各写真のより詳細な観察を欲する方々は、ぜひ原著を参照されることをお奨めする。

なお、『近代家具装飾資料』各集の奥付（表・解－2）を見ると、「印刷所」として、第1集（1936年2月印刷・発行）から第39集（1941年5月印刷・発行）までは「東京［市］牛込［区］市谷台町10　洪洋社写真印刷部」と記されている。つまり、1941年前半までは、「高級玻璃版印刷」［コロタイプ印刷］を社内で行っていたことになる。そして、第40集（1941年8月印刷・発行）から第42・43集（1941年12月印刷・1942年1月発行）までは「東京神田区西神田2-29　三木写真印刷所」、第44集（1942年12月印刷・発行）から第47集（1943年12月印刷・1944年1月発行）までは「東京市下谷区西黒門町14番地　東東138　原田写真印刷所」を印刷所として使用した[10]。

<8> 写真

(a) 洪洋社写真部の撮影手法

『近代家具装飾資料』自体には、写真の撮影者についての明確な記述はない。しかし、前述のとおり、同時代に発行された『数寄屋聚成』（全20巻：1935年5月～1937年6月）の第20巻の北尾春道による「前詞」には、洪洋社写真部員の「峰尾松太郎」、「高梨良蔵」の名前が挙げられている。また、『数寄屋聚成』全20巻完成の翌年から刊行された『国宝書院図聚』（全13巻：1938年2月～1940年11月）の第13巻の「凡例」には、以下の但し書きが記されている。

　　写真は洪洋社写真部峯尾松太郎氏[11]、高梨良蔵氏の撮影によるもので、外観及び内部に亘り特に構造手法の局部的細部を明示するように努め、写真技術を製図的標示に効果あらしむるように努力し且つ絵画、彫刻、工芸の建築装飾に対しても、主要なる部分はその細部を特に明示することに努めた[12]。

以上のことから、『近代家具装飾資料』の写真についても、基本的には洪洋社写真部員（峯尾松太郎・高梨良蔵）による撮影であったと思われる[13]。

『木材工芸叢書』各巻末に掲載された『近代家具装飾資料』についての社告には、『近代家具装飾資料』の「プレートの1葉中には、セットはセット、椅子は椅子、卓子は卓子と云う風に一括して掲げ、……」（表・解－4）と記されている。つまり、写真を掲載する順番には、まずモデルルーム全体の写真（集合写真）を掲載して、次に個々の家具（椅子・卓子・飾棚など）のクローズアップ写真を掲載するという、明確に意図されたパターンが存在している。すなわち、全体から細部へと読者の目を向けさせるような工夫が凝らされている。そしてモデルルーム毎にこのパターンが繰り返されている。このことから、撮影現場では、モデルルーム全体と個々の家具の両方の写真を撮影する必要があった。そしてこのような写真撮影の方針とその実践は、これらの写真が洪洋社写真部員による独自撮影であったことを示唆している。例えば、『近代家具装飾資料』第15a集と、後述する松坂屋の［第4回］国風家具展アルバムとを比較すると、松坂屋のアルバムにはモデルルーム全体の写真しかないが、『近代家具装飾資料』第15a集には個々の家具の写真が含まれている。これらは洪洋社写真部員の独自撮影によるものである。また、同じモデルルーム全体の写真についても、両者を比較すると、家具の配置や撮影角度が微妙に異なっているので、別々に撮影された写真であること

が判る。

(b) 髙島屋の写真との比較

　本書では、各百貨店史料館のご厚情を賜り、各館に現存する当時の新作家具展の写真帖・アルバムに収録された写真を掲載させていただく機会を頂戴した。

　髙島屋史料館には、昭和戦前期に髙島屋東京日本橋店で開催された創作家具展のアルバムが4冊所蔵されている（「髙島屋アルバム」と略記）。これらのアルバムは、（株式会社髙島屋）旧装飾部・設計部のもので、同事業を引き継いだ髙島屋スペースクリエイツ株式会社から、近年髙島屋史料館に移管された資料である。この4冊の内の1冊には、前後半に分けて2回分の創作家具展の写真が収録されているため、実際には5回分の創作家具展の写真が収録されている。この髙島屋アルバム収録写真と『近代家具装飾資料』収録写真との詳細な比較検討は後段に譲るが、両者を比較検討した結果、総論として言えることは、両者の中には全く同じ写真（ネガ）を使用したものが多く見られるということである。しかしながら、両者に共通する写真は、果たして洪洋社写真部員が撮影したものなのか、それとも髙島屋家具装飾部・設計部が撮影したものなのか、現時点では不明である[14]。いずれにしても、戦前の洪洋社の事務所・倉庫は東京大空襲で焼失しており、洪洋社・髙島屋双方の当事者もいないので、今後新たな証拠資料が見つかるまでは、確かなことは判らない。

(c) 松坂屋の写真との比較

　Ｊ．フロントリテイリング史料館（旧松坂屋史料室）には、昭和戦前期に松坂屋上野店・名古屋店で開催された新作家具展（家具サロン・国風家具展・紫江会指物展）のアルバムが4冊所蔵されている（「松坂屋アルバム」と略記）。これらのアルバムは、松坂屋が撮影して制作した写真帖（アルバム）が保存されて現在に至るものである。松坂屋では他の催事の際にも同様の写真帖（アルバム）を制作していた。この松坂屋アルバム収録写真と『近代家具装飾資料』収録写真との詳細な比較検討は後段に譲るが、両者を比較検討した結果、総論として言えることは、松坂屋・洪洋社双方とも、独自に撮影を行っているということである。ただし、『近代家具装飾資料』第2a集の写真（ネガ）だけは、洪洋社がどこかから提供を受けている[15]。

(d)『帝国工芸』『住宅と庭園』『新建築』収録写真との比較

　三越本店で開催された「新設計室内装飾展」については、『近代家具装飾資料』・『帝国工芸』・『住宅と庭園』・『新建築』において、以下のとおり重複して掲載されている。

1934年11月三越本店開催「新設計室内装飾展」
　『帝国工芸』第9巻第1号（1935年1月）
　『住宅と庭園』第2巻第3号（1935年3月）
1935年11月三越本店開催「新設計室内装飾展」
　『近代家具装飾資料』第1集（1936年2月）
　『帝国工芸』第10巻第1号（1935年12月）
　『住宅と庭園』第3巻第3号（1936年3月）
1936年11月三越本店開催「新設計室内装飾展」
　『近代家具装飾資料』第8集（1936年12月）
　『帝国工芸』第11巻第1号（1936年12月）
1937年11月三越本店開催「新設計室内装飾展」
　『近代家具装飾資料』第16集（1938年2月）
　『帝国工芸』第12巻第1号（1937年12月）
　『新建築』第14巻第1号（1938年1月）
1939年秋　三越本店開催「新設計室内装飾展」
　『近代家具装飾資料』第32集（1940年4月）
　『新建築』第15巻第12号（1939年12月）

　これら4つの雑誌媒体に掲載された写真の詳細な比較検討は後段に譲るが、4者を比較検討した結果、総論として言えることは、洪洋社編集発行の『近代家具装飾資料』に収録された写真は、他の3誌に掲載された写真と全く別物であるということである。さらに、1934年展の『帝国工芸』第9巻第1号と『住宅と庭園』第2巻第3号、1935年展の『帝国工芸』第10巻第1号と『住宅と庭園』第3巻第3号、1937年展の『帝国工芸』第12巻第1号と『新建築』第14巻第1号においては、双方とも全く同じ写真を掲載している。

つまり、『帝国工芸』・『住宅と庭園』・『新建築』は同じ写真（ネガ）を使い回ししているのである[16]。『近代家具装飾資料』と他3誌に収録された、同じモデルルームを撮影した写真を比較すると、似たような角度から撮影しているものでも、家具・カーテン・インテリア小物の置き場所や向きが微妙に異なっていたり、鏡に映っている物の位置が異なっていたりして、全く別の写真であることが判る。また、『近代家具装飾資料』では、モデルルーム全体の写真の次に、個々の家具のクロースアップ写真が複数掲載されており、前述の『近代家具装飾資料』編集方針が徹底されている。このように、『近代家具装飾資料』に収録された三越「新設計室内装飾展」の写真は、どこかから提供された写真ではなく、洪洋社写真部員が、同社の編集方針に則り独自に撮影したものであった。

<9> 発行部数

『近代家具装飾資料』の発行部数について判る記述が、第44集（1942年12月）、第45・46集（1943年9月）、第47集（1944年1月）の奥付に記されている。これは出版統制下で明記させられたものである。その奥付によれば、上記各集の発行部数は「510部」であった（表・解-2）。

第44集奥付には、「出文協承認ア290470号［改行］近代家具装飾資料・第44集（510部）」、第45・46集奥付には、「出文協承認ア410431号［改行］近代家具装飾資料・第45・46集（510部）」、第47集奥付には、「出版会承認い410159［改行］近代家具装飾資料・第47集（510部）」と記載されている。そしてその下段に、第44集では「定価」「送料」が、第45・46集、第47集では「定価」「特別行為税相当額」「合計」がそれぞれ記されている。

第42・43集までの奥付には発行部数の記載はないので、第1集から第42・43集までも同じように500部程度発行されたのかどうかは不明である。ただし、『近代家具装飾資料』シリーズ発刊当初のものに再版［再刷］されたものが存在していることが確認できたので、同シリーズ発刊当初は少数の発行部数でスタートして、シリーズ末期には初版で500部程度発行しても捌けるという見込みがついたのではないかと推察される[17]。

<10> 価格

『近代家具装飾資料』の「定価」は、第1集（1936年2月）から第14集（1937年9月）が金1円、第15集（1937年12月）から第30集（1939年12月）が金1円10銭、第31集（1940年2月）から第47集（1944年1月）は金1円30銭（2集分の合本の場合は2倍）であった（表・解-2）。また、「1冊当たりの送料」（当該集の奥付に記載された当該集の送料）は、第1集から第11集が金8銭、第12集から第41集が金10銭、第42・43集は金14銭、第44集は金16銭、第45・46集は金20銭（外地は金32銭）であった（第47集には送料の記載なし）（表・解-2）。また、「特別行為税相当額」（本体価格の10%分）も奥付に記載されている（表・解-2）。なお、代金引換は割増であった。さらに満州・朝鮮・台湾・樺太への発送には実費が加算された。

『近代家具装飾資料』発刊前に洪洋社から発行された『家具写真集成』（全16巻：1932年9月～1934年9月）は、『近代家具装飾資料』とほとんど同じ体裁であった（B5判、スクリュー綴じ、巻頭解説文・写真解説文2～3ページ、アート紙20枚の片面に写真をコロタイプ印刷）。その『家具写真集成』の定価は金1円であった。同じ料金設定である。

本書において『近代家具装飾資料』の補完資料として参照した、『木材工芸』第148号（1931年6月）の定価は1冊50銭である。また、『帝国工芸』最終巻（第12巻第9号：1938年9月）の定価も1冊50銭である。両誌とも文字が主体の雑誌である。これに対して、写真が主体の洪洋社の写真集は2倍の金額に設定されていた[18]。

<11> 関連書籍

『近代家具装飾資料』の刊行が始まった1936年と同じ年から刊行が始まった『木材工芸叢書』は、その巻末社告において『近代家具装飾資料』のことを「『木材工芸叢書』の姉妹刊行物」と称している（表・解-4）。

この『木材工芸叢書』は、木材工芸学会発足20周年を記念して発行が計画された全40巻から

なるもので、木材工芸学会会員の中から、それぞれの分野のエキスパートを人選して、個々の得意とする研究テーマについて、その研究成果を発表してもらうことが主な目的であった。しかし実のところは、木材工芸学会の学会誌『木材工芸』（改題前は『木工と装飾』）の発刊を一時中止したため、その代りに企画されたものであった[19]。また発刊前には全40巻が企画された『木材工芸叢書』であったが、実際には1936年1月から1938年8月までに16巻分だけが発行されただけで中断し、戦争激化に伴い未完のまま終わった。『近代家具装飾資料』第44集の集末社告には、『木材工芸叢書』全16冊として在庫書目が掲載されている。木檜恕一によれば、『木材工芸叢書』の発刊が途中で終わってしまったのは、1937年に支那事変が突発したことが原因であった[20]。その後、1938年4月には「国家総動員法」が施行され、同法に基づく「各種材料使用禁止または制限令」も発令された。この1938年9月には『帝国工芸』も廃刊している。

　この『木材工芸叢書』は、木材工芸学会会員による、当時の研究著作でありながら、大正期・昭和戦前期の日本における家具・室内装飾の実際の姿を知る上で大変貴重な文字情報を提供している。すでに国会図書館においては全16巻の内15巻のデジタル化が進んでいる。本書に収録された『近代家具装飾資料』全47集の家具の実際の構造・材料などについての詳細は、『木材工芸叢書』において確認していただきたい。

　『木材工芸叢書』の当初の発刊計画、実際の刊行状況、及び各巻のタイトルは表・解－5のとおりである。

（２）『近代家具装飾資料』の内容概略

<1> 昭和戦前期東京地区百貨店の新作家具展示会

(a) 百貨店における新作家具展の始まり

　大正期・昭和戦前期における各百貨店の新作家具展の沿革については、各章の冒頭において詳しく述べる。ここではまず、各百貨店における新作家具展の始まりを概観する。

　百貨店における新作家具展については、三越・髙島屋が先行して大正時代から開催していた。

　三越では1920（大正9）年に「家具新製品陳列会」が、丸の内別館においてモデルルーム形式で開催されている[21]。

　髙島屋でも1920（大正9）年11月に「第1回家具装飾陳列会」が大阪心斎橋店で開催されている[22]。さらに、『木工と装飾』第16・17号（1920年6・7月）によれば、その約半年前の同1920年6月にも、「髙島屋家具装飾展覧会」が開催されている[23]。

　松坂屋における新作家具展として確認できる初期のものは、1931（昭和6）年6月に上野店で開催された「新作夏家具サロン」である。その後1933（昭和8）年からは新作家具展が毎年秋に開催されている[24]。

　白木屋は新作家具展への参入が比較的遅かった。その初回は1934（昭和9）年であったが、その後は毎年開催されている[25]。

　松屋における新作家具展として確認できる初期のものは、1929（昭和4）年頃の「書斎家具展覧会」であるが[26]、年1回開催の「室内装美展」は1933（昭和8）年から始まっている[27]。

(b)「仏蘭西装飾美術家協会展覧会」の影響

　大正期から新作家具展を開催していた三越・髙島屋は別として、松坂屋・白木屋・松屋などの百貨店では1930年代に入ってから、にわかに新作家具展が活発に開催されるようになった。その契機となったのが、1928（昭和3）年3月

24日から5月8日にかけて上野公園の東京府美術館で開催された「仏蘭西装飾美術家協会展覧会」であった。この展覧会では、アール・デコのインテリアが日本に初めて本格的に導入された[28]。

大正期・昭和戦前期日本の木材工芸界の重鎮であった木檜恕一[29]（当時・東京高等工芸学校教授・木材工芸学会会長）は、「百貨店の室内綜合展観」に対する「仏蘭西装飾美術家協会展覧会」の影響について、以下のように述懐している。多少長くなるが、当時の百貨店の新作家具展の状況を如実に物語っているので、そのまま引用する。

　　我が国に於いて、家具の展示は相当古くから行われていたが、之を其の室内と結びつけて、所謂綜合的に展示することは、近年迄全く行われていなかった。私は在外研究中、1820［1920］年仏蘭西の巴里に於いて、初めて春秋二期に催されるサロン、即ち室内の工芸展を観て[30]、其の綜合の美しさに感激し、同時に之を迅やかに我が日本に植えつけようと、堅い期待をもって帰朝した。偶々大正12年［1923年］の大震災後、帝都復興の波に乗って、之が実現の運動に着手した。先ず第一に工芸展覧会や博覧会等が催される機会に於いては、努めて学校［東京高等工芸学校］の出品を通じて、極力之を社会に奨励した。而して此の反響の最も早く現われたのは、東京の大デパートであったが、当時髙島屋家具装飾部の展示は、断然一頭地を抜いていたように記憶する。だが、此の室内展示が真に手に入りかけたのは、昭和3年［1928年］3月、仏蘭西美術展覧会が東京に開かれてから、家具装飾部が深く之に感動して、奮然室内綜合美の研究に進み出してからのことである。

　　前［51、現代仏蘭西家具の綜合陳列][31]に述べたように、仏蘭西美術展覧会の時には、私は委員の一人として、専ら之が陳列に関する方面を担当した。尤も之が実際の仕事は、一切三越の家具装飾部で引受けてやったのである。此の時私の特に感じたことは、各室共に詳細な室内展開図と、家具の配置図とが添えてあったが、其の窓の明［開］け方や家具の列べ方、其の他机卓子や棚の上に置く小さい工芸品の位置や方向に至るまで、悉く綿密な寸法が書き入れられて全く余す所がなく、徒に自由勝手の置き方を堅く戒めてあったことである。若し我が国であると、斯かる細かい点は一切不問に附してしまうのであるが、彼等は一々細かに而も極めて厳重に指示してある点から考えて、其の設計者の用意周到な態度が伺われる許りでなく、其の全責任を負う工芸家の心構えが遺憾なく表われて、非常に心強く且つ楽［頼］もしく感ぜられた。我が工芸家も須らく斯くあって欲しいと、熟々感じたのである。

　　斯くして全部の陳列を了って、再び其の室内を覗めた時に、建築室内と家具工芸品とが渾然一体となって良く調和し、そこに一大綜合美を発揮して、一点の批難も見当たらない。仮に其の室内の一物でも置き方を変更すると、必ず室内全体の調子がくずれて、何となく落着きがなくなってくる。遖がに仏蘭西人は、工芸に良く洗練された国民であると、熟々感じさせられた。其の後我が国各地の工芸展覧会に、之が著しく反響して、室内の綜合展は一躍見違えるように発展したが、就中大都市のデパート展に、それが最も著しく現われた。三越の如きは、其の意匠といい製作の技工に至る迄、恰も仏蘭西展を其の儘鵜呑みにしたかの感を抱かしめるように伸びて来た。

　　翻って、室内綜合展の本質について考えて見ると、凡ゆる各種の工芸を駆使して、其の用と美とを発揮せしめる室内の綜合工芸、即ち所謂室内装飾こそ、綜合工芸として工芸の最高峰に位するものである。然るに従来帝展を初［始］め商工展さえも、概ね陳列台の上に単独の姿で、個々の工芸品を鑑賞し、周囲との関係即ち綜合的効果を閑却されていた状態は誠に遺憾千万なことであった。就も展示面積や照明施設其の他に多額の経費を要する為に其の実現に困難

の事情が伴うことは、十分に察せられるが、併し我が工芸指導の最高機関であるべき帝展や商工展が、未だに此の状態であることは、誠に忍び難い不合理なことである。此の点から考えて、帝都の大デパートが、相当の犠牲を払い努力を惜しまずに、年々室内綜合展を開いて、今日に至っていることは、単に民展の王者として推賞するに止まらず本邦室内工芸の進歩発展の上に、稗益する所が極めて大きかったことは、決して没却して［は］ならない感謝である。

大デパートの室内綜合工芸展の内で、［支那］時変前まで其の内容の良否は別として、豪華を以て誇っていたものは、三越の家具装飾部主催のものである。就中昭和8年［1933年］11月、其の本店で開かれた恒例の『新設計室内装備展観』［新設計室内装飾展観］は、其の広大な面積と云い、豊富な照明と云い、多額の経費を費やして、極めて大胆な施設の下に展示されたもので、他の官公私展の何物も其の追従を許さないものであった。展示16室に及ぶ多数のモデルルームは、何れも同店家具部々員の一ヶ年に亘る苦心研究の成果として、或は欧洲［ママ］式を取入れ、或は日本式を加味して、椅子式新興日本の室内装美の表現に努めたものであった。其の各室を総覧すると、頗るモダーンなものもあれば、又渋い日本趣味のものもあった。そこに種々様々な作家の個性が看取されて中々面白い。若い作者がモダーンなものに走るのも、参考書の便宜と製作欲との為、一度は誰でも通る路であり、老巧な作者が渋い茶室風のものに落着くのも、凡ゆる世間を見て来た結果、日本趣味の安住と悟りに帰った帰結として肯かれるが、唯惜しむらくは、一大商店の展示として、そこに一貫した精神が現われていることも亦望ましい。此の点から見ると、一沫［抹］の淋しさが感ぜられた。

それから又展示された各室が、実用以上の潤沢な照明に助けられていることと、通路で眺める観者の位置が、室外の自由な所に立って鑑賞出来る為に、実際以上の効果を示していることは見逃せない。実際其の室内に生活して見た時の明るさの相違や、又通路に面した空間にも、そこに大きな壁があることなども、是等のモデルルームで見たままと実際とは、そこに多少の相違があることを忘れてはならない。尚各室展示の主眼が、建築室内と家具工芸品との調和に重点を置いているのであるが、これ等の室内に整備されるものは、建具造作を初［始］め、一個の灰皿や一枚のラグに至る迄も、深い注意を払われるのが当然だ、然るに、ここにも亦多少の遺憾な点が感ぜられた。兎に角斯うした実生活に触れた展観は、非常時局と雖も継続してやって貰いたい。之が国民の精神に及ぼす影響も、亦決して少なくないであろう[32]。

さらに、仏蘭西装飾美術家協会展覧会のモデルルーム・家具・室内装飾品については、『木材工芸』第110号に以下の記事が遺されている。

> 今回の展覧会のモデル室の正劃、設計等凡てのプランが同協会［仏蘭西装飾美術家協会］の主任技師の手に依り、巴里に於いて作成せられ、それが東京に於いて原案通り組立てられたのである。そして室内の装飾品は敷物も、カーテンも電燈装置も一切が夫々の室に応じて作者自撰の出品である。工芸品の如きも其の家具の上に置く場所迄指定されたという事である。会場内の組立ては三越呉服店家具部が担当し僅々一週間の間に斯の如き複雑な事を敢行したので、毎日五十幾人の大工を使用して昼夜兼行工を急いだという事である[33]。

これは現代のインテリアデコレーター／インテリアコーディネーターが行っている仕事と同じである。すなわち、これらのフランス人の装飾美術家は、デコラティブ・アート（装飾美術）の専門家で、主に室内装飾の設計を手掛け、ある一つのデザイン・ポリシーに則った室内装飾（インテリア）を実現するために、市販品を選んで配置計画を立てたということである。これに

対して、この展覧会を見た日本側の木材工芸家や百貨店家具装飾部部員は、新たな家具のデザイン（アール・デコ）に目覚めた。つまり、舶来品の既製品に触れて、日本人家具デザイナーの創造性が触発されて、新たな家具デザイン（アール・デコ調）が日本で開花したことになる。さらに、木檜恕一が指摘するように、室内の綜合展示、いわゆるトータルインテリアコーディネートがなされていた。そして、これについても各百貨店家具装飾部が反応を示して、積極的に採り入れようとしたのであった。

野口寿郎の回想によれば、イギリス・ウエアリングの家具工場で2年間の研修経験があった三越家具部の宮沢［先輩］が、当時の重役を説き伏せて、仏蘭西装飾美術家協会展覧会出陳のあるモデルルーム1室を丸ごと購入させてしまい、そこに展示出品されたフランス製の家具を分解して、その構造・製作技術を検証・研究したという[34]。これらのことから、モデルルームの設営自体は三越家具部が請け負ったが、家具及びその他の調度品（敷物・照明器具・インテリア小物）は、一切フランスから輸入されてきたことが判る。

(c) 戦前期百貨店の新作家具展の概要

各百貨店において開催された新作家具展の開催状況については、『近代家具装飾資料』及び補完資料『木工と装飾／木材工芸』・『帝国工芸』・『住宅と庭園』・『新建築』・『工芸ニュース』等を交えて、本書の各章冒頭の節において詳述する。ここでは、戦前期の各百貨店における新作家具展を概観する。

①三越（本店）[35]

東京日本橋の三越本店では、1920（大正9）年から1930（昭和5）年頃までは、「家具新製品展覧会／陳列会」・「新製洋家具展覧会／陳列会」が開催されていた[36]。つまり、この期間は「洋家具の新製品の発表展示会」が開催されていた。しかし、1932（昭和7）年から1939（昭和14）年までは、1928（昭和3）年の「仏蘭西装飾美術家協会展覧会」の影響を色濃く受けて、「室内の綜合展示」を目指した新作家具展が開催された。そして、名称も「新設計室内装飾展観」と改称された[37]。三越においては、この「新設計室内装飾展観」と平行して「実用洋家具展」が、遅くとも1935（昭和10）年から開催されている。そしてこの「実用洋家具展」は1942（昭和17）年まで開催された[38]。そして、1943（昭和18）年3月には、戦時下の生活用品の基準を国民に示すために、商工省主催の「第2回国民生活用品展覧会」が三越本店において開催された。

なお、「三匠会：趣味の和家具展」については、1930年から1939年までの開催が確認できる。

②髙島屋（東京日本橋店）[39]

髙島屋の大阪心斎橋店において1920（大正9）年に始まった「家具装飾展覧会／陳列会」は、翌1921（大正10）年に第2回が開催され、新築開店した大阪長堀店において1923（大正12）年に第3回が開催された。その後、1925（大正14）年に第4回、1927（昭和2）年に第6回が開催されている[40]。そして、1928（昭和3）年には「新興家具展覧会／陳列会」が開催されている[41]。この後、長堀店においては、1931（昭和6）年の「家具装飾陳列会」、1935（昭和10）年5月の「新興洋家具陳列会」、同年11月の「新撰洋家具陳列会」、1936（昭和11）年の「新製和洋家具陳列大売出し」が確認されるだけである。また、1923年9月の関東大震災によって焼失した東京南伝馬町店跡地に建てられたバラック普請の仮店舗の家具装飾部専門別館において、1924（大正13）年3月に「［東京］髙島屋主催第1回和洋家具特製品陳列会」が開催されている[42]。

1933（昭和8）年3月に新築開店した髙島屋の東京日本橋店（日生館）では、1933年から1942（昭和17）年まで、合計10回の「［東京日本橋髙島屋］創作洋家具展」が毎年開催された。髙島屋における「創作洋家具展」においても、「仏蘭西装飾美術家協会展覧会」のようにモデルルームを設営する「室内の綜合展示」が展開されたが、戦火が激しくなるのにしたがい、モデルルームの設営どころではなくなっていった。また展示された新作洋家具についても、実用的なものになっていった。また、商工省主催の「第1回国

民生活用品展覧会」が、1941年10月に髙島屋東京店（東京日本橋）において、同年11月に髙島屋大阪店（大阪難波）において開催されている。それから、東京日本橋髙島屋では、「工精会家具展」という、洋家具作家（梶田恵・林二郎・渡邊明）・陶芸家（河井寛次郎）による新作の家具作品・陶芸作品の展示即売会が、1938・1939・1940（昭和13・14・15）年の3回開催されている。

③松坂屋（上野店）[43]

1933（昭和8）年から1939（昭和14）年まで毎年開催された松坂屋の新作洋家具展は、1933年には「家具サロン」と呼称されたが、時局に鑑み、1934（昭和9）年からは「国風家具展」と改称されて、1939年までの7年間（家具サロン1回・国風家具展6回）続いた。しかし、日華事変の進展によって中止となった。「国風家具」とは「大日本帝国風の装飾要素を採り入れた洋風家具」を意味していた。この「国風家具展」は上野店・名古屋店において開催された[44]。松坂屋における「家具サロン・国風家具展」においても、「仏蘭西装飾美術家協会展覧会」のようにモデルルームを設営する「室内の綜合展示」が展開された。

また、「国風家具展」と同時に開催された「紫江会指物展」については、1935（昭和10）年から1939年までの5年間開催された。

④白木屋（日本橋店）[45]

東京日本橋の白木屋では、1934（昭和9）年から1940（昭和15）年まで「洋家具逸品会展」が毎年開催された。白木屋における「洋家具逸品会展」についても、モデルルームを設営する「室内の綜合展示」を目指したものであったと言える。

⑤松屋（銀座店）[46]

銀座松屋において1933（昭和8）年から毎年開催された「室内装美展」は、第7回までの開催を確認することができる。「第7回 室内装美展」の案内状に印刷された「会場レイアウト図」を見ると、同展についてもモデルルームを設営する「室内の綜合展示」であったことが判る。

⑥東横（渋谷店）・⑦ 伊勢丹（新宿店）

渋谷東横、新宿伊勢丹については、当時の新作家具展に関する資料が遺されていないため、『近代家具装飾資料』に収録された記録がすべてである。そして残念ながら、『近代家具装飾資料』を参照しても、渋谷東横については、1939・1940（昭和14・15）年頃に開催された「新作洋家具陳列会」の模様しか知ることができない。また新宿伊勢丹についても、1940年頃に開催された「丹麗会家具展」の様子しか知ることができない。

(d) 百貨店専属家具工場の設立

大正期・昭和戦前期は、各百貨店に家具室内装飾品の専属工場が開設された時期でもあった。それまで各百貨店は出入りの家具業者を半ば専属として製造委託してきたが、資本関係を有する専属工場を持つことによって、各百貨店がオリジナル家具の「設計・製造・販売」を一貫して行うことができる体制が整った。

①三越製作所

三越では清水製作所を家具室内装飾品の下請・半専属工場としていたが[47]、1910（明治43）年に本店家具加工部が丸の内別館内に専属工場として創設された。1923（大正12）年9月の関東大震災によって、この工場が焼失したのを機に、三越製作所の前身である富士屋家具製作所を麻布永坂に設立した。翌1924（大正13）年2月には、富士屋製作所と改称して大田区東六郷に移転した。1927（昭和2）年2月には、蒲田［東六郷］家具工場を新築落成して、三越特製家具の製造と内装工事に専心し、三越との製販一体関係を強固にした。そして、終戦直前の1944（昭和19）年に株式会社三越製作所として新発足して木工品製造を開始したが、同年4月の空襲によって本工場・第2工場の大部分が焼失してしまった[48]。

②髙島屋工作所

髙島屋では、1910（明治43）年頃、大阪心斎橋店において家具装飾品を初めて店頭展示して

いる[49]。1919（大正8）年の同店の火災後に新築された［新］心斎橋店では、1920（大正9）年、初めて家具装飾品売場が常設された。そしてこれは、1922（大正11）年新築開店の大阪長堀店5階の家具装飾品売場設置・室内装飾参考室開設へと繋がっていった。髙島屋の家具装飾品の専属工場である株式会社髙島屋工作所が開設したのは、1939（昭和14）年6月であった。髙島屋工作所は当初、大阪市住吉区に設置された（住吉工場）が、手狭なために、同年9月には大阪市東成区の玉造駅近くに移転した（玉造工場）[50]。髙島屋工作所の開設以前は、髙島屋は山谷洋家具店を下請・半専属工場としていた[51]。

③誠工舎

松坂屋の専属工場である誠工舎は1925（大正14）年3月、名古屋市に開設した。そして専ら松坂屋が販売する、または請負う家具の製作と室内装飾の設計施工に従事した。そして1928（昭和3）年5月に株式会社誠工舎と改組した。また、同年7月に東京工場を東京市荒川区に新設した。また1934（昭和9）年8月に大阪市南区日本橋筋に大阪出張所を開設した。そして1935（昭和10）年5月に大阪市住吉区に大阪分工場を設け、同年10月には大連出張所を開設した。その経営陣は松坂屋関係者であった[52]。また、1934年5月には誠工舎本社（名古屋）の新工場が竣工している[53]。

『近代家具装飾資料』に収録された各百貨店の新作家具の大部分は、これらの百貨店専属家具工場で製造されたものであった。各工場とも、太平洋戦争末期には軍需工場として稼動することになったが、終戦後は専属先の各百貨店の家具製造に回帰した。

(e) 戦前期百貨店の家具調度品の顧客層

「帝都東京、商都大阪」と言われるように、昭和戦前期の東京は大日本帝国の首都であった。この首都東京一帯（東京府・神奈川県）は、1923（大正12）年9月の関東大震災によって未曾有の大災害に見舞われた。そして関東大震災から復興した東京は、太平洋戦争の東京大空襲（1945年）で焼失するまでのわずか20数年間、束の間の平和と繁栄を謳歌した。そしてその東京では、当時の政府高官・軍部高官・財界人などの上流階級の人々の生活文化を装う家具調度品を取り扱う百貨店が、終戦直前の代用品時代が到来するまで、当時の家具調度品のテイストを先導するトップランナーの役割を担った。

ところが、中流階級の住居であった中廊下式間取りの洋館付き和風住宅においては、洋家具を置く部屋は、玄関脇の書斎兼応接間だけであり、簡易な応接家具、書机、椅子、書棚もしくは飾棚が置かれていたにすぎなかった[54]。

また、1939（昭和14）年の価格等統制令に基づく公定価格集に定められた洋家具類の銘柄を図示する目的で、全日本洋家具商工連盟から1943（昭和18）年に発行された『洋家具類銘柄参考図集』からは、終戦間近の一般的な洋家具の種類とその簡易な形状とを知ることができる[55]。

さらに、労働者階級の一般庶民の住居では、家具と言えば箪笥、茶箪笥、座卓、食卓（卓袱台）、下駄箱等の、いわゆる和家具がほとんどであり、昼間に食事を摂る畳敷きの部屋に、夜間は蒲団を敷いて就寝していた[56]。

このように、『近代家具装飾資料』に収録された家具は、各百貨店の新作家具展示会に出品された特別な家具ばかりであり、各百貨店の家具部部員が一年間の研鑽を重ねて設計製作した力作・逸品ばかりであった。つまり、『近代家具装飾資料』に見ることができる、昭和戦前期の各百貨店の新作家具発表展示会においてお披露目されて、各店の上顧客に購入されていったこれらの家具は、当時の日本家具の最高峰のものであったと言っても過言ではない。

なお、これらの新作家具以外に、特別注文品として設計製作されて、個々の邸宅に納品されたものもあったが、本書では対象外とする。

(f) 室内の綜合展示：官展と民展との相違

前述の木檜恕一の述懐にあるとおり、大正期・昭和戦前期には「帝展」・「商工展」という官設展が開催されていた。「帝展」とは「帝国美術院美術展覧会」の略称であり、その前身は文部省主催の「文展」であった。「文展」の運営主体が、

1919（大正8）年に新設された帝国美術院に移管して「帝展」と改称された。そして1927（昭和2）年に工芸部門が新設された[57]。また、「商工展」とは「商工省工芸展覧会」の略称であり、その前身は農商務省主催の「農展」であった。この「農展」は「産業としての工芸」の振興を図るための展覧会という色彩が強かった。「商工展」の木竹工芸品部では家具の出品が大部分を占めていた[58]。木檜恕一は、当時の工芸指導の最高機関であるべき帝展や商工展においてさえ、展示面積・照明設備などに多額の経費がかかるために、個々の工芸品が陳列台の上に単独の姿で展示されているだけであり、「室内の綜合展示」がなされていない点を嘆いている[59]。

小栗吉隆（東京高等工芸学校）も「昭和8年［1933年］の家具工芸界の回顧と将来の傾向」という寄稿文の中で、この状況について、以下のように述べている。

　　家具室内装飾の展示会としての帝展及び商工展は近来全く昔日の名声を失ったかの感がある。如何に純工芸的な主旨のものにも［ママ］せよ、帝展の工芸部門に於いて、家具室内装飾の如き綜合的なものを従来の組織で審査することは適当ではないが、持込むのも正当ではなかろう。商工展もすでにその存在が過去のものに属するような感がある。不適当な題目の下に家具や室内装飾を集めても、従来程の奨励的効果があがらないようである。社会の動きに詳細なる注意と研究を続けている百貨店あたりの展示会に比べて、その主催する精神的内容に於いて見劣りするものがあることを考えれば、既に往年の商工展の目的は達成され、最早その看板を書替えなければならない時期に達しているように思われる[60]。

小栗吉隆によれば、家具及び室内装飾の綜合的な展示は、帝展及び商工展の枠組みでは評価することさえできなかった。それとは対照的に、百貨店における家具及び室内の綜合展示は正に全盛期を迎えたのであった。

1934（昭和9）年11月の三越「新設計室内装飾展観」についての『帝国工芸』における記事においても、「今年度の新作は昨年の16室に比べ1室を減じ、又天井［、］壁面、床其の他周囲の装飾も簡略されたので、昨年に比べ多少見劣りがしたが、尚その広大なる面積と豊富な照明に依る装備は、帝展初［始］め他の如何なる展観も追随を許さぬ室内装飾界の最高峰を示す豪華版と云えよう[61]」との評価が下されている。

このように、昭和戦前期の三越、髙島屋、松坂屋、松屋、白木屋などの百貨店においては、1928（昭和3）年3〜5月に東京府美術館においてフランス政府後援で開催された、モデルルーム35室による最新フランス家具総合陳列会の「仏蘭西装飾美術家協会展覧会」に触発されて、1930年代に入ってから、にわかにモデルルームを特設して、そこに新作家具を配置する「家具及び室内の綜合展示」が続々と開催されるようになった。

木檜恕一は、1933・34（昭和8・9）年の三越の「新設計室内装飾展観」についての批評において、「室内の綜合展示」すなわち「トータルインテリアコーディネート」になっていないものに対して厳しい批評を浴びせている。例えば、『帝国工芸』第7巻第10号においては、1933年展の「第5室　書斎（題名　風丰）杉山赤四郎設計」について、「……室全体がよく纏って落ちついて居る所に、この室の目的に相応しい情味がよく現われている。強いて難を云えば、右隅にルネ・プールの装飾原画を使って壁面の飾としたことだ。紫檀の花台と共に、この室の構成に連絡がなく聊かかけ離れている感がする」と批評している[62]。また、『帝国工芸』第9巻第1号においては、1934年展の「第3室　居間食堂（題名　春）杉山赤四郎氏設計」について、「……壁面装飾として唯一の掛け軸もサツ張り落ちつきがなく、後から取りつけた様に見受けられる」と批評している[63]。これらの木檜恕一の言説には、「室内の綜合展示」の方向に斯界を導こうという強い意志が現れている。

また、『帝国工芸』第9巻第1号における川浪晒哉による「周囲の工作から見た室内装飾展の比較」という記事では、1934年に開催された松屋・松坂屋・三越・白木屋における新作家具展につ

いて、各店のモデルルームの造作の出来栄えによって、各店の室内装飾展を以下のようにランク付けしている。

　先ず総論として一般的の事柄に就いて述べよう。モデルルームに展示された家具類の価格が前年に比較して非常に安価になって来たことは、普及性の上から見ても又需要供給の両者の為にも至極結構なことと思うが、中には未だ千数百円の高価なものが少なくなかったのは些か認識不足の嫌いがある。いくら優秀なものでも展示品は出来合品（レディーメイド）である。家具に千金を惜しまないような人は実用本位でなく、趣味嗜好によるのであるから、自己の嗜好や自宅の状況に適合する註文品（オーダーメイド）を択ぶ筈だ。研究的な展観なら兎に角、売る目的の展観としては高価品は賢明な策とは云えない。装身具とは違う。

　モデルルームの目的が、その室に使用された全部のものに就いて実生活に利用された場合の快適な環境を想起せしめるにあるとすれば、壁面や天井又は明窓や出入口のない部屋などは実際にあり得ない。それ等は室の明暗や家具の配置を示す基本的要件であると共に、家具の色調や照明の位置などにも影響し、一つの室として纏った雰囲気を醸成する上に重要なるものであるに［も］拘らず、この周囲の工作に就いて考慮を欠いたものが多かった。恰も額椽のない油絵を見る感じがした。

　家具の形状や附属金具には凝り過ぎる位に捉われていた割合に、塗装に就いては新しい試みもなければ、研究の発表も見られなかった。又、家具類に施された彫刻や漆絵などの特殊技術を要するものが本格的でないため、専門家から邪道視されていたが、その［れ］等の特殊技術のものは夫々その専門のエキスパー［ト］に委嘱して、その纏った綜合美を啓示［して］こそ、斯種室内装飾の設計意匠家としての声価を高めるものであろう。

　更に、敷物や花瓶其の他小工業品に就いては、その店の売品を傷つけずにその儘利用出来るために比較的精選されていたが、カーテンは適当に切断加工を要し使用後再び売品とならぬ為か、松屋を除いては殆ど見るに足るものがなかった。

　以上の見地から各店のモデルルームに就いて述べる。

　松屋　周囲の工作には本格的な施工を見せ、照明も点燈され、カーテンを［も］精選され、その儘そっくり他に移しても直ちに使用出来る程に完備されていた。モデルルームの構成美としては松屋を第一位に挙げる。ただ家具の内に、この展観のために特に調製されたものでない、出来合品で間に合わせていたものがあったのは、折角の周囲の工作が泣くであろう。

　松坂屋　家具は何れも日本趣味を強調した新品であって、殊に従来貴族趣味として比較的高価な数寄屋風の家具をサラリーマンがボーナスで買える程度の格安に仕上げた所に、大衆の購買力を狙った目標と苦心が認められる。周囲の工作に就いても可なり注意が払われていたが、照明に対しては殆んど考慮されていなかった。カーテンに就いても同様のことが云える。室内構成美から見ては第二位のものと思う。但各室の設計に就いて［の］解説の掲示は、購買心を喚起して効果的だった。

　三越　前年に比べて数段の見劣りがした。周囲の工作には殆んど考慮を欠いていた。照明にもカーテンにも注意されていない。ただ家具の形と配置品で塗糊していたに過ぎない。第三位は当然であろう。

　白木屋　余りにひど過ぎて全然問題にならない。周囲の工作は勿論、照明にもカーテンにも、肝腎の家具にも見るべきものがない。最下位のものと思う[64]。

川浪晒哉によれば、同年は、第1位松屋、第2位松坂屋、第3位三越、第4位白木屋であった。木檜恕一の述懐にあるとおり、1933年の三越の展示会は大変素晴らしかったようだが、1934年はやはり前年に比して見劣りしたようだ。こ

れに対して、新興勢力としての松屋や松坂屋は俄然奮起して、素晴らしい「室内の綜合展示」を展開したようである。

本書に収録された『近代家具装飾資料』全47集のうち、その8割強に当たる39集分が、昭和戦前期の東京地区百貨店における新作家具展示会の様子を伝えている。その新作家具展においては、上記のような「室内の綜合展示」が展開され、モデルルームに展示された家具一式を上得意先に買い上げていただくことが目標とされた。

勿論、当時の百貨店では、すでに家具装飾品売場が常設されており、家具調度が平時も陳列販売されていた。また、これらの通信販売も行われていた[65]。

(g) 展示即売会:「出来合い品か、特注品か。」

近代日本の東京における洋家具の主要製造業者は、開国から関東大震災までは東京の芝地区の洋家具業者であった。しかし、関東大震災後から太平洋戦争までは、高級特注家具については百貨店が担い、廉価既製家具については、関東大震災後に芝地区の家具業者の一部が移転して形成された荒川地区が担うという状況へと移行して、芝地区は衰退した[66]。このように昭和戦前期の洋家具の製造は、百貨店家具部及び専属工場による高級特注家具と、その他の既製家具工場による廉価既製家具とに二極分化されていた。

この昭和戦前期の百貨店の新作家具展は、「各百貨店が企画した新作家具の展示即売会」であった[67]。

1934年の松坂屋上野店の「国風家具展」においては、「第2室 応接室」に当初展示されていた椅子と卓子を購入した顧客が、閉会を待ち切れずに即納を希望したため、急遽別の椅子と卓子をそのモデルルームに展示した旨の記述が『近代家具装飾資料』第2集にある[68]。このように、百貨店の新作家具展においては、実際に購入した顧客が存在しており、これらの百貨店の新作家具展が実際には「展示即売会」であったことを示している。

また、1933・34（昭和8・9）年の三越の「新設計室内装飾展観」の「出品目録」には、「御売約品追加御註文を承ります」「御約定済品も追加御註文を承ります」と記されており[69]、新作家具展の展示品が売約済みになっても追加註文を受け付けていたことが判る。つまり、展示品を見本にして、同じ新作家具のリピート製作を行っていたのである。

前述の川浪晒哉の批評にあるとおり、各百貨店の新作家具展に出品された家具は、特定の顧客のために個別に設計製作された特別注文品（註文品：オーダーメイド）ではなく、展示品を見本にしてリピート製作が可能な、いわゆる「出来合い品」（レディーメイド）であった。しかし、「リピート製作が可能であった」と言っても、大量生産されたわけではなかった。川浪晒哉がいみじくも指摘しているとおり、出来合い品にしてはあまりにも高価だったので、購入できる人々は限られていた。これは、年2回新作発表を行い、外注化・規格化・量産化を行わない、フランスのファッション業界における「オートクチュール」（haute couture）に類似する製造販売の仕組みである[70]。

昭和戦前期の百貨店の新作家具展における出品家具作品は、「高級特注家具」でもなく「廉価既製家具」でもなく、「限定生産高級家具」とでも言えるものであった。特定の顧客のために百貨店家具部が個別に設計製作を行う「高級特注家具」では、顧客の注文が先行していた。これに対して、百貨店家具部のオリジナル設計によって製作されて新作家具展に出品された「限定生産高級家具」では、百貨店家具部の創作活動が先行していた。これが相違点であった[71]。

(h) 国家総動員法・価格等統制令・実用家具展・代用品家具へ

昭和戦前期は、正に戦争の時代であった。金融恐慌（1927年）の最中に軍閥内閣（田中義一内閣）が誕生して大陸政策が展開され、満州事変（1931年）、5.15事件（1932年）、2.26事件（1936年）等の軍部の独走の末、1937（昭和12）年に日中戦争が勃発し、翌1938（昭和13）年には「国家総動員法」が制定され、同法に基づく「各種

材料使用禁止または制限令」（資材制限令）も発令された。また1939（昭和14）年には「9.18停止令」（価格等統制令）が発令された。そして、軍需資材統制・消費節約・廃品回収活用・代用品使用普及などが進んだ。そして、1939年の第二次世界大戦勃発、翌1940（昭和15）年の日独伊三国同盟締結、1941（昭和16）年の日本軍による真珠湾攻撃によって、日本は太平洋戦争へと突入していった。しかし物量で圧倒的に優る連合国軍は、首都東京を始め、大阪・名古屋などの大都市、及び日本全国の主要軍事施設を次々に空爆した。そして1945（昭和20）年8月、広島、長崎に人類史上初の原子力爆弾が投下されて終戦を迎えた[72]。

木檜恕一は、時局が緊迫する中、臨時産業合理局事務用卓子及椅子単純化委員会委員（1933年）、社団法人日本家具統制協会会長（1942年）を務めた。日本全国の家具木工業の従事者は大小問わず、家具意匠の単純化・家具生産の合理化に取り組まざるを得なかった。そして、時局柄、軍需工場内の作業環境の能率化のために、事務用家具・工場用作業家具の合理化・規格化が進行した。『工芸指導』（戦時中『工芸ニュース』から一時改題）第12巻第8号では、軍需産業の生産効率を上げるために「工場用作業家具」の特集が組まれ、作業用家具（作業机・作業椅子）の合理化と規格化の導入が訴えられた[73]。また後述する、三越日本橋本店で開催された「東京工芸綜合展覧会第二部」（1941年）、「家具及び工芸品綜合展」（1942年）においても、工場の事務所・読書室用家具が展示された。

そして、この合理化・規格化の流れは家庭用家具にも波及した。木檜恕一は、戦火がいよいよ激しくなる中、『家具の科学』（生活科学新書21、羽田書店、1942年）の中で「銃後生活つまり日常生活で使用する家具を合理化して日々の軍需生産の生産性を上げることが、最前線の兵士と共に戦うことになる」という主旨の序文を記している[74]。

このような中、商工省主催で「国民生活用品展」が開催された。第1回は1941年秋、髙島屋東京店（10月）・同大阪店（11月）を会場にして開催された。これは商工省工芸指導所による国民生活用品の試作品の発表と一般公募品の審査から構成されていた[75]。そして工芸指導所試作の国民生活用品と一般出品物は、翌年の『工芸ニュース』誌上で公表された[76]。そして第2回は1943（昭和18）年春（3月）、東京日本橋三越で開催された。ここでは、生活用品としての質実剛健な家具、食器、国民服のほか、住宅営団設計の戦時規格最小型住宅の実寸大模型が設置され、室内に家具・什器の一切が配置された。これは来場者に対するモデルルームによる教育効果を狙ったものである[77]。

また民間では、1939年に東横百貨店で「新作実用洋家具陳列会」が開催され、簡素な家具が展示された[78]。また1938・41・42年には、三越日本橋本店においても「実用洋家具展」が開催された[79]。髙島屋東京日本橋店において1941年に開催された「昭和16年春季［第9回］新時代洋家具展覧会」及び1942年に開催されたと考えられる「第10回新作洋家具展覧会」も、実質的には「実用家具展」であった[80]。それから1941年10月には、三越日本橋本店において「東京工芸綜合展覧会第二部」が開催された。これは「東京府主催・東京工芸綜合展覧会第二部：産業工芸出陳作品中の白眉たる室内構成と家具展観──住宅・会社・倶楽部・工場事務所等・アパート・山小屋等──12室に亘る新装モデルルームを全貌的に蒐録・各室何れも資材制限令の徹底を期し而も革新的構想を具現せる新意匠の氾濫」との『近代家具装飾資料』第42・43集の副題の示すとおり、資材制限令（1938年）に則した代用品材料を使用した簡素で合理的な家具の展示会であった[81]。また翌1942年11月に同じく三越日本橋本店で開催された「家具及び工芸品綜合展」においても、「新進作家集団「三創会」会員の戦時下生活に即せる創意新たなる力作並びに日本民芸協会同人の作品発表の全貌・工場の読書室・山荘休養所の一部・食堂・居間・寝室・集会室・食堂・家族室等・8室の構成と各室に附帯せる室内工芸品の綜合的展示」との『近代家具装飾資料』第45・46集の副題の示すとおり、時局に則した簡素で合理的な各室の家具セットが展示された[82]。

前述の商工省主催の「国民生活用品展」（第1

回1941年・第2回1943年）の開催に併せて、商工省工芸指導所における「規格家具」の研究も進んだ。国民生活用品（特に家具）の規格化が重要問題の一つであった戦時下において、剣持勇（工芸指導所時代）は自著『規格家具』（相模書房、1943年）の中で、まず経済統制下における規格家具の必要性を説き、日本並びに欧州における規格家具の発展状況を記している。そして規格家具の種類を概観し、家具の用途基準及び形式基準を示して、規格家具の設計基準を提示している[83]。つまり家具の規格化は当時の世界的な流れであることを踏まえて、日本の家具産業への具体的な適応を示している。そして、このような戦時下の家具の規格化・合理化の流れは、終戦後の量産型家具産業において、より洗練されて全国に浸透していくことになる。

なお、昭和戦前期の百貨店の新作家具展の模様を掲載してきた『帝国工芸』は1938年9月発行の第12巻第9号で廃刊している。『住宅と庭園』もまた1939年12月発行の第6巻第11号より後の発行が認められない。しかし『近代家具装飾資料』には、1942年に三越・髙島屋で開催された実用的家具の展示会の記録まで収録されている。このように『近代家具装飾資料』は、太平洋戦争が激化して民生品が一切生産できなくなってしまう直前までの、百貨店の家具の記録を収録する貴重な資料である。

(i) 戦前期百貨店の新作家具展の家具スタイル

小泉和子によれば、昭和戦前期の［洋］家具のスタイルの変遷には、「折衷主義モダニズム」（和洋折衷）と「近代合理主義［モダン］デザイン」という二つの大きな流れがあった。前者は、三越や髙島屋などの百貨店を中心にした家具デザインの流れであり、特に「国風家具」という国粋主義的で迎合的な奇妙な和洋折衷様式に代表されるものである。そしてこれは1938年の「国家総動員法」と「各種材料使用禁止または制限令」による戦時下の代用品時代の到来と共に終焉を迎えた。後者は、ウィーン分離派（セセッション：1897年〜）・ドイツ工作連盟（1907〜1933年）・バウハウス（1919〜1933年）等の影響によって結成・組織され活動した、木材工芸学会（1918年）、分離派建築会（1921年）、東京高等工芸学校（1921年）、帝国工芸会（1926年）、日本インターナショナル建築会（1927年）、形而工房（1928年）、商工省工芸指導所（1928年）、新興建築家連盟（1930年）、新建築工作学院（1932年）といった建築家や木材工芸専門家による運動に先導された。さらに、近代主義デザイナー間における日本美の再発見と共に日本工作文化連盟（1936年）も結成された。そして前者と後者は互いに影響を与えながら変転した[84]。

小泉和子の指摘するとおり、昭和戦前期の百貨店における洋家具のスタイルを一言で括るとすると、やはり「折衷主義モダニズム」（和洋折衷）ということになるだろう。しかし、本書で包括的に取り上げるように、『近代家具装飾資料』・『帝国工芸』・『住宅と庭園』・『新建築』などに掲載された昭和戦前期の百貨店（三越・髙島屋・松坂屋・白木屋・松屋・東横・伊勢丹）で開催された新作家具展に出品された洋家具には、実に多種多様な家具スタイルが混在していたこともまた事実である。前述のとおり、それは同時代の木檜恕一の言説にも現れている。

昭和戦前期の百貨店の新作家具展に見られた洋家具のスタイルの傾向を整理すると、①1920・30年代の欧州で流行したアール・デコ調家具の日本版[85]、②時局柄、鋼管の代替材として竹製成形合板を用いた、近代合理主義モダンデザイン家具（1920-30's モダン）の試み[86]、③折衷主義モダニズム家具の代表格である国風家具[87]、④西欧の様式家具の焼き直し[88]、⑤ペザント家具（農民家具・田舎風家具）[89]、⑥その他（新唐様、新大和調、オリエンタル風等）であった。そして、各店の得意とする洋家具のスタイルは微妙に異なっていた[90]。

また各百貨店では、三越の三匠会（趣味の和家具展）、松坂屋の紫江会指物展などに代表されるように、指物家具・唐木家具・呂色漆塗家具といった和家具の新作家具の展示会も開催された。

このように昭和戦前期の百貨店の新作家具展における家具の製造販売の方法は、多様なスタイルの家具を博覧会形式で百貨店顧客に提示して、その中から気に入ったものを顧客に選択し

てもらうという方式であった。

　また前述のとおり、昭和戦前期は小売業である百貨店における家具・室内装飾（インテリア）が、当時の上流階級の人々の室内装飾のテイストを先導した時代であった。つまり百貨店という「流通業者」の中の「小売店」が中心となり、「製造業者」と「消費者」の「テイスト」をリードしたと言える[91]。ただし、百貨店の新作家具展示会で展示・販売されたこれらの家具は、一般庶民には手の届かない高価なものであった[92]。一般大衆が多様な家具スタイルの中から自らの好みに即したものを選択することができるようになるのは、戦後のことである。戦前一部の特権階級が享受した「好みの家具スタイルを選択する」という消費行動は、戦後の民主化の流れの中で、広く一般大衆にまで拡大されることになる[93]。

(j) 戦前期百貨店の新作家具展の家具材料

　幸いなことに、『近代家具装飾資料』には、各百貨店の新作家具展の出品作品の材料についての記述が豊富に遺されている。それらの記述を渉猟すると、これらの新作家具展の家具作品の材料として、以下のものが各店に共通して比較的多用されていたことが判る。

①木部

　木部については、桜、塩地、楢、山毛欅（ブナ）などが共通して多く使用されていた。1931（昭和6）年12月に納品された国会議事堂の貴族院（日本楽器納品）・衆議院（松坂屋納品）の議場の家具には山桜が使用された[94]。当時の洋家具の主要木材は山桜であった。また代用品時代には竹が各百貨店において多用された。

②裂地

　裂地については、緞子地（パイル織りモケット）、天鵞絨（ビロード）など、耐久性のあるものが各百貨店に共通して多用された。

③塗装

　塗装については、和家具については漆塗が多く見られた。漆の塗り方では、蠟色塗（呂色塗）、溜塗が多く見られた。蠟色塗（呂色塗）とは、黒漆の濡れたような深く美しい黒色に仕上げる塗り方で、漆黒の表目には刷毛目を残さず、鏡面のような艶やかな光沢が出るものである[95]。また、溜塗とは、黒や朱といった色漆そのものの色ではなく、色漆をつくる際にベースとなる褐色味の強い透明な漆（主に朱合漆）を厚めに塗り仕上げることによって表現する色のことで、美しく透明感のある飴色の漆である。下地に使う漆の色によって色合いが異なり、朱溜塗、紅溜塗、黄溜塗と区別される。木の素地を見せた木地溜塗（別名：木地呂）もある[96]。

　次に、洋家具についてはラック塗・ラッカー塗が共通して多く見られた。当時の「ラック」とは「シェラックワニス」の略称である。このシェラックワニスの皮膜となるなるシェラックゴムの主産地は東インド地方である。この地方の樹木に生育密集する昆虫（ラック貝殻虫）の幼虫は、樹液を摂取して、その周囲に樹脂性の殻（シュエール）状の分泌物を出して自身を被膜保護する。それが原料であるためシェラックと呼ばれる[97]。また当時の「ラッカー」とは、「ニトロセルロースラッカー」のことである。ニトロセルロースは硝化綿とも呼ばれ、木綿を薄紙状に再製して細かく切り、これを硫酸66％、硝酸16％、水18％の混合液に浸し、適温を与えて硝化させ、水洗い乾燥して得られた白色紙片状の可燃性のものである。これを苛性ソーダ溶液で洗浄することによって脱脂して後、苛性ソーダを洗い流す。このニトロセルロースを醋酸アミル、アセトンその他で溶解して硝化綿塗料にしたのが「ニトロセルロースラッカー」（ラッカー）である[98]。

<2> 海外建築インテリア雑誌からの新作家具写真の転載

　『近代家具装飾資料』第1集（1936年2月）発行以前に洪洋社から発行されていた『家具写真集成』全16巻（1932年9月～1934年9月）では、『カフェーの家具1・2』（第11・13巻）を除いて、掲載家具の撮影場所に関する情報が明記されていない。上記2巻は、その解説文から、当時の東京のカフェの室内を撮影したものであること

は明らかである[99]。それから、『和家具と折衷の家具1・2』（第12・14巻）には、桐簞笥などの和家具が掲載されているので、日本の事例であることは明らかである。しかし、上記以外の、『机』（第1巻）、『椅子・卓子1・2・3・4』（第2・3・4・15巻）、『書棚・茶卓子・小物台・花卉棚』（第5巻）、『戸棚──什器戸棚・衣服戸棚・飾棚・簞笥』（第6巻）、『食堂と台所の家具』（第7巻）、『寝台と化粧台』（第8巻）、『子供室・ベランダ・庭園の家具』（第9巻）、『商店の家具』（第10巻）、『事務机』（第16巻）に収録された家具写真については、果たして日本国内の事例を撮影したものなのか、それとも海外の建築インテリア雑誌から転載されたものなのか、よく判らない。しかし、そのほとんどは海外の事例のように見受けられる。特に、『事務机』（第16巻）の第14図版には、その容姿から明らかに外国人と判る人々だけが大勢働いている事務所の写真が2枚掲載されている[100]。そして、この『家具写真集成』全16巻の編集意図は、『椅子・卓子1』（第2巻）巻頭解説文の「本集は主として、意匠的資料としての立場から、凡ゆる形態種類を集めたもので、構造的、工作的価値に就ての批判は、観者自らの研究に俟つ」から明らかである[101]。つまり、同シリーズは建築・室内装飾・家具の設計者のデザイン・ソースとしての素材集であった。

一方、『近代家具装飾資料』には、同時代の海外（特に西欧諸国及び米国）の建築インテリア雑誌から選択抜萃した家具写真を転載した旨が明記されている新作家具写真集が7集ある[102]。そして、その編集意図も、上記『家具写真集成』の編集意図と同じく、建築・室内装飾・家具の設計者のデザイン・ソースとしての価値に重点を置いていた。例えば、『近代家具装飾資料』第21集「欧米家具作品（4）」（1938年10月）の巻頭解説文には、「本集は最近の欧米家具界に於いて発表された作品中、最も斬新なる意匠に成るもの、新しき考案による用途を有するもの、特殊な用材を用いたもの等を抜粋網羅したもので、<u>意匠型態の参考に、新しき着想のヒントに、我が家具界諸彦の設計資料として多少でも役立てば幸いである</u>」［下線編著者］と記されている[103]。同様に、『近代家具装飾資料』第29集「欧米家具作品（5）」（1939年10月）の巻頭解説文には、「本集は欧米諸国、殊に欧州を主とする最近の家具作品を紹介せるものである。構想の妙味深きもの、意匠の優雅繊麗なるもの、凡て純粋洋家具の最新型態を網羅せるもので、<u>日本的装飾を之に加味し、或いは構想の一部を応用することに依って、新しき着想のヒントを得るに役立つものあらば幸いである</u>」［下線編著者］と記されている[104]。

また、『近代家具装飾資料』第6集・第9集・第18集・第21集・第29集では、各写真についての写真解説文の中に、色彩に関する記述が多数見られる。このことは、洪洋社編集部が参照した海外建築インテリア雑誌の原著が、カラー印刷されたものであったことを示唆している。

『家具写真集成』と同じく、海外建築インテリア雑誌から家具写真を選択抜萃して構成した『近代家具装飾資料』7集分においても、各写真の引用元・出典は明記されていない。残念ながら、洪洋社の事務所も倉庫も空襲で焼失しているので、引用元の海外建築インテリア雑誌の特定は困難である。また、それらの海外建築インテリア雑誌の記事の翻訳を誰が担当したのかという問題点も浮かび上がってくる。これらの解明は今後の研究の進展に委ねたい。

<3> アントニイ・レイモンド［アントニン・レーモンド］の家具作品

洪洋社からは、レイモンドに関する著作が少なくとも3冊発行されている。①洪洋社編『アントニン・レイモンド作品集──ライトを周る人々の作品・2』『建築時代』第19巻、洪洋社、1931年4月、②川喜多煉七郎『レイモンドの家』洪洋社、1931年6月（表紙図案：レイモンド夫人／編集及び撮影：川喜多煉七郎・峯尾松太郎）、そして、③洪洋社編『レイモンド家具作品集』『近代家具装飾資料』第10集、洪洋社、1937年3月である。

この『近代家具装飾資料』第10集では、「建築家アントニイ・レイモンド氏」と記されている。しかし、Antonin Raymondは「アントニン・レーモンド」と日本語表記されることが一般的であ

る。本書では、今日一般的に定着している「アントニン・レーモンド」を用いるべきかどうか考慮したが、『近代家具装飾資料』第10集の原著表記を尊重し、また当時、洪洋社編集部において、Antonin Raymondが「アントニイ・レイモンド」として認識されていた歴史を残すために、敢えて「アントニイ・レイモンド」を使用することにした。

この『近代家具装飾資料』第10集（1937年3月）には46点の写真が掲載されている。しかし、当時としては竣工されたばかりの建築の施主名を明かすことが憚られたためか、「フランス大使館」を除いて、どの写真にも建築施主名が記載されていない。そこで、各写真を①中村勝哉編『アントニン・レーモンド作品集1925-1935』城南書院、1935年6月、②アントニン・レーモンド『アントニン・レーモンド建築詳細図譜』国際建築協会、1938年5月（鹿島出版会発行の復刻版、2014年4月）、③戦前期の雑誌『新建築』（新建築社、不二出版発行の復刻版）などと比較検討した。その結果、『近代家具装飾資料』第10集の掲載写真は（ごく数点の写真を除き）竣工年別に、以下の12邸の室内装飾・家具の写真であることが判った。なお、その詳細は後段に譲ることとする。

　　　1930年　東京女子大学図書館
　　　1932年　東京ゴルフクラブハウス
　　　1932年　赤星喜介邸
　　　1932年　フランス大使館邸（増改築）
　　　1933年　鳩山秀夫邸
　　　1933年　鳩山道夫邸
　　　1933年　軽井沢夏の家（アントニン・レーモンド）
　　　1934年　川崎守之助邸
　　　1934年　ブラジルコーヒー（教文館地下）
　　　1935年　赤星鉄馬邸
　　　1935年　D.H.ブレーク邸
　　　1936年　福井菊三郎別邸

そして、『近代家具装飾資料』第10集の掲載写真と『アントニン・レーモンド作品集1925-1935』・『アントニン・レーモンド建築詳細図譜』・『新建築』掲載写真との間で一致する写真のほとんどは、全く同じ写真であった。つまり、『近代家具装飾資料』第10集の掲載写真は、レーモンド建築設計事務所から提供されたものであったと思われる。

さらに興味深いのは、『近代家具装飾資料』第10集の写真解説文に記された家具・敷物・カーテンなどに関する記述は、『アントニン・レイモンド作品集1925-1935』における該当箇所の家具・敷物・カーテンなどに関する記述よりもはるかに詳しいということである。これについては、洪洋社編集部がレーモンド建築設計事務所に聞き取り調査を実施したのか、それとも、独自に各邸を訪問調査して確認したのか等、様々な可能性が考えられるが、定かではない。

鈴木博之は、近代日本の建築界に多大な足跡と影響を与えた5人の建築家として、①御雇外国人の先駆けとして「銀座レンガ街」などを設計したウォートルス、②日本に西洋建築を体系的に教授して「鹿鳴館」などを設計したコンドル、③「桂離宮」を評価して日本の美意識に多大な影響を与えたタウト、④レーモンド来日の切っ掛けともなった「帝国ホテル」の設計者ライト、そして、⑤レーモンドを挙げている[105]。『近代家具装飾資料』第10集収録の「レイモンド家具作品」もまた、戦前期の日本における重要な家具・インテリアである。

なお本書では、外国人建築家による作品ということで、便宜的に「第2部　欧米家具作品・建築家アントニイ・レイモンド家具作品」の中に章立てして分類することにした。

（3）本書の編集方針

<1> 再編の骨子

本書の主な目的は、『近代家具装飾資料』全47集の全収録データ（写真・解説文）を「第1部　昭和戦前期東京地区百貨店における新作家具展示会」（39集分）、「第2部　欧米家具作品・建築家アントニイ・レイモンド家具作品」（8集分）の二部に再構成して再録し、各部・各章におい

て詳細な解説を行うことである。それに加えて、『近代家具装飾資料』の記録を補完する資料として、各百貨店史料館所蔵の当時の展示会アルバム・しおり・案内状・出品目録などの資料を始め、同時代の工芸雑誌である、『木工と装飾』・同改題『木材工芸』、『帝国工芸』、『住宅と庭園』、『工芸ニュース』、『新建築』に収録・掲載された、各百貨店で開催された新作家具展の写真と記事とを併せて掲載することである。これらの補完資料によって、大正期・昭和戦前期における百貨店の新作家具展の模様がより広範に、より詳細に理解できるようになっている。

そこで本書の第1部では、まず『近代家具装飾資料』に収録された各店の新作家具展を百貨店別に、三越・髙島屋・松坂屋・白木屋・松屋・東横・伊勢丹・その他に区分して、さらに家具種類別に、洋家具・和家具・その他に区分して、年代順に再構成する。次に、補完資料の『木工と装飾』・同改題『木材工芸』、『帝国工芸』、『住宅と庭園』、『工芸ニュース』、『新建築』に収録された各店の新作家具展を百貨店別・年代順に配列して、各店の『近代家具装飾資料』収録分の後段に配置する。

また第2部は、海外雑誌から転載された欧米家具作品、アントニイ・レイモンド［アントニン・レーモンド］の家具作品に区分して、さらに年代順に再構成する。

『近代家具装飾資料』において取り上げられている百貨店の順番は、三越（第1集）、松坂屋（第2a集）、白木屋（第2b集・第5集）、髙島屋（第3集）の順である。そして、松屋、東横、伊勢丹の展示会については、後年に掲載が始まっている。なお、第4集・第6集は海外雑誌からの転載である。

本書で掲載する百貨店の順番は、『近代家具装飾資料』において取り上げられている順番を基本とした。しかしながら、本書では、『近代家具装飾資料』全47集全部の写真と記事を再録・再編する。その写真点数は約2,000点に上る。また、この他に各百貨店史料館所蔵のアルバム写真・しおり・案内状・出品目録、及び、同時代の他誌に掲載された写真などを収録する。そのため、本書は上下2巻に分けることになった。

そこで、本書の第1部では、当時の主要百貨店である三越を上巻冒頭に、松坂屋を下巻冒頭に来るように、章立てした。また、三越と並んで古くから新作家具展を開催してきたのは髙島屋であることから、本書の上巻では、三越（初出：第1集）、髙島屋（初出：第3集）の順番で取り上げる。そして下巻では、松坂屋（初出：第2a集）、白木屋（初出：第2b集・第5集）、松屋（初出：第23集）、東横（初出：第27a集）、伊勢丹（初出：第35a集）、及び、その他の順番で採り上げる。

なお、各百貨店の新作家具展の沿革、及び、出品家具の特徴（スタイル・材料・設計者など）は、各章の冒頭の節において編著者が個別に述べることとする。

前述のとおり、『近代家具装飾資料』は将来的に読者が再分類・再編集して合本できるように予め計画されていた。編著者としては、今回の『近代家具装飾資料』の再構成作業が、洪洋社編集部が想定していたものから、あまり遠くないことを願うものである。

<2> 原著の所在

前述のとおり、『近代家具装飾資料』の発行部数は最後には510部であった。その中で、先の大戦の戦火をくぐりぬけることができた幸いなものが、国会図書館を始めとする全国の公共図書館・大学図書館などに所蔵されている。このたびは特に、鳥取環境大学、岐阜大学、横浜国立大学、神戸市立図書館などの所蔵本を拝借して、光学的複写もしくは撮影をさせていただいた。ところが、第1集が発行された1936年から80年以上が経過していることと、公共図書館・大学図書館において貸出・閲覧の用に供されたために、写真が汚れていたり、ページが欠落していたり、書き込みがあったり、盗難防止のために所蔵機関の印が写真に掛けて押されていたり等々のために、使用することができず、複数の図書館から同じものを拝借して、より程度が良い写真を収集する必要があった。また、本書の編著者も約半数強（25集分）を個人的に所有しており、その写真も使用したが、程度の良くないものについては、同じく図書館所蔵本の方を採用した。

このように、全国の公共図書館・大学図書館をくまなく探して、閲覧できたものの全てを光学的複写若しくは撮影をさせていただいたほか、古書市場において入手可能なものを入手したが、第40集と第44集は全国の公共図書館、大学図書館、古書市場を探してもどうしても見つからなかった。

ところが、第40集は職業訓練総合大学校図書館に所蔵されていることが判明したので、同大図書館長の特別な許可を賜り、閲覧・撮影させていただくことができた。これは、商工省工芸指導所東北支所・通商産業省工業技術院産業工芸試験所東北支所から職業能力開発総合大学校図書館に移管された貴重書である。

それから、第44集は、洪洋社社主の高梨由太郎の次男・信重の長男・高梨純さんと長女・近藤苗子さんのご自宅に所蔵されていることが、鹿島出版会の川嶋勝氏のご仲介によって判明したので、高梨純氏・近藤苗子氏のご好意により、拝借して光学的複写をさせていただく幸いに巡り合えた。

『近代家具装飾資料』は、これまで建築史・インテリア史・家具史・デザイン史・生活文化史の研究者がかいつまんで参照する程度の資料群であって、その全貌は明らかにされて来なかった。それは、この資料全体を一括して所蔵する図書館・研究機関等がなかったためである。このたび、各方面のご厚意により、太平洋戦争による焼失を逃れて、全国各地の公共図書館・大学図書館などに散在していた『近代家具装飾資料』全47集の全収録写真を再録し、解説文を翻刻することができた。本書が、研究者、学生、デザイナーはもとより、広く一般の読者の皆さんに参照されて、戦前日本の家具・インテリアの最高峰に触れていただくことができれば幸甚である。

<3> 補完資料

(a) 各百貨店史料館所蔵の資料

今回『近代家具装飾資料』全47集を再構成して再録して、各部・各章において詳細な解説を行うに当たり、第1部で取り上げる各百貨店、すなわち三越、髙島屋、松坂屋、白木屋、松屋、東横、伊勢丹の現在の社内資料保存管理部署に対して、戦前期の新作家具展のアルバム、しおり、案内状、出品目録などの資料が遺されていないかどうかについて、聞き取り調査を行った。その結果、髙島屋史料館（大阪日本橋）、Ｊ．フロントリテイリング史料館（旧松坂屋史料室：名古屋）、松屋総務部150年史編集準備室（東京銀座）に戦前期の新作家具展に関する当時の資料が存在することが判明した。特に、髙島屋史料館とＪ．フロントリテイリング史料館には、当時の新作家具展のアルバムが遺されていた。

髙島屋史料館所蔵アルバムは、（株式会社髙島屋）旧装飾部・設計部のもので、同事業を引き継いだ髙島屋スペースクリエイツ株式会社から、近年髙島屋史料館に移管された資料である。そしてこれは、髙島屋東京日本橋店（日生館）で開催された「創作洋家具展」のアルバムであった。この髙島屋のアルバムは全4冊あり、その内1冊には2年分が収録されており、全5回分の新作家具展の写真があった。また髙島屋史料館には、アルバム以外に、「第1回工精会家具展」しおり、各種の出品目録・案内状なども遺されていた。

Ｊ．フロントリテイリング史料館所蔵アルバムは、松坂屋が撮影して制作した写真帖（アルバム）が保存されて現在に至るものである。そしてこれは、松坂屋上野店・名古屋店で開催された「家具サロン」、「国風家具並びに紫江会指物展」のアルバムであった。この松坂屋のアルバムは全4冊あり、全4回分の新作家具展の写真があった。また、編著者の手許には第2回・第3回「国風家具並びに紫江会指物展」（1935・1936年）のしおりがある。

松屋総務部には、「室内装美展」しおり（第6・7回）などの資料が遺されていた。

戦前の三越家具部の資料の大部分は、野口寿郎によって東京日本橋本店から蒲田［東六郷］の三越製作所に移管された。その中には明治末年の草創期から大正末期までに三越が製作して国内各方面に納めた、林幸平・伊藤正雄など草創期の三越家具部部員によって作成された家具設計図が多量にあった。しかし、蒲田［東六郷］

工場周辺は軍需工場の集積地であったため、激しく空爆された。そして、1945年4月、空襲による三越製作所の本工場・第2工場の大部分の焼失とともに、これらの貴重な資料は灰燼に帰してしまった[106]。しかし、三越家具部に勤務した中林幸夫によれば、幸いにも難を逃れた、戦前の縮尺十分の一（S=1:10）の着彩デザイン画（商談用家具図）や実寸図（S=1:1）を綴じた約40冊の分厚いアルバムが、現在の三越伊勢丹プロパティ・デザイン蒲田工場に遺されている[107]。だが、三越が現在所蔵する資料の中には、昭和戦前期の新設計室内装飾展のアルバムなどの資料は遺されていない[108]。なお、本書の編著者の手許には、1933・1934年の「新設計室内装飾展観」の出品目録がある。

そして誠に残念なことに、東急百貨店には、当時の白木屋・東横の新作家具展の資料は遺されていなかった。同様に、三越伊勢丹ホールディングスにおいても、当時の伊勢丹の新作家具展の資料は遺されていなかった。

本書では、『近代家具装飾資料』と百貨店側の資料とを比較することによって、昭和戦前期の百貨店における新作家具展の模様が、より立体的に、またより全体的に見えるようになった。例えば、髙島屋・松坂屋のアルバムには展示会場の全体風景写真が含まれている。1933年の松坂屋上野店の「家具サロン」における各モデルルームの写真は、松坂屋アルバムと『帝国工芸』第7巻第10号の双方に同じ写真が収録されているが、『帝国工芸』では割愛された展示会場の全景写真が松坂屋アルバムには収録されている。これらの展示会場全景写真からは、各百貨店が挙（こぞ）ってモデルルームを設営した年の展示会場の豪華さを窺い知ることができる。また、1938年以降の新作家具は、時局柄、材料節約・代替品使用が義務付けられるようになったが、その際、モデルルームの設営までもが省略されていて、ただの新作家具陳列会に戻ってしまったことが、髙島屋の1941年の「新時代洋家具展覧会」のアルバムの会場風景写真から窺い知ることができる。これらは、とても貴重な写真資料である。

(b)『木工と装飾』・同改題『木材工芸』

『木工と装飾』・同改題『木材工芸』は、1918（大正7）年11月に結成された「樫葉会」・同改称「木材工芸学会」の学会機関誌（月刊）であり、1919（大正8）年3月に刊行が始まった。木材工芸学会は東京高等工業学校の卒業生を中心に結成され、中心メンバーは木檜恕一（会長）、加納淳男（会計）、森谷延雄（編集）、寺阪毅、武間主一、吉田賢であった。

松戸市教育委員会・日本マイクロ写真が1991年に製作した、『木工と装飾』創刊号［1919（大正8）年3月］から第34号［1921（大正10）年12月］及び『木材工芸』第35号［1922（大正11）年1月］から第148号［1931（昭和6）年6月］のマイクロフィルム版が、静岡大学附属図書館に所蔵されている。今回、この静岡大学附属図書館所蔵の『木工と装飾』・『木材工芸』（創刊号〜第148号：1919年3月〜1931年6月）のマイクロフィルム版を全部印刷していただいて渉猟した。そして、百貨店の新作家具展に関する口絵・記事・挿図などを網羅的に確認した[109]。

しかし残念ながら、静岡大学附属図書館所蔵のマイクロフィルム版を印刷したものは、写真の品質が芳しくないので、本書に転載することは断念した。しかし幸いにも、『木材工芸』原著の口絵ページ・図面ページだけを抽出して合本にしたものを発見した。その中に百貨店（三越・髙島屋）の新作家具展の口絵が数点含まれていたので、本書に転載することにした。

(c)『帝国工芸』

『帝国工芸』は帝国工芸会が発行した機関誌であり、1927（昭和2）年5月に発行が始まった。そして1938（昭和13）年9月発行の第12巻第9号で廃刊している。

この帝国工芸会は、日本の工芸の産業化と、その進歩発達を図ることを目的として、1926（大正15）年7月に発足した。会長は阪谷芳郎男［爵］、副会長は鶴見左吉雄であった。その主な事業は、工芸家・工業家・科学者・営業者の連絡提携、工芸に関する調査研究発表、地方特産

工芸品・工芸的副業品の改良指導、工芸時事問題に関する建議・請願、機関誌発行、工芸思想普及の講演会開催であった[110]。

神野由紀がすでに指摘しているとおり、『帝国工芸』第7巻第10・11号には、1933年の各百貨店における新作家具展の様子が大々的に特集されており、前述のとおり、翌年の『帝国工芸』第8巻第1号においては、小栗吉隆によって、これが時代の趨勢として評価されていることから、その反響の大きかったことが窺える。また翌1934年の百貨店の新作家具展の模様も、『帝国工芸』第9巻第1号に特集されている。今回の調査では、神野由紀の指摘を参考にして、『帝国工芸』を全冊渉猟した。具体的には、国立国会図書館の図書館向けデジタル化資料送信サービスを使用した。また、千葉大学附属図書館所蔵の『帝国工芸』（第1巻第1号～第12巻第9号、ただし第5巻は欠落）を全冊渉猟した。併せて東京藝術大学附属図書館所蔵の『帝国工芸』（第5巻及びその他の巻号）も渉猟した。そして、百貨店の新作家具展に関する口絵・記事・挿図などを網羅的に確認した。

『帝国工芸』原著掲載の写真は品質に問題があった。しかし、記録として欠くことができないと判断したため、あえて本書に転載を試みた。文字の裏写り、モアレなどがあるがご容赦いただきたい。

(d)『住宅と庭園』

住宅と庭園社が発行した『住宅と庭園』第2巻第3号は「家具特集号」であり、前年の1934年に開催された、三越、髙島屋、松坂屋、白木屋の新作家具展の比較的大きめの写真が掲載されている。前述のとおり、1934年の新作家具展の模様は、『帝国工芸』第9巻第1号においても特集されており、重複することになるが、『帝国工芸』の写真は芳しくないため、それを補完する意味において、『住宅と庭園』の写真も転載することにした。『住宅と庭園』第3巻第3号の三越「新設計室内装飾展」についても他誌の記事と重複するが、あえて転載した。また『住宅と庭園』第2巻第6号には、1935年開催の髙島屋東京日本橋店における「［第3回］新興洋家具陳列会」の模様が掲載されている。これは他のどの資料にも見当たらないものなので転載した。なお、『住宅と庭園』は1939年12月発行の第6巻第11号より後の発行が認められない。

今回の調査では、『住宅と庭園』を全冊渉猟した。具体的には、国立国会図書館の図書館向けデジタル化資料送信サービスを使用した。また、東京工業大学附属図書館所蔵の『住宅と庭園』を全冊渉猟した。

(e)『工芸ニュース』

1928（昭和3）年に設置された商工省工芸指導所は、翌1929（昭和4）年3月から機関誌『工藝指導』を発行した（第1号～第9号：1929年3月～1933年3月）。そして1932（昭和7）年6月からは、装い新たな機関誌『工藝ニュース／工芸ニュース』の発行を始めた（第1巻第1号～第41巻第3・4合併号：1932年6月～1974年7月）。この新たな機関誌の標題は、1932年6月の創刊号から1943（昭和18）年9月の第12巻第7号までは『工藝ニュース』であった。しかし、1943年10月の第12巻第8号から終戦直前の1944年11月の第13巻第9号までは、時局柄、その標題を『工藝指導』とした。そして1945年は休刊した。そして、終戦後に発行を再開するのは1946（昭和21）年6月の『工藝ニュース』第14巻第1号からである。

昭和戦前期の『工藝指導』・『工藝ニュース』にも、当時の百貨店における新作家具展の情報が記事として掲載されている。今回の調査では、産業技術総合研究所（産総研）東北センター所蔵資料を全冊渉猟した（欠落分を除く）。

なお、戦前の商工省工芸指導所編『工藝ニュース』第1巻第1号～第12巻第7号、工政会出版部・工業調査協会、1932年6月～1943年9月／商工省工芸指導所編『工藝指導』第12巻第8号～第13巻第9号、工業調査協会・高山書院、1943年10月～1944年11月については、国書刊行会から復刻版が2013（平成25）年に発行されている。そこで本書では、『工芸ニュース』における各百貨店の新作家具展の記事だけを翻刻して掲載することにして、写真の転載は省略することにした。

(f) 新建築

　大正期・昭和戦前期に新建築社が発行した『新建築』（第1巻第1号〜第20巻第10号：1925年8月〜1944年12月）においても、当時の百貨店における新作家具展の情報が記事として掲載されている。しかし、各百貨店について満遍なくというわけではなく、特に三越における新作家具展の記事が多い。戦前期の『新建築』については、復刻本が不二出版から刊行されている。今回の調査では、この復刻本を全冊渉猟して、百貨店の新作家具展及びアントニン・レーモンド作品の記事を全部抽出した。しかし本書では、『新建築』における情報を、各百貨店の新作家具展開催状況の年表作成やアントニン・レーモンド家具作品の特定などに利用するに留めた。よって、記事の翻刻や写真の転載は省略する。

<4> 翻刻方針・規則

　本書では、以下の方針に沿って、原著・原資料の翻刻作業を行った。

- 引用文中の異体字、旧漢字（の大部分）は新漢字に改める。その際の基準は東京大学「史料編纂所データベース異体字同定一覧」による。ただし、正字と俗字の関係にあるものは、常用されている正字のママの表記とする。また、例外的に、人名の場合は異体字・旧漢字のママとする。
- 引用文中の送り仮名は現代仮名遣いに改める。その際、文化庁編『言葉に関する問答集 総集編』全国官報販売協同組合、1995年／2015年の示すルールに従う。
- 『近代家具装飾資料』の原著では、「写真解説文」が各集の冒頭にまとめられている。そして写真ページ（20ページ分）は独立している。各写真に対する写真解説文を読むためには、毎回冒頭に戻らなければならなかった。これは写真をアート紙にコロタイプ印刷することに拘ったからである。しかし読者には手間がかかる。よって本書では写真と同一ページに写真解説文を載せることとする。
- 1集を前半・後半に分けて、2つの展示会が収録されているものがある。その場合、前半をa、後半をbと表記する。
- ①本稿（解題）、②各章の冒頭の節における解説文、③注釈については編著者が記すものであるが、それ以外については、すべて原著・原資料を編著者が翻刻したものである。
- ルビについては、原著におけるルビはカタカナ表記とするが、編著者が付すルビはひらがな表記とする。
- 原著『近代家具装飾資料』の「写真解説文」における図版キャプションと「写真ページ」の図版キャプションとが異なる場合、本書ではそれらを1箇所に記すため、明らかに誤植と思われるものは正しい表記の方に統一するが、定かではないものについては両者を併記する。
- 上記以外の誤植については、括弧［　］内に正しいと思われる文字を記す。
- 原著『近代家具装飾資料』全47集内に見られる「表記のゆれ」については、統一せずにそのママとする。

<5> 写真・家具図の処理

　本書に転載された写真及び家具図は、すべて原著を光学的複写もしくは撮影したものである。本書に転載にするに当たり、以下の方針に沿って処理をした。

- 原著（B5判）から本書（A4判）に転載するに当たり、写真・家具図を適宜拡大・縮小することを容認する。
- 『近代家具装飾資料』の写真・家具図の配置については、原著のママとする。しかし、他誌については、この限りではない。
- 集合写真（背景のあるもの）／切抜写真の別は、原著のママとする。
- 写真・家具図の補正は、見やすさを考慮する補正に留めることとし、画像の加工は行わない。

（4）本書の意義

<1> 家具史資料としての価値

　西欧では、100年以上経過したものを「アンティーク」（antique）と呼び、製造当初の卓越

した品質が、良好なまま保存されているものは、骨董市場において高値で取り引きされる。そして、80年以上経過したものを「オールド」(old)と呼ぶ。さらに20年ほど経過すれば「アンティーク」になって価値が上がり、転売するときに利益が出るので、やはり製造当初の卓越した品質が、良好なまま保存されている「オールド」も比較的高値で取引きされる。特に、証拠文書の揃っている「アンティーク」の中には、博物館・美術館に収蔵されるものもある。

　本書に掲載された家具の中で最も古いものが現存しているならば、本書発行時点で、もうすぐ100年になる。また、『近代家具装飾資料』第1集（1936年2月）掲載の三越「新設計室内装飾展」出品作品（1935年11月開催）が現存しているならば、本書発行時点で、80年以上経過している。

　本書に掲載された家具は、太平洋戦争で廃墟と化した旧大日本帝国の首都東京で販売されたものである。帝都東京の消滅と共に灰塵に帰したものも少なくはないだろう。仮に戦火をくぐりぬけたとしても、戦後70年以上経過する中で、経年劣化のために粗大ゴミとして廃棄されたものもあっただろう。しかし、今回『近代家具装飾資料』全47集が不思議にも揃ったように、その中に掲載された家具の現物も、日本のどこかに現存しているかもしれない。もしそうであるならば、それは紛れもなく貴重な文化的資源であり、家具史資料として非常に価値がある。その特定のために、本書がお役に立つのであれば僥倖である。

　また、これまで入手不可能であった『近代家具装飾資料』全47集を揃えた本書が、インテリア史・家具史・プロダクトデザイン史・工芸史・建築史・都市史・生活文化史・百貨店史・流通史などの研究者、また放送局・映画製作会社などにおける時代考証のお役に立つのであれば幸甚である。

<2>　デザイン・ソースとしての価値

　世界的に重要な装飾芸術とプロダクトデザインの美術館である、ロンドンのヴィクトリア・アンド・アルバート・ミュージアム（V&A）においては、「制作者であるデザイナーと消費者である観衆の創造性（クリエーティヴィティ）を触発することが、クリエーティブ・デザイン産業の振興に繋がる」という考え方が脈々と息づいている。そして、その目的を達成するために収蔵品・学芸員を総動員している[111]。

　国立デザイン美術館が未だ実現していない日本において、本書のような写真集という印刷媒体において、歴史的に価値のある装飾芸術やプロダクトデザインを開示することは、博物館・美術館において企画展覧会を開催することと同じ意義と重みがある。勿論、現存家具・写真資料・証拠文書などを一堂に展示公開できる企画展が博物館・美術館において開催できるのであれば、なお一層すばらしい。

　いずれにしても、本書で取り上げた家具作品は「パブリックドメイン」である。もし仮に意匠権を持っていたものがあったとしてもすでに失効している。また、戦前期にすでに誌上で公開された「既知の意匠」であるために、模倣品をもって意匠権を主張することもできない。これらはパブリックドメインなのである。建築・インテリア・家具などの制作者であるクリエーターの皆さんが、戦前日本の富裕層が憧れたこれらの家具・インテリアに触れて、内なる創造性が大いに触発されて、新たなデザインが誕生していくようになれば、それは編著者の最も喜びとするところである。

表・解－1 『近代家具装飾資料』(洪洋社) 書誌情報一覧

輯	タイトル	展示会会場	展示会会期	発行年月
1	新設計室内装飾展集 [1]	東京日本橋三越	1935年11月	1936年2月
2	新様式と国風家具展集	—	—	1936年4月
2a	日本座敷に適わしき国風家具展集	松坂屋 [上野店]	1934年12月・1935年10月	1936年4月
2b	近代的洋風のルームに適わしき家具の試作展	白木屋	[1935年]	1936年4月
3	新興漆芸家具創作展集	日本橋髙島屋	1936年4月	1936年5月
4	最近の居間家具	独仏英米 [欧米]	—	1936年6月
5	新作洋家具陳列会 「夏の室内装備」	東京日本橋白木屋	1936年5月	1936年7月
6	欧米家具作品集 [1]	1934・36年の海外新作品例 [欧米]	—	1936年9月
7	国風家具展集 [1]	上野松坂屋	1936年10月	1936年11月
8	新設計室内装飾展集 [2]	日本橋三越本店	1936年11月	1936年12月
9	欧米家具作品集 (2)	[欧米]	—	1937年1月
10	レイモンド家具作品集	[日本]	—	1937年3月
11	趣味の和家具展集 [1] [三匠会]	日本橋三越本店	1936年11月	1937年5月
12	洋家具逸品会展観集 [1]	日本橋白木屋	1937年4月	1937年6月
13	創作洋家具展集 [第5回創作 [洋] 家具展]	日本橋髙島屋	1937年4月	1937年8月
14	二つの家具展作品集 [1]	—	—	1937年9月
14a	新興闊葉樹家具試作展	東京丸ノ内 東京商工奨励館	1936年11月	1937年9月
14b	東京高等工芸学校木材工芸別科創作展	銀座三越	1936年11月	1937年9月
15	国風家具展集 (2) [付・紫江会指物展]	上野松坂屋	1937年11月	1937年12月
16	新設計室内装飾展集 (3)	日本橋三越本店	1937年11月	1938年2月
17	趣味の和家具展集 (2) [三匠会]	三越本店	1937年10月	1938年3月
18	欧米家具作品集 (3)	[独仏＋伊英米]	—	1938年5月
19	洋家具逸品会展観集 (2) 「夏向きの室内装飾」	日本橋白木屋	1938年5月	1938年7月
20	工精会家具展集 [1] [梶田恵、林二郎、渡邊明]	日本橋髙島屋	1938年5月	1938年9月
21	欧米家具作品集 (4)	[欧米]	—	1938年10月
22	趣味の和家具展集 (3) [三匠会]	日本橋三越本店	1938年10月	1938年12月
23	[新作] 和洋家具展集 [1]	銀座松屋	1938年10月	1939年1月
24	新設計室内装飾展集 (4)	日本橋三越本店	1938年11月	1939年2月
25	国風家具展集 (3) 付・紫江会指物展	上野松坂屋	1938年11月	1939年4月
26	二つの家具展集 (2)	—	—	1939年5月
26a	創作洋家具展	日本橋髙島屋百貨店	1939年3・4月	1939年5月
26b	洋家具試作展	銀座松屋百貨店	—	1939年5月

輯	タイトル	展示会場	展示会会期	発行年月
27	実用洋家具及び夏の家具展集	—	—	1939年7月
27a	新作実用洋家具陳列会	東横百貨店	—	1939年7月
27b	夏の家具展	髙島屋百貨店	—	1939年7月
28	［第2回］工精会家具展集（2）			
	［梶田恵、林二郎、渡邊明］	日本橋髙島屋	1939年5月	1939年8月
29	欧米家具作品集（5）	［欧米］［欧州］	—	1939年10月
30	国風家具展集（4）付・紫江会指物展	上野松坂屋	1939年10月	1939年12月
31	新作和洋家具展集［2］	銀座松屋	1939年　秋	1940年2月
32	新設計室内装飾展集（5）	日本橋三越本店	1939年　秋	1940年4月
33	趣味の和家具展集（4）［三匠会］	日本橋三越本店	1939年10月	1940年5月
34	二つの家具展集（3）	—	—	1940年7月
34a	新設計洋家具展	髙島屋東京店	1940年3月	1940年7月
34b	洋家具逸品会［展］	白木屋本店	1939年10月	1940年7月
35	新作家具作品集	—	—	1940年8月
35a	丹麗会家具展	伊勢丹百貨店	—	1940年8月
35b	新作洋家具陳列会	東横百貨店	—	1940年8月
36	洋家具逸品会展観集（3）	日本橋白木屋	—	1940年10月
37	近代洋家具作品集	独逸	—	1940年12月
38	和洋家具陳列展集	日本橋白木屋	—	1941年1月
39	新時代洋家具展集	日本橋髙島屋	1941年3月	1941年5月
40	実用洋家具作品集［1］	三越	1941年初夏	1941年8月
41	東京木工芸作家協会作品集（1）			
	東京木工芸作家協会第一回作品展覧会	髙島屋	1941年6月	1941年9月
42・43	室内構成と家具作品集			
	東京工芸綜合展覧会第二部	日本橋三越本店	1941年10月	1942年1月
44	実用洋家具作品集（2）	三越本店	1942年7月	1942年12月
45・46	家具及び工芸品綜合展観集			
	「三創会」（新進工芸作家集団）＋			
	「日本民芸協会同人」	日本橋三越本店	1942年11月	1943年9月
47	［第10回］新作洋家具展集	髙島屋	［1942年11月］	1944年1月

※　展示会会期については、補完資料の情報も含む。推定年月については、有力なものを括弧［　］で示し、それ以外は不詳（—）とした。

表・解-2　『近代家具装飾資料』奥付・社告等一覧表

編集発行兼印刷人

No.	摘　要
第1集～第21集	東京牛込市谷台町10　　高梨由太郎
第22集～第39集	東京牛込市谷台町10　　高梨勝重
第40集～第44集	東京市牛込区市谷台町10　　高梨勝重（タカナシ　カツシゲ）
第45・46集～第47集	東京都牛込区市谷台町10番地　　高梨勝重（タカナシ　カツシゲ）

発行所

No.	摘　要
第1集～第39集	東京牛込市谷台町10　　洪洋社
第40集	東京市牛込区市谷台町10　　洪洋社
第41集～第42・43集	東京市牛込区市谷台町10　会員番号110037　　洪洋社
第44集～第47集	東京市牛込区市谷台町10番地　出文協会員番号110037　　洪洋社

配給元

No.	摘　要
第1集～第39集	記載なし
第40集～第47集	東京市神田区淡路町2-9　　日本出版配給株式会社

印刷所

No.	摘　要
第1集～第39集	東京牛込市谷台町10　　洪洋社写真印刷部
第40集～第42・43集	東京神田区西神田2-29　　三木写真印刷所
第44集～第47集	東京市下谷区西黒門町14番地　東東138　　原田写真印刷所

発行部数

No.	摘　要
第1集～第42・43集	記載なし
第44集～第47集	510部

定価

No.	摘　要
第1集～第14集	金1円
第15集～第30集	金1円10銭
第31集～第47集	金1円30銭　（合本である第42・43集、第45・46集は2倍の金2円60銭）

特別行為税相当額

No.	摘　要
第1集～第44集	記載なし
第45・46集	金25銭
第47集	金13銭

1冊当たりの送料(当該集の奥付に記載された当該集の送料)
※ 後年の社告に記載された各集の送料はこの表の価格よりも値上がりしている。

No.	摘　　要
第1集〜第11集	金8銭
第12集〜第41集	金10銭
第42・43集	金14銭
第44集	金16銭
第45・46集	金20銭／外地金32銭
第47集	送料の記載なし

社告の種類
※ 「家具指物界の絶好資料」とは、『美術建具組物図集』・『家具製作図解』・『茶の湯指物製作図集』など。

No.	摘　　要
第1集〜第18集	家具写真集成／家具指物界の絶好資料／木材工芸叢書
第19集〜第42・43集	近代家具装飾資料／家具写真集成／家具指物界の絶好資料／木材工芸叢書
第44集	近代家具装飾資料／家具指物界の絶好資料／木材工芸叢書
第45・46集〜第47集	近代家具装飾資料

表・解-3　『近代家具装飾資料』各集末の『近代家具装飾資料』についての社告内容

No.	摘　　要
第1集〜第18集	『近代家具装飾資料』の社告なし
第19集〜第31集	月刊図集　近代家具装飾資料 四六倍判・玻璃版印刷［コロタイプ印刷］・用紙アート紙・1集20葉・スクリューとじ新装美本 定価・1冊前金　金壱円拾銭［1.10円］　送料　金拾銭［0.10円］ 近代家具装飾資料は、常に内外家具装飾の優秀作例を紹介し、業界各位の為に脈々たる最尖端的型録として代弁せしむる様編集した月刊の写真図集で、其の鮮麗を極めた写真と、アート紙の肌に輝く玻璃版印刷の精巧美は、実に本集の誇るべき一大特徴である。 【表】既刊書目［タイトルのみ記載］ 第1集〜第19集［各集タイトル省略］
第32集〜第42・43集	月刊図集　近代家具装飾資料 四六倍判・玻璃版印刷［コロタイプ印刷］・用紙アート紙・1集20葉・スクリューとじ新装美本 定価・1冊前金　金壱円拾銭［1.10円］（送料拾銭）［0.10円］ 近代家具装飾資料は、常に内外家具装飾の優秀作例を紹介し、業界各位の為に脈々たる最尖端的型録として代弁せしむる様編集した月刊の写真図集で、其の鮮麗を極めた写真と、アート紙の肌に輝く玻璃版印刷の精巧美は、実に本集の誇るべき一大特徴である。 【表】既刊書目［タイトルのみ記載］ 第1集〜第30集［各集タイトル省略］ 第31集〜第38集［各集タイトル省略］ 第31集以降　1冊前金壱円参拾銭税拾銭［1.30円＋税0.10円］
第44集〜第47集	写真図集　近代家具装飾資料 近代家具装飾資料は、常に内外家具装飾の優秀作例を紹介し、業界各位の為に脈々たる最尖端的型録として代弁せしむる様編集した写真図集で、其の鮮麗を

第 44 集〜第 47 集	極めた写真と、アート紙の肌に輝く玻璃版印刷の精巧美は、実に本集の誇るべき一大特徴である。（※） B5 判（6 寸× 8 寸 5 分）・用紙アート紙［・］高級玻璃版印刷［コロタイプ印刷］［・］1 集 20 葉・写真 40 図内外［・］スクリュー綴じ・新装美本 【表】既刊書目［タイトル・定価・送料を記載］ 書目：第 26 集〜第 45・46 集［各集タイトル省略］ 定価：第 26 集〜第 30 集 1.10 円、第 31 集〜第 41 集 1.30 円、第 42・43 集 2.60 円、第 44 集 1.30 円、第 45・46 集　売価税込 2.85 円 送料：第 28 集〜第 41 集 0.16 円、第 42・43 集 0.20 円／外地 0.32 円、第 44 集 0.16 円、第 45・46 集 0.20 円／外地 0.32 円 御註文は振替又は為替で御送金下さい。弊社の振替口座番号は―東京 21824 番　電話　四谷（35）4462

※　第 44 集以降では、すでに月刊誌ではなくなっていたので「月刊の」文言を削除したと思われる。

表・解− 4　『木材工芸叢書』各巻末の『近代家具装飾資料』についての社告内容（1936 〜 38 年）

No.	摘　要
全 16 巻とも	近代家具装飾資料 （美しい……）月刊写真集　／　月刊図集創刊 1 冊前金　壱円［1.00 円］　〒八銭［0.08 円］ 代金引換　壱円弐拾銭［1.20 円］ （満鮮台樺は実費加算） （五冊以上は前金御払込に対して送料弊社負担） ●『木材工芸叢書』の姉妹刊行物として、常に内外の優秀作例を紹介し、 ●併せて、業界各位の為に脈々たる最新型録として代弁せしむる様編集したもの。 ● 1 集 2 集と毎月発行する。つまり刊行形式は雑誌である。四六倍判の、鮮麗を極めた写真ばかりの雑誌である。――型録に適わしき玻璃版印刷［コロタイプ印刷］の精巧さを、アート紙の肌に輝かした美と実用との写真集である。 ●プレートの 1 葉中には、セットはセット、椅子は椅子、卓子は卓子と云う風に一括して掲げ、装幀は開閉のよいスクリュー綴とし、一年二年とたてば分類して合本し得る様にした。斯くて貴下の型録は常に新しく新しく更正する。
以下の 3 巻を除く 13 巻	【リスト】既刊書目［タイトルのみ記載］ ［各集タイトル省略］
『ラックとラッカー』（坂田秀太郎、第 24 巻、1936） 『座机と書棚』（遠藤武、第 16 巻、1937） 『居間家具』（岩瀬要三、第 4 巻、1936）	【概要】［既刊書目の代わりに第 1 集〜第 3 集の概要を記載］ **月刊図集　創刊** **第 1 集**　11 年 2 月刊行 　本集は昨年 11 月下旬、三越本店に開かれた「新設計室内装飾展」の全体的蒐集で、先ず各室のセットを、室内主要部を背景として綜合的に概観し、椅子、卓子、棚等を細部的に大写したものである。尚各巻とも主材と仕上の概略とを巻頭に記した。 **第 2 集**　11 年 4 月刊行 　上野松坂屋の国風家具展と白木屋の近代建築に適わしき家具の試作展とを収めたもので、国風家具は和室のモデルルームに活々と飾られた創作品である。 **第 3 集**　11 年 5 月刊行 　本年 4 月上旬、髙島屋で開かれた「新興漆芸家具創作展集」で漆加工による日本的な味と、形態の新鮮さとが光っている。

表・解-5 『木材工芸叢書』巻数・タイトル・著者・発行年

巻数	タイトル	著者名	発行年
1	住宅室内計画	木檜恕一	1936
2	書斎家具	鈴木太郎	1937
3	応接間家具	小林登	1937
4	居間家具	岩瀬要三	1936
5	食事室用家具	鈴木富久治	1938
6	子供室用家具	―	【未刊】
7	寝室家具	佐々木達三	1936
8	台所家具	―	【未刊】
9	屋外家具	―	【未刊】
10	事務家具	―	【未刊】
11	金属家具	西川友武	1936
12	曲木家具	―	【未刊】
13	籐竹家具	―	【未刊】
14	簞笥と鏡台	榎本安五郎	1937
15	茶棚と飾棚	小栗吉隆	1937
16	座机と書棚	遠藤武	1937
17	家具様式	―	【未刊】
18	家具製図	鈴木三郎	1936
19	家具図案	―	【未刊】
20	家具用木材	―	【未刊】
21	木材乾燥	―	【未刊】
22	木工機械の使い方	―	【未刊】
23	製材機械	―	【未刊】
24	ラックとラッカー	坂田秀太郎	1936
25	ワニスとペイント塗	―	【未刊】
26	家具の漆塗	―	【未刊】
27	椅子張	熊井七郎	1937
28	家具の金物	坂本春幸	1938
29	家具の工作法	―	【未刊】
30	塑像と木彫	山本金三郎・吉見誠	1938
31	ロクロと旋盤	―	【未刊】
32	挽抜と象嵌	―	【未刊】
33	竹細工	―	【未刊】
34	玩具	―	【未刊】
35	卓上器具	―	【未刊】
36	室内照明	―	【未刊】
37	壁紙の貼方	―	※37・38巻合併
38	カーテンとカーペット	―	※37・38巻合併
新23	壁紙・カーテン・カーペット	坪井冨士太郎	1938
39	ベニアと其利用	―	【未刊】
40	建具と造作	―	【未刊】

【注】

1)『帝国工芸』・『住宅と庭園』については関連する写真をすべて再録したが、『木工と装飾』・同改題『木材工芸』については一部の写真だけを再録した。また『工芸ニュース』・『新建築』の写真の再録は割愛した。

2) 川嶋勝・大川三雄他「洪洋社の建築出版活動の概要とその特質について」『日本建築学会計画系論文集』第81巻第721号、日本建築学会、2016年3月、751-758頁

3) 藤岡洋保「はしがき」『写真集 幻景の東京――大正・昭和の街と住い』柏書房、1998年、3-5頁

4) 1940（昭和15）年、大日本帝国政府は、情報局指導の下、「日本出版文化協会」及び「洋紙共販株式会社」を設立して出版物の統制を始めた。翌1941（昭和16）年には、全国の出版物取次業者を強制的に統合した「日本出版配給株式会社」を設立して、全国の出版社（文協会員）が発行する全書籍雑誌を一元的に配給することにした（「ヨイ本を安く早く――日本出版配給会社うぶ声――全国の取次店は全部解消」『大阪毎日新聞』1941年5月6日）。

5) 早稲田高等工学校（早高工）とは、夜間2年制の各種学校として東京府が設置認可したものである。設置当初は機械工学科・電気工学科・建築学科・土木工学科の4学科であったが、1944（昭和19）年、航空機科・電気通信科・木材工業科の3科が新設され、同時に、機械工学科を機械科・電気工学科を電気科・建築学科を建築科・土木工学科を土木科に改称した。そして1949（昭和24）年、戦後の学制改革による新制早稲田大学の設置に伴い募集停止となった。

6) 北尾春道「前詞」『数寄屋聚成』第20巻、洪洋社、1937年6月（新漢字・現代仮名遣い改め）

7) 例えば、1936年開催の「[第3回] 国風家具展しおり」の文言が、洪洋社編集部によって書き替えられて、『近代家具装飾資料』第7集の巻頭解説文となっている。／【「[第3回] 国風家具展しおり」】国風家具 [改行] 所謂洋家具というものが、単に洋風建築のファニチュアーとしてのみでなく、近代日本の生活様式の変遷につれて、和風建築の住宅にも、畳敷の純日本座敷にさえ置かるべきものとなって参りました。茲に必然的に日本趣味の国風家具が要求せられ、更に側面的に、国風尊重の時代思潮に伴って、洋間に置くものにも我が国固有の典雅な趣好が需められて参りました。[改行] 弊店が茲に提唱展観する「国風家具」は、この時代の好尚に応じて、<u>古くは藤朝時代に遡り、鎌倉、室町、桃山、徳川と、各時代の古典家具並びに工芸の手法伝統を究めて、之を近代的な解釈のもとに咀嚼再吟味し、或は素朴閑雅に、或は典麗優雅に、或は豪華に或は明快に、和洋の渾然たる融合を索めて意匠制作仕りました</u>考作でございます。お繰合せ御枉駕御清鑑の栄を賜り度く偏に御願い申し上げます。／【『近代家具装飾資料』第7集】国風家具は、近時国風尊重の思潮に伴う極めて必然的な発芽であって、古くは藤原時代に遡り、鎌倉、室町、桃山、徳川と、各時代の古典家具並びに工芸の手法伝統を究めて、之を近代的な解釈のもとに咀嚼再吟味し、或は素朴閑雅に、或は典麗優雅に、或は豪華に、或は明快に、和洋の渾然たる融合を索めて意匠制作せるもので、畳敷きの純日本座敷にさえ置かるべき和風趣味横溢の作品揃いである。[下線編著者]

8) 例えば、『木材工芸叢書』第5巻『食事室用家具』（1938年）を執筆した鈴木富久治は三越家具部部員であった。

9) ブリタニカ・ジャパン編著発行『ブリタニカ国際大百科事典』（オンライン）／山本隆太郎・中村幹他『日本大百科全書』小学館（オンライン）

10) 出版統制や物資不足で、洋紙・インキ等の入手が困難になったためか、出征するなどして人手不足になったためか、不明。

11) 『数寄屋聚成』第20巻の「前詞」においては峰尾松太郎と表記されている。

12) 北尾春道「凡例」『国宝書院図聚』第13巻、洪洋社、1940年11月（新漢字・現代仮名遣い改め）。この「凡例」において北尾春道は、『国宝書院図聚』における製図は自らが行ったことを記している。高梨由太郎が亡くなり、長男・勝重が社主になり、製図を勝重に依頼できなくなったためではないかと思われる。

13) 川喜田煉七郎編『レイモンドの家』（洪洋社、1931年6月）においては、「編集及び撮影 川喜田煉七郎 峯尾松太郎」となっている（同著目次）。このことと、北尾春道による『数寄屋聚成』前詞・『国宝書院図聚』凡例に記された名前の順番とから判断すると、峯尾松太郎が、高梨良蔵より年輩であり、洪洋社写真部の主要カメラマンであったと思われる。なお、洪洋社主高梨由太郎と高梨良蔵との姻戚関係については不詳。

14) 髙島屋アルバム収録写真と『近代家具装飾資料』収録写真とが同じ写真（ネガ）を使用していたことについて、少なくとも以下の2つの場合が想定される。①洪洋社写真部員が撮影した写真を焼き増しして、取材の御礼に髙島屋家具装飾部・設計部に献呈したものが髙島屋アルバムに収録されたと考える場合。②現存する髙島屋アルバムの写真はすべて髙島屋家具装飾部・設計部が撮影した写真であり、その写真（ネガ）が洪洋社に提供されたと考える場合。しかし、どちらの場合においても幾つかの問題点が残る。

15) 『近代家具装飾資料』第2a集（1936年4月）に収録された写真は、1934（昭和9）年12月の松坂屋上野店開催の第1回国風家具展と翌1935（昭和10）年10月の松坂屋上野店開催の第2回国風家具展との2回分の写真を一括して掲載したものである。そして、『帝国工芸』第9巻第

1号（1935年1月）及び『住宅と庭園』第2巻第3号（1935年3月）に収録された1934年12月の上野店開催の第1回国風家具展の写真と『近代家具装飾資料』第2a集収録写真とを比較すると、同じモデルルームを撮影した写真には、どれも同じ写真（ネガ）が使用されていることが判る。また『帝国工芸』第9巻第11号（1935年10月）に収録された1935年10月上野店開催の第2回国風家具展の写真と『近代家具装飾資料』第2a集収録写真とを比較しても同様のことが言える。しかしながら、1934年12月の上野店開催の第1回新国風家具展・1935年10月の上野店開催の第2回国風家具展のアルバムはJ．フロントリテイリング史料館には存在しない。元々制作しなかったのか、紛失したのか、委細不明である。したがって、現時点では『近代家具装飾資料』第2a集の写真（ネガ）については、「洪洋社がどこかから提供を受けた」とだけ言うことができる。しかし、その後の松坂屋の国風家具展・紫江会指導展については、松坂屋アルバム収録写真と『近代家具装飾資料』収録写真とは全く別々のものであるので、松坂屋・洪洋社双方ともに独自撮影を行っていることは明らかである。

16）三越側の資料は焼失しているので検証のしようがないが、三越が提供した写真を使用したものと推測される。

17）どの集が何回再版［再刷］されたのか、その詳細は不明であるが、『近代家具装飾資料』の中には増刷された集が確かにあった。横浜国立大学図書館所蔵の『近代家具装飾資料』第2集は1938年3月発行の第3版であった。この第2集は1937年1月にも再版されている。また横浜国立大学図書館所蔵『近代家具装飾資料』第3集は1937年2月発行の再版、同第4集は1937年5月発行の再版、同第5集は1937年6月発行の再版であった。

18）北尾春道著『数寄屋聚成』第20巻（1937年6月）の定価は金3円50銭、同じく『国宝書院図聚』第13巻（1940年11月）の定価は金7円であった。双方とも本格的な装丁であり、ページ数も多いので当然高価であった。

19）木檜恕一「11、木材工芸図書の刊行」『私の工芸生活抄誌』木檜先生還暦祝賀実行会、1942年、41-46頁

20）同上（19）、木檜恕一

21）三越呉服店『三越』第10巻第6号、1920年6月

22）大江善三『髙島屋100年史』髙島屋本店、1941年、253頁、年表89頁

23）武間主一編「髙島屋家具装飾展覧会」『木工と装飾』第16号、樫葉会、1920年6月、口絵、3、22-23頁／武間主一編「髙島屋家具装飾展覧会作品」『木工と装飾』第17号、樫葉会、1920年7月、3、5、7、16-17頁

24）竹中治助編『新版店史概要』松坂屋、1964年、362-363頁

25）杵島武雄「白木屋「家具逸品会」の展示室に就いて」『帝国工芸』青木利三郎編、第9巻第1号、帝国工芸会、1935年1月、20-23頁

26）ＶＴＳ生「三越と松屋の家具展」『帝国工芸』青木利三郎編、第3巻第12号、帝国工芸会、1929年12月、409-410頁

27）『松屋百年史』制作過程の手稿（株式会社松屋社史編集委員会編『社暦年表（案）』（手稿）、1967年7月）には、1933（昭和8）年11月1日に「室内装美展」が開催された記録がある。しかし、この事項は『松屋百年史』から割愛された。

28）小泉和子・廣瀬彩也子「デルスニス展――日本に本格的に紹介されたアール・デコ」『家具道具室内史』第6号、家具道具室内史学会、2014年5月、88-99頁

29）木檜恕一（1881～1943年）は、1908年、東京高等工業学校附属教員養成所建築科卒業。同年、同校付属徒弟学校木工科助教授。後年、家具分科主任。1917年、東京府立工芸学校家具製作科（後の木材工芸科）科長。1918年、樫葉会（改称：木材工芸学会）設立。初期代表。1920年、生活改善同盟会委員。1921～23年、文部省在外研究生として官費欧米留学。1923年、東京高等工芸学校木材工芸科教授。翌年、同科長。1926年、帝国工芸会理事。1933年、臨時産業合理局事務用卓子及椅子単純化委員会委員。1942年、社団法人日本家具統制会会長。1943年、指導先（富山）で急逝。

30）1920（大正9）年に東京高等工芸学校の設立準備に招かれた木檜恕一は、この研鑽のため海外に派遣されて、1921（大正10）年5月から1923（大正12）年7月まで、アメリカ（5～11月西海岸、シカゴ）から、ヨーロッパ各国（イギリス、イタリア、ドイツ、フランス、スウェーデン、デンマーク、ノルウェー、ハンガリー、オーストリア、チェコ）を巡歴して、1923年9［7］月（『木材工芸』第74・75合併号に大正12年7月25日付の木檜恕一氏帰朝歓迎講演会記念撮影と記された写真がある）に帰国した（森仁史「家具の近代化とともに――木檜恕一の生涯」『叢書・近代日本のデザイン27 『私の工芸生活抄誌』木檜恕一』ゆまに書房、2009年、349-350頁）。「在外研究中」のフランス・パリのサロン視察ということであれば、1922～23年のことではないかと考えられる。「1820年」は「1920年」の誤字・誤植であるが、実際には「1920年」ではなく、「1922・23年」の記憶違いではないだろうか。木檜恕一より1年早く文部省在外研究生として官費欧米留学に出発した森谷延雄［1920（大正9）年10月19日出航・1922（大正11）年6月30日帰国］は、「［1920（大正9）年12月5日］巴里で秋のサロンを見ました」という記事［1921（大正10）年2月5日付］を『木材工芸』第26号（1921年4月、7-12頁）に寄稿している。なお、図録『没後80年 森谷延雄展』（佐倉市美術館、2007年）の「年表」（89頁）下には、1922年3月11日、ロンドンにて撮影された、木檜恕一・森谷延雄の2名が一緒に写る写真が掲載されてい

る。

31) 木檜恕一「51、現代仏蘭西家具の綜合陳列」『私の工芸生活抄誌』木檜先生還暦祝賀実行会、1942年、205-208頁

32) 木檜恕一「52、百貨店の室内綜合展観」『私の工芸生活抄誌』木檜先生還暦祝賀実行会、1942年、208-212頁（新漢字・現代仮名遣い改め）

33) 木檜恕一「仏蘭西現代装飾美術展覧会に就て」『木材工芸』第110号、木材工芸学会、1928年4月、5-6頁

34) 斉藤隆介「野口寿郎・家具40年④──デルスニス展前後」『室内』第124号、工作社、1965年4月、91-95頁

35) この箇所の詳細及び引用文献の出典は、第1部・第1章・第1節「三越の新作家具展の概要と特質」を参照。

36) 三越の新作家具展は、当初は丸の内別館において開催されていた。なお、展覧会と陳列会は同義語。

37) 1932年は「新設計室内装備展観」もしくは「新設計室内装置展観」と呼称された。

38) 1938年は「実用家具展」と呼称された。1936・1937・1939・1940年の「実用洋家具展」の開催は未確認である。

39) この箇所の詳細及び引用文献の出典は、第1部・第2章・第1節「髙島屋の新作家具展の概要と特質」を参照。

40) 1926（大正15）年に開催された「家具新製品陳列会」が第5回であると推定される。

41) 1935（昭和10）年にも「新興洋家具陳列会」が開催されているが、1928年・1935年双方の「新興洋家具展」に関する髙島屋家具装飾［設計］部の宮内順治による報告が、前者は『木材工芸』第118号（1928年12月）に、後者は『住宅と庭園』第2巻第6号（1935年6月）に、それぞれ掲載されている。

42) 京橋店は、この仮店舗を取り壊して建てられた。

43) この箇所の詳細及び引用文献の出典は、第1部・第3章・第1節「松坂屋の新作家具展の概要と特質」を参照。

44)「第1回国風家具展」は松坂屋大阪店においても開催されている。

45) この箇所の詳細及び引用文献の出典は、第1部・第4章・第1節「白木屋の新作家具展の概要と特質」を参照。

46) この箇所の詳細及び引用文献の出典は、第1部・第5章・第1節「松屋の新作家具展の概要と特質」を参照。

47) 前掲（34）、「野口寿郎・家具40年④──デルスニス展前後」

48) 三越本社編『株式会社三越100年の記録1904〜2004──デパートメントストア宣言から100年』三越、2005年、75, 110, 116, 156, 158頁

49) 池澤丈雄『大阪髙島屋40年史』大阪髙島屋本部、1937年、185頁

50) 髙島屋工作所50年史編纂委員会編『快適環境の創造──髙島屋工作所50年史』髙島屋工作所、1989年、45-56頁

51) 前掲（34）、「野口寿郎・家具40年④──デルスニス展前後」

52) 誠工舎『誠工舎の家具と装飾』誠工舎、1935年による。誠工舎60年史編纂委員会『誠工舎創業60年史──60年の軌跡』誠工舎、1985年、34-36, 148頁によれば、大阪出張所の開設は1935（昭和10）年、大阪工場の開設は1936（昭和11）年となっている。

53) 同上（52）、誠工舎60年史編纂委員会、149頁

54) 青木正夫・岡俊江・鈴木義弘『中廊下の住宅──明治大正の暮らしを間取りに読む』（住まい学体系102）住まいの図書館出版局、2009年／沢田知子「中流階級における和洋折衷住宅の普及」『ユカ坐・イス坐』（住まい学体系066）住まいの図書館出版局、1999年、42-49頁

55) 新井竜治「昭和戦前期の『家具公定価格集』に基づく『洋家具類銘柄参考図集』の特質」『芝浦工業大学研究報告理工系』第59巻第2号、芝浦工業大学、2016年3月、49-58頁

56) 小泉和子「近代都市民衆の家財道具」『室内と家具の歴史』中央公論社、1995年、342-350頁。同著は、戦前の東京で西山卯三が行った「労働者階級の多数居住する地区における所有家具状況調査報告」（西山卯三「室の種類と家具」『これからのすまい──住様式の話』相模書房、1947年、211-240頁所収）について再解釈を施している。

57) 木田拓也『工芸とナショナリズムの近代』吉川弘文館、2014年、69-73頁

58) 同上（57）、木田拓也／木檜恕一「48、商工省工芸展覧会」『私の工芸生活抄誌』木檜先生還暦祝賀実行会、1942年、191-195頁

59) 前掲（32）、木檜恕一

60) 小栗吉隆「昭和8年の家具工芸界の回顧と将来の傾向」『帝国工芸』第8巻第1号、帝国工芸会、1934年1月、9-10頁（新漢字・現代仮名遣い改め）。1927（昭和2）年

12月の木材工芸学会会員名簿（10頁）において、小栗吉隆の住所・連絡先は東京高等工芸学校になっている。

61）青木利三郎編「三越の新設計室内装飾展観」『帝国工芸』第8巻第11号、帝国工芸会、1934年12月、362頁

62）木檜恕一「「新設計室内装飾展観」を見る」『帝国工芸』青木利三郎編、第7巻第10号、帝国工芸会、1933年11月、296-299頁

63）木檜恕一「三越「新設計室内装飾展観」概評」青木利三郎編『帝国工芸』第9巻第1号、帝国工芸会、1935年1月、14-19頁

64）川浪晒哉「周囲の工作から見た室内装飾展の比較」『帝国工芸』青木利三郎編、第9巻第1号、帝国工芸会、1935年1月、19-20頁（新漢字・現代仮名遣い改め）

65）本書の「東京髙島屋家具装飾部通信販売カタログ・しおり」・『三越写真帖』・『松屋グラフ』を参照。

66）中村富夫「好敵手物語——芝と荒川の家具」『室内』第112号、工作社、1964年4月、67-73頁

67）今日では、博物館・美術館における美術作品の「鑑賞」を主な目的とする催しを「展覧会」と呼称し、商業施設における美術作品の「販売」を主な目的とする催しを「展示会」と呼称する。『近代家具装飾資料』に収録された昭和戦前期の百貨店における新作家具展は「展覧会」若しくは「陳列会」と呼ばれていたが、その実態は「展示即売会」であった。そこで、本書においては「展示会」の呼称を使用する。

68）高梨由太郎編『近代家具装飾資料』第2集、洪洋社、1936年4月、写真解説文（図版12頁上下）

69）三越「新設計室内装飾展出品目録」1933年／三越「新設計室内装飾展出品目録」1934年

70）1868年に創立されて1911年に改組されたパリ高級衣装店組合事務局の規約にみられるオートクチュールの条件は、①年2回、一定期間内に生きたマヌカンを使って60点以上の作品を発表すること、②その店の創作衣装を顧客に売ること、③規格化量産を行わないこと、④外注作業を行わないことなどであり、1943年には法的にその著作権が認められた（ブリタニカ・ジャパン編著発行『ブリタニカ国際大百科事典：小項目事典』オンライン）。

71）フランス語で「既製服」の意の「プレタポルテ」（prêt à porter）は、既製服の中でも比較的品質が優れ、高価なものを指すため、日本では「高級既製服」と訳される。オートクチュールのオリジナル・デザインを大量生産向けに改作して、自家工場もしくはその独占権を購入した既製服メーカーが生産したものである（ブリタニカ・ジャパン編著発行『ブリタニカ国際大百科事典：小項目事典』オンライン）。この「プレタポルテ」（高級既製服）を捩って、戦後日本において「プレフォルム家具」という比較的高額の脚物家具の「セミオーダー家具」が作られた。「プレフォルム家具」とは、あらかじめ（プレ）基本形態（フォルム）を定めておき、基盤となる木部材料やウレタンクッション材等を在庫しておいて、顧客の注文に応じて、ファブリックス、表面木材、塗装色等の細部に変化を付けることができるものである。その先駆けとなったのは天童木工の「OM（オーダーメイド）シリーズ」（1967〜1977年）であった（新井竜治『戦後日本の木製家具』家具新聞社、2014年、177-178, 324-325頁）。昭和戦前期の百貨店の新作家具展における出品家具作品は、戦後の家具メーカーによる「プレフォルム家具」に見られる「セミオーダー家具」とは一線を画しており、あくまでも「限定生産高級家具」であった。

72）江口圭一『大系日本の歴史14　二つの大戦』（小学館、1993年）など

73）商工省工芸指導所編「図録：北辰電機の作業用家具」『工芸指導』第12巻第8号、工業調査協会、1943年10月、1-3頁

74）木檜恕一「はしがき」『家具の科学』羽田書店、1942年、1-3頁

75）商工省工芸指導所編「商工省主催国民生活用品展覧会規定発表さる」『工芸ニュース』第10巻第7号、工業調査協会、1941年、6-7頁／商工省工芸指導所編「国民生活用品展開催に関する懇談会」『工芸ニュース』第10巻第8号、工業調査協会、1941年、6-7頁／商工省工芸指導所編「国民生活用品展鑑審査委員決す」『工芸ニュース』第10巻第9号、工業調査協会、1941年、6-7頁

76）商工省工芸指導所編『工芸ニュース』第11巻第1号〜第3号、工業調査協会、1942年

77）商工省工芸指導所編「第二回国民生活用品展覧会開催に就いて」『工芸ニュース』第12巻第1号、工業調査協会、1943年、11頁／商工省工芸指導所編「第二回国民生活用品展より」『工芸ニュース』第12巻第4号、工業調査協会、1943年、1-8頁

78）高梨勝重『近代家具装飾資料』第27集、洪洋社、1939年7月

79）商工省工芸指導所編『工芸ニュース』第7巻第6号、工業調査協会、1938年／高梨勝重『近代家具装飾資料』第40集、洪洋社、1941年8月／同　第44集、1942年12月／三越では1935年4月にも新作実用洋家具陳列会が開催されている（久保彌一編『家具画報』第43号、1935年、4頁）。

80）高梨勝重『近代家具装飾資料』第39集、洪洋社、1941年5月／同　第47集、1944年1月

81）高梨勝重『近代家具装飾資料』第42・43集、洪洋社、

1942年1月（展示会会期：1941年10月）

82）高梨勝重『近代家具装飾資料』第45・46集、洪洋社、1943年9月（展示会会期：1942年11月）

83）剣持勇『規格家具』相模書房、1943年。巻末の写真図版は日本のものだけではなく海外の事例も含んでいる。序は商工省工芸指導所初代所長の国井喜太郎による。

84）小泉和子『家具と室内意匠の文化史』法政大学出版局、1979年、309-312頁

85）戦後期には、アール・デコ調家具はほとんど見られなくなった。

86）戦前の近代合理主義モダンデザイン家具は、戦後はモダンスタイルとして継承され、著しく開花した。

87）戦前の国風家具は、戦後、和風家具と呼称を変化させて存続した。

88）戦前の様式家具は、戦後は伝統的ヨーロッパスタイル（ヨーロピアン・トラディショナルスタイル）として存続した。

89）戦前の農民家具・田舎風家具は、戦後はカントリースタイル家具としてとして存続した。

90）これらの多様な家具スタイル区分は、戦後の主要木製家具メーカーの家具シリーズ開発に引き継がれていった。または、戦後の主要木製家具メーカーが戦前の百貨店の家具スタイル開発を手本にしたとも言える。

91）ただし、木材工芸研究者と百貨店家具設計者との間には人的交流があった。例えば、竹製成形合板によるカンチレバー式椅子を開発した東京高等工芸学校の鈴木太郎と三越家具設計部の城所右文次とは師弟関係にあった。

92）商工省工芸指導所「「三越」新設計室内装備展概況」『工芸ニュース』第1巻第6号、工政会出版部、1932年12月、18頁

93）多様なスタイルの家具の中から好みの家具スタイルを選択してもらうというこの方式は、戦後の高度経済成長期後半・安定成長期に、輸入家具や主要木製家具メーカー（天童木工・コスガ・マルニ木工・カリモク・飛驒産業等）の家具を展示して、顧客に多様な家具スタイルの選択肢を提供するというように形を変えて、百貨店家具売場において踏襲されていった。そしてそれを享受できる人々は、昭和戦前期は僅かな特権階級層だけであったが、戦後期には、経済発展と民主化の進展によって、中間層の多くの人々にまで拡大した（新井竜治『戦後日本の木製家具』家具新聞社、2014年、132頁）。

94）前掲（52）、誠工舎60年史編纂委員会、28-29頁

95）『食器・調理器具がわかる辞典』（オンライン）／日本の伝統色ホームページ「呂色」（オンライン）

96）山久漆工株式会社ホームページ「漆の色 Vol.105-108」（オンライン）

97）坂田秀太郎『ラックとラッカー』『木材工芸叢書』第24巻、洪洋社、1936年、1頁

98）同上（97）、坂田秀太郎、47-48頁

99）『カフェーの家具1』（第11巻）には、東京新橋銀座パレス、新宿カフェー・クロネコ、銀座赤玉分館、渋谷カフェー・リオ等の室内装飾と家具の写真が掲載されている。また『カフェーの家具2』（第13巻）には、銀座カフェー・マル、銀座カフェー・ナナ、銀座白樺、銀座令嬢パレス、渋谷サロン・アド・マネキン、上野淑女パレス等の室内装飾と家具の写真が掲載されている。

100）洪洋社の出版物の中には、海外の建築の写真だけを掲載する『建築時代』(1929～32年)などのシリーズがあった。

101）洪洋社編集部『椅子・卓子1』『家具写真集成』第2巻、洪洋社、1932年、2頁

102）『近代家具装飾資料』第4集（1936年6月）の巻頭解説文には、「本集は最近に於ける英米独仏の図書雑誌より、居間家具に関する家具の諸相を選択抜萃したものである」と記されている。

103）高梨由太郎編『近代家具装飾資料』第21集、洪洋社、1938年10月、巻頭解説文

104）高梨勝重編『近代家具装飾資料』第29集、洪洋社、1939年10月、巻頭解説文

105）鈴木博之「レーモンドがもたらしたもの」『アントニン＆ノエミ・レーモンド──建築と暮らしの手作りモダン』（第2版）神奈川県立近代美術館編、美術館連絡協議会、2007年11月、5-8頁

106）斎藤隆介「野口寿郎・家具40年⑨──敗戦のあとさき」『室内』第129号、工作社、1965年9月、93-97頁

107）中林幸夫「日本の洋家具　百貨店育ち」『日本経済新聞』2013年12月24日、朝刊36面

108）中林幸夫氏を通して三越伊勢丹プロパティ・デザイン及び三越資料館に確認をしていただいた。

109）『木材工芸』がいつ頃まで発行されたのかについては不明である。ある古書店（竹岡書店）の目録によれば、1933（昭和8）年の第161号までの発行が確認される。また、

木材工芸学会発足 20 周年を記念して洪洋社から刊行が計画された『木材工芸叢書』（当初計画 40 巻／実際刊行 16 巻：1936 年 3 月〜 1938 年 8 月）は、『木工と装飾』・『木材工芸』の発刊を一時中止したための代替企画であった（木檜恕一）。そうであるとすると、『木材工芸』が 1935（昭和 10）年頃まで発行されていた可能性がある。しかし、詳細は不明である。

110) 木檜恕一「36、帝国工芸会の創立」『私の工芸生活抄誌』木檜先生還暦祝賀実行会、1942 年、145-148 頁

111) 新井竜治「ヴィクトリア・アンド・アルバート・ミュージアムの設置・発展過程における芸術文化政策」『共栄学園短期大学研究紀要』第 23 号、2007 年／同「ヴィクトリア・アンド・アルバート・ミュージアムの収蔵品における芸術文化政策」『共栄学園短期大学研究紀要』第 24 号、2008 年／同「ヴィクトリア・アンド・アルバート・ミュージアムの常設展示・企画展覧会・出版物にみる芸術文化政策」『共栄大学研究論集』第 6 号、2008 年／同「ヴィクトリア・アンド・アルバート・ミュージアムの学芸面と経営面における芸術文化政策」『共栄大学研究論集』第 7 号、2009 年

第1部

昭和戦前期 東京地区 百貨店における 新作 家具展示会

第1章
三越
（日本橋三越本店）

第1節
三越の
新作家具展の概要と特質

第1節　三越の新作家具展の概要と特質　　新井竜治

（1）大正・昭和戦前期三越の新作家具展の沿革

　呉服店の三越が家具室内装飾業へと参入した経緯、三越家具部の創設とその後の展開、及び主要業績などについては、野口壽郎・斎藤隆介（1965年）、初田亨（1993年）、神野由紀（1994／1999年）、中村圭介（1999／2000年）、中林幸夫（2013年）などによって、これまで色々と指摘されてきた。その詳細については、これらの既往研究に譲ることとする[1]。

　また、三越における専属家具工場の設立の経緯・終戦時の状況については、本書「解題」ですでに述べた。

　ここでは、「大正・昭和戦前期三越の新作家具展の沿革」に焦点を絞って解説する。その際、既往研究では参照されていない資料をも含めて引用して、戦前の三越家具部による新作家具展の沿革を概説する。なお、各新作家具展のモデルルーム及び出品作品の具体的な姿は、本章の次節以下の写真を参照していただきたい。

　まず、編著者が作成した「表1-1『近代家具装飾資料』・三越及びその他の資料による三越新作家具展開催状況」を参照していただきたい。以下で解説する新作家具展が開催された根拠は、同表内の展示会名に続く括弧（　）内に示してある。

　三越では、1920（大正9）年に「家具新製品陳列会」が、丸の内別館においてモデルルーム形式で開催されている[2]。

　この三越呉服店の「家具新製品陳列会／展覧会」は毎年晩秋に1回ずつ開催されていた[3]。その内容が具体的に確認できるのは、『木材工芸』第46号に掲載された1922（大正11）年の晩秋に開催された「三越家具新製品展覧会」である。同展は、モデルルームに伝統的な欧米風の「様式家具」を配置したものであった。

　次に確認できる、『木材工芸』第82号に掲載された1925（大正14）年晩秋開催の「三越呉服店家具新製品展覧会／陳列会」においても、モデルルームに様式家具が配置されていた。その他、榎本安五郎（鏑木松春商店）設計による「日本趣味家具」も展示された。木材工芸学会会員でもある榎本安五郎は、当時、鏑木松春商店に勤務していた。同店はその製品の最大部分を三越に納品していた。その家具の種類は、鏡台・衝立・茶棚・台所家具等であった。三越呉服店の家具新製品陳列会は、毎年晩秋に1回ずつ開催されており、鏑木松春商店も毎年新製品を開発して三越の家具新製品陳列会に出品していたが、毎年の新製品開発に行き詰まりを覚えていた。その時、三越家具部の田中邦次郎・秋山瑟二両氏から日本趣味の西洋家具を製作するようにと勧められ、榎本安五郎がそれらを設計した。『木材工芸』第82号には、その図面6枚と榎本安五郎本人による解説文が掲載されている[4]。このように三越呉服店には、出入りの家具製造卸売業者がいて、当時はその業者に「家具新製品陳列会」の出品作品の開発が委託されていたことが判る。ところが、後述するとおり、1929（昭和4）年になると、新製洋家具展覧会の出品作品は三越家具部部員の設計製図によるものになっていく。

　1928（昭和3）年春には、三越家具部がモデルルーム設営を請け負った「仏蘭西装飾美術家協会展覧会」（東京府美術館：上野公園）が開催されているが、同年晩秋には、「三越新製洋家具陳列会」と改称された新作洋家具展が開催されている。同年の「新製洋家具陳列会」の新作家具の設計者は不詳であるが、従前の「家具新製品陳列会」が「新製洋家具陳列会」と改称されてからは、それまで特別注文家具を主に手掛けてきた三越家具部部員の企画・設計によるオリジナル家具が出品され始めている[5]。

　1929年の晩秋に開催された「三越の日本趣味を加味した新製洋家具展覧会」では、三越家具部部員である杉山赤四郎（設計者）・野口壽郎（製図助手）・定方希一（製図助手）の設計による新作洋家具がモデルルームに展示された。そして、宮澤鐘造によってモデルルームの設営工事が監督された。このように、「家具新製品陳列会」では、出品作品の開発が納入業者に委託されていたが、「新製洋家具展覧会」では、それまで主に特別注文家具を設計してきた三越家具部部員自らが、オリジナル家具を企画・設計し始めたのである。

　翌1930（昭和5）年11月中旬にも、「新製洋家

表1-1 『近代家具装飾資料』・三越及びその他の資料による三越新作家具展開催状況

和暦	西暦	月日	『近代家具装飾資料』	三越及びその他の資料
明治42	1909			※家具陳列場を新設（『みつこしタイムス』1909年11月1日）
明治43	1910			※家具加工部を丸の内別館内に創設［三越製作所前身］（『株式会社三越100年の記録』2005年、75頁）
大正9	1920			家具新製品陳列会［丸の内別館内モデルルーム形式］（『三越』第10巻第6号、1920年6月）
大正10	1921			
大正11	1922	晩秋		三越家具新製品展覧会［場所不詳］（『木材工芸』第46号、1922年12月、口絵、7, 11頁）
大正12	1923			※関東大震災での工場焼失を機に富士屋家具製作所［三越製作所前身］を麻布永坂に設立（株式会社三越伊勢丹プロパティ・デザイン ホームページ）
大正13	1924	2.1		※富士屋家具製作所を富士屋製作所と改称して大田区東六郷に移転（『株式会社三越100年の記録』2005年、110頁）
大正14	1925	晩秋		三越呉服店家具新製品展覧会／三越呉服店家具新製品陳列会：日本趣味家具［場所不詳］（『木材工芸』第82号、1925年12月、口絵、13-17頁）
大正15／昭和元	1926			
昭和2	1927	2.6		※蒲田［東六郷］家具工場新築落成（『株式会社三越100年の記録』2005年、116頁）
昭和3	1928	3.24～5.8		※仏蘭西装飾美術家協会展覧会（東京府美術館：上野公園）のモデルルーム設営請負（『仏蘭西装飾美術家協会展覧会家具装飾作品集』1928年5月、序／『木材工芸』第110号、1928年4月、2-17頁／他）
昭和3	1928	晩秋		三越新製洋家具陳列会／三越家具新製品展覧会［場所不詳］（『木材工芸』第118号、1928年12月、口絵、4, 7頁）
昭和4	1929	晩秋		三越の日本趣味を加味した新製洋家具展覧会［場所不詳］（『帝国工芸』第3巻第12号、1929年12月、口絵、409-410）／三越家具展（『木材工芸』第131号、1930年1月、口絵、7頁）／三越洋家具新製品陳列会（『新建築』第5巻第10号、1929年10月、61-66頁）

和暦	西暦	月 日	『近代家具装飾資料』	三越及びその他の資料
昭和 5	1930	11.12 〜 18		新製洋家具陳列会（『帝国工芸』第 4 巻第 13 号、1930 年 12 月、口絵、544-545 頁）／三匠会：趣味の和家具陳列・三越新製洋家具展覧会［本店西階 4 階］（『木材工芸』第 142 号、1930 年 12 月、15-17 頁）
昭和 6	1931			
昭和 7	1932	11.10 〜 17		新設計室内装置展観（『帝国工芸』第 6 巻第 12 号、1932 年 12 月、口絵、386-388 頁）／新設計室内装備展［東京三越］（『工芸ニュース』第 1 巻第 6 号、1932 年 12 月、18 頁）
昭和 8	1933	10.19 〜 23		洋家具新製品陳列会［大阪三越］（『帝国工芸』第 7 巻第 10 号、1933 年 11 月、313-314 頁）
昭和 8	1933	11.10 〜 20		新設計室内装飾展観［本店 4 階新館］（出品目録）／新設計室内装備展観／新設計室内装飾展観（『帝国工芸』第 7 巻第 10 号、1933 年 11 月、口絵、296-299, 304-307 頁／同、第 7 巻第 11 号、1933 年 12 月、345-348 頁）／新設計室内装備展観（木檜恕一『私の工芸生活抄誌』1942 年、208-212 頁）
昭和 9	1934	11.14 〜 27		新設計室内装飾展観［本店 4 階新館］（出品目録）／新設計室内装飾展観（『帝国工芸』第 8 巻第 11 号、1934 年 12 月、362 頁／同、第 9 巻第 1 号、1935 年 1 月、口絵、14-19 頁）／新設計室内装飾展（『住宅と庭園』第 2 巻第 3 号、1935 年 3 月、116-120, 152-155 頁）
昭和 10	1935	4.20 〜 30		新作実用洋家具陳列［本店］（『家具画報』第 43 号、1935 年 5 月、4 頁）
昭和 10	1935	5.5 〜 10		和家具新製品陳列会［大阪三越］（『家具画報』第 43 号、1935 年 5 月、4 頁）
昭和 10	1935	11 月下旬	新設計室内装飾展［本店］（第 1 集）	新設計室内装飾展観［本店］（『帝国工芸』第 10 巻第 1 号、1935 年 12 月、7-12 頁）／新設計室内装飾展（『住宅と庭園』第 3 巻第 3 号、1936 年 3 月、117-121 頁）
昭和 11	1936	11 月	三匠会：趣味の和家具展［本店］（第 11 集）	
昭和 11	1936	11.19 〜 27	新設計室内装飾展［本店］（第 8 集）	三越新設計室内装飾展観［本店 5 階西館］（『帝国工芸』第 11 巻第 1 号、1936 年 12 月、17-19 頁）
昭和 12	1937	10 月	三匠会：趣味の和家具展［本店］（第 17 集）	
昭和 12	1937	11.19 〜 27	新設計室内装飾展［本店］（第 16 集）	三越新設計室内装飾展観［本店 5 階西館］（『帝国工芸』第 12 巻第 1 号、1937 年 12 月、15-18, 28 頁）／三越新設計室内装飾展（『工芸ニュース』第 7 巻第 1 号、1938 年 1 月、40 頁／同、第 7 巻第 2 号、1938 年 2 月、50-51 頁）／三越家具部作品展（『新建築』第 14 巻第 1 号、1938 年 1 月、52-54 頁）

和暦	西暦	月　日	『近代家具装飾資料』	三越及びその他の資料
昭和13	1938	4.23～29		三越の実用家具展（『新建築』第14巻第5号、1938年5月、241頁）／**実用家具展覧会**［本店］（『工芸ニュース』第7巻第6号、1938年6月、32頁）
昭和13	1938	10月	**三匠会：趣味の和家具展**［本店］（第22集）	
昭和13	1938	11月初旬	**新設計室内装飾展**［本店］（第24集）	**新設計室内装飾展観**［本店］（絵葉書）
昭和14	1939	10月	**三匠会：趣味の和家具展**［本店］（第33集）	
昭和14	1939	秋	**新設計室内装飾展**［本店］（第32集）	三越家具展（『新建築』第15巻第12号、1939年12月、606-608頁）
昭和15	1940			
昭和16	1941	初夏	**実用洋家具展**［本店］（第40集）	
昭和16	1941	10.1～10	**東京工芸綜合展覧会・第二部：室内構成及び家具**［本店］（第42・43合併集）	
昭和17	1942	7月	**実用洋家具展**［本店］（第44集）	
昭和17	1942	11月下旬	**家具及び工芸品綜合展観：三創会・日本民芸協会同人作品展**［本店］（第45・46合併集）	家具及び工芸品綜合展観［本店］（『工芸ニュース』第12巻第1号、1943年2月、7-8, 27-29頁）
昭和18	1943	3.17～25		※第2回　国民生活用品展覧会：商工省主催（『工芸ニュース』第12巻第1号、1943年2月、11頁／同、第12巻第4号、1943年5月、113-119頁）
昭和19	1944	1.19		※（株）三越製作所設立（『株式会社三越100年の記録』2005年、156頁）
昭和20	1945	4.15		※（株）三越製作所［東六郷］本工場・第2工場大部分を空襲で焼失（『株式会社三越100年の記録』2005年、158頁）

※　括弧（　）内は開催の根拠の出典を示す。

具陳列会」が開催されたが、出品作品には比較的簡素な応接室家具・書斎兼応接室家具が見られた。この年の出品作品も三越家具部部員の幸田純一、定方希一、中村幸三、野口壽郎によって企画・設計されたものであった。

また同展に併催して、1930年には「三匠会：趣味の和家具陳列」が初めて開催されている。その招待状主旨書には、「林間に酒を暖むる風情になぞらえて此の度「三匠会趣味の和家具陳列」の名のもとに在来の伝統的な形のみにとらわれて居りました和家具の意匠に、趣味と工作の上に自由な表現を試みまして時代に相応しい新製品を多数陳列致しました」と記されていたが、実際に二分程度の新しさしかなかったようである[6]。なお、この後「三匠会：趣味の和家具展」は1936（昭和11）年から1939（昭和14）年にかけての開催が『近代家具装飾資料』から確認できる。

このように三越においては、1920年から1930年頃までは、「家具新製品展覧会／陳列会」または「新製洋家具展覧会／陳列会」が開催されていた。つまり、この期間は「洋家具の新製品の発表展示会」が開催されていた。しかし、1932（昭和7）年から、価格等統制令が発令された1939年までは、「仏蘭西装飾美術家協会展覧会」（1928年）の影響をさらに色濃く受けた、「室内の綜合展示」を目指した新作家具展が開催された。そして、名称も「新設計室内装飾展」と改称された[7]。

『工芸ニュース』第1巻第6号には、1932年11月中旬に東京日本橋の三越本店で開催された「新設計室内装備展」［新設計室内装飾展］の模様が以下のように記されている。

新設計室内装備展概況

去る［1932年］11月10日より17日迄東京三越に於いて開催された表記展覧会［新設計室内装備展］は、新興室内装飾が漸く公衆の関心を引いて来た時期でもあるので非常な盛況であった。殊に専門家及び当業者風の観覧が相当あった事は斯界の為喜ぶべき事である。

会場を一瞥すると各モデルルームを通じて近代的色彩と清朗な感じが観衆を引きつけた。之は前に開かれた仏蘭西展、新興独逸建築展にも見られた傾向であるが、相当日本向きにした点で注目された。最近［、］家具と使用材料との関係が重視されて来たが、この展覧会の出品物にも苦心の後が伺われた。難を云えば生活程度が高く一般観衆には一寸手を出せぬ嫌いがあった[8]。

そして、この時の新作家具展の模様は、『帝国工芸』第6巻第12号の中に見ることができる。この中には、同展についての「出品設計者の感想」が掲載されている。この出品設計者は三越家具部部員である岩永克己、鈴木富久治、上山藹、福地仁郎、平山健吉、定方希一であった。また、「室内の綜合展示」を鼓舞する木檜恕一（当時・東京高等工芸学校教授）による厳しい短評も掲載されている[9]。

木檜恕一の述懐によれば、翌1933（昭和8）年11月中旬に開催された三越「新設計室内装飾展観」が最も印象に残った家具と室内装飾（インテリア）の綜合展示であった[10]。しかし木檜恕一は、同展の16室のモデルルームには、「渋い日本趣味・渋い茶室風」・「モダーン」などの多様な様式が見られるが、一つの展示会としての「一貫した精神」が欠如しているのではないかとも指摘している[11]。

同展の模様は、『帝国工芸』第7巻第10号及び第11号の二号に亘って掲載された。各モデルルームには、三越家具部部員である設計者によって題名が付けられていた。その設計者名は、杉山赤四郎、定方希一、上山藹、早川直象、岩永克己、鈴木富久治、野口壽郎、平山次郎［次男］、上田幹一、猿渡弘、福地仁郎、平山健吉であった。

また、同展の「出品目録」には、各室の家具一式の価格が記載されている。最低価格の部屋は第14室「書斎と休息」（題名：のどか）の318円00銭、最高価格の部屋は第1室「客室」（題名：照応）の952円00銭であり、一室セットで千円近くもした。この「出品目録」には、「御約定済品も追加御註文を承ります」と記されている。この新作家具展は、フランスのファッショ

ン業界における「オートクチュール」に類似する位置づけであった[12]。

ところが、翌1934（昭和9）年11月中下旬に開催された「新設計室内装飾展観」は、前年・1933年の豪華版に比べて、モデルルームの設営にかける費用を幾分トーンダウンしたものであったので、にわかに新作家具展に経費をかけ始めた松屋・松坂屋のそれに比べて、幾分見劣りするとの批評を受けることになった[13]。しかし、それにも関わらず、「その広大な面積と豊富な照明に依る装備は、帝展初め他の如何なる展観も追随を許さぬ室内装飾界の最高峰を示す豪華版と云えよう[14]」との評価もあることから、三越・松屋・松坂屋などの各百貨店が競い合うことによって、東京地区百貨店における新作家具と室内装飾の綜合展示は、そのピークを迎えたことになる。

同展の模様は、『帝国工芸』第9巻第1号及び『住宅と庭園』第2巻第3号に掲載されている。モデルルームの数は、前年・1933年の16室に比べて1室を減じ15室であったが、それに加えて、様式家具3室が特別展示された。各モデルルームには、三越家具部部員である設計者によって題名が付けられていた。その15室の設計者は、杉山赤四郎、平山次郎［次男］、上田幹一、平山健吉、野口壽郎、福地仁郎、鈴木富久治、早川直象、定方希一、岩永克己、上山藹であった。

同展の「出品目録」にも、各室の家具一式の価格が記載されている。最低価格の部屋は第9室「子供室」（題名：青空）の99円00銭、最高価格の部屋は時代家具A「食堂・スパニッシュ」の976円00銭であった。また展示品のリピート製作も可能であった。

ところで、『住宅と庭園』第2巻第3号と『帝国工芸』第9巻第1号とに掲載された1934年「新設計室内装飾展」の写真の比較対照を「表1-2 三越史料比較表（『住宅と庭園』2-3・『帝国工芸』9-1）」にまとめた。この比較対照表を見れば一目瞭然であるが、それぞれのモデルルームについて、両誌とも全く同じ写真（ネガ）を使用していることが判る。両誌に等しくネガを提供できる立場にいたのは、三越家具部を置いてほかには考えられない。両誌とも同じ写真（ネガ）を使用したということは、これらの写真が三越家具部あるいは写真部によって撮影されたものであることを強く示唆している。しかしながら、戦前の三越家具部の資料の大部分は戦災で焼失しているので定かではない。

1923（大正12）年9月の関東大震災で被災した三越本店は、1927（昭和2）年4月に一先ず修築工事を完成した。そして、1929年3月から1935（昭和10）年10月にかけて漸次増改築工事を行った。この関東大震災後の継続的復興・増改築工事の完了を記念するお披露目の開店式が同年10月1日に挙行された[15]。『近代家具装飾資料』第1集に収録された三越本店の「新設計室内装飾展」は1935年11月下旬に開催されたものであり、この開店式の翌月に開催されたものであった。この時すでに、三越の「新設計室内装飾展観」は、その規模・内容ともにピークに達していた。

洪洋社は、『帝国工芸』・『住宅と庭園』等の他誌において、数年前から特集され始めた百貨店の新作家具展の記事を意識しつつ、1935年11月、三越本店の復興・増改築工事完成記念開店式の翌月に開催された同展を独自取材して、『近代家具装飾資料』第1集を創刊した。

同展の模様は、『帝国工芸』第10巻第1号及び『住宅と庭園』第3巻第3号にも掲載されたが、この2誌に掲載された写真と『近代家具装飾資料』第1集に掲載された写真とを比較対照した「表1-3 三越史料比較表（『近代家具装飾資料』1・『住宅と庭園』3-3・『帝国工芸』10-1）」を見ると、『住宅と庭園』第3巻第3号と『帝国工芸』第10巻第1号では全く同じ写真（ネガ）が使用されていることが判る。これに対して、『近代家具装飾資料』第1集は洪洋社写真部による独自撮影であることが明白である。『近代家具装飾資料』第1集では、まずモデルルーム全体の写真（集合写真）が掲載され、次に個々の家具（椅子・卓子・飾棚など）のクローズアップ写真が掲載されている。全体から細部へと読者の目を向けさせる明確なパターンが存在している。そして、これは『近代家具装飾資料』の創刊号から最終号に至るまでの一貫した取材・編集方

表 1-2　三越史料比較表（『住宅と庭園』2-3・『帝国工芸』9-1）

『住宅と庭園』第2巻第3号　　『帝国工芸』第9巻第1号　　　　　　『住宅と庭園』第2巻第3号　　『帝国工芸』第9巻第1号
三越「新設計室内装飾展」　　三越「新設計室内装飾展観」　　　　三越「新設計室内装飾展」　　三越「新設計室内装飾展観」

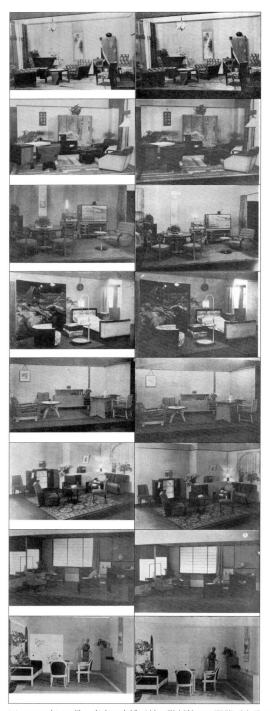

※　1934年11月・東京日本橋三越4階新館にて開催（出品目録より）。
※　写真の並び順は出品目録の室番順による。

針であり、姉妹刊行物である『木材工芸叢書』各巻末の社告にも喧伝された特徴であった（表・解－4）。

同展においても、各モデルルームには三越家具部部員である設計者によって題名が付けられていた。『近代家具装飾資料』第1集によればモデルルームは全16室であった。なお、各室の設計者名については不詳である。また、『住宅と庭園』第3巻第3号には個々の家具の価格が記されている。

翌1936(昭和11)年11月下旬に開催された「新設計室内装飾展」は『近代家具装飾資料』第8集と『帝国工芸』第11巻第1号とに収録されている。両誌に掲載された同展の写真の比較対照を「表1－4 三越史料比較表（『近代家具装飾資料』8・『帝国工芸』11－1）」にまとめた。両者は全く異なる写真を使用している。そして洪洋社は「全体から細部へ」という取材・編集方針に沿って写真撮影を行っている。同展のモデルルームは全16室であった。また設計者は、平山次男、平山健吉、杉山赤四郎、中村幸三、早川直象、棚橋捷七、野口壽郎、上山蕙、岩永克己、定方希一、福地仁郎であった。なお、この年から各モデルルームに題名が付けられなくなっている。

1937（昭和12）年11月下旬に開催された「新設計室内装飾展」の模様は、『近代家具装飾資料』第16集、『帝国工芸』第12巻第1号、『工芸ニュース』第7巻第1号・第2号、『新建築』第14巻第1号に掲載されている。この年（1937年）の「新設計室内装飾展」が各誌の注目を大いに集めたのは、城所右文治設計による竹製成形合板によるカンチレバー式椅子2案のゆえであった。これらは、バウハウスのマルセル・ブロイヤー設計による鋼管のカンチレバー構造の「チェスカ」を髣髴とさせるものである。そして三越の城所右文治は、これを竹製成形合板で製作したのである。『工芸ニュース』第7巻第1号には以下のように記されている。

三越新設計室内装飾展

東京三越家具部の恒例新創案発表「新設計室内装飾展」は、［前年・1937年］11月19日より27日迄同店で開催され、約14のモデルルームが作られた。一般に新創案を狙い過ぎ、又使用材料の配用、或はその色彩的調和にあきたらぬ所もあるが、他の新作発表展に比して優れていた。特に竹ヴェニヤ利用の椅子・セルロイド利用の椅子等に興味ある出品が見出された。（左上写真は桧材及び竹材利用の居間、下・書斎兼居間、栗楓が主材となっている）［写真省略］[16]

また『工芸ニュース』第7巻第2号には、この竹製椅子に関して、指導教官の鈴木太郎（東京高等工芸学校）・教え子の城所右文治（三越家具設計部）に対して豊口克平（当時・工芸指導所技手）が行ったインタビューがそのまま記事になっている[17]。

「表1－5 三越史料比較表（『近代家具装飾資料』16・『帝国工芸』12－1）」は、『近代家具装飾資料』第16集と『帝国工芸』第12巻第1号とに掲載された同展の写真の比較対照表である。ここでは、『工芸ニュース』第7巻第1号・第2号と『新建築』第14巻第1号に掲載された写真を割愛したが、『近代家具装飾資料』第16集以外の3誌は全く同じ写真（ネガ）を使用している。しかし、洪洋社は前述の方針に沿った独自撮影を徹底して行っている。なお、同展のモデルルームは全14室であった。また設計者は、杉山赤四郎、岩永克己、野口壽郎、平山次男、上山蕙、城所右文次、早川直象、中村幸三、定方希一、渡邊春雄、伊藤義忠であった。

1937年の日中戦争の勃発を受けて、翌1938(昭和13)年4月には「国家総動員法」が制定され、同法に基づく「各種材料使用禁止または制限令」も発令された。この1938年11月初旬に開催された「新設計室内装飾展」の模様は、『近代家具装飾資料』第24集に掲載されている。また同展の各モデルルームの絵葉書も発行されている。同展のモデルルームは全14室であった。その設計者は、杉山赤四郎、野口壽郎、平山次男、上山蕙、定方希一、早川直象、中村幸三、岩永克己、大西功二、渡邊春雄であった。時節柄、各種材料の使用制限を受けながら、竹材などの代用品を使用して、日本的工芸の要素を取り入れ

表 1-3　三越史料比較表（『近代家具装飾資料』1・『住宅と庭園』3-3・『帝国工芸』10-1）

『近代家具装飾資料』第 1 集「新設計室内装飾展」（1935 年 11 月・東京日本橋三越）	『住宅と庭園』第 3 巻第 3 号 三越「新設計室内装飾展」	『帝国工芸』第 10 巻第 1 号 三越「新設計室内装飾展観」
〔写真〕	〔写真〕	〔写真〕
〔写真〕		
〔写真〕		
〔写真〕		
〔写真〕	〔写真〕	〔写真〕
〔写真〕		
〔写真〕	〔写真〕	〔写真〕
〔写真〕		
〔写真〕	〔写真〕	
〔写真〕		

『近代家具装飾資料』第1集「新設計室内装飾展」（1935年11月・東京日本橋三越）	『住宅と庭園』第3巻第3号 三越「新設計室内装飾展」	『帝国工芸』第10巻第1号 三越「新設計室内装飾展観」

『近代家具装飾資料』第1集「新設計室内装飾展」(1935年11月・東京日本橋三越)	『住宅と庭園』第3巻第3号 三越「新設計室内装飾展」	『帝国工芸』第10巻第1号 三越「新設計室内装飾展観」

※　写真の並び順は『近代家具装飾資料』における掲載順による。

表1-4　三越史料比較表（『近代家具装飾資料 8・『帝国工芸』11-1）

『近代家具装飾資料』第8集「新設計室内装飾展」（1936年11月・東京日本橋三越）	『帝国工芸』第11巻第1号「三越新設計室内装飾展観」（1936年11月・三越5階西館）	『近代家具装飾資料』第8集「新設計室内装飾展」（1936年11月・東京日本橋三越）	『帝国工芸』第11巻第1号「三越新設計室内装飾展観」（1936年11月・三越5階西館）

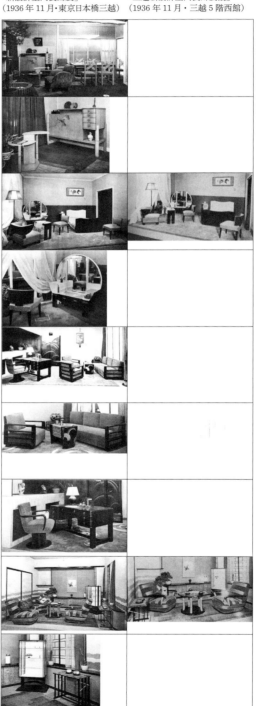

『近代家具装飾資料』第 8 集　　『帝国工芸』第 11 巻第 1 号　　　『近代家具装飾資料』第 8 集　　『帝国工芸』第 11 巻第 1 号
「新設計室内装飾展」　　　　　「三越新設計室内装飾展観」　　「新設計室内装飾展」　　　　　「三越新設計室内装飾展観」
（1936 年 11 月・東京日本橋三越）（1936 年 11 月・三越 5 階西館）（1936 年 11 月・東京日本橋三越）（1936 年 11 月・三越 5 階西館）

『近代家具装飾資料』第 8 集	『帝国工芸』第 11 巻第 1 号
「新設計室内装飾展」	「三越新設計室内装飾展観」
（1936 年 11 月・東京日本橋三越）	（1936 年 11 月・三越 5 階西館）

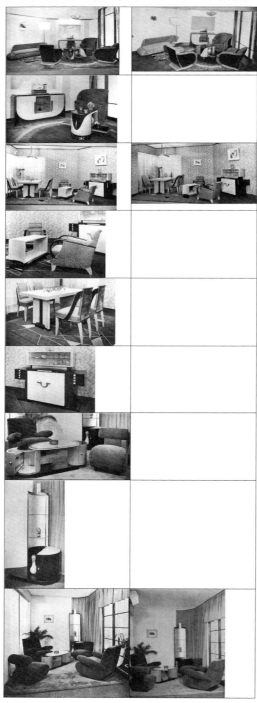

※　写真の並び順は『近代家具装飾資料』における掲載順による。

表1−5　三越史料比較表（『近代家具装飾資料』16・『帝国工芸』12−1）

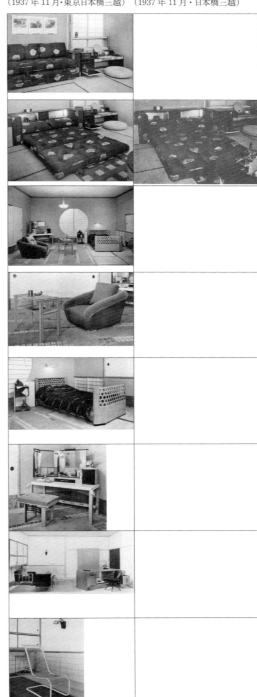

『近代家具装飾資料』第16集　　『帝国工芸』第12巻第1号
「新設計室内装飾展」　　　　　「三越新設計室内装飾展観」
（1937年11月・東京日本橋三越）（1937年11月・日本橋三越）

『近代家具装飾資料』第16集　　『帝国工芸』第12巻第1号
「新設計室内装飾展」　　　　　「三越新設計室内装飾展観」
（1937年11月・東京日本橋三越）（1937年11月・日本橋三越）

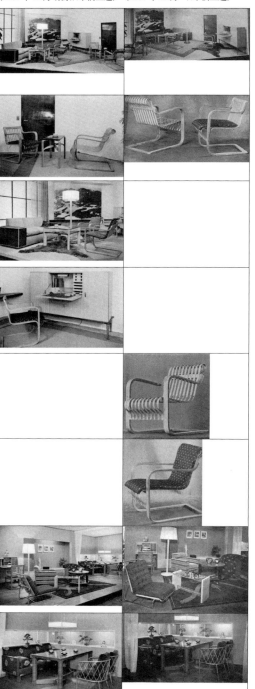

『近代家具装飾資料』第 16 集　　『帝国工芸』第 12 巻第 1 号
「新設計室内装飾展」　　　　　「三越新設計室内装飾展観」
（1937 年 11 月・東京日本橋三越）（1937 年 11 月・日本橋三越）

※　写真の並び順は『近代家具装飾資料』における掲載順による。

た洋家具の新製品が開発されている。また、野口壽郎設計の「事務室の家具」では、壁一面に太平洋地域の地図（大東亜共栄圏）が描かれており、戦時色が滲み出ている。

　翌1939（昭和14）年9月には第二次世界大戦が勃発し、国内では「9.18停止令」（価格等統制令）が発令され、いよいよ戦時色が濃くなった。この1939年秋に開催された「新設計室内装飾展」の模様は、『近代家具装飾資料』第32集と『新建築』第15巻第12号とに掲載されている。同展のモデルルームは全15室であった。また設計者は、定方希一、杉山赤四郎、渡邊春雄、平山次男、大西功二、野口壽郎、早川直象、岩永克己、中村幸三、上山藹であった。同展では、中国大陸の広大な土地、大規模な建築、広々とした室内を意識した、ゆったりとした新作洋家具が開発されている。特に杉山赤四郎設計の「書斎の家具」などに、その特徴が現れている。

　三越の「新設計室内装飾展」及び「三匠会：趣味の和家具展」は、第二次世界大戦が勃発した1939年秋が最後の開催となった。翌1940（昭和15）年9月の日独伊三国同盟締結、1941（昭和16）年12月の日本軍による真珠湾攻撃によって、日本は太平洋戦争へと突入していったのである。

　三越では、この「新設計室内装飾展観」と平行して、「実用洋家具展」が開催されている。それは、遅くとも1935年4月から始まり、1942（昭和17）年7月まで続いている[18]。『近代家具装飾資料』では、第40集に1941年初夏の「実用洋家具展」の模様が、第44集に1942年7月の「実用洋家具展」の模様が、それぞれ掲載されている。その設計者は、1941年が早川直象、平山次男、岩永克巳［克己］、上山藹、定方希一、大西功二、野口壽郎、中村圭介であった。また1942年は上山藹、中村圭介、平山次男、野口壽郎、定方希一、岩永克巳［克己］であった。モデルルームの設営は極めて簡素又は設営無しとなった。また、展示された新作洋家具も実用性を最重要視した簡素な作りのものであった。

　英国では、戦時下及び終戦後の物資不足のために最低限の機能を有する家具が政府主導で導入された（1942～1951年）。これをユティリティ家具（utility furniture）と呼ぶ。この1940年代英国のユティリティ家具は、同時代の三越の「実用洋家具」と驚くほど類似している。このことは、材料を節減して、家具（脚物・台物・箱物家具）としての基本的機能だけを満たすものを作ろうとすると、必然的に同じ形態に辿り着くことを示している[19]。

　1941年10月初旬に三越本店において開催された「東京工芸綜合展覧会」第二部「室内構成及び家具」の全貌（展示会場平面図兼家具配置図・写真）が、『近代家具装飾資料』第42・43集に収録されている。同展は「新体制下に於ける美術工芸、産業工芸、輸出雑貨振興の積極的動向を示し、工芸文化の昂揚と国民生活に適応せる工芸品の創造に努め、且つ輸出雑貨の改善に資せんとする目的を以って……東京府主催で」開催されたものである。第一部は［東京］日本橋髙島屋、第二部は日本橋三越本店、第三部は丸ノ内府立東京商工奨励館で開催された。第二部である同展のモデルルームは全13室あり、三越家具部部員が、各室の「室内構成及び家具」の設計を行った。その設計者は、杉山赤四郎、野口壽郎、上山藹、中村幸三、中村圭介、定方希一、平山次男、岩永克己、早川直象であった。時節柄、住居の居室（居間・食堂・書斎・寝室）以外に、会議室、倶楽部室、工場事務室などのモデルルームが設営された。

　翌1942年11月下旬には、「家具及び工芸品綜合展観」が三越本店において開催されている。これは、新進工芸作家集団「三創会」会員による戦時下生活に即した作品発表を主として、これに日本民芸協会同人の作品を併せて展示するものであった。三創会とは、戦時下の欧米思想排除の流れの中で、日本の生活美の伝統を明確に再認識して、工芸界の戦時態勢の整備を期するために結成された新進作家集団であった。同展では、工場の読書室・山荘休養所の一部・食堂・居間・寝室・集会室・食堂・家族室の8室のモデルルームが設営された。そして、三越家具部部員の設計による新作洋家具も展示された。モデルルームの設計者は、中村圭介、上山藹、岩永克己、定方希一、野口壽郎、平山次男、日本民芸協会同人であった。同展の模様（写真・家

具図）は『近代家具装飾資料』第45・46集に収録されている。

『工芸ニュース』第12巻第1号には、同展を観覧した剣持勇（当時・工芸指導所技手）による批評が掲載されている。剣持勇によれば、同展は「名称は今迄とは異う［ちがう］が、同店が恒例の［三越本店恒例の］室内装飾展示会に他ならない」と述べている[20]。確かに、三越の「新設計室内装飾展観」は1939年秋が最後の開催であり、その後の三越主催の洋家具展としては「実用洋家具展」しか開催されていない。しかし三越家具部は、会場提供の代りに、1941年は東京府主催の「東京工芸綜合展覧会」へ、1942年は三創会・日本民芸協会同人を前面に立てた「家具及び工芸品綜合展観」へ出品することによって、強かに「室内の綜合展観」を貫いたのである。そして、この2つの展示会は、いみじくも戦前最後の「室内構成・家具・工芸品の綜合展」すなわち、「トータルインテリアコーディネートの展示会」として記録されたのである。なお、本書では上記2つの展示会は主催者が三越でないために、別途節を設けて掲載することにした。

戦争がいよいよ激しくなった1943（昭和18）年3月には、戦時下の生活用品の基準を国民に示すために、商工省主催の「第2回国民生活用品展覧会」が三越本店において開催された。ここでは、生活用品としての質実剛健な家具、食器、国民服の他、住宅営団設計の戦時規格最小型住宅の実寸大模型が設置され、室内に家具・什器の一切が配置された[21]。これは来場者に対するモデルルームによる教育効果を狙ったものであった。なお、後述するが、商工省主催の「第1回国民生活用品展覧会」は、前々年の1941年10月に髙島屋東京店（東京日本橋）において、同年11月に髙島屋大阪店（大阪難波）において開催されている。

最後に、1941年頃の三越本店の常設の和家具売場、洋家具売場の模様が『三越写真帖』（1941年）に遺されている。これを見ると、和家具が平積みにされていたり、洋家具が所狭しと展示されていたりすることが判る。これらの写真と比較すると、戦前の三越における新作家具展が、本当に特別な展示会であったことが判る[22]。

（2）新設計室内装飾展の特徴

<1> 三越洋家具展の家具スタイル

(a) アール・デコ調

マーチン・バタースビーが「モダニスト・デコラティブ・スタイル」（The Modernist Decorative Style）と呼んだ1920・30年代の家具・室内装飾のスタイルがある[23]。装飾的要素がシンプルな幾何学模様で表現される、いわゆるアール・デコ調のデザインである。また、アール・デコ調の家具・インテリアでは、高価な材料を使用する傾向があった。三越「新設計室内装飾展」に出品された家具の形状・裂地柄・突板張りに、このようなアール・デコ調のデザインの特徴が見られる（図1-1）。

図1-1　寝室の家具（三越「新設計室内装飾展」1935年11月、『近代家具装飾資料』第1集、9上）

(b) 近代合理主義モダン

1935（昭和10）年の三越「新設計室内装飾展」には、真鍮製パイプによるカンチレバー構造の椅子が出品されている。背はスゲ張りである（客間の家具、『近代家具装飾資料』第1集、15下）。また1937（昭和12）年には、東京高等工芸学校の鈴木太郎と三越家具設計部の城所右文次の共同開発による竹製成形合板のカンチレバー構造の椅子2種が出品されている。置きクッションは「紺地に白絣の銘仙で芯材はスポンヂゴム」であった（居間の家具A・B、『近代家具装飾資

料』第16集、14・15）。また1938（昭和13）年には、渡邊春雄によるモダンな印象の食堂卓子・食堂椅子が展示された（居間の家具A、『近代家具装飾資料』第24集、19下）。それから1939（昭和14）年には、渡邊春雄による竹材曲木を背座構造とした肘掛椅子（置きクッション付き）（図1-2）や、野口壽郎による竹材曲木を背座構造とした回転事務椅子が出品されている（書斎の家具A・B、『近代家具装飾資料』第32集、12・13上）。これらの事例は三越においても、近代合理主義モダンの家具スタイルが見られたことを示している。

図1-3　客室の家具（三越「新設計室内装飾展」1936年11月、『近代家具装飾資料』第8集、8上）

<2> 三越洋家具展の家具材料

　『近代家具装飾資料』・『帝国工芸』に記載された、三越「新設計室内装飾展」（1932～1939年）の出品家具作品に使用された木材の中で最も多用されたものは、他の百貨店と同じく、桜材である。この桜材を芯材として、その表面にサテンウッド・ゼブラウッド・ウォールナット・モミジ・パリサンダーなどの突板（化粧板）を練り付けるものもあった。また桜材を着色塗装で黒檀やウォールナットに見せるフェーク仕上げも見られた。その他、各種木材が使用されたが、最盛期の1933（昭和8）年には、桜の他に、杉・塩地・チーク・楢・松・胡桃・桐などの多種多様な木材が使用された。これは、各モデルルームの室内装飾と家具の設計者が、自らの意図する雰囲気を出すために、家具のスタイルに相応しい材料を選んだためであろう。同展については、木檜恕一が「一貫した精神の欠如」を残念に思っていたが、新しい家具のスタイルの追及のためにあらゆる試みがなされたことを材料の面からも窺い知ることができる。ところが、時局が緊迫して来る1937（昭和12）年晩秋開催の新作家具展以降は、楢材・山毛欅（ブナ）材・代用品としての竹材などの使用が目立つようになった。

図1-2　書斎の家具（三越「新設計室内装飾展」1939年秋、『近代家具装飾資料』第32集、8下）

(c) 国風家具

　その草創期には、パリの駐仏日本大使館の室内装飾に日本趣味を取り入れた「和洋折衷型インテリア」を採用した三越［家具部］であったが、新設計室内装飾展においては、いわゆる「国風家具」としての特徴が際立つものは多くなかった。三越の国風家具では、日本的材料の控え目な使用が見られる。1936（昭和11）年には、中村幸三による肘掛椅子や円卓子に、節をそのままにした竹材の使用が見られる（図1-3）。また1937年の上山藹による居間の家具には、神代杉、竹、籐籠目編みといった日本的材料の使用が認められる（居間の家具A・B、『近代家具装飾資料』第16集、12・13）。また1938年の上山藹による山荘の家具の肘掛椅子にも同様の特徴が見られる（山荘の家具A・B、『近代家具装飾資料』第24集、7・8）。

<3> 三越洋家具展の家具設計者

　1929（昭和4）年頃から、前年（1928年）に開催された「仏蘭西装飾美術家協会展覧会」の影響を受けて、それまで特注家具設計を専ら手掛けていた三越家具部部員が、新作家具展の家具・室内装飾の設計に本格的に参入してくるように

なる。しかし、それより前の三越の新作家具展は、外部納入業者が開発した新作家具を陳列していた。そのような外部納入業者の家具設計者の具体的な事例として、1925（大正14）年当時、鏑木松春商店に勤務していた榎本安五郎の名が見られる。そして三越家具部の仕入担当者は田中邦次郎・秋山瑟二であった。この田中邦次郎は、『新しき室内装飾と家具の見方』（鈴木書店、1929年）、『洋室家具装飾の知識』（鈴木書店、1935年）、『西洋家具様式通論』（山海堂出版部、1937年）という著書3冊を著すほど博識であった。田中邦次郎は、『西洋家具様式通論』の「自序」において「……輓近欧洲［ママ］に興隆したる新建築、並びに新家具の運動が、欧洲［ママ］の伝統的古典芸術の形式を排してそれとの絶縁を宣し、新たに現代に適する芸術手法の創出に専念している理由とその真精神は、彼等の過去の各時代に於ける家具様式の沿革を知るに非ざれば、到底、氷解し得ざる所である[24]」と述べ、当時のイギリス・フランス・イタリア・スペインの家具史研究書を参考にして、ルネッサンス以降の西欧家具様式の通史を著している。田中邦次郎は、当時にわかに流行となってきたモダニズムの背景にある、西欧の家具・インテリアの歴史を正しく理解した上で、新しいスタイルとしてのモダニズムを理解するようにと説いている。三越家具部には、家具・インテリア・建築の通史を教示できる田中邦次郎のような人物がいた[25]。

次に、1928（昭和3）年以降の『帝国工芸』・『近代家具装飾資料』などにおける三越の新作家具展の記事から、三越家具部の家具設計者名を抽出して、掲載順に並べて、一覧表（表1-6）に整理した。もちろん、これ以外にも三越家具部の家具設計者がいたものと思われる。

この中で、野口壽郎は、関東大震災の翌年（1924年）に三越に入社し、終戦間際には三越製作所の主任として生産にも参加し、戦後は本店家具部部長と仕入部長を兼務して活躍した有力な百貨店家具デザイナーであった[26]。雑誌『室内』（工作社）には、斎藤隆介が三越家具部を率いた野口寿郎にインタビューした内容をまとめた「野口寿郎・家具40年①～⑫」（1965年）という連載記事がある[27]。同記事②によれば、大正末の三越本店の家具室内装飾の製図室には10名弱が所属していて、そこで顧客の特注家具や展示会用新作家具が設計されていた。野口壽郎が製図室に配属された時、杉山赤四郎が製図室主任であった。杉山赤四郎は、横浜のドイツ人に付き従って建築と室内装飾を学び、芝の家具屋に勤めていたが、1920（大正9）年に呼ばれて三越に入社した。関東大震災の年（1923年）には1年間欧州留学をした。当時の上得意先からの特注家具の多くは杉山赤四郎が手掛けた。そして太平洋戦争の数年前に亡くなるまで、他部に転出することなく家具部を動かなかった[28]。なお、関東大震災の年、1923（大正12）年6月28日から約1年間の予定で、家具及び室内装飾研究のために杉山赤四郎が派遣されたのは、フランス・ベルギー・オランダ・ドイツ・イタリア・イギリス・アメリカであった[29]。この杉山赤四郎は、三越「新設計室内装飾展」の最盛期であった1933（昭和8）年には、全16室のモデルルームの内、約三分の一に当たる5室を設計している。また翌1934（昭和9）年には、全15室のモデルルームの内、約四分の一に当たる4室を設計している。

また、野口壽郎によれば、上山藹は横山大観の甥で、吉田五十八の同級生であった[30]。

さて、野口壽郎が一番親しくした先輩は早川直象（なおかた）であった。野口壽郎は選ばれて早川直象の助手になった。早川直象は府立工芸の出身で、当時20歳代半ばで、すでに三越家具部の中堅であった[31]。

野口壽郎によれば、戦前の三越家具部では、林幸平のイギリス風、杉山赤四郎のドイツ風、早川直象のフランス風のように、西欧の各国の家具様式に対する種々の好みがあったようである。そして、早川直象には、すでに家具の量産化に対する意識が芽生えていたようである。この杉山赤四郎・早川直象の両名は、終戦を待たずに亡くなっている[32]。

それから、東京高等工芸学校の鈴木太郎の指導の下、竹製成形合板のカンチレバー構造の椅子を設計した城所右文次は、三越を入社3年で退職した。そして誠に残念ながら沖縄で戦死し

表1-6　三越洋家具展の家具設計者（掲載順）

年月	家具設計者名
1928 晩秋	＜不詳＞
1929 晩秋	杉山赤四郎・野口壽郎・定方希一・宮澤鐘造（工事監督）
1930.11	幸田純一、定方希一、中村幸三、野口壽郎。
1931	＜展示会記事未発見＞
1932.11	岩永克己、鈴木富久治、上山蕗福地仁郎、平山健吉、定方希一。
1933.11	杉山赤四郎、定方希一、上山蕗、早川直象、岩永克己、鈴木富久治、野口壽郎、平山次郎［次男］、上田幹一、猿渡弘、福地仁郎、平山健吉。
1934.11	杉山赤四郎、平山次郎［次男］、上田幹一、平山健吉、野口壽郎、福地仁郎、鈴木富久治、早川直象、定方希一、岩永克己、上山蕗。
1935.11	＜不詳＞
1936.11	平山次男、平山健吉、杉山赤四郎、中村幸三、早川直象、棚橋捷七、野口壽郎、上山蕗、岩永克己、定方希一、福地仁郎。
1937.11	杉山赤四郎、岩永克己、野口壽郎、平山次男、上山蕗、城所右文次、早川直象、中村幸三、定方希一、渡邊春雄、伊藤義忠。
1938.11	杉山赤四郎、野口壽郎、平山次男、上山蕗、定方希一、早川直象、中村幸三、岩永克己、大西功二、渡邊春雄。
1939 秋	定方希一、杉山赤四郎、渡邊春雄、平山次男、大西功二、野口壽郎、早川直象、岩永克己、中村幸三、上山蕗。
1940	＜展示会記事未発見＞
1941 初夏	早川直象、平山次男、岩永克巳［克己］、上山蕗、定方希一、大西功二、野口壽郎、中村圭介。
1941.10	杉山赤四郎、野口壽郎、上山蕗、中村幸三、中村圭介、定方希一、平山次男、岩永克己、早川直象。
1942.7	上山蕗、中村圭介、平山次男、野口壽郎、定方希一、岩永克巳［克己］。
1942.11	中村圭介、上山蕗、岩永克己、定方希一、野口壽郎、平山次男、日本民芸協会同人。

た[33]。そして、戦前の野口壽郎の弟子の中で戦火を逃れて唯一生き残ったのが中村圭介であった[34]。

（3）三匠会：趣味の和家具展の特徴

<1> 三越和家具展の家具種類

前述のとおり、三越「三匠会：趣味の和家具陳列」が初めて開催されたのは1930（昭和5）年であった。そして同展では、大多数の出品作品は従来の和家具の域を出ないものであった。『近代家具装飾資料』には、1936（昭和11）年から1939（昭和14）年までの三越「三匠会：趣味の和家具展」の出品作品を収録するものが4集分（第11集・第17集・第22集・第33集）ある。

その出品作品の家具の種類は、①棚物家具として、飾棚・人形棚・茶棚・書棚・本箱・玄関棚・隅棚・脇棚・小棚・香炉棚・半襟棚など、②箱物家具として、衣裳箪笥・用箪笥・化粧箪笥・水屋など、③台物家具として、座机・食卓・見台・置物台など、④小物家具として、鏡台・衝立・屏風・行燈・帽子掛・衣桁・卓火鉢・手拭掛・屑箱・手許箱・針箱など、⑤燈火器具・暖房器具として、フロアースタンド・火鉢・炬燵・行火脇息・椅子火鉢などであった。

これらの出品作品のデザインに斬新さがあったかどうかについては、今後の研究の発展を俟つところである。

<2> 三越和家具展の家具材料

1936（昭和11）年から1939（昭和14）年までの三越「三匠会：趣味の和家具展」の出品作品の使用材料を総合して見ると、杉材・桐材の使用が多いことが判る。また1938（昭和13）年は、杉材・桐材に加えて、桜材・塩地材の使用も見られた。そして、塗装が施されたものの中では、漆塗仕上げされたものが多く見られた。

【注】

1) 斎藤隆介「野口寿郎・家具40年①〜⑫」『室内』第121〜132号、工作社、1965年1月〜12月（斎藤隆介が三越家具部を率いた野口寿郎にインタビューした内容をまとめた連載記事）／初田亨『百貨店の誕生──明治大正昭和の都市文化を演出した百貨店と勧工場の近代史。』三省堂、1993年（三省堂選書178）・同、1999年（ちくま学芸文庫）。特に同著「第6章 家庭生活の演出」の「4 室内装飾に進出」「5 和洋折衷の意匠」「6 手のとどく文化生活」（文庫版、194-210頁）を参照／神野由紀『趣味の誕生──百貨店がつくったテイスト』勁草書房、1994年。特に同著「第2章 つくられるイメージ」の「2「今日は帝劇、明日は三越」」の「(3)室内装飾部の展開」（87-111頁）を参照／神野由紀「第6章 百貨店と室内装飾」『百貨店の文化史──日本の消費革命』山本武利・西沢保編、世界思想社、1999年、155-177頁／三越家具部の野口壽郎については、中村圭介「"百貨店家具デザイナー"を忘れないで［野口壽郎］」『芸術新潮』新潮社、1999年8月、82-87頁を参照／中村圭介『文明開化と明治の住まい──暮らしとインテリアの近代史（上）』理工学社、2000年。特に同著の「3-2 充実してきた室内装飾」の「2. 公共建築にみる室内」「(5)パリ日本大使館」（112-113頁）及び「3-6 洋家具製造業の発達」の「2. 呉服屋が内装業へ」（150-151頁）を参照／中林幸夫「日本の洋家具百貨店育ち」『日本経済新聞』朝刊、日本経済新聞社、2013年12月24日、36頁／これらの既往研究によれば、三越が家具装飾業に初めて参入したのは、イギリス・ロンドンのメープル社で研修中であった三越社員の林幸平が担当したフランス・パリの駐仏日本大使館の室内装飾であった（1908年1月完成）。また1911（明治44）年には帝国劇場貴賓上覧席の装飾・什器、舞台の緞帳を納品している。また三越家具部は1928（昭和3）年の上野公園の東京府美術館における仏蘭西装飾美術家協会展覧会のモデルルーム設営を請け負った。

2) 神野由紀は1920（大正9）年の「家具新製品陳列会」が三越における最初期の新作家具展であったと見ている（神野由紀『百貨店の文化史──日本の消費革命』山本武利・西沢保編、世界思想社、1999年、163頁）。

3) 榎本安五郎「日本趣味家具に就て」『木材工芸』第82号、木材工芸学会、1925年12月、13-17頁

4) 同上（3）、榎本安五郎

5) 翌1929年・翌々1930年以降の「新製洋家具陳列会」の記事では、新作洋家具の家具設計者名として三越家具部部員の名が明記されている。

6) S.K.T.編「三越に於ける三匠会趣味の和家具陳列を見る」『木材工芸』小野政次郎編、第142号、木材工芸学会、1930年12月、15-16頁（新漢字・現代仮名遣い改め）

7) 1932年は「新設計室内装備展」もしくは「新設計室内装置展」と呼称された。

8) 商工省工芸指導所「[三越]新設計室内装備展概況」『工芸ニュース』第1巻第6号、工政会出版部、1932年12月、18頁。同号（3-16頁）には、「第4回工芸指導所開所記念展」（仙台：1932年11月1日〜3日）の模様が「開所記念展鳥瞰」として報告されている。同展では、工芸指導所の工場建物内に29室の展示場を設けた。その内、[本]庁舎1階の陳列分室にモデルルーム1室（応接間兼居間）、同2階の講堂にモデルルーム5室（幼年時代・学生時代・新婚時代・中年時代・老年時代の5つのライフステージ別家具展示）を設営した。この文脈の中で、三越「新設計室内装備展」（1933年以降、新設計室内装飾展と改称）の開催が報告されて、「一般観衆には一寸手を出せぬ」と批評された。

9) 青木利三郎編『帝国工芸』第6巻第12号、帝国工芸会、1932年12月、口絵、386-388頁

10)【再掲】……大デパートの室内綜合工芸展の内で、[支那]時変前まで其の内容の良否は別として、豪華を以て誇っていたものは、三越の家具装飾部主催のものである。就中昭和8年[1933年]11月、其の本店で開かれた恒例の『新設計室内装備展観』[新設計室内装飾展観]は、其の広大な面積と云い、豊富な照明と云い、多額の経費を費やして、極めて大胆な施設の下に展示されたもので、他の官公私展の何物も其の追従を許さないものであった。展示16室に及ぶ多数のモデルルームは、何れも同店家具部々員の一ヶ年に亘る苦心研究の成果として、或は欧洲[ママ]式を取入れ、或は日本式を加味して、椅子式新興日本の室内装美の表現に努めたものであった。……（木檜恕一「52、百貨店の室内綜合展観」『私の工芸生活抄誌』木檜先生還暦祝賀実行会、1942年、208-212頁）

11)【再掲】……其の各室を総覧すると、頗るモダーンなものもあれば、又渋い日本趣味のものもあった。そこに種々様々な作家の個性が看取されて中々面白い。……[中略]……唯惜しむらくは、一大商店の展示として、そこに一貫した精神が現われていることも亦望ましい。此の点から見ると、一沫[抹]の淋しさが感ぜられた（同上（10）、木檜恕一）。

12) 本書「解題」26頁本文及び47頁注（70）参照。

13) 川浪晒哉「周囲の工作から見た室内装飾展の比較」『帝国工芸』青木利三郎編、第9巻第1号、帝国工芸会、1935年1月、19-20頁（本書「解題」25頁引用文参照）

14) 青木利三郎編「三越の新設計室内装飾展観」『帝国工芸』第8巻第11号、帝国工芸会、1934年12月、362頁

15) 三越『株式会社三越100年の記録』三越、2005年、134-135頁

16) 商工省工芸指導所「三越新設計室内装飾展」『工芸ニュース』第7巻第1号、工業調査協会、1938年1月、40頁

17) 商工省工芸指導所「新商品に就いて聴く・27　現代に活かす固有美・竹製椅子／話す人　東京高等工芸学校　鈴木太郎氏／話す人　三越家具設計部　城所左［右］文治氏／聞き手　豊口［克平］技手」『工芸ニュース』第7巻第2号、工業調査協会、1938年2月、50-51頁。同インタビューの内容は、石村眞一『カンチレバーの椅子物語』角川学芸出版、2010年、138-147頁において要点が抽出されているので本書では割愛する。ただし同著では三越家具展示会の開催を毎年9月としているが、実際には11月である。

18) 1938年は「実用家具展」と呼称された。1936・1937・1939・1940年の「実用洋家具展」の開催は確認できていない。

19) この実用洋家具は、終戦直後期日本の物資不足の復興時代にも大量に生産された。

20) 剣持勇「家具・工芸品綜合展観をみる」『工芸ニュース』商工省工芸指導所、第12巻第1号、工業調査協会、1943年2月、27-29頁

21) 商工省工芸指導所編「第二回国民生活用品展覧会開催に就いて」『工芸ニュース』第12巻第1号、工業調査協会、1943年2月、11頁／商工省工芸指導所編「第二回国民生活用品展より」『工芸ニュース』第12巻第4号、工業調査協会、1943年5月、1-8頁

22) 三正会幹事編『三越写真帖』三越、1941年

23) Martin Battersby: "The Decorative Thirties," London: Studio Vista, 1971, pp.33-47

24) 田中邦次郎『西洋家具様式通論』山海堂出版部、1937年、自序、1-2頁（新漢字・現代仮名遣い改め）

25) 『西洋家具様式通論』が発行された1937年当時、田中邦次郎は三越家具部主任であった。このことを直接示す資料は、商工省産業工芸試験所編『工芸ニュース』第6巻第9号、工業調査協会、1937年9月、巻末社告（『西洋家具様式通論』）である。また、工芸社が1934年5月から刊行を始めた『新工芸──新しき良き家具工芸誌』の定期購読の案内状には、「三越家具部副長　山本秀太郎」、「三越家具部主任　田中邦次郎」他の記名推薦文が掲載されている。

26) 終戦直後、野口壽郎は進駐軍家族用住宅家具の企画に携わったこともあった。1960年代には、百貨店家具部門の代表として、天童木工家具デザインコンクールとコスガファニチュアデザインコンペティションの審査委員を務めた。1965年の三越定年退職後は、天童木工製作所の取締役となり社内に「野口デザイン研究室」を構えた。その後、小田急ハルク創設の中心メンバーとなった。

27) 斎藤隆介「野口寿郎・家具40年①〜⑫」『室内』第121〜132号、工作社、1965年1月〜12月

28) 斎藤隆介「野口寿郎・家具40年②──三越の「小供」になる」『室内』第122号、工作社、1965年2月、91-95頁

29) 初田亨『百貨店の誕生』筑摩書房、1999年、196-197頁。同著では、杉山赤四郎は「家具装飾部部長」と記されている。

30) 前掲(28)、「野口寿郎・家具40年②──三越の「小供」になる」

31) 同上（30）

32) 斎藤隆介「野口寿郎・家具40年⑤──ある先輩デザイナー」『室内』第125号、工作社、1965年5月、115-119頁

33) 中村圭介「"百貨店デザイナー"を忘れないで」『芸術新潮』新潮社、1999年8月、82-87頁。中村圭介によれば、野口壽郎が徴兵されなかったのは当時、天皇が行幸する際の貴賓室の家具設計を担当していたからである。

34) 斎藤隆介「野口寿郎・家具40年⑫──形をつくる」『室内』第132号、工作社、1965年12月、97-101頁

第2節

洋家具展

（1）三越「新設計室内装飾展」

（1935年11月開催）　第1集

【表紙解説文】

新設計室内装飾展

於東京日本橋三越
新しい室内構成の展示——書斎・書斎兼応接室・客間・居間兼客間・居間兼食堂・食堂・寝室等々のセット集

【巻頭解説文】

新設計室内装飾展集

　本集は昭和10年11月下旬、三越本店に開かれた同展覧会の全観的蒐集である。
　大三越が金に糸目なく、いくつものモデルルームを造り、客間、書斎、寝室、居間食堂等々、其の他何れも最新式の家具を中心として、装飾万端に意を凝らし、新時代に於ける室内工芸の綜合的効果を如実に示現したもので、本集は先ず各室のセットを、室内主要部を背景として綜合的に概観し、更に椅子、卓子、棚等を細部的に撮影収録したものである。
　以下各室に題せる風雅な文字は、設計者の意図を表示したものである。

洋家具展

1　題〔蒼海〕　　客間・A

1―2　題〔蒼海〕　　客間

金帆に風を孕んだヨットが、大洋のうねりを縦横に疾駆する所、躍動的な線と豪快な色調を藉りて、此の室の雰囲気を現わしました。

客間の家具　　桜材呂色一部朱漆彫刻付緞子張り。

三越「新設計室内装飾展」 （1935年11月開催） 第1集

2　題〔蒼海〕　　客間・B

洋家具展

3 題〔心〕 書斎

端正を目標として、而も覇気を帯びた表現であります。

書斎の家具 桜材一部楓杢板彫刻付ウォー［ル］ナット色布張り机皮［革］張り。

(1935年11月開催) 第1集

三越「新設計室内装飾展」

4 題〔白露〕 寝室

月光にしずむ秋の野の清浄を基調として統一しました。

寝室の家具 桜材白一部栗ラッカー彫刻付古味緞子張り。

洋家具展

5　題〔巒〕　　居間食堂

野趣を基調に都会の味を盛った行方であります。

居間食堂の家具　　楢一部彫刻付古味色布張り。

※「巒」は「やまなみ」もしくは「みね」と読むと思われる。

三越「新設計室内装飾展」

(1935年11月開催) 第1集

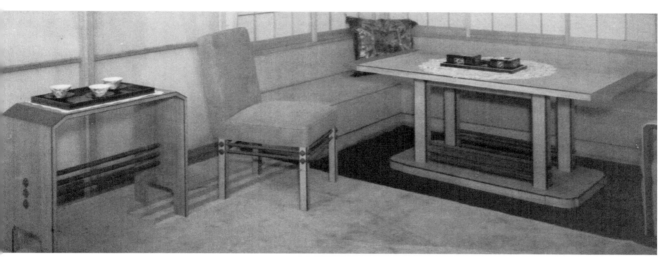

6 題〔錆〕 客間

錆びた土壁を持つ気品のうちに、ピッタリと調和する家具調度をかく設計いたしました。

客間の家具 塩地木地サラシ仕上錆鉄金具うるみ漆使用。

洋家具展

7 題〔秋気〕　　居間

秋を主題として、一家楽しく語り合う部屋を作って見ました。

居間の家具　　主要材桜漆及びラッカー仕上。

三越「新設計室内装飾展」 (1935年11月開催) 第1集

8　題〔幽陽〕　　寝室・A

8—9　題〔幽陽〕　　寝室

仏蘭西のモダーン様式からヒントを得て、仕上に日本固有の潤いを加味し、落付ある調和融合につとめました。

寝室の家具　　桜材漆仕上縞黒檀練付。

洋家具展

9　題〔幽陽〕　　寝室・B

(1935年11月開催) 第1集

三越「新設計室内装飾展」

10　題〔朗〕　　書斎兼応接室・A

10—11　題〔朗〕　　書斎兼応接室

書斎にして気軽な応接間をも兼ねたものです。

書斎兼応接室の家具　　桜材ブラックウォー［ル］ナット練付。

洋家具展

11　題〔朗〕　　書斎兼応接室・B

三越「新設計室内装飾展」 （1935年11月開催） 第1集

12　題〔静寂〕　　書斎

落付のある書斎であり、尚明るい気分を表現しようとしたものがこれであります。

書斎の家具　　主要材楢ラック仕上。

洋家具展

13　題〔白流〕　　客間・A

13—14　題〔白流〕　　客間

桐を主題として、その温雅な趣をよく生かしたいと意を用いたもの。

客間の家具　　主要材桐うづくり砥の子ラック仕上。

三越「新設計室内装飾展」(1935年11月開催) 第1集

14 題〔白流〕 客間・B

洋家具展

15（上・中）　題〔悠〕　書斎

欧米の新しさを追わず、古典の再現にも走らず、次の時代の東洋風はかくもあるべきか。

書斎の家具　　主要材栗布張り。

15（下）　題〔若〕　客間

簡素な若人向き、生気溌剌たる意。

客間の家具　　主材松及び真鍮。

（1935年11月開催）　第1集

三越「新設計室内装飾展」

食堂の家具

16　題〔黒白青〕　　食堂

色彩のもつ感情——相反発する三色の融合を求めて設計致しました。

食堂の家具　　主材桜白色仕上縞栗及びサテンウッド使用。

※「サテンウッド」（satinwood）は、インド・セイロン産のミカン科の高木である「インドシュスボク」のこと。

洋家具展

17　題〔爽〕　　居間兼客間・A

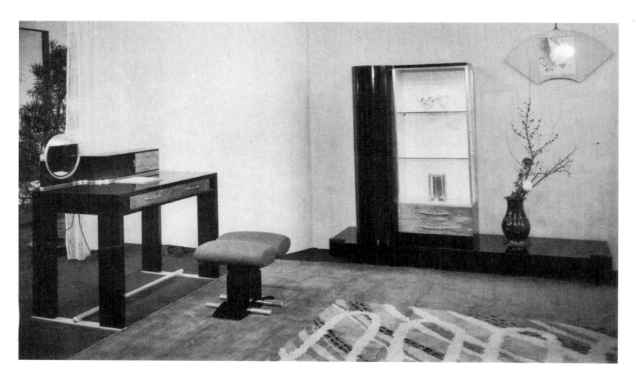

(1935年11月開催) 第1集

三越「新設計室内装飾展」

18　題〔爽〕　　居間兼客間・B

17―18　題〔爽〕　　居間兼客間

どっしりした落付の中に、爽快なる気分を醸成すべく、直線と曲線とを対照せしめました。

居間兼客間の家具　　桜パリサンドル練付一部色漆塗。

※「パリサンドル」は「パリサンダー・ローズウッド」(Palisander Rosewood)、インディアンローズウッド (Indian Rosewood)、本紫檀のこと。

101

洋家具展

19　題〔素〕　　寝室

特有の木肌より受ける感覚を主とし、和風の寝室に相応しい雰囲気を現わしました。

寝室の家具　　主材日本杉糸柾木地仕上薩摩杉杢板及びうるみ漆使用。

(1935年11月開催) 第1集

三越「新設計室内装飾展」

20 題〔まどい〕　　客間

素朴な気分を、現代人の感覚に順応するものと思われる手法で表現してみました。

客間の家具　　桜材楠大杢練付。

(2) 三越「新設計室内装飾展」

（1936年11月開催） 第8集

【表紙解説文】

新設計室内装飾展集

日本橋・三越本店
三越家具部のメンバーが研鑽に研鑽を重ねた設計案——新時代の先端を行く清新潑溂たる家具の諸相——を近代室内構成の動向を示した16種のモデルルームに展列

【巻頭解説文】

新設計室内装飾展集

　本集は昭和11年11月下旬、三越本店に開かれた同展覧会の全観的蒐集で、即ち同店家具部の諸員が、研鑽に研鑽を重ねた設計案に依り実現せしめた家具—新時代の先端を行く絢爛たる家具の諸相—を、近代的室内構成の動向を示した16種のモデルルームに展列されたものである。

洋家具展

1　客室の家具（A）　　平山次男氏設計

パリサンドル材。〔上図〕は意匠的な硝子戸を透して樹木を眺望し得る広闊な部屋に、整然と配された家具の全観である。〔下図〕は端正で優雅な飾棚、ふくよかな安楽椅子、曲線の支脚を主題とした小卓子を示したもの。

※「パリサンドル」は、パリサンダー・ローズウッド（Palisander Rosewood）、インディアンローズウッド（Indian Rosewood）、本紫檀のこと。

（1936年11月開催）　第8集

三越「新設計室内装飾展」

2（上）　客室の家具（B）　　平山次男氏設計

1のルームから引用した茶卓子と肱掛椅子の詳細で、茶卓子の側面に表現された意匠が、如何にも日本的な新味を漂わしている。

2（下）　客室の家具（A）　　平山健吉氏設計

主材は赤松。瀟洒なセットである。

洋家具展

3　客室の家具（B）　　　平山健吉氏設計

〔上図〕卓子と小椅子を主題に示したもので、左方は茶卓子、右方長方形卓子は、脚部に重厚な感じを与えて、全体の軽快な空気を引き締め、而もよい調和を見せている。〔下図〕の飾棚は、簡潔な手法ではあるが、右方に小抽斗をあしらったところ、新意想的な構成であり、便利でもある。

（1936年11月開催） 第8集

三越「新設計室内装飾展」

4　食堂の家具　　平山次男氏設計

塩地及び杉を主材とし諸所竹材を配している。〔上図〕は全観で、椅子の背に新しい意匠的な構想を見せ、食卓子の脚の竹材は、日本的な瀟洒な感じを与えている。〔下図〕はサイドボードで日本趣味の加わった近代的な意想に成るもの、好ましい端正美を現わしている。

洋家具展

5　居間の家具　　　杉山赤四郎氏設計

主材は楢。単に居間と命示されてあったが、食事室を兼ねた部屋である。小椅子の背に、如何にも単純ではあるが特異な意匠を示している。〔下図〕サイドボードは、魚と網の図案や竹材を以って日本趣味を覗（うかが）ったなごやかなものである。

(1936年11月開催) 第8集

三越「新設計室内装飾展」

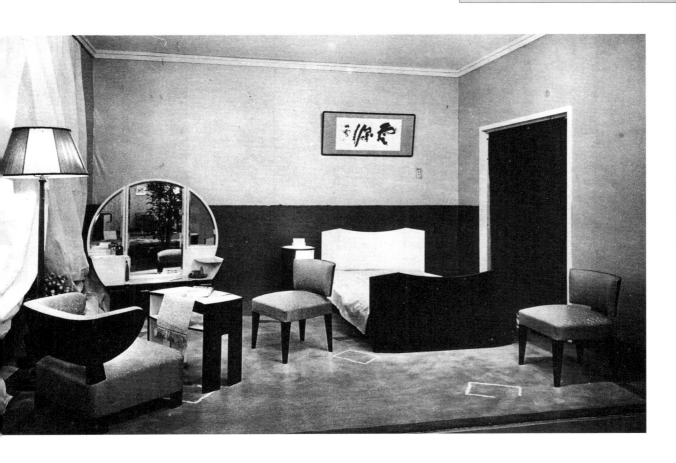

6　寝室の家具　　　杉山赤四郎氏設計

複雑な手法を避けて、近代的な清新美を求めた気持のよいセットである。主材は桜。

洋家具展

7　書斎の家具　　　杉山赤四郎氏設計

主材は楢。何れもがっちりした構成美を覘ったもので、全体として落付いた感じを出している。

三越「新設計室内装飾展」（1936年11月開催）第8集

8　客室の家具　　中村幸三氏設計

桜を主材としたもので、椅子張りの明朗な縞柄、行燈型とも見るべき飾棚、昔神前に用いられた八脚机を思わせる茶卓子等が、和趣味の勝った構成の部屋に配され、如何にも親しみある景観を醸し出している。椅子肱掛や円卓子の脚等、竹材が巧みに使われている。

洋家具展

9　書斎の家具　　　早川直象氏設計

杉、桐、桜材を混用したもの。すっきりした片袖デスク、美しく誇張のない安楽椅子、廻転椅子、長椅子、それに柔かい線をもった角卓子と優美な飾棚等、清新優雅なセットである。

(1936年11月開催) 第8集

三越「新設計室内装飾展」

10　居間兼書斎の家具　　　棚橋捷七氏設計

主材はシルキオーク材。安楽椅子の肱掛に特異な表現をもつ以外、意匠的にはこれはと思うものもないが、材料美に生きたセットである。

洋家具展

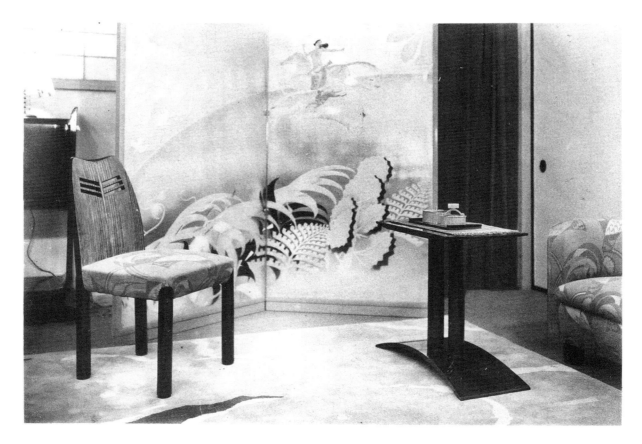

11　客室の家具　　杉山赤四郎氏設計

主材はチーク。飽くまで曲線美に終始した構想の家具、それが飽くまで直線に終始した日本間の中に対立的に展開され、而も何等不自然な感じもなく、恰(あたか)も浮び出した様な和やかな景観を投げている。

三越「新設計室内装飾展」(1936年11月開催) 第8集

12　広間の家具　　野口壽郎氏設計

桜及び朴材が主材である。椅子、卓子の単純瀟洒な形態と対照して、恰も王者の地位を占むるが如き飾棚の優麗さ、此の対立的展列の中に、反って落付いた不思議な対象美を漂わせている。

洋家具展

13　寝室の家具（A）　　　上山　謌氏設計

主材は桜、サテンウッド練付。ナイト卓子付の應［鷹］揚な寝台である。〔下図〕は化粧台で、簡素な手法に落付を見せている。

※原文は「應揚」だが、「鷹揚」の誤植と思われる。
※「サテンウッド」（satinwood）は、インド・セイロン産のミカン科の高木のインドシュスボク。製材は光沢がある。

三越「新設計室内装飾展」（1936年11月開催）第8集

14　寝室の家具（B）　　　上山　蕗氏設計

〔上図〕どっしりと落付ある長方形のナイト卓子が、二個の寝台と結び付いて、不即不離の景観を現わしている。
〔下図〕は肱掛椅子と円卓子。清洒な気持よき対照である。

洋家具展

15　客室の家具（A）　　上山　講氏設計

杉、松を主材としたもの。〔上図〕は全観、〔下図〕小椅子の前脚や茶卓子の脚など、部分的に新意想を働かせている。

三越「新設計室内装飾展」（1936年11月開催）　第8集

16　客室の家具　（B）　　　上山　議氏設計

〔上図〕肱掛椅子と長方卓子、清新である。只卓子の脚部四方を取りまいた三筋［筋］の桟は、寧ろ側面だけにして足を伸ばし得る自由が欲しいと思う。〔下図〕意匠に富んだ堂々たる飾棚で、下部両側の鋭角な感じと、上部隅々にカーブをもった柔かい感じとが、よく結ばれている。

※「筋」の誤植ではないか。写真を見ると脚と脚を3本の木材が結んでいる。ちなみに、このように4本脚すべてを貫で繋ぎ回すことは中世西欧家具にしばしば見られる。

121

洋家具展

17　客室兼居間の家具　　　岩永克己氏設計

主材は桜。著しく眼を惹くものは、飾棚とワイン卓子である。器用な曲線が特異な美しさを見せている。

(1936年11月開催) 第8集

三越「新設計室内装飾展」

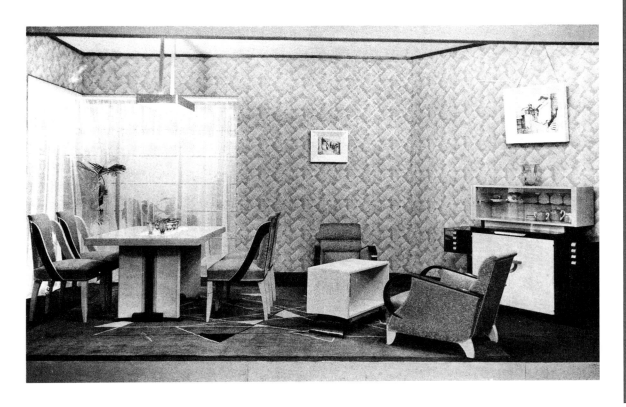

18 食堂の家具（A）　　定方希一氏設計

主材は桜、シコモール練付。非常に変化あるセットである。〔下図〕の肱掛椅子は、意匠形態とも、スマートであり、優美でもある。モダンな箱型の卓子は清新。

※「シコモール」（sycamore）は、米国では、アメリカスズカケノキ、アメリカスズカケノキの堅材を指す。英国では、セイヨウカジカエデ、セイヨウカジカエデの堅材を指す。その他では、エジプトイチジクを指す。

洋家具展

19　食堂の家具　（B）　　　定方希一氏設計

食卓子、小椅子、飾棚等、何れも随所に新意想の盛られた節々を見逃すことが出来ない。。

三越「新設計室内装飾展」

(1936年11月開催)　第8集

20　応接室の家具　　福地仁郎氏設計

ペリサンドル及び桐を主材としたもの。新奇を覗った形態の表現、モダンでスマートな飾棚と卓子とが、別趣な清新さを見せている。

※「ペリサンドル」は「パリサンドル」のこと。

(3) 三越「新設計室内装飾展」

(1937年11月開催)　第16集

【表紙解説文】

新設計室内装飾展集（3）

日本橋・三越本店
三越家具設計部諸員の熾烈なる研鑽と精進の結晶——14室のモデルルームは総て新時代日本の精神を基調とした室内装飾の新潮流を展示・躍進日本の建築家具装飾界へ正しく新しき動向を示せる指針

【巻頭解説文】

新設計室内装飾展集（3）

　本集は昭和12年11月下旬、三越本店に開催された新設計室内装飾展の全観的蒐集である。本展覧会は同店例年の催しであるが、家具設計部諸員の熾烈なる研究態度は、回を重ねるに従い、その作品に光彩を加え、卓越した意匠設計と、練熟した工作技術に依って本展も亦、14室の豪華なるモデルルームを列ねて、絢爛たる近代室内装飾絵巻が展開されたのである。作品は何れも日本精神を表現し、飽くまで日本的なるものを現代思潮に適応せしめたもので、所謂欧米のイミテーションたる洋家具の域を脱し、現代日本の家具として堂々たる風格を備えているのである。

洋家具展

1 客室の家具　　　杉山赤四郎氏設計

海を主題としたデザイン。折柄の時局に鑑み明るく強い色調に成るもので、日本精神を基調として典雅の風趣を表現したものである。主材は桐、松材。飾棚に蒔絵をあしらい、椅子は緞子張り、ラッカー仕上で一部呂色漆塗り。

(1937年11月開催) 第16集

三越「新設計室内装飾展」

2　居間兼食堂の家具　　　杉山赤四郎氏設計

率直な健康和楽の表現を主眼とし、実質的に親しめる日本趣味家具である。主材は塩地と竹材。塩地材を朱溜塗と生地拭き漆とに塗り分け、小椅子には此れに調和する晒竹生皮を配し、安楽椅子は紺白模様の厚地木綿を張ったもの。飾棚は草花模様のエッチング硝子戸と柿色木綿カーテンが配されている。モデルルームも黄土色の壁、杉材の造作、トラバーチンと黄緑色タイルのファイヤープレースで構成された斬新なもので、明快な鼠と灰緑色のカーペットが敷かれている。

※「トラバーチン」（英：travertine）は、緻密・硬質で縞状構造をもつ石灰岩。水に溶けている炭酸カルシウムが沈殿してできたもの。湧泉沈殿物や、石灰洞中の石筍（せきじゅん）・鍾乳石として産出。装飾用石材にする。イタリア産のものが有名。

洋家具展

3 居間兼寝室の家具（A）　　岩永克己氏設計

日本の現代生活を基準として設計されたもので、従来の和洋折衷式なるものを、より日本的ならしめ、簡素な日本間に、機能的な要素を加味した点で新機軸を生んだ作品である。中央の丸卓子の右側にある自在椅子は肘付き座椅子で、補助クッションが有り寝椅子に兼用し得る。左側の座椅子は婦人用座椅子で、寄り掛りは脇息にも使用することが出来る。主材は桜材、桐及びパリサンドル練付け、黒ラッカー塗り分け仕上で、金具は全てホワイトブロンズ製、椅子は緞子張り。

(1937年11月開催)　第16集

三越「新設計室内装飾展」

4　居間兼寝室の家具（B）　　　岩永克己氏設計

〔上図〕は簞笥と服簞笥。両脇の簞笥は普通和風簞笥と同寸法で、上部に緞子張り引違戸を設け、中央の服簞笥は上部に鏡照明付きとし、内部は洋服掛ズボン掛け装置がある。〔下図〕は丸卓子の詳細。甲板中央は透明厚硝子の盆で取外しが出来、内部に黒ラッカー塗の扇型盆が二個入りとなる。

※「甲板(こういた)」はテーブルトップのこと。

洋家具展

5　居間兼寝室の家具（C）　　　岩永克己氏設計

〔上図〕はソファーベッドと座机。ソファーベッドのマトレスは緞子張りで、総コイルスプリング装置の三つ折、此れを畳み込んでソファーとして利用するもので、〔下図〕はベッドとして使用する場合を示したものである。

※いわゆる「折畳式ソファーベッド」である。

（1937年11月開催）　第16集

三越「新設計室内装飾展」

6　寝室の家具（A）　　　杉山赤四郎氏設計

〔上図〕はモデルルームの全観で――淡白な感じの中に漂う粋好み――を主眼とし、純粋日本趣味を多分に取入れて近代化したものである。壁は聚楽壁の土色、造作は杉。家具は塩地生地に晒竹を使用し、一部呂色、腰はラッカー仕上。〔下図〕は肱椅子と卓子の詳細で、椅子は縞セルとビロード張りである。

133

洋家具展

7　寝室の家具（B）　　　杉山赤四郎氏設計

〔上図〕は寝台の詳細。竹を編んだ籠目は日本的意匠であると同時に、夏季の通風のためと、冬季に覆いを被らせるに便ならしめた一工夫である。〔下図〕は化粧台の詳細で、淡白にして瀟洒、現代人の嗜好にまで単純化された新日本趣味の家具として異彩を放っている。

(1937年11月開催)　第16集

三越「新設計室内装飾展」

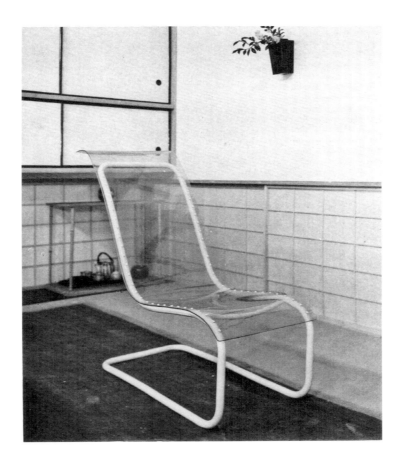

8　居間兼書斎の家具（A）　　　野口壽郎氏設計

「深沈たる雰囲気を目的とせる余剰少なき居間兼書斎」を構成する事が設計者の意図であった。「上図」はその全観で、静粛感を乱す何物もない清楚な室内構成である。〔下図〕鋼管製白エナメル塗りの小椅子で、厚いセルロイド板を使用した特殊なもの。

洋家具展

9 居間兼書斎の家具（B）　　野口壽郎氏設計

〔上図〕は事務机と廻転椅子、机は栗材、ラック仕上で、一部にラジオ装置をもち、抽斗も全て機能的な構成である。
〔下図〕は角卓子と肱掛椅子で、楓を使用したもの。

三越「新設計室内装飾展」 (1937年11月開催) 第16集

10　書斎の家具　　　杉山赤四郎氏設計

書斎の静寂味の中に雄渾の気分を表現せしめたもので、渓谷を主題とし、楢材を素朴な味わいに使いこなしている。色彩も落付いた青味を基調とし、力強い線諧調が求められた。机の皮［革］張り、茶卓子の硝子とゴム、緞通等、全て青味の色調を持たしめ、僅少の紅線と椅子張りに茶色が用いられている。

洋家具展

11　居間兼応接室の家具　　　平山次男氏設計

室も家具も、単純化された型態に整えられ、灰色を基調として黄、茶などの暖色系統色を配した色彩との融和によって、落付きと親しみを感ずる室内である。主材は塩地と桐材。

三越「新設計室内装飾展」

(1937年11月開催) 第16集

12 居間の家具（A）　　上山 講氏設計

「現代の家庭生活にあっては、和装の老人と洋装の若人が一堂に団欒する、という複雑化した生活様式が屢々起るのである。座蒲団を用いての和装生活と、椅子を用いての洋装生活が日本化された雰囲気の内に結合され、一つの卓、一つの炉を囲んでの集合こそ、現代の居間に要求されて応わしいものではあるまいか」と設計者がその設計意図に述ぶる如く、それは現代の二重生活が要求する必然の結果であるにも関らず、その実例が尠いのは意匠的な困難さに、稍々もすれば不自然な構成になり勝ちなためであるかも知れぬ。本設計は優れた日本的意匠により、和室との調和を計った稀有の好作である。主材は神代杉、磨き仕上。

洋家具展

13 居間の家具（B）　　上山　議氏設計

〔上図〕は長方形卓子と肱掛椅子の詳細。神代杉と竹材、籠目籐材の日本的材料のみになるもの。〔下図〕は飾棚の詳細。

（1937年11月開催）　第16集

三越「新設計室内装飾展」

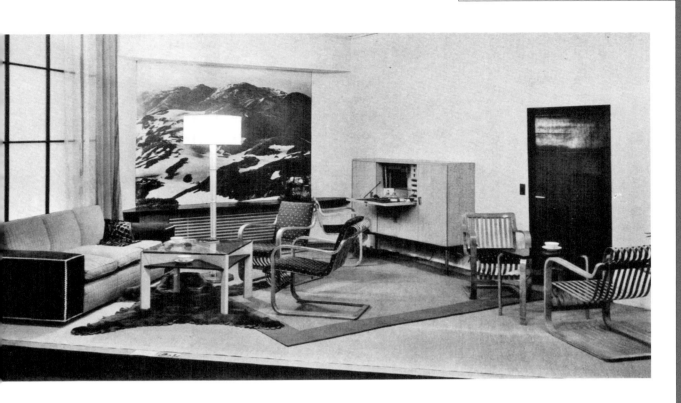

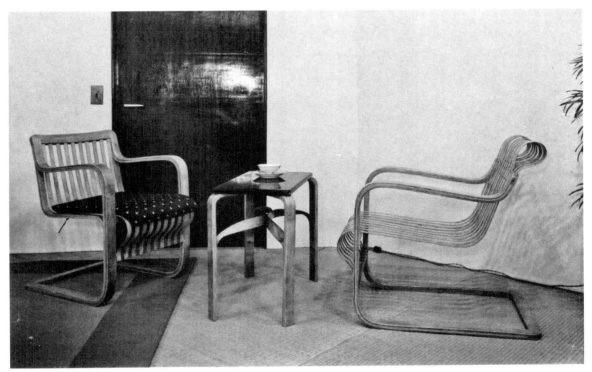

14　居間の家具（A）　　　城所右文次氏設計

　磨かれた竹、桧の肌のもつ近代的な素材感と、布、革、ラッカーとの明快な対照を主としたものである。また此の室で特に注意すべきものは、竹ベニヤ家具の創作である。構造材としては単独に十分な強度とダイメンションを持たない竹材を、ベニヤする事によってパイプ、プライウッド家具に勝る性能を出し得る事が発見された。新しい材料に出発した必然的な新型態への一段階として甚だ意義ある作品である。
　主材はベニヤリングした竹材及び桧材。生地仕上で一部インヂゴー色のラッカー塗り。竹ベニヤ椅子のルーズクッションは紺地に白絣の銘仙でスポンヂゴム芯。ソファーの座と脊はネープルスエローの婦人服オーバー地。肱はインヂゴーの皮［革］張りを白の革紐で編付け。フロアーランプの柱は竹の内側の弧を表にして寄合せたもので、シェードは日本紙に玉蘭葉繊維を貼ったもの、金具は全てホワイトブロンズ。

※「脊」は「せぼね」のこと。「背」は「うしろ」のこと。ここは生地の仕様なので「背」で良いと思うが、原文のママとする。

洋家具展

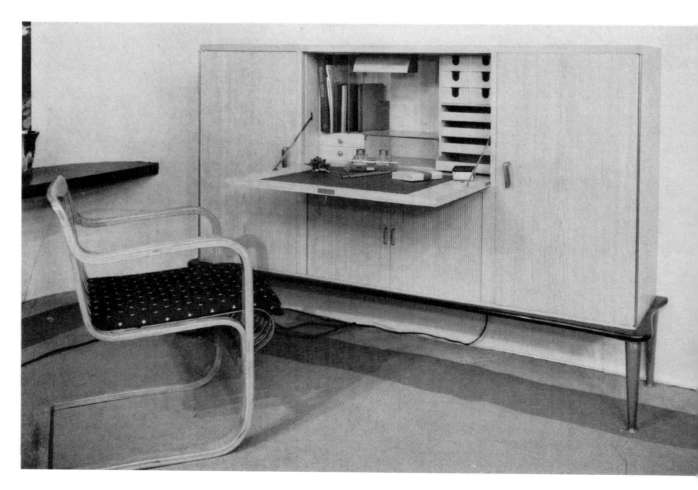

15　居間の家具（B）　　　城所右文次氏設計

〔上図〕はソファーと卓子、肱掛椅子の詳細。〔下図〕は整理棚の詳細。

（1937年11月開催） 第16集

三越「新設計室内装飾展」

16　家族室の家具（A）　　　早川直象氏設計

従来の家具セットからはなれ、室内装飾として家具が自由なものである事を其の儘表現したもので、材料及び様式は統一されていないが、之は家族室として各人の趣味に適う事と、家具としての性能を出し易いためから生れた結果である。主材は塩地、桜、楢材。〔上図〕は食堂を持つ家族室の全観で、〔下図〕は食堂の一部詳細。彫刻を持つ卓子と鋼管製の椅子との調和にも、不自然さは無い。

洋家具展

17　家族室の家具（B）　　早川直象氏設計

〔上図〕は丸卓子と肱掛椅子。〔下図〕は小卓子と座椅子、エッチングした厚硝子を甲板とした小卓子とパイプの座椅子の一対も、他の意匠と共に家族室の雰囲気に豊かな色彩を与えている。

(1937年11月開催) 第16集

三越「新設計室内装飾展」

18　客間の家具　　小林幸三氏設計

日本趣味の掛軸、盆栽、置物、調度を鑑賞すべき、椅子による接客室、之が此の室の設計要旨である。従って雑音を避けた離れの一部屋などであれば理想的なのである。主材は桜と塩地材。白木地塗とし、手に触れる部分（肱、卓子甲板等）は漆塗を施し、一部に竹材を使用した瀟洒な数寄屋趣味の家具である。

洋家具展

19　書斎の家具　　　定方希一氏設計

健実な意匠で構成され、強い色彩のコントラストの中に落付きのある和やかさを見出す新しい日本的な様式である。主材は桜材で漆とラッカー仕上。

（1937年11月開催） 第16集

三越「新設計室内装飾展」

20（上） 客間の家具　　渡邊春雄氏設計

温雅平明な雰囲気を目的として設計された客間である。主材は桜材、ダークウォルナット仕上を施したもの。

20（下） 応接間の家具　　伊藤義忠氏設計

清楚な、日本的な雰囲気を醸す応接間を構成する設計意図になるもので、飾棚の扉及び卓子の甲板に施された線彫りは、清水の流れを想わしめ、ウルミ色ラッカー仕上で、他の部分はウォルナット仕上である。裂地は薄鼠色の縞物と葉模様の組合せ。

(4) 三越「新設計室内装飾展」

(1938年11月開催) 第24集

【表紙解説文】

新設計室内装飾展集 (4)

日本橋・三越本店
国史未曾有の大躍進の秋を反映・力強き日本精神の表徴に砕心し潑剌たる生気漲る近代家具界の最高峰的構想は14種のモデルルームに羅列──圧倒的壮観

【巻頭解説文】

新設計室内装飾展集 (4)

　本集は昭和13年11月初旬、三越本店に於いて開かれた新設計室内装飾展観の全貌的蒐集である。本展観は例年の如く三越家具設計部諸員の真摯なる設計態度より生れた生気潑剌たる作品の羅列を観るものであるが、国史未曾有の大躍進の秋、設計者各自が期せずして明るく強き日本精神の表徴を企て、銃後国民の意気を高揚せる力作を示したことは、我が家具界のため誠に意気深きものがあり、各作品の様式に滲み出ずる国運隆昌祈念の表現こそは、最も力強き印象を与えるものであった。

洋家具展

1　サロンの家具　　　杉山赤四郎氏設計

〔陸〕と題し、東亜の陸の五彩、五民族の色を配合し栄光旭日に統一なしたもので、新材セロハン編紐の椅子仕上は漆に代るラッカーを彩色仕上となしたものである。主材は桜。

三越「新設計室内装飾展」

(1938年11月開催) 第24集

2　書斎の家具（A）　　杉山赤四郎氏設計

2—3　書斎の家具　　杉山赤四郎氏設計

〔海〕と題し、広大無辺の吾が海洋、翔けつらなる小鳥の群の雄壮な姿を表わせるもので、書棚の襖、机の革、セルロイドの把手など新材を使用したものである。主材は桜、ラッカー仕上。

洋家具展

3　書斎の家具（B）　　　杉山赤四郎氏設計

(1938年11月開催) 第24集

三越「新設計室内装飾展」

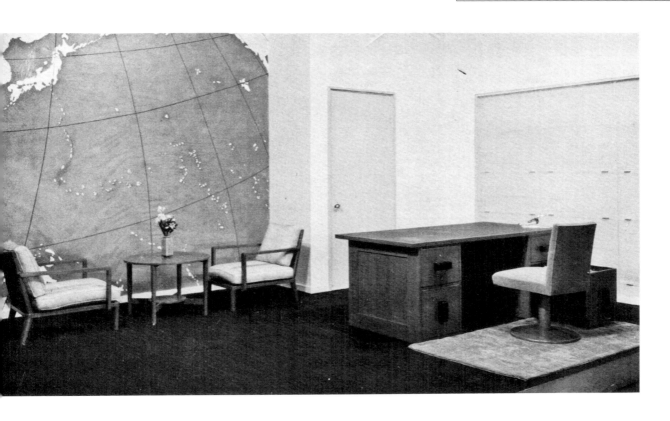

4　事務室の家具　　野口壽郎氏設計

事務用家具として機能本位に計画したもので、デスクの内部構造は特に留意考案された部分である。戦時主要物資の使用を避け廻転椅子も木製の軸木を使用したもの。主材は楢、ラッカー仕上。

洋家具展

5　書斎の家具（A）　　　平山次男氏設計

5—6　書斎の家具　　　平山次男氏設計

設計者の作意たる「重厚にして静寂の気韻を漂わす」気分を主眼として作られた書斎家具で、主材は松。ラッカー仕上げと漆仕上げを併用せるものである。

(1938年11月開催) 第24集

三越「新設計室内装飾展」

6　書斎の家具（B）　　平山次男氏設計

洋家具展

7　山荘の家具（A）　　　上山　薫氏設計

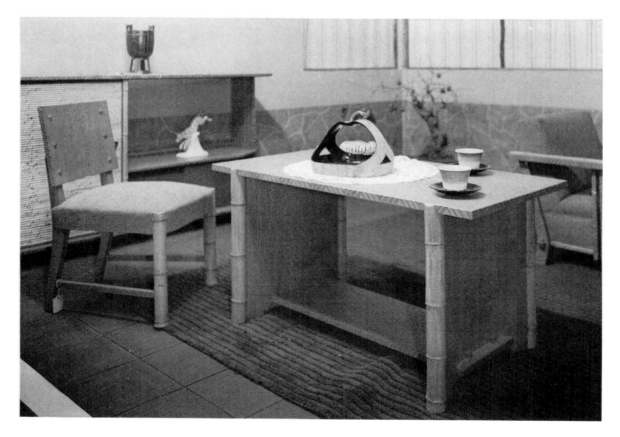

7―8　山荘の家具　　　上山　薫氏設計

軽妙な近代数寄屋趣味の山荘、炉を囲って登路の疲れに憩う一室の家具である。栗材木地出し仕上と竹材を用い、瀟洒にして近代的な感覚を持つ構成の味わいは、現代家具に渇好［好渇］さるる日本的意匠の一つであろう。

※原文の「渇好」は「好渇」の誤植ではないか。「好渇」は中国語で「旨さ、うまさ」の意。

(1938年11月開催) 第24集

三越「新設計室内装飾展」

8 山荘の家具（B）　　上山 蕩氏設計

洋家具展

9　寝室の家具（A）　　　定方希一氏設計

9—10　寝室の家具　　　定方希一氏設計

総体的に曲線を用いた意匠により、和やかな雰囲気を醸成すべく意図されたもので色調も明るく、しかも落付あるもので統一されている。主材は桜材及びブラックウォルナット練付を使用したもの。

三越「新設計室内装飾展」(1938年11月開催) 第24集

10　寝室の家具（B）　　定方希一氏設計

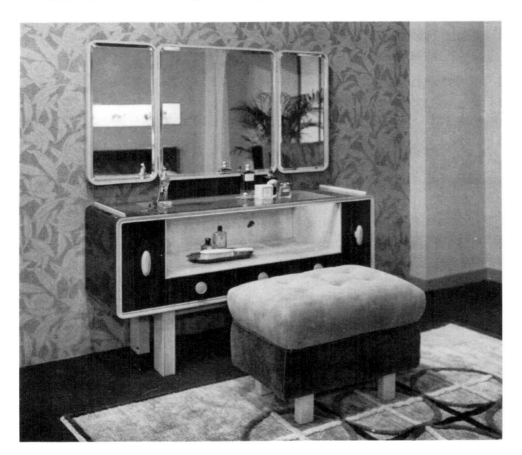

洋家具展

11　書斎の家具（A）　　早川直象氏設計

11—12　書斎の家具　　早川直象氏設計

伝統を尊重し、而も旧弊に堕せず、着実にして力強き新味を求むべく構想された書斎の家具である。主材は胡桃、塩地、樟、竹網代等で漆仕上げとなせるもの。

(1938年11月開催) 第24集

三越「新設計室内装飾展」

12　書斎の家具（B）　　早川直象氏設計

洋家具展

13　客室の家具　　　中村幸三氏設計

日本座敷を其のまま椅子式の室に、と云った手法で、置物掛軸其の他和式調度を充分観賞し得る様考慮設計されたものである。主材は桜及び杉杢。

（1938年11月開催）　第24集

三越「新設計室内装飾展」

14　サンルームの家具　　　早川直象氏設計

日光に浴し、伸び伸びと健康的な休息を楽しむサンルームの家具、主材は楢、ラック仕上。安楽椅子は山毛欅材（ブナ）の曲木。

洋家具展

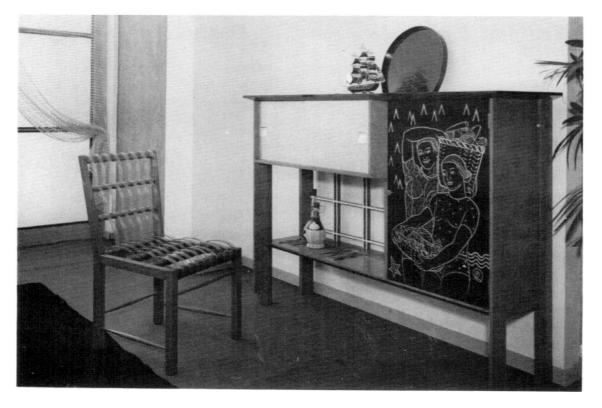

15　食堂の家具　　杉山赤四郎氏設計

〔海女〕と題し、裸の心、はだかの生活、朗らかな笑、真の健康を表徴せる近代的意匠になるもので、セルロイド張りの椅子には新材料のもつ素材美を見る。食器棚はラッカー彫刻彩色。主材は楢、ラッカー仕上である。

(1938年11月開催) 第24集

三越「新設計室内装飾展」

16 客室の家具　　杉山赤四郎氏設計

〔空〕と題し、日本の翼――国家国運を担って大空を行く翼。表徴的意匠に依って統一された客室セットである。桜材を主材としラッカー仕上。

洋家具展

17　客室の家具（A）　　　岩永克己氏設計

17—18（上）　客室の家具　　　岩永克己氏設計

清楚にして優雅な和趣味の客間を主眼とし、新構想を加味したもので、主材は楢材、及び献保梨練付け、色ラッカー仕上によるものである。

三越「新設計室内装飾展」（1938年11月開催）第24集

18（上）　客室の家具（B）　　　岩永克己氏設計

18（下）　書斎兼応接室の家具（A）　　　大西功二氏設計

18（下）—19（上）　書斎兼応接室の家具　　　大西功二氏設計

工作上の線は可成り単純化して経費の無駄を省き、その補いとして曲線模様を使用せるもの。壁面は国防色を基調とし落付きある色調にまとめられている。主材は塩地及び桐材。

洋家具展

19（上）　書斎兼応接室の家具（B）　　大西功二氏設計

19（下）　居間の家具（A）　　渡邊春雄氏設計

(1938年11月開催) 第24集

三越「新設計室内装飾展」

20　居間の家具（B）　　渡邊春雄氏設計

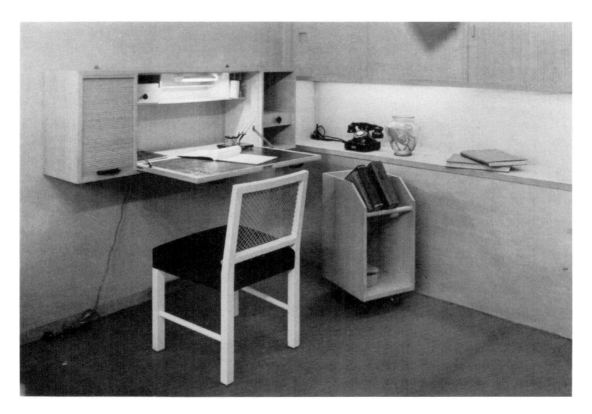

19（下）—20　居間の家具　　渡邊春雄氏設計

悠久なる理想の建設へ、些かの萎縮を知らぬ若人日本の潑剌たる鋭気と大陸進出の雄大なる壮観とを表現せるもの。主材は桜、白ラッカー仕上である。

(5) 三越「新設計室内装飾展」

（1939年秋開催） 第32集

【表紙解説文】

新設計室内装飾展集（5）

日本橋・三越本店
興亜の一大精神に立脚・大陸工芸への啓発を主標とせる力作は15種のモデルルームにその技を競う・豪華絢爛たる壮観［・］真に聖戦下我が工芸界への光明的羅針盤

【巻頭解説文】

新設計室内装飾展集（5）

　本集は昭和14年秋、三越本店楼上に開かれた「新設計室内装飾展観」の全貌を収録せるものである。本展観は例年の如く三越家具部諸員の撓ゆまざる不断の努力に依って、愈々洗練円熟せる境地を示せる力作を羅列し、各モデルルーム毎に設計者は夫々その個性を発揮して、雄大なる構想、瀟洒なる意匠、或は優雅繊麗なる装美になれるもの等々、真に絢爛豪華なる一壮観を呈したのであった。殊に飽くまでも日本的趣向を吟味し、或は大陸工芸への啓発を目標として興亜の一大精神のもとに立案された諸作は、聖戦下の我が工芸界へ一指針を与うるものと信ずるのである。

洋家具展

1　客間の家具（A）　　　定方希一氏設計

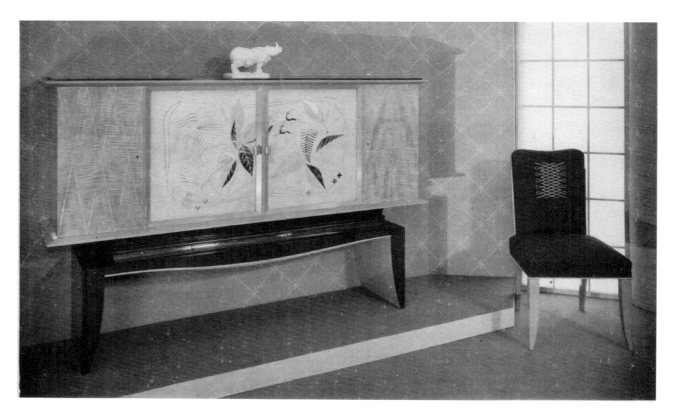

1—2　客間の家具　　　定方希一氏設計

優美典雅なる近代仏蘭西様式の持味を採入れ、新日本様式の創案を試みたものである。主材は桜材、シコモール色仕上となし、ブラックオーナット［ブラックウォールナット］練付けを併用せるもの。飾棚は扉にエッチング硝子を用い、銀引仕上。長方形卓子は黒ラッカー吹付の甲板へエッチング硝子の落し込み。長椅子は羽根入クッション付で、安楽椅子、小椅子、四枚折屏風は何れも刺繍を応用した絢爛たる意匠に成るもの。

※「甲板」はテーブルトップのこと。

（1939年秋開催）　第32集

三越「新設計室内装飾展」

2　客間の家具（B）　　定方希一氏設計

洋家具展

3　書斎の家具［A］　　杉山赤四郎氏設計

3　書斎の家具　　杉山赤四郎氏設計

興亜の精神を昂揚し、明日の大陸工芸への啓発を目標として考案されたもので、線の太い雄渾な気格を持つ意匠である。主材はタベック材、紫檀色仕上を施せるもの。設計者杉山氏は自作の出陳に就いて次の如くその作意を示した。

　『聖戦下興亜の大事業が着々進展し、東亜文化の再建設に邁進しつつある今日、新しく生れ出ずべき大陸工芸と日本工芸との関聯(かんれん)を考察することは、日本工芸家銃後の任務の一つである思う。
　日本の室内装飾は既に欧米文化を咀嚼消化して現代日本式として大成しているが、明日の大陸工芸を啓発する為には更に検討の余地を見出すのである。日本の一般工芸は座して静かに細かく観るということが建前になり、兎角島国的な小細工を喜ぶ風があるが、立式の生活に於いて一つの室内装飾というものを大きく見る場合には、細工の浪費と云わざるを得ぬ場合が有り勝ちである。
　然るに大陸の芸術的素質には気宇の大にして鮮麗なるものが多く、素直に気魄の大なるを思わせるものがあり、殊に建築内外設計に斯うした印象を深く受けるのである。これは支那の大陸的にして大規模の山河風景がその生活様式を支配して、動的に大きく、粗く、太くなったものと察せられる。
　この度の展観にはこの点を採入れてスケールを大にし、剛健快適なものを創案すべく方針を定めたのである。陳列作品は未だその意味に於いて不充分ではあるが、時局意識の下に得易い材料を用いて、構造様式に何れも苦心創作したものである。』

※「タベック」は、サルスベリ属の樹木。
※『・・・』の引用元は三越の展覧会カタログであると思われる。

三越「新設計室内装飾展」　（1939年秋開催）　第32集

3　書斎の家具 [B]　　杉山赤四郎氏設計

洋家具展

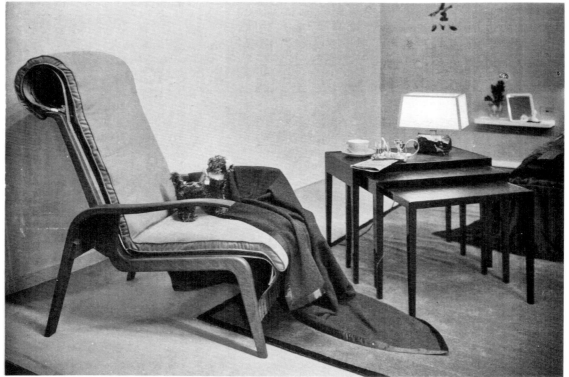

4　寝室の家具　　　野口壽郎氏設計

端然たる真位の気格を盛った寝室である。室は仮設物であるから雰囲気構成のために立て廻したのみで、間取り造作等は省略してある。左側壁面は純白色奉書、正面壁は淡灰色和紙、右壁は淡褐色和紙を張り詰め、天井は白、床は淡鼠色、敷物は淡青色の無地緞通で黒色の細い輪廓をもつ。寝台はカバー及び枕を黒色絹朱子、裏をルージュコライユ色の共布で仕立て、化粧簞笥は外側を黒色、内側をルージュコライユ色不透明ラッカー仕上。茶卓子は松材透き溜漆仕上、スツール及び肱掛椅子は桜材及び竹材の生地仕上で、スツールに朱色、肱掛椅子に黄色の綿布置布団を付している。

※「室は仮設物である」旨の明言あり。

三越「新設計室内装飾展」 （1939年秋開催） 第32集

5　客間の家具　　　杉山赤四郎氏設計

主材は桧材、無色ラッカー仕上。卓子、椅子、飾棚等何れも剛健な作風を示したものである。

洋家具展

6　食堂の家具（A）　　　杉山赤四郎氏設計

6—7（上）　食堂の家具　　　杉山赤四郎氏設計

タベック材を主材とし、紫檀色仕上を施せるもので、古典味を主調として近代化を図った剛快な意匠。

(1939年秋開催) 第32集

三越「新設計室内装飾展」

7（上）　食堂の家具（B）　　　杉山赤四郎氏設計

7（下）　書斎の家具（A）　　　渡邊春雄氏設計

7（下）―8　書斎の家具　　　渡邊春雄氏設計

主材として桜、胡桃、竹を使用し、素材美を生かすべく凡て生地色ラック仕上を施せるものである。殊に竹材の弾性を利用した構作と素材とが一致して構成する純粋感こそ現代人の嗜好に適わしいものであろう。

洋家具展

8 書斎の家具（B）　　渡邊春雄氏設計

（1939年秋開催）第32集

三越「新設計室内装飾展」

9　居間兼客間の家具（A）　　平山次男氏設計

9-10（上）　居間兼客間の家具　　平山次男氏設計

畳敷きの日本間にも調和させるべく日本趣味の表現に努めたもので、淡い灰色と茶色二色を基調とした淡白な意匠である。主材は塩地、一部桐柾貼りとし、戸棚前板は蝶貝螺鈿入り、ライティングデスクの前板にはアルミニウム箔研出し蒔絵散しとし、大卓子甲板は杉杢下地にアルミニウム箔及び黒漆研出し仕上。椅子張りは茶色無地布濃淡二種張り合せとしたものである。

洋家具展

10（上）　居間兼客間の家具（B）　　平山次男氏設計

10（下）　寝室の家具（A）　　大西功二氏設計

10（下）―11　寝室の家具　　大西功二氏設計

寝室に相応しい優美な意匠と共に、色彩感覚に於いても暖かく、柔かい室感の醸成に努めたものである。主材は塩地材で一部色ラッカー仕上を施せるもの。

（1939年秋開催）　第32集

三越「新設計室内装飾展」

11　寝室の家具（B）　　　大西功二氏設計

洋家具展

12　書斎の家具（A）　　野口壽郎氏設計

12—13（上）　書斎の家具　　野口壽郎氏設計

主材は松材、廻転椅子の肱部や書架などは桜材、共に生地仕上である。小椅子は黒色と白色の不透明ラッカー仕上、中央の書棚は欅材で漆仕上げとせるもの。

(1939年秋開催) 第32集

三越「新設計室内装飾展」

13（上） 書斎の家具（B）　　野口壽郎氏設計

13（下） 寝室の家具（A）　　早川直象氏設計

13（下）―14　寝室の家具　　早川直象氏設計

日本家具の持味を採入れた寝室の家具で、ナイト卓子、化粧台、衝立、フレームにピンク及び赤色を用い、端麗な色彩感をもつセットである。

洋家具展

14　寝室の家具（B）　　　早川直象氏設計

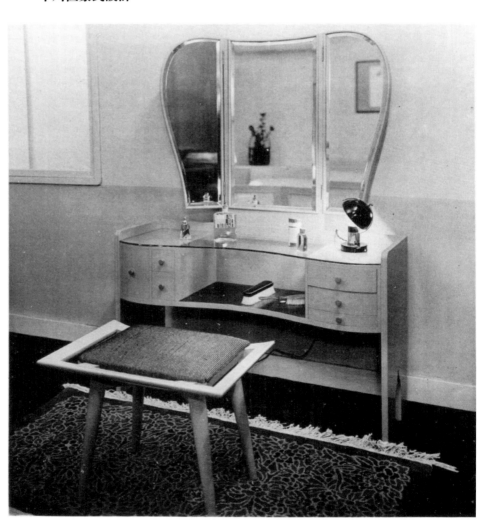

(1939年秋開催) 第32集

三越「新設計室内装飾展」

15　書斎の家具　　　早川直象氏設計

現代人の嗜好の一面である野趣と素朴さを端的に表現する作意に依り、主材の塩地材を古味仕上としたもので、ゴシックやジャコビアンの模倣複製たるアンチック仕上を、今一歩現代にまで踏み込んで試作したものである。

洋家具展

16　居間兼食堂の家具（A）　　岩永克己氏設計

16—17　居間兼食堂の家具（A）　　岩永克己氏設計

新日本の生活様式に迎合した居間兼食堂として雅味を失わず、機能的に、且つ家庭の和合の雰囲気醸成を意図したものである。主材は塩地、錆竹で、シコモール色仕上及びウルミ色ラッカー塗り。単なる意匠の変化のみでなく、機能的に構作された点も食堂家具とし欠く可からざる要素であろう。

(1939年秋開催) 第32集

三越「新設計室内装飾展」

17　居間兼食堂の家具（B）　　岩永克己氏設計

洋家具展

18　客間の家具　　中村幸三氏設計

都会生活の繁雑なる反面に、簡雅幽邃の境地を求むるは必然のことであろう。之を数寄屋の構想に求め、侘びの仙境に親しもうとする作者の意図をこの作品に窺うことが出来る。

三越「新設計室内装飾展」

（1939年秋開催）第32集

19　玄関脇応接室の家具　　　上山　講氏設計

外履きのまま面接出来る玄関脇土間の応接所といったものも、訪問客の多い住宅などでは幾分かその煩雑さを緩和させられそうである。しかも団欒の和やかさを失わぬ様、建築と家具全ての調和を計り、其の雰囲気に融合せしめた一考案である。主材は栗材、生地仕上に一部錆竹を使用したもの。

三越「新設計室内装飾展」

（1939年秋開催） 第32集

20　居間兼客間の家具　　　上山　讓氏設計

清楚、簡潔を旨とし、しかも無味に陥らざる近代数寄屋の趣向を基調としたものである。主材は杉材の洗出し仕上、卓子類は甲板（こういた）を杉杢板、椅子類の張り裂は白茶色毛織無地物を用い、一部ウルミ漆及びニューム線象嵌をあしらったものである。

(6) 三越「実用洋家具展」

(1941年初夏開催)　第40集

【表紙解説文】

実用洋家具作品集

日本橋・三越
用材と仕上の簡易化を如何に扱うべきか？
材料節約による形態美を如何にすべきか？
実生活家具製作を如何に合理化すべきか？
本展観は如上の問題へ適切なる解答を与う

【巻頭解説文】

実用洋家具作品集

　本集は昭和16年初夏、三越本店に開かれた「実用洋家具展」の出陳作を収録せるものである。本展観の主旨は新しい生活条件を目標とする実生活家具に就いて、その製作工程を合理化しようと試みた第一歩の作品発表で、各個の設計者が同一の用材と同一の塗仕上を用い、限られた材料をデザインに活かすべく苦心している点は、時局下の家具として示唆に富むものがある。

　三越家具設計部諸氏の撓まざる研究態度に深甚の敬意を表すると共に、実施図面の発表に関して理解ある協力を得たる事に対し茲に深謝する次第である。

洋家具展

1　食堂の家具（A）　　早川直象氏設計

1—2　食堂の家具　　早川直象氏設計

丸い食卓を囲んでの食事や御茶等の団欒の気分は誰しも深い懐し味を感ずるものである。食器棚も日本的な味わいをもち、簡素の美を求めて設計された食堂家具である。用材は楢、棚内部及び椅子背桟後部は黒ラッカー塗仕上。

(1941 年初夏開催) 第 40 集

三越「実用洋家具展」

2　食堂の家具（B）　　　早川直象氏設計

洋家具展

3 居間の家具（A） 早川直象氏設計

三越「実用洋家具展」

(1941年初夏開催) 第40集

4　居間の家具（B）　　早川直象氏設計

3—4　居間の家具　　早川直象氏設計

居間の家具は常に軽く移動して自由な配置の出来る事が必要である。肱掛椅子も極めて少量の材料で而も貧しく見えぬように意匠上の考慮が払われて居り、長椅子は小椅子三個を組合せ、取離して使用する事も出来る。用材は楢、棚内部は黒ラッカー仕上。

洋家具展

5　書斎兼応接室の家具（A）　　平山次男氏設計

5—6　書斎兼応接室の家具　　平山次男氏設計

意匠設計ばかりでなく、堅牢な構造を考慮し、工作上の注意が払われている。簡易な中小住宅向きの家具である。用材は楢、灰色々付ラック仕上。

(1941年初夏開催) 第40集

三越「実用洋家具展」

6　書斎兼応接室の家具（B）　　平山次男氏設計

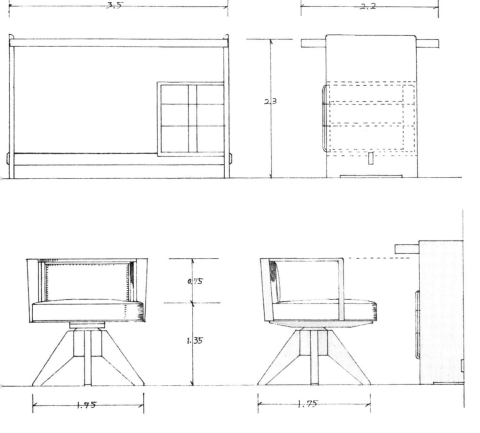
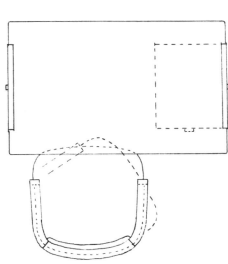

洋家具展

7　寝室の家具　　岩永克巳［己］氏設計

寝台は側板を省き、マトレスを直接に取付け、結着金具を廃して、写真円内に示す如く蟻桟落し込みの方法に依るものである。ナイトテーブルは別手無しの抽斗が有り、前板は傾斜している。

(1941年初夏開催) 第40集

三越「実用洋家具展」

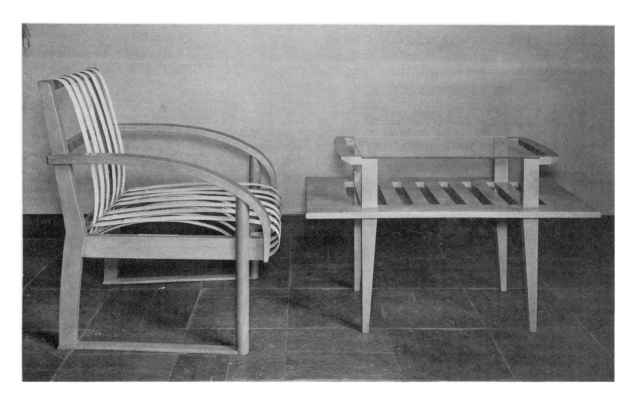

8　サンルームの家具　　岩永克巳［己］氏設計

サンルームの家具として特に考慮された点は、太陽光線の直射によって用材に狂いの来ないように、卓子は甲板をガラスとし、棚は簀の子とし、肱掛は背及び座共に晒竹を使用したもので、何れも素材と構成による透哲した明るさをもつものである。

洋家具展

9　玄関ホールの家具（A）　　　上山　講氏設計

9—10　玄関ホールの家具　　　上山　講氏設計

帽子、傘、ステッキ類は帽子掛に、外套、ショール、手提等は小物棚に、履物の離脱にはスツールを使用し、訪問客の場合、簡単な要談には広間の一隅を利用して、スツールと小型丸卓子を配する小応接ともなし得る。用材は同じく楢ラック仕上。

（1941年初夏開催） 第40集

三越「実用洋家具展」

10　玄関ホールの家具（B）　　上山　藹氏設計

203

洋家具展

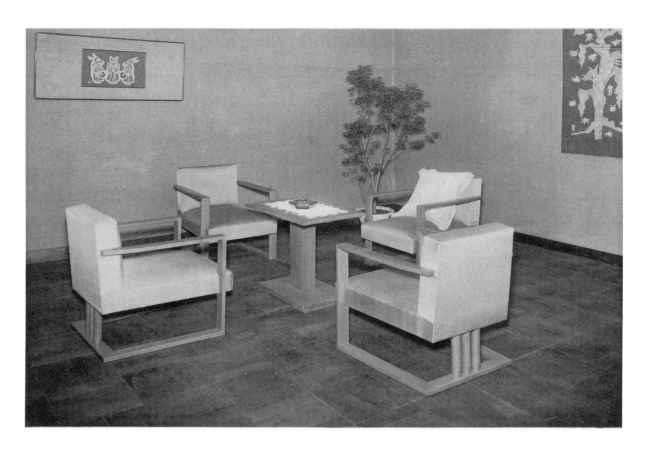

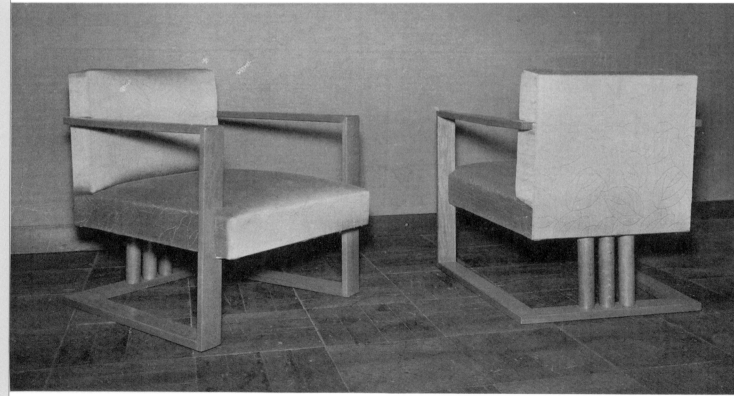

11　小応接室の家具　　上山　藹氏設計

形態上の複雑さを出来るだけ省略して、水平、垂直の線が現わす最も簡素な、而も美しい構成を主眼として設計されたものである。

(1941年初夏開催)　第40集

三越「実用洋家具展」

12　食堂の家具（A）　　定方希一氏設計

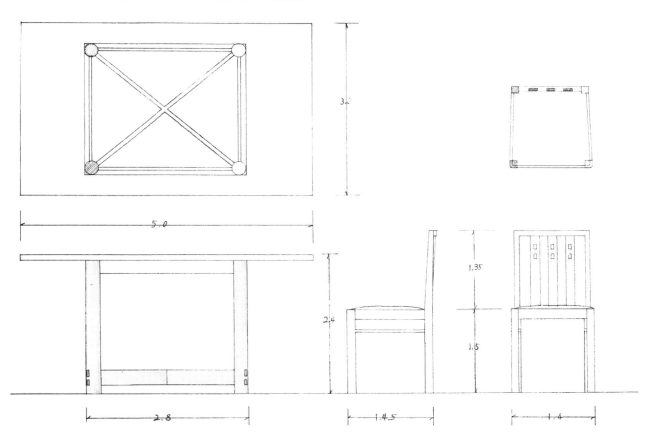

12—13　食堂の家具　　定方希一氏設計

実生活に則した簡素な而も健康的な構成を主眼として設計したもので、工作上も堅牢な構造法に注意されている。

洋家具展

13　食堂の家具（B）　　定方希一氏設計

（1941年初夏開催）　第40集

三越「実用洋家具展」

14　寝室の家具　　　定方希一氏設計

何れも前頁と同様の設計意図に依るもので、卓子、鏡台の抽斗細部に下図に示す如き特異な工作を試みている。

洋家具展

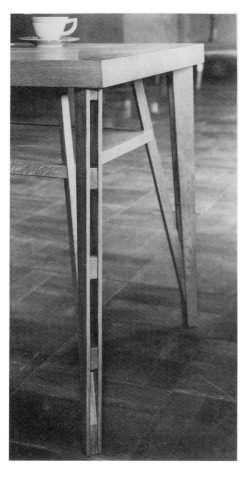

15　椅子と卓子　　大西功二氏設計

軽快で、合理的な、そして無駄のない美しさを求めて設計したもので、応接、食堂、居間等何れにも用いられる。卓子は特殊な構造を示し、甲板は三分厚板に裏へ桟を入れ、脚部は三分厚二枚を中ゴにグリュー付としたもの。椅子は簀の子張り置蒲団。用材節約の工作法として特に注意すべきものであろう。

※「中ゴ」は意味不明。「グリュー付」は接着剤・糊（Glue）で接着すること。※「甲板」はテーブルトップのこと。

（1941年初夏開催） 第40集

三越「実用洋家具展」

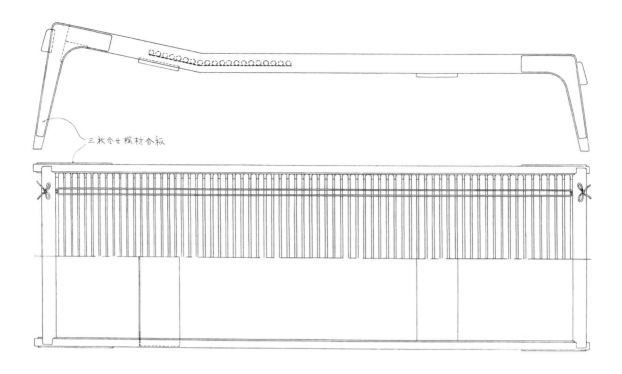

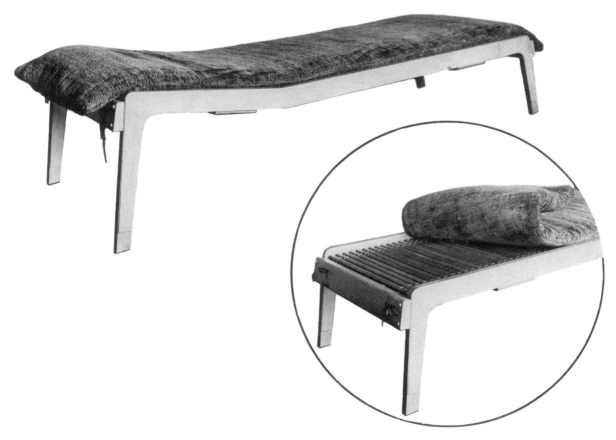

16　寝椅子　　設計　野口壽郎氏　　協働　中村圭介氏

寝椅子（16）は軽快なもので脚の補強に三枚合せ桜材合板が用いられている。

洋家具展

17（上） デスクと廻転椅子・丸椅子（※）　　設計　野口壽郎氏　　協働　中村圭介氏

デスクと廻転椅子（17［上］）の甲板は五寸巾の板を裏表交互に五枚矧合せてあり、脇台は奥行沿いに三枚矧ぎ。

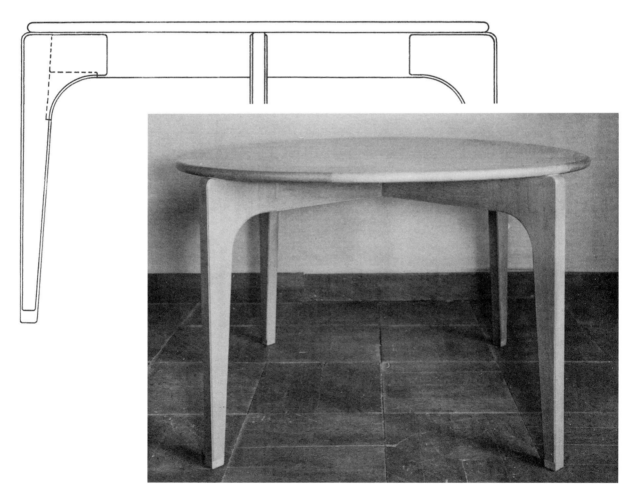

17（下）　丸卓子　　設計　野口壽郎氏　　協働　中村圭介氏

丸卓子（17［下］）は軽快なもので脚の補強に三枚合せ桜材合板が用いられている。

※原著の写真解説文の図版キャプションには「17　デスクと廻転椅子・丸椅子」とあるが、この「丸椅子」は明らかに「丸卓子」のこと。写真解説文の本文にも、写真ページの図版キャプションにも「丸卓子」とある。

(1941年初夏開催) 第40集

三越「実用洋家具展」

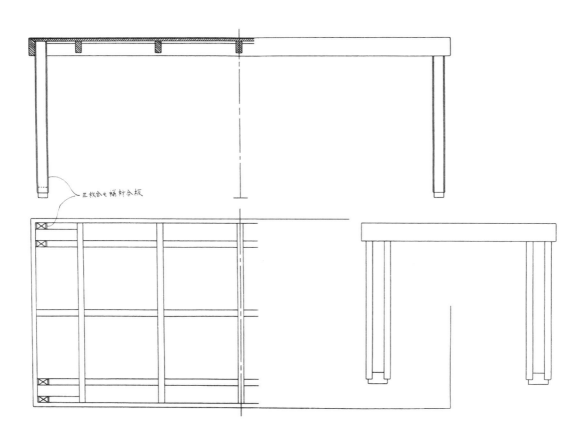

18 大卓子と小椅子　　設計　野口壽郎氏　　協働　中村圭介氏

大卓子と小椅子（18）は誠実本位のものである。

洋家具展

19（上）　連続小椅子　　　設計　野口壽郎氏　　協働　中村圭介氏

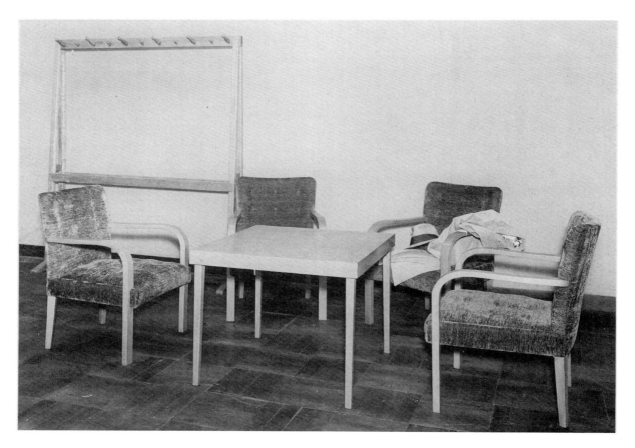

19（下）　角椅子と肱掛椅子　　　設計　野口壽郎氏　　協働　中村圭介氏

19　連続小椅子［19（上）］、肱掛椅子、角卓子［19（下）］は誠実本位のものである。

三越「実用洋家具展」 (1941年初夏開催) 第40集

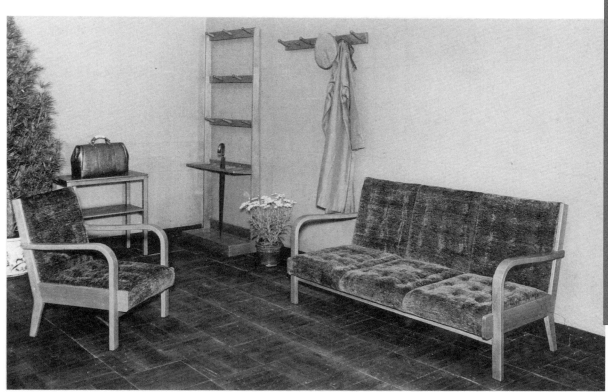

20　大型肱掛椅子・長椅子［・］茶卓子・帽子掛三案　　設計　野口壽郎氏　　協働　中村圭介氏

長椅子・大型肱掛椅子・茶卓子は誠実本位のものである。帽子掛三案中両面用のものは DAS MÖBELBUCH 中のものから示唆を得たものである。

(7) 三越「実用洋家具展」

(1942年7月開催) 第44集

【表紙解説文】

実用洋家具作品集（2）

三越
資材の制限・公定価格と規格に準拠せる戦時下家具工芸界への指導的試案を展示し・室内装飾の綜合的展示として各種工芸品の実用的製作品をも羅列せる展観集

【巻頭解説文】

実用洋家具作品集（2）

　本集は昭和17年7月、三越本店に於いて開催された「実用洋家具展」の出陳作を収録せるものである。本展観は実用家具を主としているものではあるが、家具に附随する各種工芸品を綜合的に展示していることは室内工芸の展示として誠に要を得たものである。作品は何れも資材の制限や公定価格に準じて制作されたものであるが、巧みな設計により意匠的にも優れ、亦工芸品は都下有数の作家の力作と新進作家の溌刺たる新作を発表せるもので時局下の斯界に指導的作品として示唆に富むものであろう。次に本展の工芸品に対する主意書として大坪氏の「ことば」を掲げる。

家具とその他の工芸品との綜合展示に就いて

　室内に於ける住居性を形づくるものは家具であろう。家具こそは室内に於ける住の目的を具現する最大の要素でなければならない。その後に室内の用に応じて、各種の工芸品が整えられるのである。それ等の家具調度の集成が室内を一つの有機体となし、特色ある性格を現わす。されば各種の工芸品と家具との綜合展示は、それぞれの工芸品の美をその用の処を得てはっきりと発揮することが出来るのである。
　室内調度の綜合展示は従来も間々見られたが、それ等は［の］多く［は］一つの趣味性に於いてなされたもので、観賞的に扁して居たように思われた。今後我々が為さんとするところは実生活に触れつつ、美の効用性を昂めんとするにあるのであって、今回のものはその前哨戦とも云うべきものである。その成果は今後に待たれたい。　（八月卅日・大坪）

洋家具展

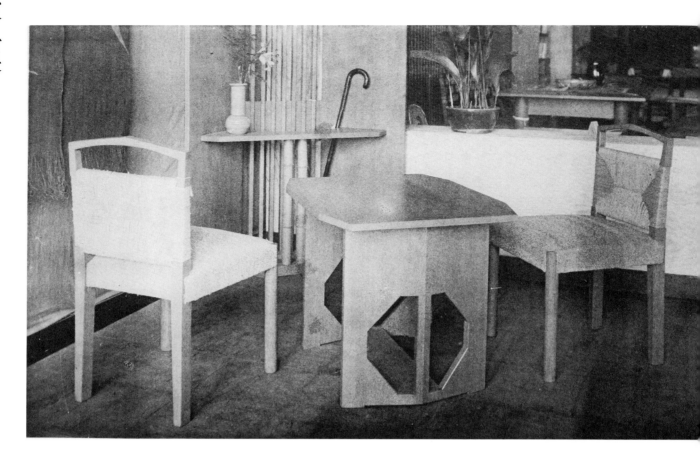

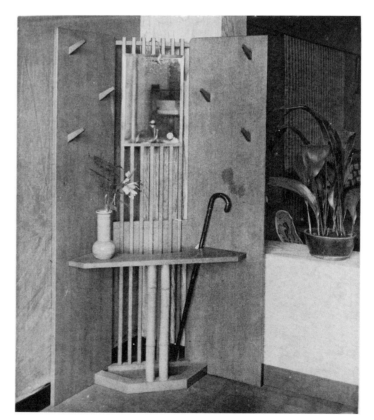

1 玄関用セット　　設計　上山 藹

戦時下現在に於ける室内調度品の規格及び公定価格に準拠して、しかも幾分でも我が国個有の趣味性を表現すべく心掛けて設計せるもの。小型小椅子を用いての簡単なる応接も、玄関の一利用法として面白き試みではあるまいか。用材は総て楢ラック仕上げである。

（1942年7月開催） 第44集

三越「実用洋家具展」

2（上） 食卓と小椅子　　設計　中村圭介

楢材ラック仕上。凭掛(もたれかか)りは力布染分け。

2（下） 書斎の家具　　設計　中村圭介

楢材ラック仕上。机の抽手は彫り抜きとなし、書棚の棚板は上げ下げ自在のものとなせるもの。

洋家具展

3 肘掛椅子と角卓子（三種）　　設計　中村圭介

（上）肘掛椅子と角卓子。用材は桜材、胡桃色ラック仕上げ、布張り。
（中）肘掛椅子と茶卓子。用材は楢材、ラック仕上げ、凭掛り布染め分け。
（下）肘掛椅子と角卓子。用材は楢材、ラック仕上げ、持運び盆が卓子の甲板となる。

※「甲板」とはテーブルトップのこと。

（1942年7月開催）　第44集

三越「実用洋家具展」

4（上）　会議又は食事用セット　　　設計　平山次男

4（下）　応接室の家具　　　設計　平山次男

4 ［上図・下図とも］最も経済的に材料を使用し、堅牢にして簡易なる構造を主眼として制作せるもの。意匠も単純のうちに清新な感覚を持たしめている。

洋家具展

5（上） 長方形卓子と小椅子　　　設計　野口壽郎

5（下） 肘掛椅子と角卓子　　　設計　野口壽郎

5　上図は会議、応接用のセットとしての家具で、楢材ラック仕上げ［。］椅子の座はパナマ張りである。下図は椅子卓子共楢材ラック仕上。

(1942年7月開催) 第44集

三越「実用洋家具展」

6（上）　机・脇台・廻転椅子　　　設計　野口壽郎
楢材ラック仕上げの簡素な構成。廻転椅子の張裂地の色彩と柄が特に効果的である。

6（下）　食堂の家具　　　設計　定方希一
楢材ラック仕上げ、小椅子の脊の意匠に変化を見せ、清楚ながら味わいのあるセットである。

洋家具展

7（上）　居間（長方形卓子と肘掛椅子）　　　設計　定方希一

7（下）　居間（飾棚と小椅子）　　　設計　定方希一

7　上図は居間用の長方形卓子と肱掛椅子で、用材は楢ラック仕上げ。肱掛椅子の脊はリード張り、座は布張り。下図は飾棚と小椅子で楢材ラック仕上。

(1942年7月開催) 第44集　三越「実用洋家具展」

8（上）　書斎（大卓子・肘掛椅子・書棚）　　　設計　定方希一

8（下）　書斎（肘掛椅子・角卓子）　　　設計　定方希一

8　上図の書棚は楢材ラック仕上、扉は布張り。椅子の背はリード張りで、座は布張りとせるもの。

洋家具展

9（上） 小応接（肘掛椅子・丸卓子）　　　設計　定方希一

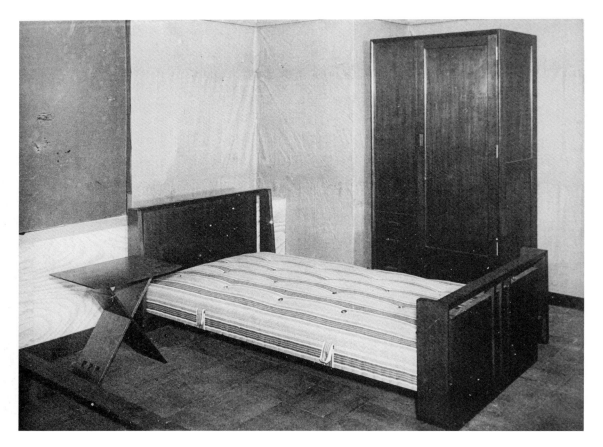

9（下） 寝室（小卓子、寝台、服タンス）　　　設計　定方希一

9　上図の小応接セットは桜材のラック仕上。下図寝室の家具も桜材を用いラック仕上げである。軽快な意匠の実用的家具である。

（1942年7月開催）第44集

三越「実用洋家具展」

10　食堂の家具　　　設計　岩永克巳［己］

楢材使用、椅子は臙脂色純子張り共色の鋲止めとなす。構造意匠共に実用的家具として相応しきものである。

225

洋家具展

11（上）応接室の家具　　　設計　岩永克巳［己］

11（下）寝室セット及び食堂家具の一部　　　設計　岩永克巳［己］

11　上図は桜材、オーナット［ウォールナット］色塗、濃緑純子張り、下図は同じく桜材オーナット［ウォールナット］色塗り仕上の寝室家具。

（1942年7月開催） 第44集

三越「実用洋家具展」

12（上）　壁掛（染色）　　二口善雄　作

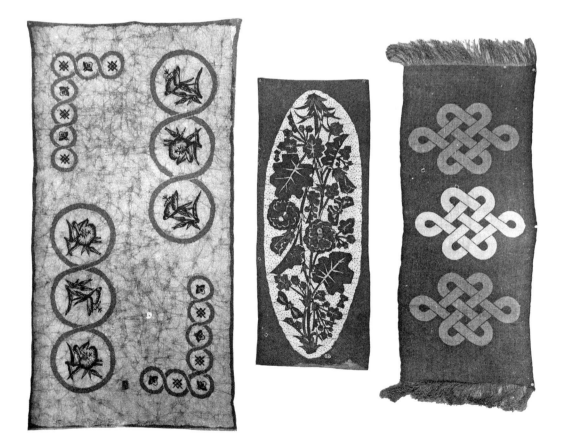

12（下左・下中）　テーブルセンター二種（染色）　　矢部連兆　作

12（下右）　テーブルセンター（染色）　　増田邦太郎　作

洋家具展

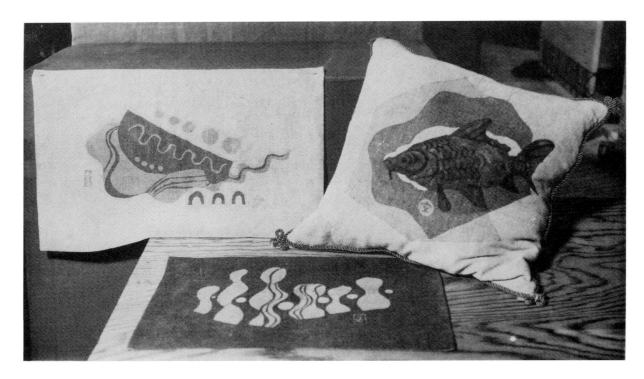

13（上） テーブルセンターとクッション（染色）　　高木空木　作

13（下） 額とテーブルセンター（染色）　　山岸堅二　作

(1942年7月開催) 第44集

三越「実用洋家具展」

14（上）　染色クッション（立葵及び紫陽花）　　大坪重周　作

14（中）　染色額（夕顔）　　長　安右衛門　作

14（下）　羊革染色クッション　　河合研二　作

洋家具展

15（上・中）　張リ抜キ置物（人形・馬・豚）　　山本　壽　作

15（下）　竹工盛器（花籠）　　飯塚薫石　作

(1942年7月開催) 第44集

三越「実用洋家具展」

16（上）　硝子製置物（動物楽土・犬・雉親子）　　大庭一晃　作
　　　　　　　　　（魚・松上の鷹・馬・龍）　　　　大庭一晃　作

16（下）　硝子製置物（キリン）　花瓶・灰皿　　大庭一晃　作

洋家具展

17（上左）　麻地壁掛（東北民窯模様）　　芹澤銈介　作
17（上右）　野簾（柳）　　芹澤銈介　作

17（下左）　染色（紬地カーテン）　　芹澤銈介　作
17（下右）　染色（紅形琉球風俗額面）　　芹澤銈介　作

（1942年7月開催）　第44集

三越「実用洋家具展」

18（上）　テーブルセンター（染色）　　熊谷吉郎　作

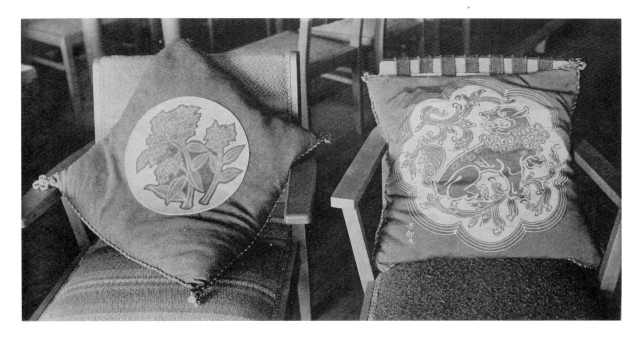

18（下）　［染色］クッション（二種）　　熊谷吉郎　作

233

洋家具展

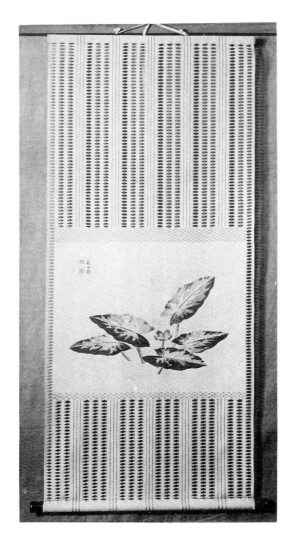

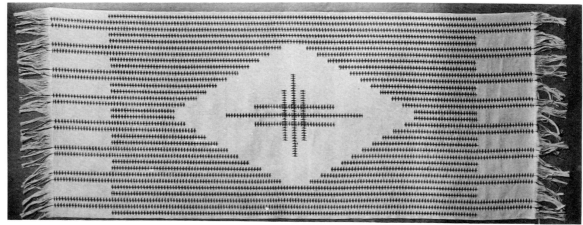

19（上左）　ドロンウォーク仕立刺繍掛軸（河骨）　　　平野利太郎　作

19（上中・上右）　染色掛軸（グラヂオラス）二種　　　般若侑弘　作

19（下）　テーブルセンター（ドロンウォーク）　　　平野利太郎　作

(1942年7月開催) 第44集

三越「実用洋家具展」

20（上） 座屏・小屏風（染色）　　長濱重太郎　作

20（下） 菓子鉢・額皿・花入・灰皿　　唐杉榮四　作

第3節

和家具展

(1) 三越「三匠会：趣味の和家具展」

(1936年11月開催) 第11集

【表紙解説文】

趣味の和家具展集

日本橋・三越本店
飾棚・書棚・茶棚・簞笥・用簞笥・化粧簞笥・衣裳盆［・］人形箱・机・本箱・鏡台・衝立・二曲屏風・風呂先屏風・行燈・ラヂオセット等々・和風趣味の新意匠展列・絢爛豪華

【巻頭解説文】

趣味の和家具展集

　本集は昭和11年11月、三越本店に開かれた三匠会「趣味の和家具展」出陳の一部を収録したものである。

和家具展

1

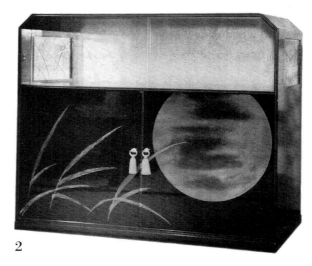

2

3

4

5

1　大型飾棚　　　鎌倉塗扉鶴・浪絵入
2　飾棚　　　　　朱布目前は呂色薄・秋月絵入
3　人形箱　　　　前は杉杢
4　飾棚　　　　　主材は桐杢　前は秋草絵入
5　飾棚　　　　　開戸は秋草蒔絵

三越「三匠会：趣味の和家具展」 （1936年11月開催） 第11集

6

7

8

9

6　飾棚　　　　鎌倉塗梅蒔絵
7　飾棚　　　　塩地木地仕上近代的意匠
8　飾棚　　　　杉塗縁呂柱彫入
9　用箪笥　　　朱研出塗前呂色蒔絵入

和家具展

10 飾棚　　詩吟入の風雅な構成

11 飾棚　　総ウルミ柱立流水彫刻入

三越「三匠会：趣味の和家具展」 (1936年11月開催) 第11集

12

13

14

15

16

17

12	飾棚	桐材片開きの簡明な意匠
13	用箪笥	杉材鎌倉塗裂地戸
14	書棚／飾棚	杉杢柱立二枚戸
15	飾棚	塩地材鎌倉塗忍車文様入
16	飾棚	塩地材鎌倉塗扉紅葉散し裂地張
17	飾棚	杉杢二枚戸菊絵入

和家具展

18

19

20

21

18　飾棚　　　　　総桑材扉桐彫刻入
19　茶棚　　　　　鵜目左青氏作
20　飾棚　　　　　杉杢面皮柱三枚戸
21　化粧箪笥　　　桐柾扉硝子入

(1936年11月開催) 第11集

三越「三匠会：趣味の和家具展」

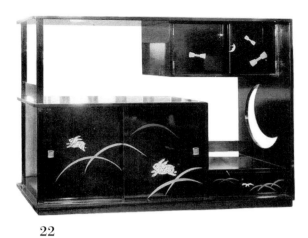
22

23

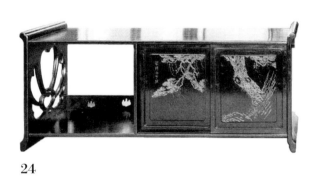
24

25

26

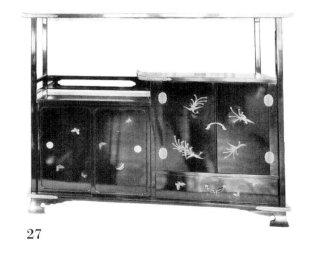
27

22 飾棚　　塩地材鎌倉塗月に兎を象徴
23 書棚　　桐色付松蒔絵
24 置床　　杉彫戸を建てた抽斗付の構造
25 半襟箱
26 飾棚　　呂色塗三段二枚開蒔絵入
27 飾棚　　呂色塗蝶・鳥蒔絵入

和家具展

28　飾棚　　桐材段形菊絵入

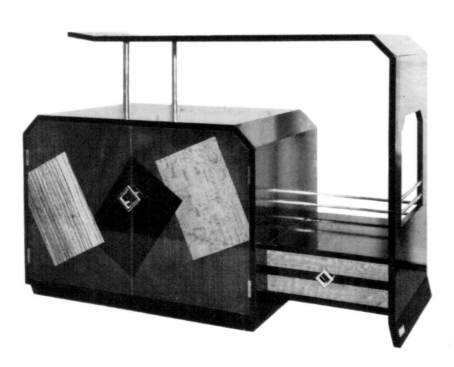

29　飾棚　　桜材

三越「三匠会：趣味の和家具展」

(1936年11月開催) 第11集

30

31

32

33

- 30　衣裳盆　　柱立三段盆は緞子張
- 31　衣裳盆　　棚引戸付
- 32　飾棚　　　材は献保梨
- 33　本箱　　　布目研出

和家具展

34

35

36

37

38

34	飾棚	杉鎌倉塗蛇籠蒔絵入
35	飾棚	不明豪華な意匠
36	飾棚	献保梨柱立磯山水絵入
37	人形箱	硝子棚硝子戸入
38	飾棚	杉杢開戸鶴絵入

(1936年11月開催) 第11集

三越「三匠会：趣味の和家具展」

39　飾棚　　　杉洗出呂色縁蒔絵入

40　飾棚　　　布張呂色塗竹蒔絵入

和家具展

41

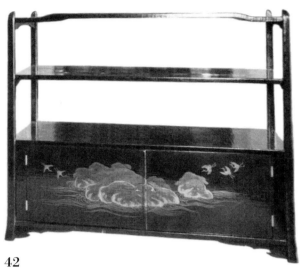
42

43

44

41　飾棚　　　　　　　古味色付蒔絵入二枚開
42　飾棚　　　　　　　総ウルミ柱立彫入
43　人形箱／飾棚　　　朱塗色紙縫散し
44　飾棚　　　　　　　杉ナグリ柱桐杢絵入

(1936年11月開催) 第11集

三越「三匠会∴趣味の和家具展」

45　箪笥　　　前桑彫刻入金具付

46　箪笥　　　大開と六重箪笥の一対

和家具展

47

48

49

50

47　鏡台　　鎌倉花の丸象嵌
48　鏡台　　桜製平台
49　鏡台　　月見形朱塗
50　鏡台　　紅葉材三面天丸

(1936 年 11 月開催) 第 11 集

三越「三匠会：趣味の和家具展」

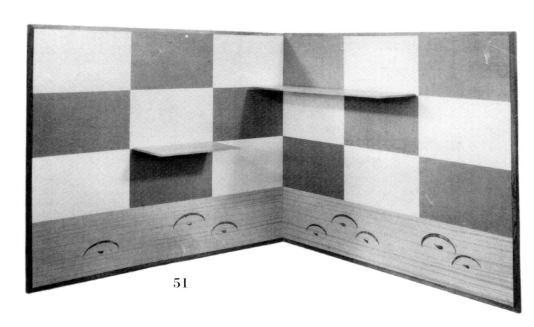
51

52

53

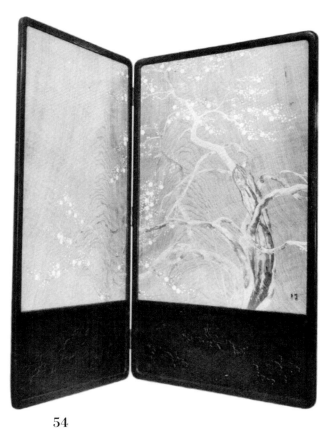
54

51　風呂先屏風　　　九月一位縁市松菊
52　豆鏡台　　　　　六寸丸枠なし階段
53　豆鏡台　　　　　六寸丸枠なし
54　二曲屏風　　　　鎌倉縁杉洗出絵入

和家具展

55

56

57

55　二曲屏風　　　棚付
56　衝立　　　　　波に千鳥絵入
57　二曲屏風　　　隅棚付

(1936年11月開催) 第11集

三越「三匠会：趣味の和家具展」

58

59

60

61

62

63

58	食卓	藤原時代風
59	飾棚	塩地材鎌倉塗源氏香
60	大型行燈	杉材
61	丸形行燈	朱塗
62	机	チーク材七宝すかし
63	船形スタンド	

和家具展

64

66

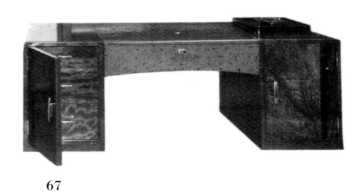
67

65

68

64 大型行燈　　　杉洗出拭漆
65 竹製小棚
66 机　　　　　　桐色付呂色縁七夕色紙入
67 机　　　　　　桜材両袖甲板塗
68 机　　　　　　扇形

三越「三匠会：趣味の和家具展」

(1936年11月開催) 第11集

69

72

70

71

73

69	投入花籠	極細手付
70	衣裳盆	杉材鎌倉塗
71	衣裳盆	桐色付螺鈿縁菱餅
72	ラヂオセット	蓄音機兼用脇棚付
73	化粧台	噴水意匠銀線入

和家具展

74

77

75

78

79

76

80

- 74　コンロ付食卓　　　長方形
- 75　火鉢安火　　　　　瓶柱杉竹格子
- 76　火鉢付食卓　　　　丸形
- 77　棚付紙台　　　　　黒塗分
- 78　小食卓
- 79　丸卓　　　　　　　鎌倉塗直径二尺
- 80　莨(たばこ)セット

三越「三匠会：趣味の和家具展」 （1936年11月開催）第11集

81

82

83

85

86

84

87

88

89

90

91

92

81　火鉢安火　　　朱研出尺四
82　火鉢安火　　　鎌倉塗
83　火鉢安火　　　桐材
84　手焙(てあぶり)　柱鎌倉塗
85　角火鉢　　　　杉寄木
86-90　角火鉢
91　隅丸火鉢
92　炭取

(2) 三越「三匠会：趣味の和家具展」

（1937年10月開催） 第17集

【表紙解説文】

趣味の和家具展集（2）

日本橋・三越本店
飾棚・人形棚・用簞笥・玄関棚・衣裳簞笥［・］本箱・机・衣裳盆・隅棚・食卓・帽子掛・見台・鏡台・行火脇息・椅子火鉢・フロアースタンド等・純粋和家具新型態の種々相

【巻頭解説文】

趣味の和家具展集（2）

　本集は昭和12年10月、三越本店に開かれた三匠会「趣味の和家具展」に出陳された作品の一部を収録したものである。

和家具展

1（左）飾棚　　　桐杢拭漆・金具青銅色
1（右）人形棚　　布目鎌倉塗

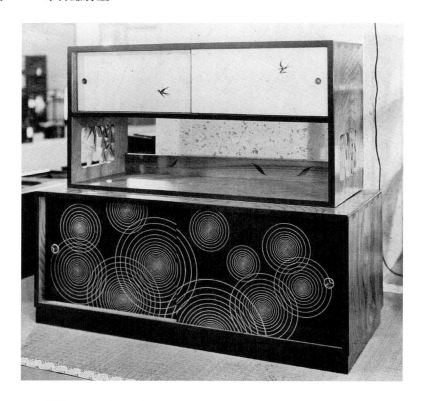

2　飾棚　　　杉木地仕上・蠟色水蒔絵戸

(1937年10月開催) 第17集 三越「三匠会::趣味の和家具展」

3（左）小引出箱　　　蠟色塗・扇面蒔絵付
3（右）飾棚　　　　　上部人形箱付・鎌倉塗御所車蒔絵付

4（左）小棚　　　　　黝朱塗・蒔絵付
4（右）用箪笥　　　　上部飾棚・布目研出塗・観世水襖戸

263

和家具展

5（左）　飾棚　　　塩地洗出・蠟色艶消の扉・狛犬蒔絵
5（右）　飾棚　　　桐杢・時代色・浮彫

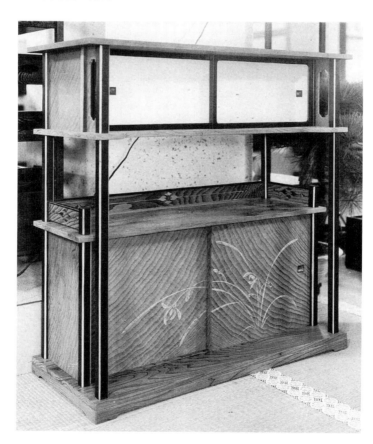

6　飾棚　　　杉杢・時代色付・面皮蠟色柱・蘭浮彫

（1937年10月開催） 第17集

三越「三匠会：趣味の和家具展」

7（左）　飾棚　　　　　　鎌倉塗・縁蠟色・蘭蒔絵付
7（右）　衣裳盆付棚　　　鎌倉塗

8（左）　飾棚　　　　　　杉時代色・煤竹(すす)面皮柱・竹蒔絵付
8（右）　飾棚　　　　　　鍚朱鎌倉塗・柱及び扉蠟色塗・鳥及び松蒔絵

和家具展

9（左）　高卓　　　紫檀
9（右）　飾棚　　　杉杢・拭漆・蒔絵付

10　玄関棚　　　杉・洗出・松蒔絵・隅金具付

(1937年10月開催) 第17集

三越「三匠会∷趣味の和家具展」

11（左） 人形棚　　布着鯣朱研出塗・藪柑子蒔絵付
11（右） 飾棚　　　布着鯣朱研出塗・桜楓蒔絵付

12　玄関棚　　　杉杢・時代色

和家具展

13（左）　飾棚　　　杉杢・時代色付・蘭浮彫
13（右）　人形棚　　黝朱蠟色塗仕上

14（左）　小棚　　　煤竹
14（右）　飾棚　　　杉杢・時代色付・松梅浮彫・腰竹張

(1937年10月開催) 第17集

三越「三匠会 : 趣味の和家具展」

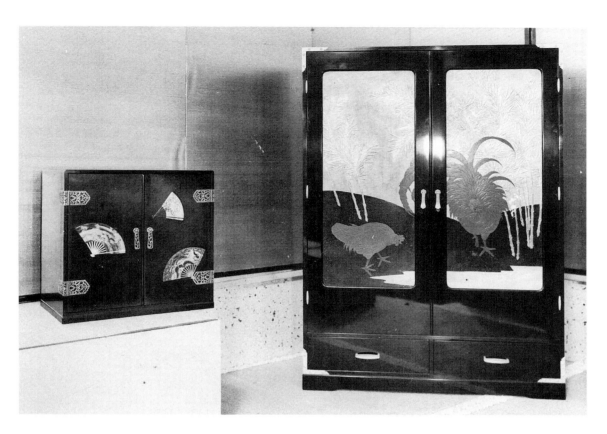

15（左）　小簞笥　　　　前蠟色艶消塗・蒔絵付
15（右）　衣裳簞笥　　　前蠟色塗・双鶏蒔絵付

16　飾棚　　　側花林(かりん)・桐杉接分戸・鍔(つば)象嵌

※「花林」は「花梨」の当て字。

和家具展

17

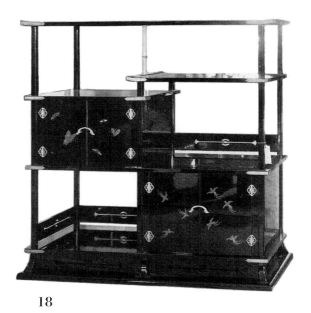
18

19

20

21

17	飾棚	桐柾・鍚朱塗縁・鳥の子襖
18	飾棚	蠟色塗・蝶鳥蒔絵付
19	平卓	紅花林(かりん)・朱目止仕上
20	本箱	縁蠟色・布目研出・鶴木目込
21	小簞笥	蠟色艶消・鴛鴦(おしどり)木目込・腰銀地

(1937年10月開催) 第17集

三越「三匠会:趣味の和家具展」

22（左）　鏡台　　　　黒塗・七宝蒔絵付
22（右）　小棚　　　　晒し四方竹柱・黒塗

23　飾棚　　　　桐砥の粉仕上・杉杢扉蒔絵付

和家具展

24（左）　飾棚　　　杉時代色・蒔絵付
24（右）　鏡台　　　溜網代・松竹梅蒔絵付

25　　　　　　　　　　　　　　26

25　鏡台　　　蠟色艶消及び銀布目
26　人形棚　　蠟色艶消塗

三越「三匠会:趣味の和家具展」(1937年10月開催) 第17集

27（左）　化粧箪笥　　　前朱塗・側布目研出塗
27（右）　衣裳盆付棚　　朱塗・雪月花蒔絵付

28（左）　飾棚　　　　　面皮柱・鎌倉塗・蒔絵付
28（右）　机　　　　　　布目研出塗

和家具展

29（左）　小棚　　　杉・時代色・竹皮張戸
29（右）　机　　　　槐(えんじゅ)・時代色

30　帽子掛　　（上）布目黒塗・雁蒔絵付　（下）錆竹張

三越「三匠会：趣味の和家具展」（1937年10月開催）第17集

31　見台　　　桐柾・砥の粉仕上・各雪月花蒔色付

33

32

32　椅子用火鉢　　竹柱・縁布着研出塗
33　隅棚　　　　　三角形・杉・黯朱塗・梅蒔絵付

和家具展

34（左）　椅子火鉢　　　杉・鎌倉塗
34（右）　椅子火鉢　　　杉鎌倉塗・杉杢象嵌入

35　卓　　布目研出塗
36　卓　　杉杢接分・錆竹足

（1937年10月開催）　第17集

三越「三匠会：趣味の和家具展」

37（左）　卓　　　　二尺丸・杉杢鎌倉塗・竹足
37（右）　机　　　　松・拭漆

38（左）　行火　　　　桐・朱柿合塗・上枠取外し自在
38（右）　行火脇息　　桐・時代色・籠目透かし

39（左）　食卓　　　　鍋台付・布着鎌倉塗
39（右）　鍋台　　　　鎌倉塗・上部ステンレス張り

和家具展

40（左）　蓋付火鉢　　　布目変り塗
40（右）　卓　　　　　　布目研出塗・彫入

41

42

43

44

41　手焙(てあぶり)　　　杉時代色
42　長火鉢　　　　　松・縁幅広
43　小長火鉢　　　　縁柱鎌倉塗・胴布着蒔絵付
44　行火火鉢　　　　布目研出塗・腰鎌倉塗

(1937年10月開催) 第17集

三越「三匠会：趣味の和家具展」

45（左）　瓶掛火鉢　　椋皮張り（むくのき）
45（右）　角火鉢　　　桐柾接分・四君子蒔絵付

46（上）　　行火　　　　桐砥の粉仕上
46（下左）　手焙　　　　杉・時代色
46（下中）　鍋台　　　　桐・鎌倉塗
46（下右）　行火火鉢　　杉・時代色

※「椋」（むくのき）は、ニレ科、日本・中国・インドシナ半島原産、暖地に多く自生する落葉高木。

和家具展

47（左）　火鉢　　　　春日形・黷朱柱・杉時代色・角形
47（中）　火鉢　　　　蠟色塗・千段巻・丸形
47（右）　火鉢　　　　隅切黷朱塗・青海波蒔絵・手焙

48　瓶掛火鉢　　　縁幅広・杉杢時代色
49　机　　　　　　蠟色塗・桐透かし
50　手炉　　　　　杉杢・朱研出塗
51　瓶掛火鉢　　　校倉形・春慶塗
52　卓上鍋台　　　布目研出塗
53　炭取　　　　　紅斑竹縁・網代古味色

(1937年10月開催) 第17集

三越「三匠会∴趣味の和家具展」

54（上左）角火鉢　　桐柾砥の粉仕上・腰蠟色観世水蒔絵付
54（上右）角火鉢　　献保梨柱・杉杢鎌倉塗・糸巻蒔絵付
54（下左）角火鉢　　蠟色艶消塗
54（下右）角火鉢　　六角形・杉木地仕上・下梅透かし

55　フロアー・スタンド　　右より　雲竹・紙張
　　　　　　　　　　　　　　　　　錆竹・紙張
　　　　　　　　　　　　　　　　　錆竹・紙張
　　　　　　　　　　　　　　　　　煤竹・紙張

(3) 三越「三匠会：趣味の和家具展」

(1938年10月開催) 第22集

【表紙解説文】

趣味の和家具展集（3）

日本橋・三越本店
飾棚・脇棚・屏風・小棚・玄関棚・衣裳盆棚・置物台・水屋・香炉棚・半襟棚・書棚・簞笥・衣桁・鏡台・机・火鉢・照明器具等々・純粋和家具の躍進的新意匠

【巻頭解説文】

趣味の和家具展集（3）

　本集は昭和13年10月、三越本店に開かれた三匠会「趣味の和家具展」に出陳された作品の一部を収録したものである。

和家具展

1（左）飾棚　　　前面蠟色塗
1（右）飾棚　　　杉杢・桜柱・拭漆・彫刻付

2（左）脇棚　　　楓・彫刻付
2（中）屏風　　　桑縁・銀揉地朱市松張
2（右）屑箱　　　朱蓋・銀揉地朱市松張

(1938年10月開催) 第22集

三越「三匠会∶趣味の和家具展」

3（左）飾棚　　　塩地・洗出・蠟色塗引戸・蒔絵付
3（右）置物台　　黒柿杢・透かし彫付

4　飾棚　　　桐・拭漆・柱及び口前(クチマヘ)蠟色塗

和家具展

5（左）飾棚　　　桐・砥の粉仕上・蒔絵付
5（右）飾棚　　　杉・研出塗・蒔絵付

6（左）飾棚　　　桐・砥の粉仕上
6（右）飾棚　　　杉・時代色・彫刻付

(1938年10月開催) 第22集

三越「三匠会：趣味の和家具展」

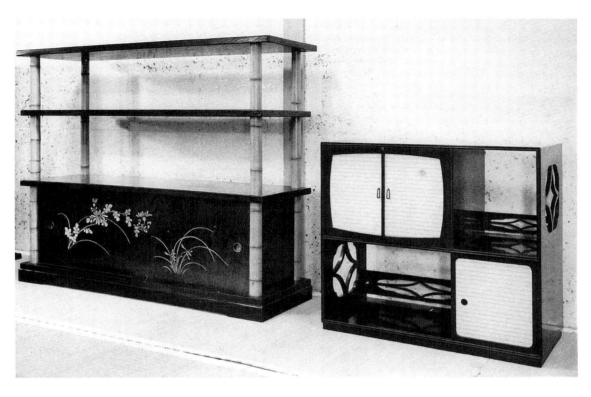

7（左）飾棚　　　杉・錆竹柱・時代色・彫刻付
7（右）小棚　　　黄肌・研出塗

8（左）小棚　　　桐・口前蠟色塗
8（右）飾棚　　　桜・桐杢戸・蒔絵付

和家具展

9（左）衣裳盆棚　　　黄肌・鯣朱塗・杉杢扉
9（右）玄関棚　　　　杉杢・時代色

10（左）飾棚　　　　杉杢・時代色
10（右）飾棚　　　　紫檀・蒔絵付

(1938 年 10 月開催)　第 22 集

三越「三匠会：趣味の和家具展」

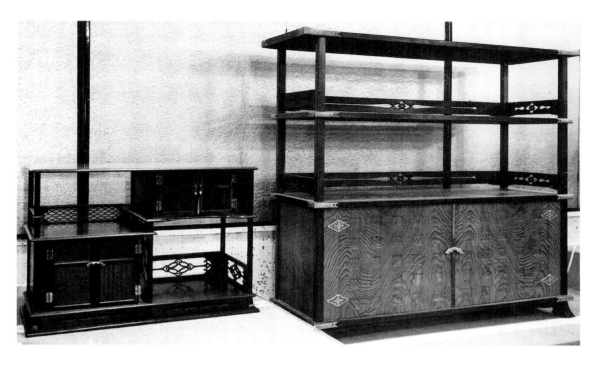

11（左）小棚　　　黄肌・黐朱研出塗
11（右）飾棚　　　杉杢・時代色・扉地透彫

12（左）飾棚　　　桐・砥の粉仕上・蒔絵付
12（右）飾棚　　　塩地・洗出・蠟色塗・蒔絵付

和家具展

13（左）飾棚　　　推朱塗・前面蠟色塗・蒔絵付
13（右）飾棚　　　杉・時代色

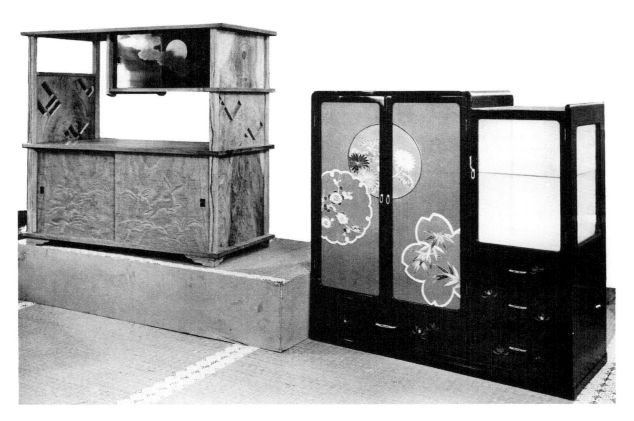

14（左）飾棚　　　杉・桐杢戸・彫刻付
14（右）本箱　　　布目研出塗・裂地張扉

（1938年10月開催） 第22集

三越「三匠会：趣味の和家具展」

15（左）本箱　　　溜塗・襖戸
15（右）飾棚　　　杉杢・蒔絵付

16（左）水屋　　　蠟色塗
16（中）香炉棚　　蠟色塗
16（右）半襟棚　　桐・前蠟色朱塗分

和家具展

17（左）飾棚　　　前蠟色塗桐杢接分・蒔絵付
17（右）書棚　　　杉・洗出

18（左）箪笥　　　竹網代・溜塗
18（中）飾棚　　　布目溜塗・前蠟色塗・蒔絵付
18（右）衣桁　　　蠟色塗・蒔絵付

(1938年10月開催) 第22集

三越「三匠会：趣味の和家具展」

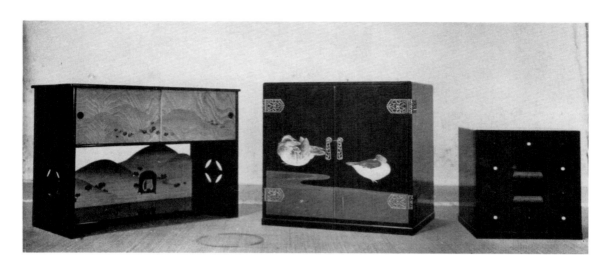

19（左）小棚　　　研出塗・桐杢戸・蒔絵付
19（中）用箪笥　　蠟色塗・木目込扉
19（右）抽斗箱　　鎌倉塗

20　人形棚　　　蠟色塗・木目込戸

和家具展

21（左）半襟棚　　桜・塗分
21（右）人形箱　　朱塗

22　飾棚　　紫檀・蒔絵付

(1938年10月開催) 第22集

三越「三匠会：趣味の和家具展」

23（左）飾棚　　　　　杉・溜塗・竹柱
23（右）衣裳盆棚　　　鎌倉塗・蒔絵付

24（左）箪笥　　　　　杉・鎌倉塗・縁蠟色塗
24（右）人形箱　　　　朱塗

和家具展

25（左）飾棚　　　　黄肌・研出塗・前網代戸・蒔絵付
25（右）抽斗箱　　　研出塗・朱銀塗分

26（左）鏡台　　　　布目塗
26（右）玄関棚　　　杉・時代色

三越「三匠会：趣味の和家具展」 (1938年10月開催) 第22集

27　化粧台　　　　スツール・後藤塗
28（左）鏡台　　　桜・前楓張
28（右）鏡台　　　布目・黒塗・蒔絵付

※「後藤塗」：香川県高松市の後藤氏が明治時代に考案した手の五指を直交させて黒朱色の漆を塗る技法。

和家具展

29（左）机　　　　　桐杢
29（机後）飾棚　　　紫檀・彫刻付
29（右）小棚　　　　煤竹

30（上左）鏡台　　　前網代・蒔絵付
30（上右）玄関棚　　杉・時代色・透かし
30（下左）火鉢　　　杉・時代色・格子彫
30（下右）卓　　　　松・杉杢接分

(1938年10月開催) 第22集

三越「三匠会：趣味の和家具展」

31（上左）飾棚　　　塩地研出塗・前蠟色塗・蒔絵付
31（上右）抽斗箱　　杉・前裂地張
31（下左）小箪笥　　溜塗・木目込
31（下右）机　　　　花林(かりん)・朱目止研出

※「花林」は「花梨」の当て字。

32　抽斗箱　　溜塗・前変り塗
33　机　　　　鎌倉塗

和家具展

34（上左）人形箱　　溜塗・扉木目込
34（上右）人形箱　　溜塗・扉木目込
34（下左）衣裳盆　　塩地・塗分
34（下右）衣裳盆　　桐・縁蠟色

35（左）食卓　　鎌倉塗・竹足・焜炉(こんろ)付
35（右）小卓　　塩地・鎌倉塗

36（左）瓶掛火鉢　　杉・鎌倉塗
36（右）瓶掛火鉢　　塩地・溜塗

三越「三匠会：趣味の和家具展」

(1938年10月開催) 第22集

37（上左）新聞入　　　杉・鎌倉塗
37（上右）新聞入　　　煤竹
37（下左）炭取　　　　研出塗
37（下中）雑誌入　　　錆竹・網代張
37（下右）小棚　　　　神代杉・錆竹柱

38（左）火鉢　　　　後藤塗・陶器火入付
38（中）火鉢　　　　蠟色塗・陶器火入付
38（右）炭取　　　　竹網代編

39（左）火鉢　　　　楓・溜塗・今戸焼火入
39（右）長火鉢　　　桐・布目研出塗

和家具展

40（左）炭取　　柿合塗・竹張
40（中）手燭　　溜塗
40（右）炭取　　鯣朱塗

41　電気スタンド　　左より　蠟色塗
　　　　　　　　　　　　　　桑・拭漆

（1938年10月開催） 第22集

三越「三匠会∷趣味の和家具展」

42　電気スタンド　　左より　杉・桑柱台・後板青玉
　　　　　　　　　　　　　　煤竹・紙張

43　電気スタンド　　上左より　錆竹・紙張
　　　　　　　　　　　　　　　竹編・紙張
　　　　　　　　　　　　　　　錆竹・紙張
　　　　　　　　　　下左より　錆竹・紙張
　　　　　　　　　　　　　　　錆竹・紙張

(4) 三越「三匠会：趣味の和家具展」

（1939年10月開催） 第33集

【表紙解説文】

趣味の和家具展集 (4)

日本橋・三越本店
玄関棚・飾棚・簞笥・用簞笥・人形箱・卓火鉢・手拭掛・屑箱・衝立・半衿箱・衣裳盆・手許箱・鏡台・本箱・座机・針箱［・］炬燵・行燈等々・純粋和家具の創作展示

【巻頭解説文】

趣味の和家具展集 (4)

　本集は昭和14年10月、三越本店に開かれた三匠会「趣味の和家具展」に出陳された作品の一部を収録したものである。

和家具展

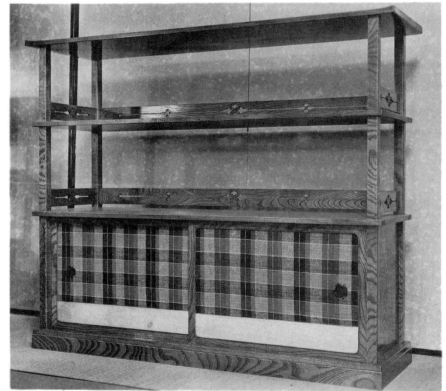

1　玄関棚　　　杉材老松彫入
2　玄関棚　　　献堡二枚戸入

三越「三匠会：趣味の和家具展」

(1939年10月開催) 第33集

3

4

5

3　大形飾棚　　　紫檀大形
4　玄関棚　　　　杉材時代色
5　飾棚　　　　　鎌倉塗

和家具展

6

7

8

6　用箪笥　　　　鎌倉塗両開
7　春水の棚　　　ウルミ縁鎌倉塗
8　二ツ重飾棚　　紫檀二ツ重

9

10

11

12

9　両開箪笥　　　黄肌前桐裂張
10　時代棚　　　　杉時代錆画入
11　飾棚　　　　　蠟色二枚戸入
12　飾棚　　　　　竹柱市松二枚戸入

和家具展

13　飾棚　　　蠟色丸透襖入
14　飾棚　　　鎌倉彫付両開
15　飾棚　　　桐柾桑練付裂張開付

三越「三匠会：趣味の和家具展」（1939年10月開催） 第33集

16　　　　　　　　　　17

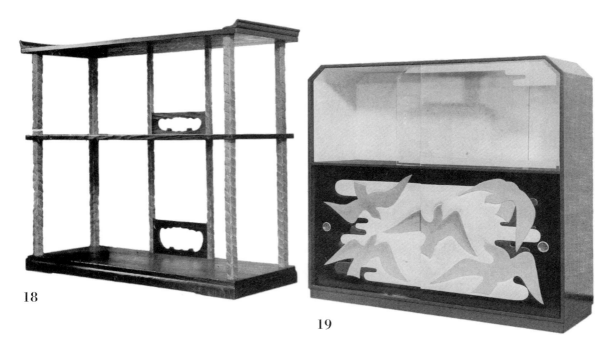

18

19

16　飾棚　　　　塩地洗出シ漆塗両開
17　飾棚　　　　蠟色塗大形
18　玄関棚　　　杉材名栗柱
19　飾棚　　　　布目前蠟色薄肉彫上硝子引違

※「名栗」は「殴り」の当て字。

和家具展

20　　　　　　　　　　　　21

22

23

20	飾棚	杉材四君子
21	飾棚	杉材貼交引違及び片開
22	千鳥の棚	杉丸柱前杉杢貝象嵌
23	人形箱	重ネ蒔絵両開付

(1939年10月開催) 第33集

三越「三匠会∷趣味の和家具展」

24

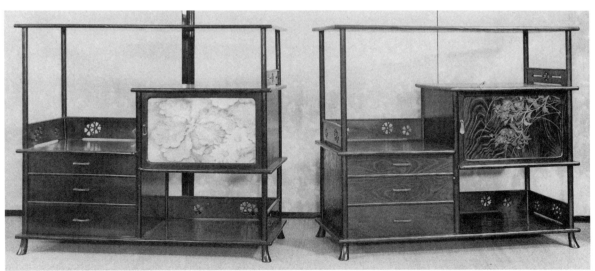

25　　　　　　　　　　26

24　飾棚　　　　桐前杢開付
25　飾棚　　　　鎌倉丸柱蠟色錆絵入
26　違棚　　　　時代杉蒔絵入

和家具展

長唄七種　向って左より（都鳥）卓、（汐汲）屑箱、（綱館）手拭掛、（竹生島）八角火鉢、（勧進帳）電気スタンド、（賤織帯）灰皿、（鷺娘）時代棚

27　時代棚（鷺娘）　　杉透彫入地板杢接合(はぎあわせ)

（1939 年 10 月開催）　第 33 集

三越「三匠会：趣味の和家具展」

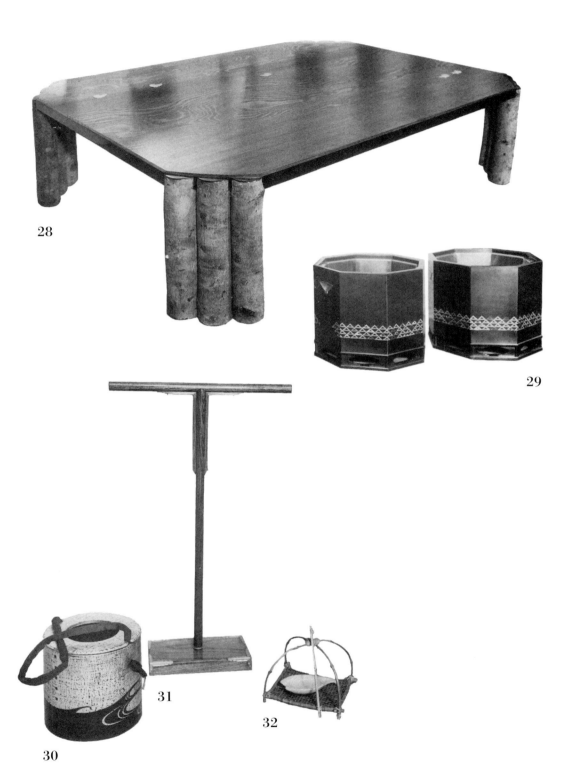

28	卓（都鳥）	香節足接合都鳥象嵌
29	八角火鉢（竹生島）	八角貝象嵌入漆塗
30	屑箱（汐汲）	布目漆赤紐付
31	手拭掛（網館）	桑素地台金具付
32	灰皿（賤織帯）	篠籠陶製花弁置

和家具展

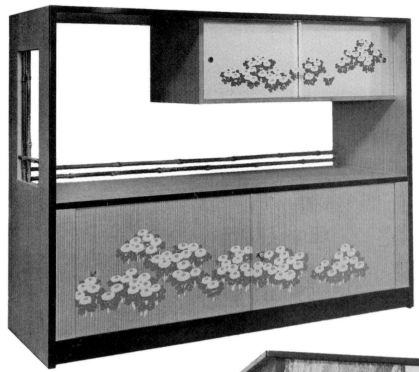

33 白菊黄菊の棚　　　桐柾ウルミ縁白菊黄菊画入
34 飾棚　　　　　　　杉材前蠟色波紋銀蒔絵

(1939年10月開催) 第33集

三越「三匠会∴趣味の和家具展」

35　　　　　　　36　　　　　　　37

38

39

40

41

35	硝子棚	桐竹柱前硝子引違
36	用箪笥	桐拭漆裂地張
37	用箪笥	桐溜塗扇面キメ込ミ

38	新聞入	蠟色塗
39	半衿箱	蠟色折鶴蒔絵
40	飾棚	蠟色蒔絵付両開
41	飾棚	塩地前黒柿両開

和家具展

42	衝立	杉蒔絵付	
43	衝立	蠟色塗漆蒔絵付	
44	新聞入	竹材張付	
45	衣裳入	蠟色塗	
46	衣裳盆	鎌倉塗透彫付	
47	飾棚	杉竹柱前蠟色裂張両開	
48	手許箱	桐溜色塗扇面絵入	
49	衝立	杉拭漆裂地張	
50	電気行燈	竹製牡丹絵布張	

(1939年10月開催) 第33集

三越「三匠会：趣味の和家具展」

51　　　　　　　　　52　　　　　53

54

51	本立	鎌倉塗
52	小鏡台	塩地前朱蒔絵入
53	小鏡台	塩地鎌倉彫
54	スツール付化粧鏡台	スツール付抽斗鎌倉彫

和家具展

55

56

57　58　59　60

55	鏡台	布目塗市松蒔絵抽斗
56	本箱	布目塗市松模様
57	針箱	黒塗蒔絵付
58	鏡台	黒塗蒔絵付
59	半衿箱	黒塗蒔絵付
60	化粧道具入	黒塗蒔絵付

（1939年10月開催）第33集

三越「三匠会：趣味の和家具展」

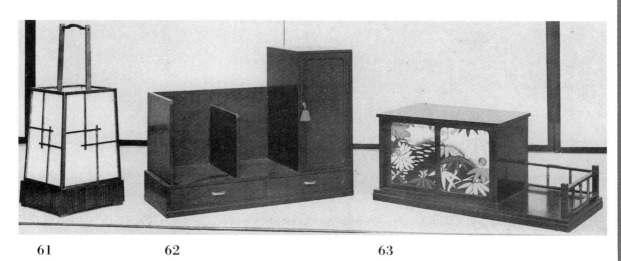

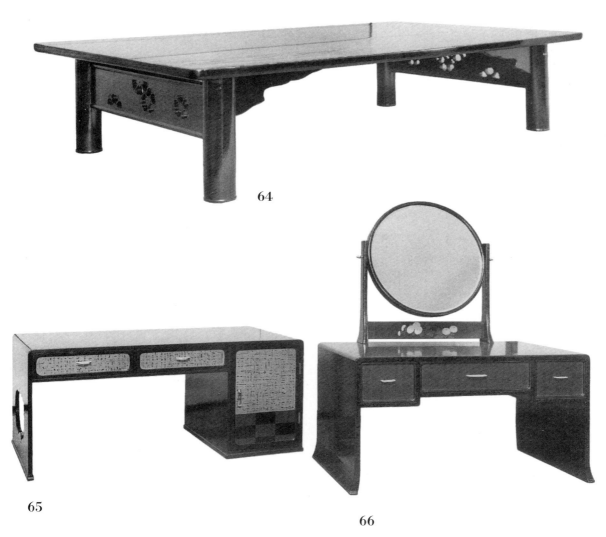

61　電気行燈　　　桐拭漆
62　本立　　　　　鎌倉塗
63　小棚　　　　　鎌倉塗裂張引違戸入
64　丸足卓　　　　鎌倉塗甲板変リ板練リ合セ
65　片袖座机　　　布目塗片袖
66　机形鏡台　　　布目塗

和家具展

67　　　　　　　　68

69

70

71　　　　　　　　72

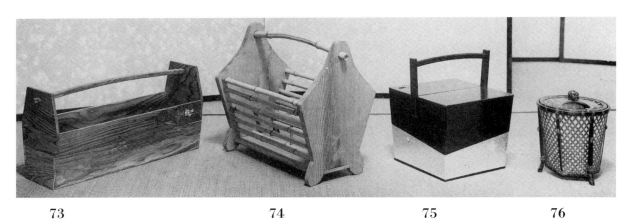

73　　　　　　74　　　　　　75　　　76

67	座机	蠟色片開付	71	座机	紫檀透彫
68	座机	蠟色蒔絵片開付	72	座机	蠟色塗
69	座机	桜材黒ラッカー浮彫金色	73	新聞入	杉生地
70	屑箱	杉生地角漆塗	74	雑誌入	杉生地竹並用
			75	炭取	塩地桐接合
			76	屑籠	煤竹

（1939年10月開催）　第33集

三越「三匠会：趣味の和家具展」

77　　　　　　　　　78　　　　　　　　　79

80　　　81　　　　82　　　83　　　　84

77　電気スタンド　　竹網目紙張
78　電気スタンド　　錆竹紙張
79　電気スタンド　　錆竹紙張

80　電気スタンド　　竹刳抜（くりぬき）民芸紙張
81　電気スタンド　　煤竹籠目網紙張
82　電気スタンド　　煤竹籠目網紙張
83　電気スタンド　　竹製紙張
84　電気スタンド　　竹製民芸紙張

和家具展

85

86　　　　　　　　　　　　　85

87　　　　　　88　　　　　89

85	卓付炬燵(こたつ)	桧製布目塗卓付
86	長火鉢	鎌倉塗
87	火鉢	杉杢磨目立
88	瓶掛	桐杢縁塗
89	脇火鉢	桐杢薄肉彫

三越「三匠会：趣味の和家具展」 （1939年10月開催） 第33集

90	丸火鉢	鎌倉塗鑿目(のみめ)
91	長火鉢	杉時代色
92	丸卓	杉時代色
93	置物台	花林(かりん)製
94	花台	花林(かりん)製
95	置物台	紅葉(もみじ)製

※「花林」は「花梨」の当て字。

第4節
室内構成・家具・工芸品の綜合展

(1) 三越「東京工芸綜合展覧会・第二部：室内構成及び家具」

(1941年10月開催)　第42・43合併集

【表紙解説文】

室内構成と家具作品集

三越・東京工芸綜合展覧会第二部
東京府主催・東京工芸綜合展覧会第二部［・］産業工芸出陳作品中の白眉たる室内構成と家具展観──住宅・会社・倶楽部・工場事務所・アパート・山小屋等──12室に亙る新装モデルルームを全貌的に蒐録・各室何れも資材制限令の徹底を期し而も革新的構想を具現せる新意匠の氾濫

【巻頭解説文】

〔東京工芸綜合展覧会・第二部〕
室内構成と家具作品集

　本集は昭和16年10月初旬、日本橋三越本店に開催された「東京工芸綜合展覧会」の第二部出陳作たる「室内構成及び家具」作品展観を全貌的に収録したものである。「東京工芸綜合展覧会」は新体制下に於ける美術工芸、産業工芸、輸出雑貨振興の積極的動向を示し、工芸文化の昂揚と国民生活に適応せる工芸品の創造に努め、且つ輸出雑貨の改善に資せんとする目的を以って、左記［以下］の趣旨のもとに東京府主催で之が開催を見たものである。

　　　綜和一心以テ新東亜建設ノ聖業達成ニ邦家ヲ挙ゲテ鋭意邁進シツツアルノ秋、本府ハ文化ノ昂揚ト産業ノ興隆ニ夫々ノ施設経営ヲ行ヒ、殊ニ各般ノ工芸振興ニ関シテハ指導機関ヲ督励シ、時局下ニ於ケル工芸報国ノ精神的並技術的錬成ヲ企図シ、之ガ実施ニ務メツツアリ。
　　　本府ハ工芸振興ノ一方策トシテ遂年開催シ来レル展覧会ヲ一元的ニ統合シ、新ニ本府主催ノ下ニ東京府立工業奨励館、府立東京商工奨励館並東京府工芸協会ヲ執行機関ニ任シ「東京工芸綜合展覧会」ヲ開催シ誇ルヘキ伝統ノ国技タル工芸技術ノ振興ニ資シ、輸出雑貨ノ改善ヲ図リ、以テ国策ニ順応スル所アラントス。
　　　即チ美術工芸部、産業工芸部及ビ輸出雑貨部ノ三部制トシ、美術工芸部門ニアリテハ芸術保存ノ有資格者ハ元ヨリ、新進作家ノ作品ヲ抱擁シ新人ノ登龍門タラシメ、産業工芸部ニアリテハ国民生活ヲ基調トセル生活工芸ノ顕示ニ重点ヲ置キ、輸出雑貨部ニ於テハ本府輸出品ノ大宗タル雑貨ノ改善研究並輸出工芸品ノ創造ニ努メ以テ芸術ノ保存並技術ノ保護育成ト新規輸出ノ改良ニ資シ輸出振興ニ貢献セン事ヲ期ス。［新漢字改め。ただし送り仮名は原文のママ。］

　因に本会場は第一部を日本橋髙島屋、第二部を日本橋三越本店、第三部を丸ノ内府立東京商工奨励館とし、会期は昭和16年10月1日より十日間開催されたものである。

本集に掲載せる「室内構成及び家具」は即ち三部制中の第二部に該当する産業工芸品の中に含まれたもので、三越家具部諸氏の新鋭なる設計作品を展観せるものである。作品は何れも左記［下記］各項に基き企画された。

　一、戦時必需資材の確保並びに低物価政策遂行の必要より発せられたる諸制限令の趣旨目的に積極的に協力すること。

　一、徒に萎靡し或は粗製濫造に流れ、無味乾燥なる商品に堕することを避け、明朗なる日常生活の適品たること。

　一、国家産業の見地より我が国独自の精神を発揮したる独創的製品にして商品として普及性あらしむること。

　以上三項の指導目標に重点を置き、戦時下国民生活の改善是正に資すると共に、一般大衆の新生活標準の動向を示し、生産者の自覚を喚起すべく指導的方針のもとに企画せられたものである。以下目次に代え設計概意並びに配置及び用法の概要を説明する「設計者のことば」を掲げた。

倶楽部室　　設計　杉山赤四郎

【次頁】
東京工芸綜合展覧会（第二部）会場平面図
①会議室
②居間兼寝室
③健康室
④書院のある居間
⑤倶楽部室
⑥アパート二室
⑦居間及び食堂
⑧居間兼書斎
⑨山の小屋
⑩家族室
⑪工場事務室
⑫居間兼食堂
⑬工芸品陳列場

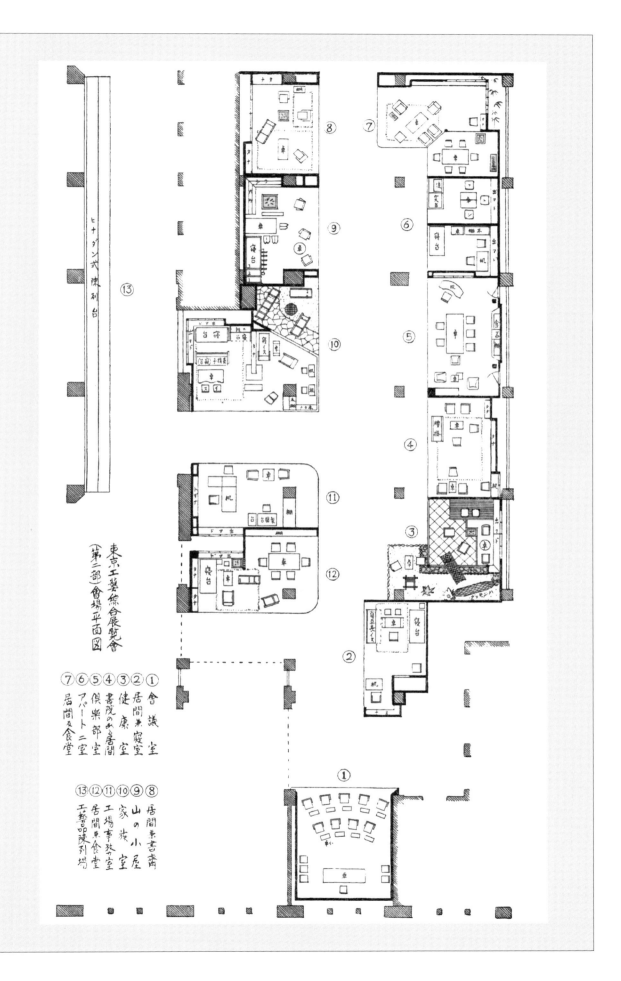

室内構成・家具・工芸品の綜合展

1 ①会議室（一）　　室内構成及び家具設計　野口壽郎

1—2　①会議室　　室内構成及び家具設計　野口壽郎

設計趣意　公共施設の工芸的取扱を示す意味での計画及び生産的家具材料としてのベニヤ合板の研究。
配置・用法　中心卓子は演壇を兼ねるもので九個の肱掛椅子と九個の小卓子で放射状に囲む。小卓子は茶卓子兼筆記用のもの。会議食事の場合は中心卓子に六個の小椅子を用いる。

(1941年10月開催) 第42・43合併集

三越「東京工芸綜合展覧会・第二部:室内構成及び家具」

2 ①会議室（二）

室内構成・家具・工芸品の綜合展

3　②居間兼寝室（一）　　　室内構成及び家具設計　野口壽郎

3—5　②居間兼寝室　　　室内構成及び家具設計　野口壽郎

室の目的　住生活中最も先決的な要素である居間・食事室書斎寝室等を兼ねた室。
設計趣意　室を、中心卓子を囲む一群と、デスクを主とした一群とに分け、中心卓子を小椅子、スツール、寝台で囲み［、］団欒、仕事、食事等に用いる。正面壁面の襖内部は夜具入れ、左襖面の襖内部は男子用洋服入れと女子用衣裳棚に仕切る。神棚の下の小襖は茶簞子［笥］として用いる

三越「東京工芸綜合展覧会・第二部：室内構成及び家具」（1941年10月開催）第42・43合併集

4　②居間兼寝室（二）

（寝台可変）長椅子

室内構成・家具・工芸品の綜合展

敷物を取除いた寝台

(卓子)甲板押タタミの詳細

小椅子

5 ②居間兼寝室(三)

三越「東京工芸綜合展覧会・第二部:室内構成及び家具」（1941年10月開催）第42・43合併集

6　③健康室（一）　　　室内構成及び家具設計　　上山　藹

6—9　③健康室（日光室）　　室内構成及び家具設計　　上山　藹

従来よりもより多く日光にさらされ、外気の中に生活成し得るよう屋外にまで室を延長して、座談休息は元より軽い食事或は午睡等迄庭先で営める様、しかも日本人の趣味性に合致したる文化的設備を施した所謂健康室とも云う可きもの。

室内構成・家具・工芸品の綜合展

7　③健康室（二）

（1941年10月開催）　第42・43合併集

三越「東京工芸綜合展覧会・第二部：室内構成及び家具」

8　③健康室（三）

室内構成・家具・工芸品の綜合展

9　③健康室（四）

（1941年10月開催）　第42・43合併集

三越「東京工芸綜合展覧会・第二部:室内構成及び家具」

10　④書院のある居間（一）　　　室内構成及び家具設計　中村幸三

10—12　④書院のある居間　　室内構成及び家具設計　中村幸三

椅子式の書院を床脇に取る事は設計の初めに相当躊躇しましたが要は無数の多い違棚を生かすのが目的で断行して見ました。案外成功した様に思えます。是からの室内計画には此の種の自由様式も大いに研究し、因習による無駄を省いた、所謂活気ある実用様式を開いて戴きたいと存じます。
家具類も此の精神を延長して木地の仕上、畳、座布団等日本固有の物を適材適所に生かして見ました。

室内構成・家具・工芸品の綜合展

11　④書院のある居間（二）

(1941年10月開催) 第42・43合併集

三越「東京工芸綜合展覧会・第二部:室内構成及び家具」

12　④書院のある居間（三）

室内構成・家具・工芸品の綜合展

13　⑤倶楽部室（一）　　　室内構成及び家具設計　杉山赤四郎

13—15　⑤倶楽部室　　　室内構成及び家具設計　杉山赤四郎

職能　　倶楽部室、食堂、小集会室等。
特徴　　正面の大壁は表現の重心点で、室の用途に相応しく時々趣向を変え、必要標識物を掲げるなど、生活効果を豊かにする所なり。
表現精神　南方事業に携わる倶楽部として、清廉、明智、気魄を素とする、日本精神を理想とし、東西の古典を蔵し、日本工芸の真に徹したし。
材料・色彩　塩地淡古味に晒し竹、一部象牙色及び呂色ラッカー塗りベークライト把手珊瑚色、張り布褪朱、同紺。扉砂彫りシバ神舞踏図（アンコールワット）

(1941年10月開催) 第42・43合併集

三越「東京工芸綜合展覧会・第二部:室内構成及び家具」

14　⑤倶楽部室（二）

室内構成・家具・工芸品の綜合展

15　⑤倶楽部室（三）

(1941年10月開催)　第42・43合併集

三越「東京工芸綜合展覧会・第二部：室内構成及び家具」

16　⑥アパート二室（一）
内構成及び家具設計　中村圭介

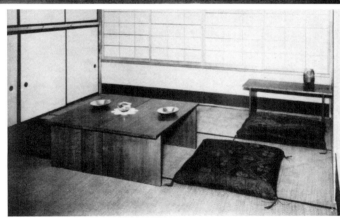

16―17　⑥アパート二室　　室内構成及び家具設計　中村圭介

設計趣意　　集合住居層の生活合理化を計り国民生活の向上を促すのに主眼を置いて設計致しました。
（イ）独身者用室　家具デスク小椅子本棚及びベッド肱掛椅子、茶卓子の二組よりなる。
（ロ）小家族用室　家具座机三個を自由に組んで座卓及び座机に用い別に流し、瓦斯台を組む。

室内構成・家具・工芸品の綜合展

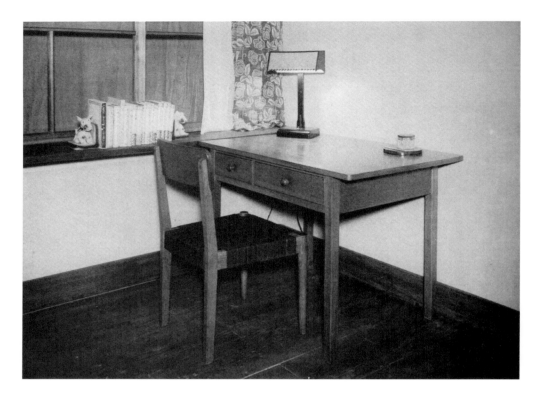

17　⑥アパート二室（二）

(1941年10月開催)　第42・43合併集

三越「東京工芸綜合展覧会・第二部：室内構成及び家具」

18　⑦居間及び食堂（一）　　　室内構成及び家具設計　定方希一

18—21　⑦居間及び食堂　　室内構成及び家具設計　定方希一

設計趣意　民家生活の用途から生じた健実にして簡素な美の要素を近代生活様式の上に基礎条件として設計す。
配置・用法　（居間）窓際の一部に書棚を兼ねた書机を置き内部にストーブを装置した地袋を中心として椅子卓子のグループを設け、家族団欒を主とし又簡単な応接室ともなる。
　　　　　（食堂）土間を石敷にして炉を切り、暖をとり又湯茶の接待に備え、簡単な焼物などにも利用する食堂小会議室とす（隣組常会等に利用）。

室内構成・家具・工芸品の綜合展

19　⑦居間及び食堂（二）

（1941年10月開催） 第42・43合併集

三越「東京工芸綜合展覧会・第二部：室内構成及び家具」

20　⑦居間及び食堂（三）

351

室内構成・家具・工芸品の綜合展

21　⑦居間及び食堂（四）

(1941年10月開催)　第42・43合併集

三越「東京工芸綜合展覧会・第二部：室内構成及び家具」

22　⑧居間兼書斎（一）　　室内構成及び家具設計　平山次男

22—24　⑧居間兼書斎　　室内構成及び家具設計　平山次男

設計趣意　家長を中心としての主生活に用うる室を実質本意の趣意により纏めたるものなり。
　　　　　家具に付ては、平な薄板を型にて彎曲形に合板し、或は小さき木片を積木式に組合せて曲線を形成し、亦椅子類にはスプリングや力裂の代りに比較的得易き材料たる竹をベルト状にしたものを応用する等、使用材料の量的並びに質的経済に考慮を払いたり。

室内構成・家具・工芸品の綜合展

23　⑧居間兼書斎（二）

三越「東京工芸綜合展覧会・第二部：室内構成及び家具」（1941年10月開催） 第42・43合併集

24　⑧居間兼書斎（三）

室内構成・家具・工芸品の綜合展

25　⑨山の小屋（一）　　室内構成及び家具設計　野口壽郎　／　家具設計　岩永克己

25—27　⑨山の小屋　　室内構成及び家具設計　野口壽郎　／　家具設計　岩永克己

室の目的　厚生国策に応じた登山家、徒歩旅行家、釣士の為の宿泊所。
配置・用法　壁取り付けの棚形寝台三個は丸太梯に拠って上下する［。］
　　　　　中心卓子を囲むスツールは並べて長椅子ともなり、ベンチは中心卓子と炉の二方に用いる。
　　　　　室内構成及びベンチ、スツール　　　野口設計
　　　　　肱掛椅子二案・丸テーブル・長方型テーブル　　　岩永設計

(1941年10月開催) 第42・43合併集

三越「東京工芸綜合展覧会・第二部:室内構成及び家具」

26　⑨山の小屋（二）

357

室内構成・家具・工芸品の綜合展

27　⑨山の小屋（三）

(1941年10月開催) 第42・43合併集

三越「東京工芸綜合展覧会・第二部:室内構成及び家具」

28　⑩家族室（一）　　室内構成及び家具設計　岩永克己

28—32　⑩家族室　　室内構成及び家具設計　岩永克己

家族室として日常子供の育成に設計の主眼を置き、子供の伸長性を考慮し健康的機動家具を寝室、食堂、日光室、勉強室、庭家具及び運動具等一室に融合配備したものです。

室内構成・家具・工芸品の綜合展

29　⑩家族室（二）

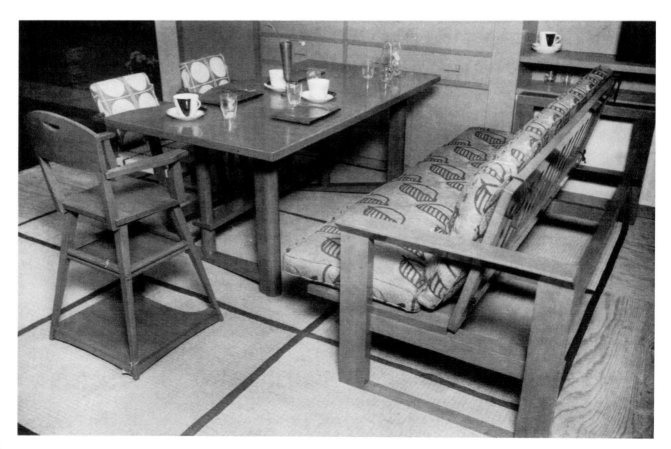

三越「東京工芸綜合展覧会・第二部:室内構成及び家具」（1941年10月開催）第42・43合併集

30　⑩家族室（三）

小児椅子（29頁の場合と[を]参照）

折タタミ二段寝台（子供用）

（28頁上図右端の）黒板の可変

361

室内構成・家具・工芸品の綜合展

折タタミ寝椅子

31　⑩家族室（四）

(1941年10月開催) 第42・43合併集

三越「東京工芸綜合展覧会・第二部：室内構成及び家具」

32　⑩家族室（五）

組立卓子詳細

室内構成・家具・工芸品の綜合展

33　⑪工場事務室（一）　　　室内構成及び家具設計　早川直象

33—35　⑪工場事務室　　　室内構成及び家具設計　早川直象

室の目的　工場技師長の室。応接を兼ねる。
配置・用法　技師長の席及び之に附随する秘書席を設け、工場の計画及び遂行が合理的に機能的に処理される様に戸棚、設計図及び用紙抽斗、スクラップブック及び帳簿の棚、黒板、書状入レ等を設備す。一隅に製図板及び棚を配す。小椅子座面の形は動作と体位向上を考え合せたもの。肱掛椅子及び廻転椅子は竹製スプリング新考案。

(1941年10月開催) 第42・43合併集

三越「東京工芸綜合展覧会・第二部:室内構成及び家具」

34 ⑪工場事務室（二）

室内構成・家具・工芸品の綜合展

35　⑪工場事務室（三）

製図板傾斜可変詳細

(1941年10月開催)　第42・43合併集

三越「東京工芸綜合展覧会・第二部：室内構成及び家具」

36　⑫居間兼食堂（一）　　室内構成及び家具設計　早川直象

寝台の詳細

36—39　⑫居間兼食堂　　室内構成及び家具設計　早川直象

室の目的　　居間、食堂、寝室（一人）、応接室を兼ねる。
配置・用法　長椅子（寝台を兼ねる）卓子及び炉を中心とした慰安休憩の場所を設け手近に茶を入れる設備をなし、又一方に大卓子を中心として小椅子を配置し食事用とする。此の椅子は読書、手芸、遊戯等にも使用し、来客の節は応接用に又小集会にも使用する。寝台及び肱掛は竹スプリング応用新考案。小椅子座面の形は動作と体位向上を考え合せたもの。

室内構成・家具・工芸品の綜合展

37　⑫居間兼食堂（二）

（1941年10月開催）　第42・43合併集

三越「東京工芸綜合展覧会・第二部::室内構成及び家具」

38　⑫居間兼食堂（三）

（卓子）裏側の詳細

369

室内構成・家具・工芸品の綜合展

39 ⑫居間兼食堂（四）（食事室）

（1941年10月開催）　第42・43合併集

三越「東京工芸綜合展覧会・第二部::室内構成及び家具」

40　学用デスク及び椅子（二組）　　　東京府立工業奨励館試作品
　　　　　　　　　　　　　　　　　（三越家具部製作）

(2) 三越「家具及び工芸品綜合展観：三創会・日本民芸協会同人作品展」

(1942年11月開催) 第45・46合併集

【表紙解説文】

家具及び工芸品綜合展観集

三越
新進作家集団「三創会」会員の戦時下生活に即せる創意新たなる力作並びに日本民芸協会同人の作品発表の全貌・工場の読書室［・］山荘休養所の一部・食堂・居間・寝室・集会室・食堂・家族室等・8室の構成と各室に附帯せる室内工芸品の綜合的展示

【巻頭解説文】

家具及び工芸品綜合展観集

　本集は昭和17年11月下旬、日本橋三越本店に於いて開催された「家具及び工芸品綜合展観」の作品を収録、その全貌を紹介するものである。本展観は新進工芸作家集団「三創会」会員諸氏に依る戦時下生活に即した創意新たなる力作の発表を主とし、之に日本民芸協会同人の作品を併せ出陳せるものである。

　我が国近代工芸美術の発達の跡を省みるに、欧米文化の流入に伴い生活様式も亦著しくその影響を蒙り、従って工芸界の傾向も遂には無自覚なる欧米様式の模倣を以って足れりとなすにまで至ったのである。一方日本古典の伝統に生くるもの、或は形而的な折衷様式のものなども生れ、寔(まこと)に複雑多岐なる様式の混乱時代に到達したのである。これは工芸美術に於いてばかりではなく、建築に於いてもそうであるし、亦他の文化方面に於いても同様なことを云い得ると思う。

　工芸美術としての自覚は既にこの時代に確立を見たのではあったが、然し未だ一般民衆生活に滲透した欧米文化崇拝の思想は斯うしたものへ傾くべくもなかったのである。今日支那事変に次いで大東亜戦争遂行下にあって、欧米思想排除の急務は云う迄もなく、崇高なる日本精神の昂揚を今こそ凡ゆる部面に於いて計るべき秋である。

　此の処に於いて三創会は工芸界の戦時態勢整備を期すると共に、我が祖先が示した生活美の伝統を明確に再認識し、新しき建設を果すべき熱意に燃え新進作家の集団を結成したのである。従来室内設計者と工芸作家とが各々独自の立場に於いて作品の研究発表をなし来ったのであったが本会の結成はこの両者を完全に結び付けて、綜合的な研究発表をなすところに特色があるのである。これこそ室内構成の躍進的研究機関として我が工芸界の為に真に意義深きものであり、三創会の益々盛大なる発展を斯界の為に衷心より祈るものである。

　本集刊行に際し特に御尽力下されし家具部の上山氏、同設計部諸氏に深甚の謝意を表する次第である。

工芸美術の綜合展示に就いて　　　大坪重周

　此の展覧会は室内調度の合理性と美的要素との綜合発揮を目指して企画せられたものと思っている。そこで美の役割を受持つ工芸美術品はその室内の性格を現わすにふさわしいものでなければならない。而してこれを余り厳密に考えて、動かすことの出来ないもののようにして終っては面白くないのである。工芸美術も他の美術品同様それ自体が独自性を持ち観賞に値する存在なのであるから、使用者の主観に由ってその所は随所に得られるものである。展観による形は一応その所を得たに過ぎないのであると私はそう思っている。

　工芸美術作家がこの様な仕事に携わる場合にも、この心掛が一番大切なことだと思っている。三創会の会員は皆そう思っているに違いないと考えられる。その作品の一つ一つを見れば、そこに個性をはっきり見ることが出来るからである。ただ将来に向っての希望を述べるならば日本精神の発揚と云うことにいろいろの問題が残されているのではないかと思うのである。個性とは言い条そこに一貫した日本精神が見られないならば、それは最早今日の工芸美術とは言い難いからである。我等の工芸は若き日本の象徴でなければならない。日本古典が生々と感ぜられるのでなければならない。その点今後一段の努力を致さなければならぬと思っている。戦う日本には新しい東亜が待っている。その新しい東亜に贈る工芸を創る意気を大いに昂めなければならぬと思っている。

室内構成・家具・工芸品の綜合展

1　①工場読書室（一）（二）　　　室内構成及び家具設計　中村圭介

1—2　第1室　工場読書室　　　室内構成及び家具設計　中村圭介

工場労務者の福利施設としての研究作品で、家具は其の組合せ方により教室・食堂・談話室等種々の用途に変化し得るように計画し、意匠は資材労力を節約して堅実な製品を作るに努めた。主材は楢材ラック仕上。布張り。

三越「家具及び工芸品綜合展観:三創会・日本民芸協会同人作品展」

(1942年11月開催) 第45・46合併集

2 ①工場読書室（三）（四）

室内構成・家具・工芸品の綜合展

3　②山荘休養所の一部（甲室・一）　　　室内構成及び家具設計　　上山　藹

3　②山荘休養所の一部（甲室・二）

3—7　第2室　山荘休養所の一部　　　室内構成及び家具設計　　上山　藹

暖を取り疲れを癒す山荘内憩いの一室、或は食事に、或は団欒に明日の鋭気を培う倶楽部室とも謂うべきもの。主材は楢材、木地出しラック仕上、布張り。

三越「家具及び工芸品綜合展観…三創会・日本民芸協会同人作品展」（1942年11月開催）第45・46合併集

4　②山荘休養所の一部（甲室・三）

4　②山荘休養所の一部（甲室・四）

室内構成・家具・工芸品の綜合展

5　②山荘休養所の一部（甲室・五・六）

壁掛花籠　　　　　　　　飯塚薫石　作
乾漆（一輪差・盆）　　　辻　光典　作

屏風兼帽子掛（硝子スクリーン）　　大庭一晃　作
染色額　　　　　　　　　　　　　喜多村榮太郎　作

(1942年11月開催) 第45・46合併集

三越「家具及び工芸品綜合展観∴三創会・日本民芸協会同人作品展」

6　②山荘休養所の一部（乙室・一）　　テーブルセンター　　平野利太郎 作

瓶型大火鉢及び榻(とん)　　塚本初太郎 作

室内構成・家具・工芸品の綜合展

7　②山荘休養所の一部（乙室・二）

電気スタンド・花籠　　飯塚薫石　作

(1942年11月開催) 第45・46合併集

三越「家具及び工芸品綜合展観：三創会・日本民芸協会同人作品展」

8　③食堂兼居間・寝室（一）（二）　　　室内構成及び家具設計　岩永克己

8—12　第3室　食堂兼居間及び寝室　　　室内構成及び家具設計　岩永克己

明快な白・黄・朱・濃茶等の色調の対照で素材の美を生かした簡潔な家具がある部屋で、応接間も兼ね居間用・食事用・寝室用の各家具群を書棚を兼ねたライティングデスクで軽く仕切った。寝台の組立てに新装置がある。家具主材桜材、木地出しラック仕上及びオーナット［ウォールナット］色仕上、布張り。

室内構成・家具・工芸品の綜合展

9 ③食堂兼居間・寝室（三）（四）

三越「家具及び工芸品綜合展観・三創会・日本民芸協会同人作品展」（1942年11月開催）　第45・46合併集

10　③食堂兼居間・寝室（五）

十字型テーブルセンター　　　平野利太郎　作
灰皿　　　　　　　　　　　　唐杉榮四　作

室内構成・家具・工芸品の綜合展

11　③食堂兼居間・寝室（六）

張抜（人形・こだま・船）　　山本　壽　作

※この箇所の作者名については、写真ページの図版キャプションは「山本壽郎」となっているが、写真解説文の中の図版キャプションは「山本　壽」である。また、『近代家具装飾資料』第44集、15（上・中）では、写真ページ及び写真解説文とも、図版キャプションは「山本　壽」である。「山本壽郎」は明らかな誤植であるので、ここは「山本　壽」とする。

(1942年11月開催) 第45・46合併集

三越「家具及び工芸品綜合展観：三創会・日本民芸協会同人作品展」

12　③食堂兼居間・寝室（七）（八）　　染色額　　　高久空木　作
　　　　　　　　　　　　　　　　　　ベッドカバー　長濱重太郎　作

室内構成・家具・工芸品の綜合展

13　④集会室（一）（二）　　　室内構成及び家具設計　平山次男

13—15　第4室　集会室　　室内構成及び家具設計　平山次男

公共生活に附随する社交室の一隅を試作したもので、家具は使用目的に叶う範囲内で特に木材と労力を経済的に運用出来る構造にして、之を工芸品との綜合的取り合せに依り室内に潤いをもたせる事に意を用いた。家具桜材、ラック仕上、布張り。

(1942年11月開催) 第45・46合併集

三越「家具及び工芸品綜合展観∷三創会・日本民芸協会同人作品展」

14　④集会室（三）

14　④集会室（四）

室内構成・家具・工芸品の綜合展

油絵（雪庭）　　　　　　正田二郎　作
ブロンズ彫塑　　　　　　吉田久繼　作
革染テーブルセンター　　河合研二　作

15　④集会室（五）

クッション　　長　安右衛門　作

クッション　　熊谷吉郎　作

(1942年11月開催) 第45・46合併集

三越「家具及び工芸品綜合展観」:三創会・日本民芸協会同人作品展

16　⑤居間・食堂（一）（二）　　　室内構成及び家具設計　定方希一

染色額　　高久空木　作

16—20　第5室　居間及び食堂　　室内構成及び家具設計　定方希一

我が国伝統の剛健朴訥な所謂民芸的雰囲気を椅子式生活の室と調度の上に盛ることを意図したもので、居間と食堂は混然と調和し、有機的に関連して、一室としても使用出来るように考えた。家具楢材ラック仕上、リード及び布張り。

室内構成・家具・工芸品の綜合展

17　⑤居間・食堂

クッション　　　　　　長濱重太郎　作
椅子張り（裂地）　　　芹澤銈介　作

(1942年11月開催)　第45・46合併集

三越「家具及び工芸品綜合展観：三創会・日本民芸協会同人作品展」

18　⑤居間・食堂（三）（四）

クッション及びテーブルセンター　　　長濱重太郎　作

室内構成・家具・工芸品の綜合展

19　⑤居間・食堂 ［五］（六）

食卓掛　　矢部連兆　作

（1942年11月開催）　第45・46合併集

三越「家具及び工芸品綜合展観…三創会・日本民芸協会同人作品展」

20　⑤居間・食堂（七）（八）

暖簾　　芹澤銈介　作

室内構成・家具・工芸品の綜合展

21　⑥家族室（一）（二）　　　室内構成及び家具設計　中村幸三

暖簾　　二口善雄

21—23　第6室　家族室　　　室内構成及び家具設計　中村幸三

室内は壁の淡茶が主色となっている。床の竹が唯一の装飾的存在で色彩は極単純である。家具の配置も散在式で、固定式家具では無く、仕上げは桜材木地の磨出しで、多少白目止めを施したもの。工芸品は単調な室内を引き締める意味で紺地の敷物焦茶色のクッション等がある。家具桜材、ラック仕上、布張り。

三越「家具及び工芸品綜合展観:三創会・日本民芸協会同人作品展」（1942年11月開催）第45・46合併集

22　⑥家族室（三）（四）

室内構成・家具・工芸品の綜合展

23　⑥家族室（五）　　　　　　　　　　　クッション　　大坪重周　作

漆盆・額　　中田満雄　作

(1942年11月開催) 第45・46合併集

三越「家具及び工芸品綜合展観：三創会・日本民芸協会同人作品展」

24　⑦居間（和室）（一）（二）　　室内構成及び家具設計　日本民芸協会同人

24—27　第七室　居間（和室と洋室）　　室内構成及び家具設計　日本民芸協会同人

室を椅子式と座式の二つに分けて民芸の伝統を近代生活に実施した試作であって、協会が家具什器の市販品を啓蒙する目的で公定価格品を設計した点に特色がある。家具楢材、ラック仕上、布張り。

室内構成・家具・工芸品の綜合展

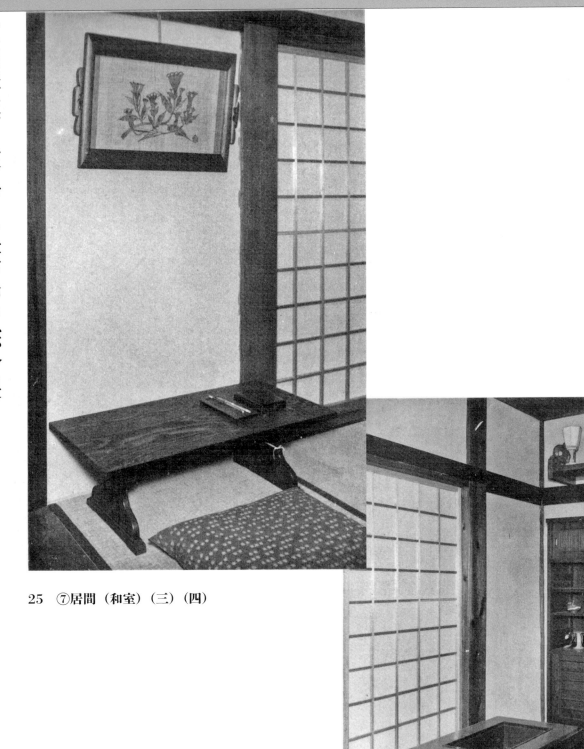

25　⑦居間（和室）（三）（四）

三越「家具及び工芸品綜合展観：三創会・日本民芸協会同人作品展」

（1942年11月開催）第45・46合併集

26　⑦居間（洋室）（一）（二）　　　室内構成及び家具設計　日本民芸協会同人

室内構成・家具・工芸品の綜合展

27　⑦居間（洋室）（三）

下駄箱

郵便・新聞受

（1942年11月開催） 第45・46合併集

三越「家具及び工芸品綜合展観：三創会・日本民芸協会同人作品展」

28　⑧集会室（一）（二）　　　室内構成及び家具設計　野口壽郎

28—30　第8室　集会室　　　室内構成及び家具設計　野口壽郎
公共建築内の集会室で肱掛イスは染色工芸作家と共作をした。家具楢材、ラック仕上、布張り。

室内構成・家具・工芸品の綜合展

乾漆（額・盛器・燭台・楕円形大鉢）　　辻　光典　作

㉘集会室（三）　　　　　　　椅子張り（裂地）　　芹澤銈介　作

（1942年11月開催） 第45・46合併集

三越「家具及び工芸品綜合展観∴三創会・日本民芸協会同人作品展」

30　⑧集会室（四）

暖簾式カーテン　　　　　　　　増田邦太郎　作
椅子張り及びテーブルセンター　中村妙子　作

室内構成・家具・工芸品の綜合展

31　クッション（二種）　　大坪重周　作

31　一輪差・灰落・花入・灰皿　　唐杉榮四　作

31　クッション　　高久空木　作　　　　31　クッション　　渡邊春雄　作

(1942年11月開催) 第45・46合併集

三越「家具及び工芸品綜合展観：三創会・日本民芸協会同人作品展」

32　テーブルセンター　　矢部連兆　作

32　テーブルセンター　　二口志保子　作

32　テーブルセンター　　熊谷吉郎　作

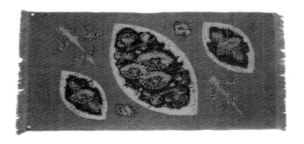

32　テーブルセンター　　長　安右衛門　作

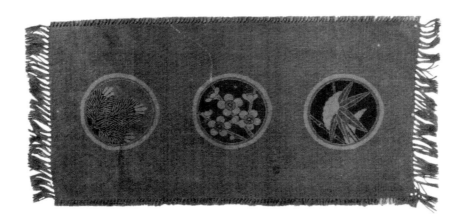

32　テーブルセンター　　大坪重周　作

室内構成・家具・工芸品の綜合展

33　クッション　　　喜多村榮太郎　作

33　テーブルセンター　　　金鋼和子／金網和子　作

33　染色額　　　般若侑弘　作

33　テーブルセンター　　　山岸堅二　作

33　革染クッション　　　河合研二　作

(1942年11月開催) 第45・46合併集

三越「家具及び工芸品綜合展観∶三創会・日本民芸協会同人作品展」

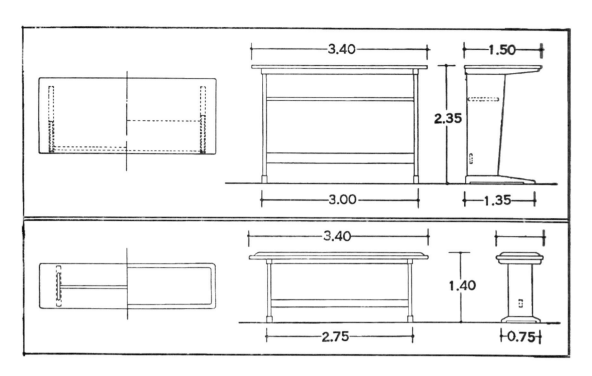

34 ①工場読書室（机及び腰掛設計図）　　設計　中村圭介

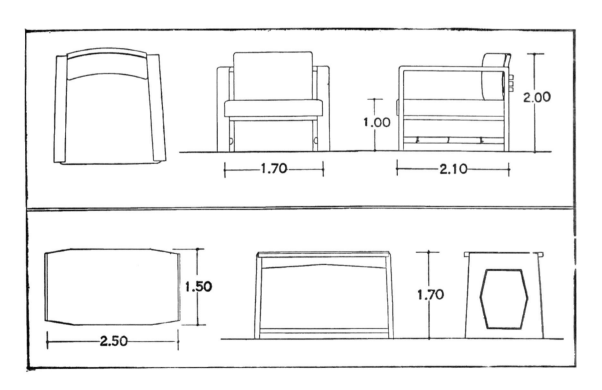

34 ②山荘休養所の一部（椅子及び卓子設計図）　　設計　上山　謌

室内構成・家具・工芸品の綜合展

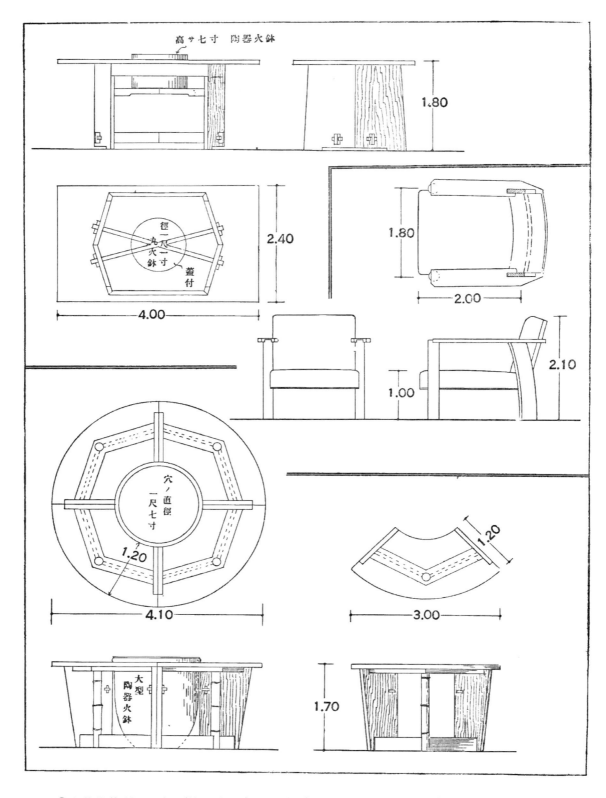

35 ②山荘休養所の一部（椅子及び卓子設計図）　設計　上山　蔦

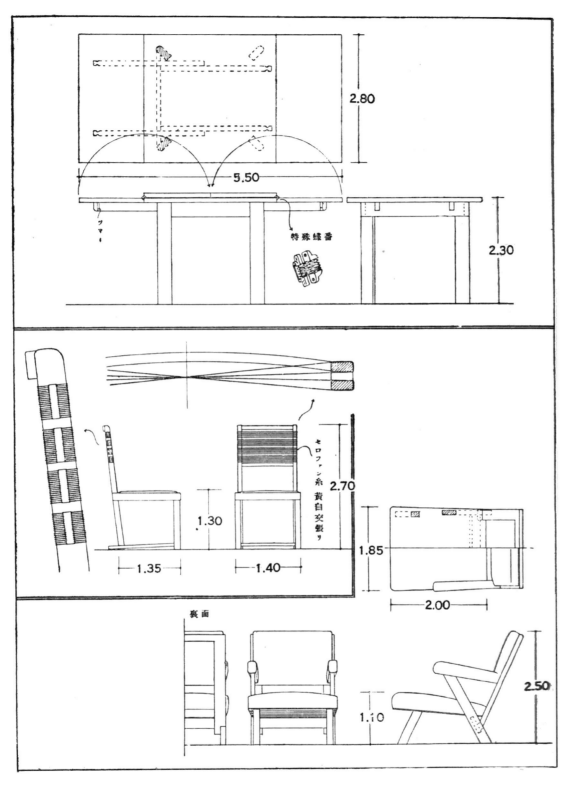

36　③食堂兼居間・寝室（椅子及び卓子設計図）　　設計　岩永克己

三越「家具及び工芸品綜合展観：三創会・日本民芸協会同人作品展」（1942年11月開催）第45・46合併集

室内構成・家具・工芸品の綜合展

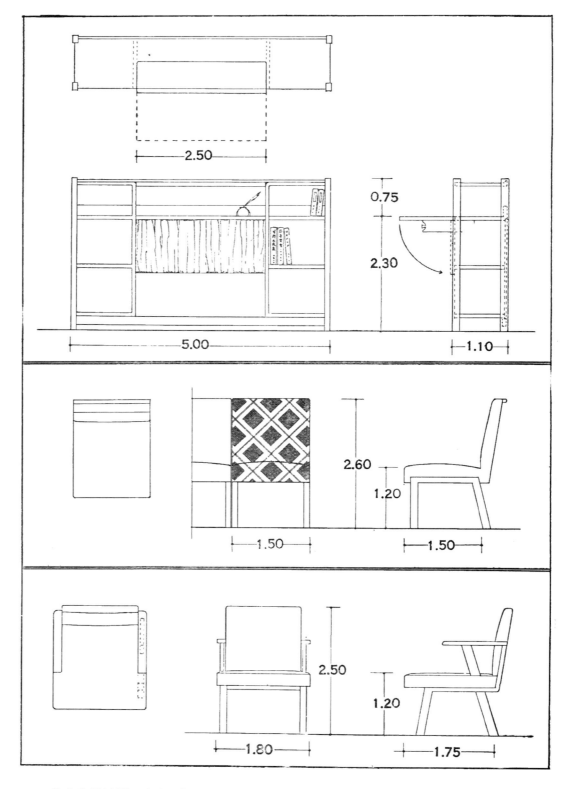

37 ③食堂兼居間・寝室（机及び椅子設計図）　　設計　岩永克己

(1942年11月開催) 第45・46合併集

三越「家具及び工芸品綜合展観…三創会・日本民芸協会同人作品展」

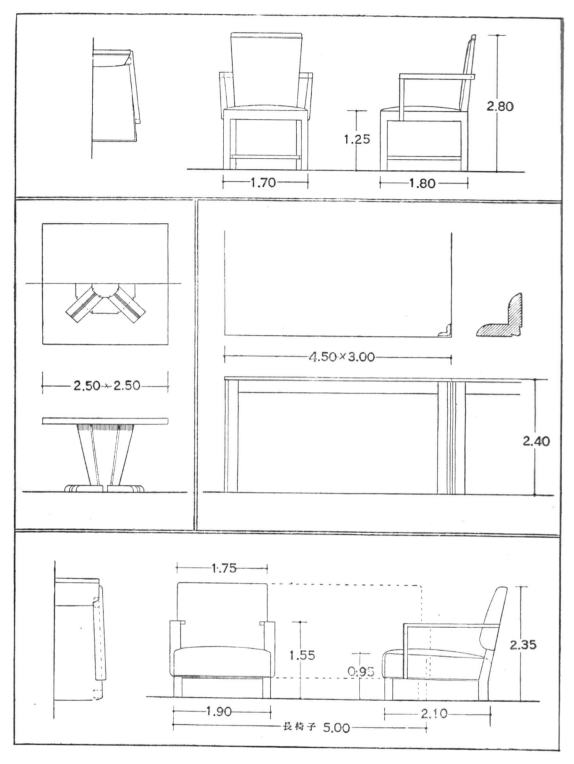

38　④集会室（椅子及び卓子設計図）　設計　平山次男

室内構成・家具・工芸品の綜合展

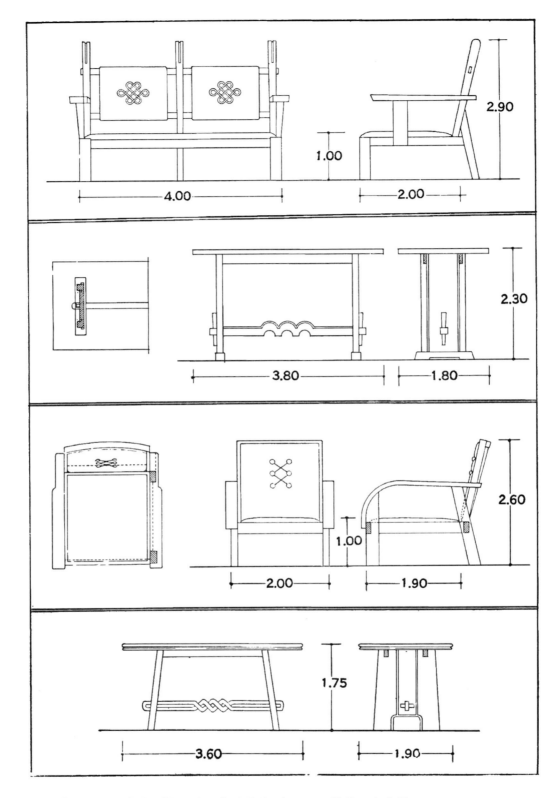

39　⑤居間及び食堂（椅子及び卓子設計図）　　　設計　定方希一

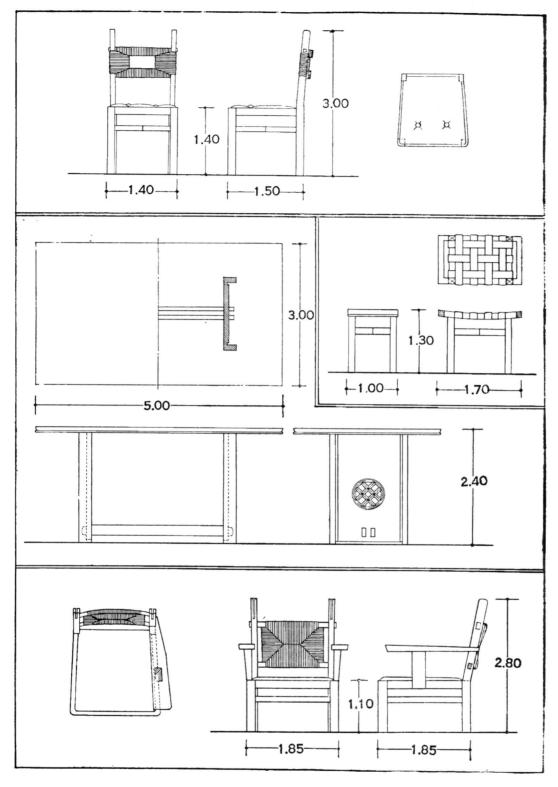

40 ⑤居間及び食堂（椅子及び卓子設計図）　設計　定方希一

三越「家具及び工芸品綜合展観：三創会・日本民芸協会同人作品展」（1942年11月開催）第45・46合併集

室内構成・家具・工芸品の綜合展

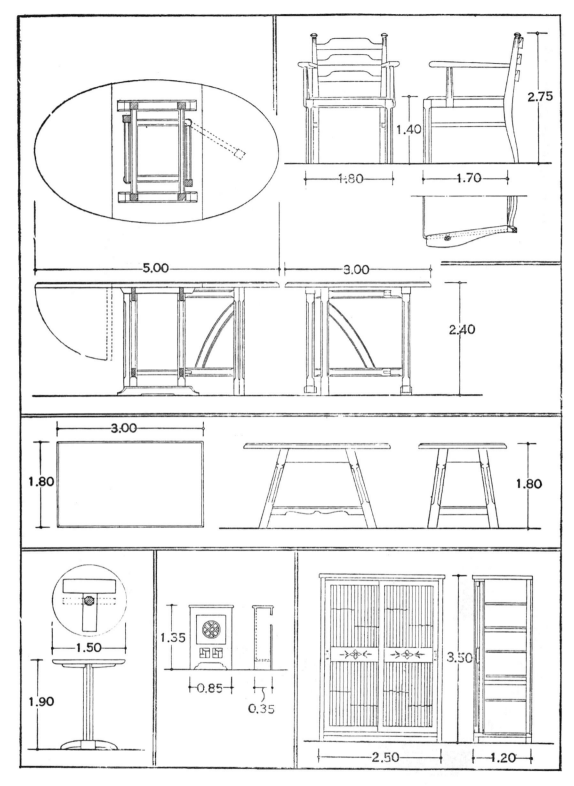

41　⑦居間（椅子及び卓子・新聞受・下駄箱設計図）　　　設計　日本民芸協会同人

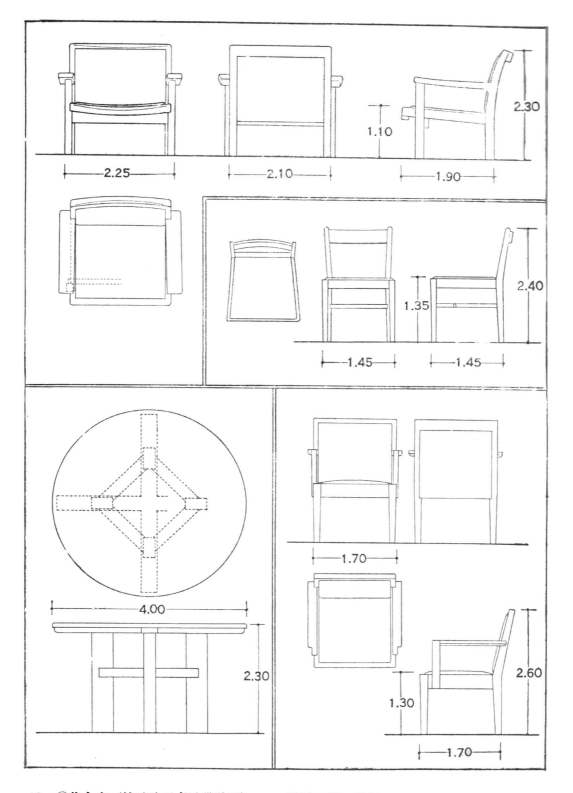

⑧集会室（椅子及び卓子設計図）　　設計　野口壽郎

第5節

三越及びその他の資料

(1) 三越「三越家具新製品展覧会」

(1922年開催) 『木材工芸』第46号

三越家具新製品展覧会作品

【出典】小野政次郎編『木材工芸』第46号、木材工芸学会、1922年12月、口絵

客室家具及び装飾

応接室家具及び装飾

(2) 三越「三越呉服店家具新製品展覧会／三越呉服店家具新製品陳列会：日本趣味家具」

（1925 年開催）『木材工芸』第 82 号

三越呉服店家具新製品展覧会作品（大正 14 年 11 月）

【出典】小野政次郎編『木材工芸』第 82 号、木材工芸学会、1925 年 12 月、口絵

書斎兼応接室家具

楢材製ビロード張り

1. 本箱	144.00 ［円］
1. 小椅子	25.80
1. 肘掛椅子	38.20
1. デスク	59.50
1. 安楽椅子	102.00
1. 花台	12.50
1. 茶卓子	15.70

(1925年開催) 『木材工芸』第82号

三越「三越呉服店家具新製品展覧会」

客間

桜材製緞子張り

1. 小椅子	40.00 [円]
1. 肱掛椅子	55.00
1. 安楽椅子	124.00
1. 角卓子	62.80
1. 丸卓子	41.90
1. 長椅子	129.00
1. 飾棚	148.00

三越呉服店家具新製品陳列会出品　日本趣味家具　其の一から其の六
【出典】榎本安五郎「日本趣味の家具就て」『木材工芸』第82号、木材工芸学会、1925年12月、13-17頁

【図版・解説文省略】

※榎本安五郎は、当時、鏑木松春商店に勤務していた。同店はその製品の最大部分を三越に納品していた。三越家具部の田中邦次郎・秋山瑟二両氏から日本趣味の西洋家具を製作するように勧められ、榎本安五郎が作図した。『木材工芸』第82号、13-17頁には、それらの図面が掲載されている。

423

(1928年開催)『木材工芸』第118号

(3) 三越「三越新製洋家具陳列会／三越家具新製品展覧会」

(1928年開催)　『木材工芸』第118号

三越家具新製品展覧会作品

【出典】小野政次郎編『木材工芸』第118号、木材工芸学会、1928年12月、口絵

居間

客間

(4) 三越「日本趣味を加味した新製洋家具展覧会」
（1929年開催）『帝国工芸』第3巻第12号

三越の新製洋家具展覧会出品モデルルーム
【出典】青木利三郎編『帝国工芸』第3巻第12号、帝国工芸会、1929年12月、口絵

三越と松屋の家具展
【出典】ＶＴＳ生「三越と松屋の家具展」『帝国工芸』青木利三郎編、第3巻第12号、帝国工芸会、1929年12月、409-410頁

題意　潮　客室
設計者　杉山赤四郎／製図助手　野口壽郎／同　宮方希一［定方希一］／工事監督　宮澤鐘造

(1929年開催)『帝国工芸』第3巻第12号

三越「日本趣味を加味した新製洋家具展覧会」

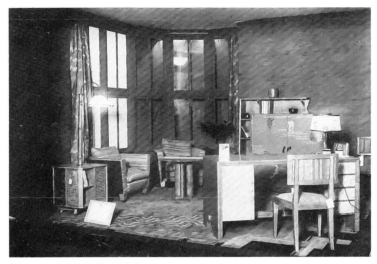

題意　風　書斎兼応接室
設計者　杉山赤四郎／製図助手　野口壽郎／同　宮方希一［定方希一］／工事監督　宮澤鐘造

題意　暁　寝室
設計者　杉山赤四郎／製図助手　野口壽郎／同　宮方希一［定方希一］／工事監督　宮澤鐘造

杉山赤四郎氏案　客室

(5) 三越「新製洋家具陳列会」

（1930年開催）『帝国工芸』第4巻第13号

新製洋家具陳列会出品モデルルーム
【出典】青木利三郎編『帝国工芸』第4巻第13号、帝国工芸会、1930年12月、口絵

新製洋家具陳列会モデルルーム設計者の感想
【出典】青木利三郎編『帝国工芸』第4巻第13号、帝国工芸会、1930年12月、544-545頁

応接室　　幸田純一

書斎兼応接室　　定方希一

※設計者の感想は割愛する。

三越「新製洋家具陳列会」

（1930年開催）『帝国工芸』第4巻第13号

応接室　　中村幸三

応接室　　野口壽郎

※この回の野口壽郎の応接室はB室、H室、I室の3室あったが、どのタイプの写真かは不詳。
※写真のないもののモデルルームのタイトルを以下に記す。

応接室　　　　　　　　　　平山健吉
食堂　　　　　　　　　　　中村幸三
楢書斎　　　　　　　　　　定方希一
寝室　　　　　　　　　　　定方希一
Lスタンド（居間兼応接室）　小松　榮
Mスタンド（客室）　　　　 小松　榮
書斎兼居間　　　　　　　　岩永克己

(6) 三越「新設計室内装置展観／新設計室内装備展」

（1932年開催）『工芸ニュース』第1巻第6号／『帝国工芸』第6巻第12号

新設計室内装備展概況

【出典】商工省工芸指導所「［三越］新設計室内装備展概況」『工芸ニュース』第1巻第6号、工政会出版部、1932年12月、18頁

　去る11月10日より17日迄東京三越に於いて開催された表記展覧会［新設計室内装備展］は、新興室内装飾が漸く公衆の関心を引いて来た時期でもあるので非常な盛況であった。殊に専門家及び当業者風の観覧が相当あった事は斯界の為喜ぶべき事である。

　会場を一瞥すると各モデルルームを通じて近代的色彩と清朗な感じが観衆を引きつけた。之は前に開かれた仏蘭西展、新興独逸建築展にも見られた傾向であるが、相当日本向きにした点で注目された。最近［、］家具と使用材料との関係が重視されて来たが、この展覧会の出品物にも苦心の後が伺われた。難を云えば生活程度が高く一般観衆には一寸手を出せぬ嫌いがあった。

新設計室内装置展観出品の一部

【出典】青木利三郎編『帝国工芸』第6巻第12号、帝国工芸会、1932年12月、口絵

「新設計室内装置展観」出品設計者の感想　附・木檜高芸教授の短評

【出典】青木利三郎編『帝国工芸』第6巻第12号、帝国工芸会、1932年12月、386-388頁

書斎　　岩永克己　設計

配置せる家具――デスク一つ。デスク用廻転椅子一つ。安楽［椅子］一つ。ランプスタンド兼用スモーキングテーブル一つ。

家具主材は金属で銀色仕上げ、他はガラス、ゴム、桜材等で、椅子類はボールベアリング廻転ビロード張り分け。

室内照明は出窓天井に設備し昼夜共窓から採光するのが特徴で、他に掘込書棚内側面及びスモーキングスタンド等で、総て直接光線を避けた。

室内色調の統一を白と黒とから出発した軟らかい気分を出した。白―淡橙―薄青鼠―青鼠―緑白黒―黒…。

※家具・室内装飾の詳細情報以外は割愛する。すなわち、設計者の感想は割愛する。
※木檜恕一（東京高等工芸学校教授）の短評は割愛する。

空間の利用（ROOM! RAUM）　　鈴木富久治　設計

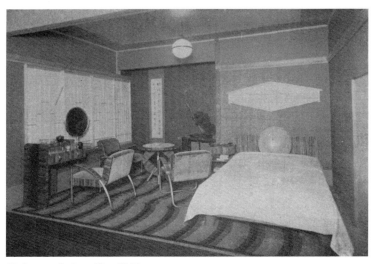

寝室　上山　繭　設計
主要練付材──ゼブラー、サテン、オールナッツ［ウォールナット］。

食堂　上山　繭　設計
主要練付材──ゼブラー、サテン。

(1932年開催)『工芸ニュース』第1巻第6号／『帝国工芸』第6巻第12号

三越「新設計室内装備展」

書斎兼居間　　福地仁郎
壁──レモンイエロー（ペンキ）とピンク系統の壁紙張り、ドアーはブルー［。］
敷物──ピンク地に構成派風の模様［。］
家具──主材、桜サテンウッド練付け、脚部ブラックラッカー仕上げ［。］
裂地──グレーとフレンチブルーのビロード張り分け。

書斎　　平建山吉［平山健吉］
部屋囲り──黒と白との単純な気持のもの［。］
木地──桜材、アッシュ練付（扉及び引出前板）［。］
塗色──黒っぽい色、引手は銀色。
カーテン──ヴァミリオンと金色。
裂地──古代紫の渋味のある色を基本として夫れに赤味のある線が混じ［っ］たもの。
絨壇［毯］──黒と鼠色とヴァミリオンを主とした色。

三越「新設計室内装備展」

（1932年開催）『工芸ニュース』第1巻第6号／『帝国工芸』第6巻第12号

寝室　定方希一
（1）家具名称——寝台ナイト卓子付（サテンウッド）。安楽椅子（緞子張り込み）。茶卓子（甲板厚硝子）。化粧簞笥（丸鏡付）［。］化粧台（三面鏡付）。化粧用肱椅子（緞子張り）。
（2）材料——桜材。サテンウッド。鏡。厚硝子。裂地。緞子。
（3）全体を近代仏蘭西様式の明るい感じを採入れて纏めた。

書斎　定方希一
（1）家具名称——書棚（扉及び抽斗ゼブ［ラ］ウッド練付）。デスク片袖（袖出セ［ゼ］ブラウッド）。カウチ（タペストリー張り）。安楽椅子（同前）。小椅子（同前）。茶卓子（甲板厚硝子）。丸卓子。
（2）材料——楢材。ゼブラウッド。パイプ。厚硝子。裂地。タペストリー。
（3）構造美——パイプの長所を利用した。

※写真のないモデルルームのタイトルを以下に記す。

居間　野口壽郎
書斎　野口壽郎

(7) 三越「新設計室内装飾展観」

（1933年11月開催）　出品目録／『帝国工芸』第7巻第10号・11号

新設計室内装飾展観

会期　11月10日より
会場　4階新館にて *

① 　客室　（題名　照応）

飾棚、屏風、中心卓子、茶卓子［、］安楽椅子、2［、］肱掛椅子、2［、］
合計金九百五十二円也　［952.00円］

※ 1923（大正12）年9月の関東大震災で被災した三越「本店」は、1927（昭和2）年4月に修築工事を完成した。そして、1929（昭和4）年3月から1935（昭和10）年10月にかけて増改築工事を行った。この時増築された「新館」（旧新館）は延坪6,500坪で、「旧館」と合せて総延坪15,500坪になった。そして中央部に1階から5階までの吹抜けのホールを設け、中央大階段上にパイプオルガンを設置した（『三越100年の記録』2005年、『三越写真帖』1941年）。この「旧館」と増築部分の「新館」（旧新館）とを合わせたものに、戦後1956（昭和31）年の南東角地の増築部分を加えたものが現在の「本館」に相当する。この「本館」と道路を挟んで建設された現在の「新館」（新新館）は1973（昭和48）年に開設された。したがって、「出品目録」に記載された「4階新館」とは、現在の「本館」4階における、1929～1935年当時の増築部分のことであり、ここで「新設計室内装飾展観」が開催されたことになる。上述のとおり、この「旧新館」は1929年3月から1935年10月にかけて増築工事中であったが、増築工事の完成した場所は売場・催事場として漸次使用されたものと思われる。なお、『近代家具装飾資料』第1集に収録された三越本店の「新設計室内装飾展」は1935年11月下旬に開催されたもので、同年10月1日の三越本店の全館開店の直後に開催されたものであった。また、三越本店本館の増改築については、野村正晴「三越日本橋本店本館の建築計画の変化と収益性」『日本建築学会計画系論文集』第81巻第728号、2016年10月、2297-2307頁に詳述されている。

② 食堂　（題名　流れ）

食器棚、食卓、小椅子、6［、］安楽椅子［、］2［、］茶卓子、
合計金四百四十円也　［440.00 円］

③ 寝室　（題名　潮）

寝台、化粧台、スツール、安楽椅子［、］三ツ折衝立、
合計金七百十四円也　［714.00 円］

④ 食堂　（題名　落葉）

サイドボード、食卓、安楽椅子、2［、］小椅子、6［、］脇置台、
合計金四百六十二円也　［462.00 円］

⑤ 書斎　（題名　風丰[ふうほう]）

飾書棚、デスク、茶卓子、安楽椅子［、］2［、］肱掛椅子、2［、］
合計金七百〇四円也　［704.00 円］

⑥ 居間兼食堂　（題名　片辺り）

食器棚、食卓、小椅子、5［、］肱掛椅子［、］2［、］安楽椅子、茶卓子、
合計金参百六十七円也　［367.00 円］

⑦ 客間　（題名　和気）

小椅子、2［、］肱掛椅子、2［、］安楽椅子、2［、］長方形卓子、飾棚、補助卓子、喫煙台［、］フロアースタンド、
合計金七百九拾四円也　［794.00 円］

⑧ 書斎　（題名　個有の色）

飾書棚、デスク、廻転椅子、安楽椅子［、］2［、］丸卓子、小椅子、2［、］
合計金四百四十五円也　［445.00 円］

⑨ 居間　（題名　ル・リスム）

安楽椅子［、］大、安楽椅子［、］小、婦人椅子、丸卓子［、］スモーキングスタンド、
合計金五百二円也　［502.00 円］
電気蓄音器　　　　金参百六十五円也　［365.00 円］

⑩ 小応接サロン　（題名　ル・プチサロン）

卓子、肘掛椅子、2［、］小椅子、2［、］
合計金参百四十円也　［340.00 円］

⑪ 客間　（題名　壮）

安楽椅子、2［、］角卓子、キャビネット、小椅子、2［、］
合計金五百五十一円也　［551.00 円］

⑫ 居間兼書斎　（題名　山）

円形卓子、補助卓子、フロアースタンド・ランプ［、］寝椅子、安楽椅子、2［、］小椅子、書棚［、］デスク、デスク用廻転椅子［、］
合計金六百九十三円也　［693.00 円］

(1933年11月開催) 出品目録／『帝国工芸』第7巻第10号・11号

三越「新設計室内装飾展観」

⑬　男ノ室　（題名　シャンブル・ドンム）
寝台（棚付）、丸卓子、安楽椅子、洋服箪笥［、］
合計金四百八十五円也　［485.00 円］

⑭　書斎と休息　（題名　のどか）
書棚兼用飾棚、デスク、廻転椅子、肱掛椅子［、］2［、］円形卓子［、］
合計金参百拾八円也　［318.00 円］

⑮　応接室　（題名　なごみ）
飾台、丸卓子、フロアースタンド、安楽椅子、2［、］小椅子、2［、］
合計金七百〇九円也　［709.00 円］

⑯　書斎　（題名　青光）
安楽椅子、デスク、円卓子、廻転椅子［、］フロアースタンド［、］
合計金四百円也　［400.00 円］

室内装飾設計工作の如何様な御希望にも副い得られますよう努力いたして居ります。
何卒陳列品御高覧の上多少に拘らず御用命を賜りたく、尚御売約品追加御註文を承ります。

東京日本橋　［社徽章］　三越　家具部

※「安楽棹子・肱掛棹子」は「安楽椅子・肱掛椅子」のことと思われる。第①室以外はすべて「安楽椅子・肱掛椅子」と表記されている。

三越「新設計室内装備展観」の出品モデルルーム
【出典】青木利三郎編『帝国工芸』第 7 巻第 10 号、帝国工芸会、1933 年 11 月、口絵

三越「新設計室内装備展観」出品設計者の所感
【出典】青木利三郎編『帝国工芸』第 7 巻第 10 号、帝国工芸会、1933 年 11 月、305-307 頁

「新設計室内装飾展観」を見る　　東京高等工芸学校教授　木檜恕一
【出典】木檜恕一「「新設計室内装飾展観」を見る」『帝国工芸』青木利三郎編、第 7 巻第 10 号、帝国工芸会、1933 年 11 月、296-299 頁

「新設計室内装飾展観」を見る（2）　　木檜恕一
【出典】木檜恕一「「新設計室内装飾展観」を見る（2）」『帝国工芸』青木利三郎編、第 7 巻第 11 号、帝国工芸会、1933 年 12 月、345-348 頁

第 1 室　客室　（題名　照応）
設計者　杉山赤四郎

飾棚　桜材　彫刻白ラッカー仕上 [。]
屏風　同　　漆下地、銀箔、彫刻は白ラッカー仕上。
卓子　同　　彫刻白ラッカー仕上、色付け、古味付。
　　　　　　甲板ガラスエッチング。
椅子　同　　張り胡桃 [包み]。（安楽、肱掛共同じ）
小卓子　　　白ラッカー仕上 [。]

第 2 室　食堂　（題名　流れ）
設計者　杉山赤四郎

卓子　杉及び樅、杉色、白ラック及び黒漆仕上 [。]
食器棚　同　　抽斗し前板黒漆仕上、彫刻色付け。
小椅子　同
茶卓子　同　　甲板黒ラッカー、籐製の棚付き。

第 3 室　寝室　（題名　潮）
設計者　定方希一

寝　台　桜材モミジ練付、漆仕上げ、銀象嵌 [。]
化粧台　同漆及びラック仕上げ（三面鏡付）[。]
スツール　同　　同　　縞緞子張り [。]
安楽椅子　同漆仕上げ、縞緞子及び天鵞絨張り [。]
三ツ折衝立　橡銀鍍金金具、エッチング硝子 [。]
　　　　　　木部、桜材桐柾練付漆仕上げ。

第 4 室　食堂　（題名　落葉）
設計者　上山藞

材料　塩地材黒漆塗り、張裂及び小椅子蒲団朱天鵞絨 [。]

※家具・室内装飾の詳細情報以外は割愛する。すなわち、各設計者の所感及び木檜恕一の批評は割愛する。

(1933年11月開催)　出品目録／『帝国工芸』第7巻第10号・11号

三越「新設計室内装飾展観」

第5室　書斎　（題名　風丰）
設計者　杉山赤四郎

飾　棚　　チーク材彫刻ラック仕上、エッチング硝子［。］
デスク　　同　　　チーク色［。］
茶卓子　　同　　　籐張り・円形硝子甲板。
肱掛椅子　同

第6室　居間兼食堂　（題名　片辺り）
設計者　杉山赤四郎

食器棚　　楢材彫刻古味仕上。エッチング砂子戸、久留
　　　　　米カーテン［。］
食卓子　　楢材古味。電気焜炉付。
小椅子　　同
肱掛椅子　同　　　　背籐古味。久留米張り。
安楽椅子　同　　　　ブラッシ張り。
茶卓子　　同

第7室　客間　（題名　和気）
設計者　早川直象

第8室　書斎　（題名　個有の色）
設計者　杉山赤四郎

飾書棚　　松材彫刻白ラック。台板溜漆仕上。扇斜め裂
　　　　　地張り。
デスク　　松材ラック及び溜漆仕上。
廻転椅子　同　　　　　　　　　　ブラッシ張り。
安楽椅子　同　　　竹　裂地金華山織（赤及糸）
小椅子　　同

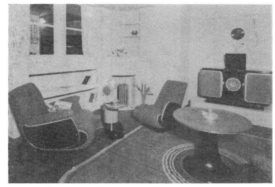

第9室　居間　（題名　ル・リスム）
設計者　岩永克己

家具材料
木部　　ダークマホガニー及び薄褐色ラッカー塗り分け。
張り　　内側鼠色アストラカン、外側黒滑皮張り。
其の他　円テーブル及びスモーキングスタンドの甲板は
　　　　厚硝子の小口に銀メタリコンを施工す。金具は
　　　　総て銀色艶消し仕上げ。
照明　　照明器具はスモーキングスタンドに附随せるフ
　　　　レクシチーブ［フレキシブル］応用の球状で光
　　　　の調節は自在。他は蓄音機上部にスポットライ
　　　　トと窓上部天井とで総て間接照明である。

家具種別
電気蓄音機　1個、中央は発声部でエッチング硝子。
　　　　　　　　両脇はレコードケース。
主人用安楽椅子　1個
ロッカー型安楽［椅子］　1個
婦人椅子　1個
スモーキングスタンド　1個　ランプスタンドとの共用
　　　　　　　　　　　　　で、開き内部はパイプ掛
　　　　　　　　　　　　　け。
円型テーブル　1個　甲板中央にシガーライト台と灰皿
　　　　　　　　　　装置す。

第10室　小応接サロン　（題名　ル・プチサロン）
設計者　鈴木富久治

室はクリーム色のカーテンの中に縞黒の高い背を持つ椅子。内側を包むヴァーミリオンのビロード張りのボディをデリケイトな白い脚で支えて居ます。中央の卓子は甲板にジグザックな面・フラットトップには抽象的な黒象嵌が施してあります。低いランタンは長い房をテーブルの上に垂らして……総てが甘い味のものです。

第11室　客間　（題名　荘［壮］）
設計者　野口壽郎

家具は木部チーク材生地そのまま用い、椅子張りは黒朱子。テーブル甲板は人造石。キャビネットは真鍮銀メッキ仕上である。

第12室　居間兼書斎　（題名　山）
設計者　平山次郎［次男］

家具の主要なる材料及び仕上
一般木部は内地松、光沢消しラック灰褐色仕上。卓子、デスク類の甲板及び小椅子の木部桧材ウルミ色漆仕上。円形卓子の足は杉材ヒボ［丸］太使用。フロアランプの柱及び書棚の一部に錆竹応用。同上フロアランプの笠は人造マイカー製。金物は真鍮製光沢消し銀古味梨地仕上。椅子張り布は柔味のある薄茶鼠色地に錆朱、オレンヂ、黒の絣模様入り緞子。緞通は灰色の地にこげ茶及び白の線と点をあしらったもので羊毛製。［中略］家具の種類は大形円形卓子の他に、補助卓子、安楽椅子、デイベット「ド」兼用の腰掛、補助椅子（小椅子）、フロアスタンドランプ、デスク、同上用廻転椅子、飾り棚兼用の書棚、以上。

（1933年11月開催） 出品目録／『帝国工芸』第7巻第10号・11号

三越「新設計室内装飾展観」

第13室　男ノ室　（題名　シャンブル・ドンム）
設計者　上田幹一

桜材、一部パリサンドル練付け、パリサンドルの部分は透明ラッカー艶出し。其の他の部分は黒ラッカー艶消し仕上げ。張裂地は緑色無地ビロード、太めの玉ぶちを廻す。[中略] このモデルルームの大きさは、間口13尺、奥行15尺で、二方開放し、天井迄9尺です。

第14室　書斎と休息　（題名　のどか）
設計者　猿渡　弘

書棚兼飾棚	クルミ材、モミジ杢練付け、ウォルナット色仕上げ。
デスク	同	同	同
廻転椅子	同	一部ゼブラウッド練付け。パイプは銀色艶消し。
円形卓子	同	ゼブラウッド練付け、甲板腐食ガラス、鋲止め。
肱掛椅子	同	大体廻転椅子に同じ形式です。

第15室　応接室　（題名　なごみ）
設計者　福地仁郎

金物──スチール、クローム仕上げ。
木部──主材桜、パリサンドル及びオーナット［ウォールナット］杢。
裂地──プラッシュ及びビロード。

第16室　書斎　（題名　青光）
設計者　平山健吉

（デスク）両方の扉にパンチングメタル銀色仕上。格子模様、袖の円味のある側面はシコモールガレー練付け、扉内部は片方は棚で片方は引出し書面棚と為しました。甲板皮［革］張り、鏡に電燈の付いたものをデスクの甲板の上に取付けられる様に致しました。
（廻転椅子）背面外部シコモールグレー皮［革］張り。
（円卓子）エッチンググラスをして金色銀色［を］使った。硝子甲板の下の台は四方鏡と致しました。
（安楽椅子）外部と肱の部分は汚れますから皮［革］張りとして、内部に絹ビロードを張り、コードを金色レザーと致しました。全体の形も極端に低くしてバックを傾斜させ、シートの形を外部に其の儘表わして見ました。
（フロアスタンド）銀色とブルーの色の二つの輪を重ねた物で、電燈スイッチも一個所で簡単に自由に点滅の出来る様にし、家具総体の色は濃いブルーと淡い鼠色と黒色です。

(8) 三越「新設計室内装飾展観」

（1934年11月開催）
出品目録／『帝国工芸』第8巻第11号／
『帝国工芸』第9巻第1号／『住宅と庭園』第2巻第3号

三越の新設計室内装飾展観

【出典】青木利三郎編「三越の新設計室内装飾展観」『帝国工芸』第8巻第11号、帝国工芸会、1934年12月、362頁

　例年の三越家具部年中行事として一般に待望されていた「新設計室内装飾展観」が、11月14日より27日まで、同店新館4階の全部を費やして開催された。今年度の新作は昨年の16室に比べ1室を減じ、又天井［、］壁面、床其の他周囲の装飾も簡略されたので、昨年に比べ多少見劣りがしたが、尚その広大な面積と豊富な照明に依る装備は、帝展初め他の如何なる展観も追随を許さぬ室内装飾界の最高峰を示す豪華版と云えよう。

　今年度の出陳とその設計者を番号順に挙げると、

1客間（杉山赤四郎）、2書斎（同）、3居間食堂（同）、4寝室（同）、5書斎兼応接間（平山次郎［次男］）、6客間兼居間（上田幹一）、7応接間（平山健吉）、8居間（野口壽郎）、9子供室（福地仁郎）、10居間食堂（鈴木富久治）、11食堂（早川直象）、12書斎（定方希一）、13応接室［間］（岩永克巳［己］）、14客間（上山藹）、15書室［斎］（早川直象）［。］

　外に、時代家具として古典様式に則った食堂、居間［、］ホールの3室が特別展示された。

(1934年11月開催）出品目録／『帝国工芸』第8巻第11号／『帝国工芸』第9巻第1号／『住宅と庭園』第2巻第3号

新設計室内装飾展観

会期　11月14日より27日まで
会場　4階新館にて

題名　秋色
1　客間　（桜材紫檀色）

丸卓子、安楽椅子［、］2、肱掛椅子、小椅子［、］2、三組茶卓子、飾棚、
合計金五百四十円　［540.00円］
敷物　六畳
金壱百六十八円　［168.00円］

題名　磯
2　書斎　（桜材ヲーナット色［ウォールナット色］）

丸卓子、安楽椅子［、］2、デスク、書棚、廻転椅子、
合計金六百七十五円　［675.00円］
敷物　六畳
金壱百六十八円　［168.00円］

題名　春
3　居間食堂　（桜陶土白ラッカー［、］一部縞黒檀練付）

食卓、肱掛椅子、小椅子［、］5、安楽椅子、茶卓子、棚兼机、
合計金五百五十七円　［557.00円］
敷物　六畳
金壱百六十八円　［168.00円］

題名　月光
4　寝室　（塩地黒色ラッカー仕上）

ランプ付卓子、ナイト卓子、ベッド、安楽椅子、スツール、屏風、
合計金四百五十七円　［457.00円］
敷物　二畳
金五十六円　［56.00円］

題名　想
5　書斎応接間　（塩地材ラック仕上［、］一部楠杢板拭漆仕上）

書棚、デスク、丸卓子、安楽椅子［、］2、肱掛椅子、
合計金四百五円　［405.00円］

題名　静
6　客間兼居間　（桜材ラッカー仕上［、］一部ローズウッド練付）

飾棚、長椅子、安楽椅子［、］2、小椅子［、］2、八角形卓子、脇卓子、
合計金四百九十六円　［496.00円］

題名　虚
7　応接間　（松材ラック仕上[、]一部竹使用）

安楽椅子[、]2、長方形卓子、肱掛椅子[、]2、円卓子、飾棚、
合計金三百六十六円　［366.00 円］

題名　淡
8　居間　（桜材ラック及びラッカー仕上）

肱掛椅子[、]2、長椅子、ライテ[ィ]ング・ビューロー、組合書棚、角卓子、
合計金三百六十一円　［361.00 円］
敷物　四畳半
金壱百二十六円　［126.00 円］

題名　青空
9　子供室　（桜材[、]色ラッカー仕上）

デスク、小椅子、肱掛椅子、ベッド、書棚、丸卓子、
合計金九十九円　［99.00 円］

題名　いとなみ
10　居間食堂　（松、塩地、桜材ラッカー仕上）

長椅子、安楽椅子、小椅子、角卓子、二組合棚、折畳食卓、三組合棚、スツール、
合計金三百六十円　［360.00 円］

題名　雅
11　食堂　（桜材ラッカー仕上）

食卓、小椅子[、]6、食器棚、安楽椅子[、]2、小卓子、
合計金五百三十二円　［532.00 円］

題名　秋麗
12　書斎　（桜材、桐練付、漆蒔絵、ラック仕上）

書棚、デスク、卓子（電燈付）、二枚折屏風、安楽椅子、小椅子[、]2、
合計金六百三十円　［630.00 円］
敷物　四畳半
金壱百四十四円　［144.00 円］

題名　豊
13　応接間　（胡桃材ブラックヲーナット[ブラックウォールナット]練付、ラッカー仕上）

飾棚、長椅子、安楽椅子[、]2、肱掛椅子[、]2、スツール、卓子、二組茶卓子、茶卓子、花台、
合計金九百四十五円五十銭　［945.50 円］

題名　集い
14　客間　（桜材ヲーナット[ウォールナット]練付[、]ラッカー仕上）

大丸卓子、安楽椅子[、]4、小椅子[、]4、長方形卓子、茶卓子、
合計金五百七十五円　［575.00 円］

題名　淵

15　書斎　（桜材ヲーナット仕上［ウォールナット］）

デスク、廻転椅子、デスク脇棚、電気スタンド、安楽椅子［、］2、丸卓子、
合計金三百七十六円　［376.00 円］

時代家具

A　食堂・スパニッシュ　（栗材）

小椅子［、］6、肱掛椅子［、］2、安楽椅子［、］2、食卓、茶卓子、サイド・ボード、
合計金九百七十六円　［976.00 円］

B　居間・アメリカン［・］クイーン［・］アン　（楢材）

肱掛椅子［、］3、スツール、脇卓子、開閉卓子、
合計金三百十五円　［315.00 円］

C　ホール・スパニッシュ　（チーク）

飾棚兼机、小椅子、
合計金四百六十円　［460.00 円］

　室内装飾設計工作の如何様な御希望にも副い得られますよう努力いたして居ります。
　何卒陳列品御高覧の上多少に拘らず御用命を賜りたく、尚御約定済品も追加御註文を承ります。

昭和九年十一月

東京日本橋　［社徽章］　三越　家具部

三越「新設計室内装飾展観」出陳モデルルーム
【出典】青木利三郎編『帝国工芸』第9巻第1号、帝国工芸会、1935年1月、口絵

三越「新設計室内装飾展観」概評　　木檜恕一
【出典】木檜恕一「三越「新設計室内装飾展観」概評」『帝国工芸』青木利三郎編、第9巻第1号、帝国工芸会、1935年1月、14-19頁

第1室　客間　（題名　秋色）
杉山赤四郎氏設計

第2室　書斎　（題名　磯）
杉山赤四郎氏設計

第3室　居間食堂　（題名　春）
杉山赤四郎氏設計

※木檜恕一のとても辛口な概評は割愛する。興味のある向きは原著を参照されたい。

(1934年11月開催)出品目録／『帝国工芸』第8巻第11号／『帝国工芸』第9巻第1号／『住宅と庭園』第2巻第3号

三越「新設計室内装飾展観」

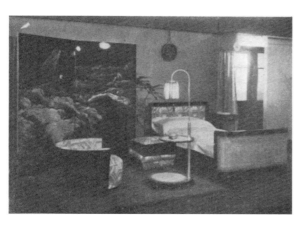

第4室　寝室　（題名　月光）
杉山赤四郎氏設計

第5室　書斎応接間　（題名　想）
平山次男氏設計

第6室　客間兼居間　（題名　静）
上田幹一氏設計

第7室　応接室　（題名　虚）
平山健吉氏設計

第 8 室　居間　（題名　淡）
野口壽郎氏設計

第 9 室　子供室　（題名　青空）
福地仁郎氏設計

第 10 室　居間食堂　（題名　いとなみ）
鈴木富久治氏設計

第 11 室　食堂　（題名　雅）
早川直象氏設計

(1934年11月開催）出品目録／『帝国工芸』第8巻第11号／『帝国工芸』第9巻第1号／『住宅と庭園』第2巻第3号

三越「新設計室内装飾展観」

第12室　書斎　（題名　秋麗）
定方希一氏設計

第13室　応接室　（題名　豊）
岩永克己氏設計

第14室　客室　（題名　集い）
上山　藹氏設計

第15室　書斎　（題名　淵）
早川直象氏設計

三越作品「新設計室内装飾展」

【出典】増戸敬止郎編『住宅と庭園』家具特集、第2巻第3号、住宅と庭園社、1935年3月、116-120, 152-155頁

書斎家具 　［第2室　書斎　（題名　磯）　杉山赤四郎氏設計］
桜材ウォルナット色仕上・桐練付

客間兼居間家具 　［第6室　客間兼居間　（題名　静）　上田幹一氏設計］
桜材ラッカー仕上
一部ローズウッド使用

（1934年11月開催）出品目録／『帝国工芸』第8巻第11号／『帝国工芸』第9巻第1号／『住宅と庭園』第2巻第3号

三越「新設計室内装飾展観」

客間家具　　［第1室　客間　（題名　秋色）　杉山赤四郎氏設計］
桜材紫檀色仕上及び桐練付

居間兼食堂家具　　［第10室　居間食堂　（題名　いとなみ）　鈴木富久治氏設計］
松・塩地・桜材
ラッカー仕上

寝室家具　　［第4室　寝室　（題名　月光）　杉山赤四郎氏設計］
塩地材黒ラッカー仕上

※鈴木富久治著『食事室家具』（『木材工芸叢書』第5巻、洪洋社、1938年4月、1頁）には、この写真と全く同じもの（居間・食堂のモデルルーム）が掲載されていて、写真直下には「筆者設計」と記されている。鈴木富久治は三越家具部々員であり、木材工芸学会会員であった。なお、三越京城支店勤務となった鈴木富久治による、1935年12月6日付けの寄稿記事「某応接室家具」が、『帝国工芸』第10巻第2号に掲載されている。京城は日本統治時代の朝鮮の行政区域である（三越京城支店　鈴木富久治「某応接室家具」『帝国工芸』第10巻第2号、1936年1月、51-52頁）。

子供室家具　　[第9室　子供室　（題名　青空）　福地仁郎氏設計]
桜材色ラッカー仕上

居間家具　　[第8室　居間　（題名　淡）　野口壽郎氏設計]
桜材ラッカー仕上

食堂家具　　[第11室　食堂　（題名　雅）　早川直象氏設計]
桜材ラッカー仕上

（1934年11月開催）出品目録／『帝国工芸』第8巻第11号／『帝国工芸』第9巻第1号／『住宅と庭園』第2巻第3号

三越「新設計室内装飾展観」

居間家具――（アメリカン・クイーン・アン）栗材［楢材］

食堂家具――（スパニッシュ）楢材［栗材］

本頁の図は上下共本展覧会に於いて新設計の他の家具と共に時代家具として特別に展覧されたものである。

(1934年11月開催）出品目録／『帝国工芸』第8巻第11号／『帝国工芸』第9巻第1号／『住宅と庭園』第2巻第3号

三越「新設計室内装飾展観」

応接間家具
[第7室　応接室　（題名　虚）　平山健吉氏設計]

和室向きの家具。松材ラック仕上。一部竹使用［。］

応接間家具
[第5室　書斎応接間　（題名　想）　平山次男氏設計]

和室風の家具。塩地材及び楠杢使用拭漆［。］

居間兼食堂
[第3室　居間食堂　（題名　春）　杉山赤四郎氏設計]

材料は桜。白ラッカー塗。一部縞黒檀練付［。］

書斎家具
[第12室　書斎　（題名　秋麗）　定方希一氏設計]

材料は桜材相練付。蒔絵付。ラッカー仕上［。］

応接間家具
[第13室　応接間　（題名　豊）　岩永克己氏設計]

胡桃材ブラックオーナット［ブラックウォールナット］練付、ラッカー仕上。

※『住宅と庭園』第2巻第3号には、三越「新設計室内装飾展」の第14室「客間」（題名　集い）上山蕗氏設計、第15室「書斎」（題名　淵）早川直象氏設計の画像の掲載がない。

(9) 三越「新設計室内装飾展観」

(1935年11月開催)
『帝国工芸』第10巻第1号／『住宅と庭園』第3巻第3号

*『近代家具装飾資料』第1集の「新設計室内装飾展」（1935年11月開催）に相当する。

東京三越　新設計室内装飾展観評

【出典】中田満雄「東京三越　新設計室内装飾展観評」『帝国工芸』宮下孝雄編、第10巻第1号、帝国工芸会、1935年12月、7-12頁

① 客間
材料……桜材、呂色一部朱漆彫刻付緞子張り

② 書斎
材料……桜材一部楓杢板彫刻付［、］ウォー［ル］ナット色布張り、机皮［革］張り

※家具材料の記述以外は割愛する。すなわち、中田満雄の辛口な批評は割愛するが、この批評の中に布の色、塗色などの家具・室内装飾の情報が若干含まれている。詳細は原著を参照されたい。

③ **寝室**
材料……桜材、白、黒ラッカー仕上、古味着緞子張り

④ **書斎**
材料……栗、椅子は布張り

(1935年11月開催)『帝国工芸』第10巻第1号／『住宅と庭園』第3巻第3号

三越「新設計室内装飾展観」

⑤　客間
材料……桐材うづくり砥の子一部ラック仕上

⑥　食堂
材料……桜、白色仕上げ、一部呂色

⑦　書斎兼応接室
材料……桜材、ブラックウォー［ル］ナット練付

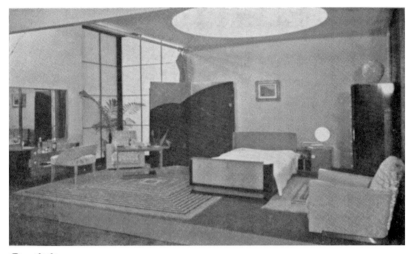

⑧ 寝室
材料……桜材漆仕上げ縞黒檀練付

⑨ 居間兼客間
材料……桜、パリサンドル練付一部色漆塗

⑩ 客間
材料……桜材楠大杢練付

(1935 年 11 月開催)『帝国工芸』第 10 巻第 1 号／『住宅と庭園』第 3 巻第 3 号

三越家具部設計「新設計室内装飾展作品」

【出典】増戸敬止郎編「新設計室内装飾展作品：三越家具部設計」『住宅と庭園』第 3 巻第 3 号、住宅と庭園社、1936 年 3 月、117-121 頁

客間

桜材、一部朱漆彫刻付緞子張り
　飾棚　　　　　　340.00 円
　円卓子　　　　　 97.00
　安楽椅子　　　　 82.00
　小椅子　　　　　 71.00

（以下価格は一個についてのもの）

書斎

桜材一部楓杢板彫刻付ウォー［ル］ナット色布張り
机皮［革］張り
　書棚　　　　　　205.00 円
　机　　　　　　　 72.00
　円卓子　　　　　 40.00
　安楽椅子　　　　 81.00
　フロアスタンド　 41.00

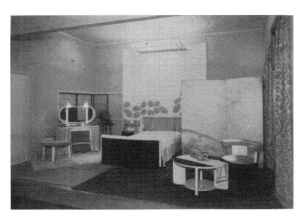

寝室

桜材白一部栗ラッカー彫刻古味付緞子張り
　寝台　　　　　　115.00 円
　側台　　　　　　 29.50
　化粧台　　　　　118.00
　安楽椅子　　　　 51.00

居間兼食堂

楢一部彫刻付古味色布張り
    食器棚　　　　　185.00 円
    食卓　　　　　　 53.00
    安楽椅子　　　　 82.00
    円卓子　　　　　 21.00

客間

塩地木地出し仕上錆鉄金具うるみ漆を使用
    長方形卓子　　　 98.00 円
    八角椅子　　　　 57.00
    茶卓子　　　　　 36.00
    大形肱掛　　　　 59.00
    小椅子　　　　　 41.50

居間

主要材桜漆及びラッカー仕上
    長椅子　　　　　168.00 円
    肱掛　　　　　　 48.00
    カード卓子　　　 53.00
    安楽椅子　　　　 92.00
    円卓子　　　　　250.00

寝室

桜材漆仕上げ縞黒檀練付
    寝台　　　　　　 95.00 円
    夜卓子　　　　　130.00
    用簞笥　　　　　335.00
    化粧台　　　　　258.00
    安楽椅子　　　　130.00

(1935年11月開催)『帝国工芸』第10巻第1号／『住宅と庭園』第3巻第3号

三越「新設計室内装飾展観」

書斎兼応接間

桜材ブラックオーナット［ウォールナット］練付
  デスク　　　　　　34.00 円
  廻転椅子　　　　　77.00
  卓子　　　　　　　83.00
  角安楽椅子　　　　118.00
  丸安楽椅子　　　　103.00

書斎

主要材楢ラック仕上
  デスク　　　　　　80.00 円
  廻転椅子　　　　　35.00
  書棚　　　　　　　148.00
  スタンド　　　　　50.00
  安楽椅子　　　　　61.50

客間

主要材桐うづくり砥の子ラック仕上
  飾棚　　　　　　　152.00 円
  円卓子　　　　　　34.00
  安楽椅子　　　　　79.00
  小椅子　　　　　　34.00
  置卓子　　　　　　31.00

食堂

主要材桜白色仕上げ
  サイド・ボード　　185.00 円
  大卓子　　　　　　115.00
  小卓子　　　　　　29.00

三越「新設計室内装飾展観」

（1935年11月開催）『帝国工芸』第10巻第1号／『住宅と庭園』第3巻第3号

居間兼客間

桜パリサンドル練付一部色漆塗
- 置床兼飾棚　　205.00 円
- 卓子　　　　　100.00
- 安楽椅子　　　 58.00
- デスク　　　　143.00

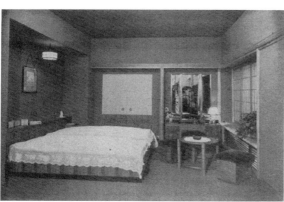

寝室

主材日本杉糸柾木地仕上げ薩摩杉杢板うるみ漆使用
- 寝台　　　　　305.00 円
- 化粧台　　　　225.00
- スツール　　　 30.00
- 丸卓子　　　　 40.00

客間

桜材楠大杢練付
- 飾棚　　　　　158.00 円
- 卓子　　　　　110.00
- 丸卓子　　　　 29.00
- 安楽椅子　　　 78.00
- 小椅子　　　　 40.00
- フロア・ランプ　41.00

(10) 三越「新設計室内装飾展観」
（1936年11月開催）『帝国工芸』第11巻第1号

*『近代家具装飾資料』第8集の「新設計室内装飾展」（1936年11月開催）に相当する。

三越新設計室内装飾展観

【出典】宮下孝雄編『帝国工芸』第11巻第1号、帝国工芸会、1936年12月、17-19頁

会期　11月19日より27日まで
会場　5階西館に於いて
以下解説は之の製作に当たられたデザイナーの方々に御願したもの
其の方が説明として忠実であると考えたためである。

1　[応接室の家具　福地仁郎氏設計]

洋室及び洋家具の日本趣味化は其の頂点に達し一般の常識になって来ましたが私は之等が趣味的なものだけに漸く常識的になりつつある流線形時代への最後の憧憬をどっしりし過ぎると思われる調度の上へ実現して見ました。

2　[食堂の家具　平山次男氏設計]

普通の日本住宅に住んで其の材料から受ける極めて淡白なそして静かな感を此の家具の上に現わすべく試みたるものです、而して木部に対しては其の素地の持つ妙味を害さぬ様な方法に依り汚れを防ぐ為のラッカー仕上を施しました。

3 ［寝室の家具　杉山赤四郎氏設計］

古典の中から大らかな気持のものを求めまして円やかな幾分気品の様なもののある雰囲気をと考えたものです。
壁貼りは淡茶ギラモミ［、］腰張りは鼠紙［、］毛氈は淡金茶色紙散らし［、］家具は桜材を［、］外を呂色［、］内を灰色とし、椅子張りも［、］外を焦げ茶［、］内を茶鼠と云う風に柔と剛の諧調に終始しました。そして影趣一点を化粧台の月型に求めました。又ナイト卓子のトップと扉を消し硝子にして電燈を仕込みましたのも新しい試みであります。

4 ［客室の家具　平山健吉氏設計］

日本室に対して置かれた場合に簡素にして淡白な事を主なる条件として設計したもの。
木部に対して件素地の妙味を生かし汚れを防ぐためにラッカー仕上げをほどこす。

5 ［広間の家具　野口壽郎氏設計］

飾棚を中心とした装飾要素の多いセットで淡白壮大な和風建築の大広間向き、棚の外側仕上はラッカー吹付けによって描画した新手法であります。

6 ［客室兼居間の家具　岩永克己氏設計］

純日本座敷に飾られて来た掛軸、香炉其の他盆栽等の持つ独特の味わいを椅子生活の様式に反映し融合せしめて見たいと云うのが此の室の設計主眼です、従って在来の固定形態（寸法を含む）には捕われず自由な創作態度で進んだ訳です。色彩の単純に依る室としての寂しさは隅の人形棚に集められた色とりどりの飾物に依って補って行けましょう。

7 ［書斎の家具　早川直象氏設計］

日本室へ配置した家具が各々勝手な物を買集めて調和がとれて居る事があります、茶道具でも食器でも同様の結果が生じますが之は材料や形や仕上の表に見えている所［、］丈の問題ではないと思います、其れは一つの一貫した思想が流れているからです。此の意味で此の書斎は材料も仕上も形も思い思いになって居ります。尚解り易い様に床の間のある室に入れました。

(1936年11月開催) 『帝国工芸』第11巻第1号

三越「新設計室内装飾展観」

8　[食堂の家具　定方希一氏設計]

飾台、熱帯魚器とを、フランスモダーンを独自の角度から見直して更に有機的に設計したもの。

9　[客室の家具　中村幸三氏設計]

明快なる近代仏蘭西調により家具は暖色系のシコモールとオーナッツ［ウォールナット］色の強い対照を裂地と敷物の中間色によって融和を計り［、］壁紙は部屋全体を引締めるために反対色の寒色系を選びました。

(11) 三越「新設計室内装飾展観」
（1937年11月開催）『帝国工芸』第12巻第1号／『工芸ニュース』第7巻第1号

*『近代家具装飾資料』第16集の「新設計室内装飾展」（1937年11月開催）に相当する。

三越新設計室内装飾展観

【出典】宮下孝雄編『帝国工芸』第12巻第1号、帝国工芸会、1937年12月、15-18, 28頁

会期　11月19—27日
会場　日本橋三越
　　　5階西館に於いて（「工芸だより」）

秋になって二三此の種の展示があったが其の中で一番見ごたえのしたのが之の展観であったと云っても過言であるまい。ことに日本精神の発揚と云う事に製作のボ［ポ］イントを置いた事は時宜を得た事で、まだ完成までには程遠いものがあるにしても、之等の試練によって、新日本様式の生誕を望むものである。

1.　家族室　早川直象

※製作者による解説文は割愛する。

(1937年11月開催) 『帝国工芸』第12巻第1号／『工芸ニュース』第7巻第1号

三越「新設計室内装飾展観」

2. 家族室　早川直象

3. 居間食堂　杉山赤四郎

4. 書斎　定方希一

5. 居間兼応接室　平山次男

6. 居間　上山　議

7. 居間兼寝室　岩永克己

(1937年11月開催)　『帝国工芸』第12巻第1号／『工芸ニュース』第7巻第1号

三越「新設計室内装飾展観」

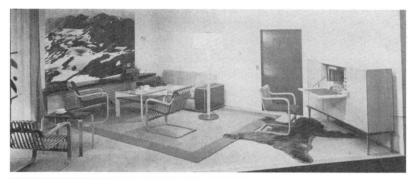

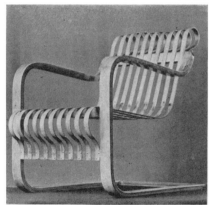 

8.　居室　城所右文次

三越新設計室内装飾展

【出典】商工省工芸指導所「三越新設計室内装飾展」『工芸ニュース』第7巻第1号、工業調査協会、1938年1月、40頁

　東京三越家具部の恒例新創案発表「新設計室内装飾展」は、[前年・1937（昭和12）年] 11月19日より27日迄同店で開催され、約14のモデルルームが作られた。一般に新創案を狙い過ぎ、又使用材料の配用、或はその色彩的調和にあきたらぬ所もあるが、他の新作発表展に比して優れていた。特に竹ヴェニヤ利用の椅子・セルロイド利用の椅子等に興味ある出品が見出された。（左上写真は桧材及び竹材利用の居間、下・書斎兼居間、栗楓が主材となっている）【写真省略】

(12) 三越「新設計室内装飾展観」

（1938年11月開催） 絵葉書

＊『近代家具装飾資料』第24集の「新設計室内装飾展」（1938年11月開催）に相当する。

日本橋三越　新設計室内装飾展観　（サンルーム）　早川直象　設計　1938年度　6

POST CARD　　　　　　　　　　　　　　　　　　　　　　　　（巾138×高86mm）
東京高林スタヂオ謹製

(1938年11月開催) 絵葉書

三越「新設計室内装飾展観」

日本橋三越　新設計室内装飾展観　（客室）　岩永克己　設計　1938年度　7

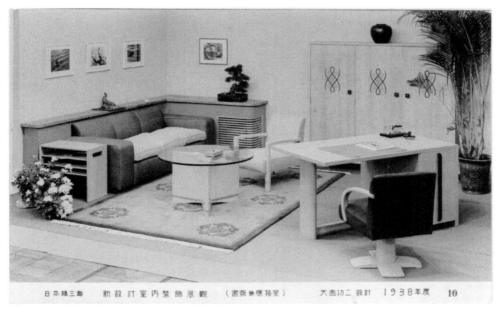

日本橋三越　新設計室内装飾展観　（書斎兼応接室）　大西功二　設計　1938年度　10

(年月不詳：c1941年)『三越写真帖』

(13) 三越「和家具売場・洋家具売場」

(年月不詳：c1941年)『三越写真帖』

和家具売場

洋家具売場

【出典】三正会幹事編『三越写真帖』1941年

第 2 章
髙島屋

（日本橋髙島屋）

第1節
髙島屋の新作家具展の概要と特質

第1節　髙島屋の新作家具展の概要と特質　　新井竜治

（1）大正・昭和戦前期髙島屋の新作家具展の沿革

　初田亨、神野由紀の両氏が指摘しているように、百貨店の中で室内装飾業への参入が最も早かったのは髙島屋である[1]。

　また、戦前に記された木檜恕一の回想によれば、髙島屋家具装飾部の展示は、当時の百貨店の中でも飛び抜けていたようである[2]。

　髙島屋が家具及び室内装飾業（家具・インテリア業界）へと参入した経緯、髙島屋家具装飾部の創設とその後の展開、及び主要業績などについては、髙島屋の社史（1937／1941／1983年）、髙島屋工作所の社史（1989／2014年）、初田亨（1993年）、神野由紀（1999年）、中村圭介（2000年）、藤岡里圭（2006年）などによって、これまで色々と指摘されてきた。その詳細については、これらの既往研究に譲ることとする[3]。

　また、髙島屋における専属家具工場の設立の経緯・終戦時の状況については、本書「解題」ですでに述べた。

　ここでは、「大正・昭和戦前期髙島屋の新作家具展の沿革」に焦点を絞って解説する。その際、既往研究では参照されていない資料をも含めて引用して、戦前の髙島屋家具装飾部による新作家具展の沿革を概説する。なお、各新作家具展のモデルルーム及び出品作品の具体的な姿は、本章の次節以下の写真を参照していただきたい。

　まず、編著者が作成した「表2-1『近代家具装飾資料』・髙島屋史料館及びその他の資料による髙島屋新作家具展開催状況」を参照していただきたい。以下で解説する新作家具展が開催された根拠は、同表内の展示会名に続く括弧（　　）内に示してある。

　『大阪髙島屋40年史』（1937年）によれば、1898（明治31）年に開店した大阪心斎橋店において、初めて家具装飾品を店頭に展示したのは、1910（明治43）年頃のことである。同書には2階広間に籐製家具などが展示されている写真が掲載されている。

　この心斎橋店は、1919（大正8）年5月に火災に見舞われたが、同1919年9月に復興開店した。

そして翌1920（大正9）年、初めて装飾部が常設売場を持つことになる[4]。そして同1920年11月、心斎橋店において「第1回家具装飾陳列会」が開催された。

　さらに、翌1921（大正10）年11月には「第2回生活改造家具陳列会」を開催したが、その際には外部講師による「日本人の新生活に就いて」という家具に関する講演会が開催された。

　この心斎橋店における「第1回家具装飾陳列会」と「第2回生活改造家具陳列会」について、『髙島屋100年史』には、以下の記述がある。

> 大正8年［1919年］秋、心斎橋店の新築落成後漸く百貨店の形態を備え、雑貨部、洋服部も設けられ、装飾部にも売場を新設するに至り、第1回展として「家具装飾陳列会」の名の下に、大正9年［1920年］11月3日より8日まで開催せり、之れ一般世人に装飾部営業の内容発表を主眼としたるものにして、小規模ながら新しき試みとして、各室に代表的「モデル、ルーム」を作りて室内装飾の模範を示し、第2回展は大正10年［1921年］秋、2階東端の大広間にて「生活改造家具陳列会」の名のもとに、左［下］の主旨に基き11月1日より7日まで1週間開催せり。
>
> 　1. 生活の無駄、骨折を省くに必要なる新家具
> 　2. 容積を少なく畳の室に適当なる新家具
> 　3. 日本間を手軽に洋室に変え得る新家具
> 同時に西村伊作氏（現文化学院長）に請うて会期中5日、6日の両日会場に於いて「人間の巣」（室内と装飾）「日本人の新生活に就いて」の講演あり。両日共熱心なる聴講者を以って埋め盛会を呈したり。此の売上高は9千百33円5銭［9,133.05円］也にて、就中好評を博せるもの次の如し。
> 　1. 書斎家具　　　　　1組 135.00［円］
> 　1. 日本座敷用食卓　　　　15.00［円］
> 　1. 椅子兼用踏台　　　　　14.50［円］
> 　1. 物干　　　　　　　　　 3.00［円］
> 其の後大正10年に至り装飾部売場拡張を計画し、本館階下後部に約20坪位の場所に売

表 2−1 『近代家具装飾資料』・髙島屋史料館及びその他の資料による髙島屋新作家具展開催状況

和暦	西暦	月　日	『近代家具装飾資料』	髙島屋史料館及びその他の資料
明治 c43	c1910			※家具装飾品を初めて店頭展示［心斎橋店］（『大阪髙島屋 40 年史』1937 年、185 頁）
大正 9	1920	6.9～		**髙島屋家具装飾展覧会**［場所不詳］（『木工と装飾』第 16 号、1920 年 6 月、口絵、3, 22-23 頁／同、第 17 号、1920 年 7 月、5, 16-17 頁）
大正 9	1920	11.3～8		**第 1 回　家具装飾陳列会**［心斎橋店］（『髙島屋 100 年史』1941 年、253 頁、年表 89 頁／『髙島屋 150 年史』1982 年、98, 472 頁）
大正 10	1921	11.1～7		**第 2 回　生活改造家具陳列会**［心斎橋店］（『髙島屋 100 年史』1941 年、253-254 頁／『髙島屋 150 年史』1982 年、98 頁）／**新案家具展覧会：大阪髙島屋呉服店**［心斎橋店］（『木工と装飾』第 33 号、1921 年 11 月、23 頁）
大正 11	1922	10.1		※大阪・長堀店新築開店・5 階家具装飾部売場・室内装飾参考室開設（『髙島屋 100 年史』1941 年、266-271 頁／『髙島屋 150 年史』1982 年、98-99 頁／『おかげにて 135』2014 年、18 頁）
大正 12	1923	9 月		※関東大震災により東京・南伝馬町店焼失（『髙島屋 150 年史』1982 年、100-101 頁）
大正 12	1923	10.30～11.7		**第 3 回　家具装飾陳列会**［長堀店 6 階］（流行だより臨時増刊）／**大阪髙島屋呉服店第 3 回家具装飾展覧会**／**第 3 回家具装飾陳列会**［長堀店］（『木材工芸』第 56 号、1923 年 10 月［1923 年 11 月 23 日印刷納本］、口絵、18 頁）
大正 13	1924	3.15～		**髙島屋第 1 回家具陳列会**／**髙島屋主催第 1 回和洋家具特製品陳列会**［東京店：南伝馬町旧店舗跡地に新築開館の家具装飾部専門別館］（『木材工芸』第 61 号、1924 年 3 月、口絵、19 頁／『髙島屋 100 年史』1941 年、280-282 頁）
大正 14	1925	11 月		**髙島屋呉服店第 4 回家具陳列会**［場所不詳］（『木材工芸』第 82 号、1925 年 12 月、口絵）
大正 15／昭和元	1926	11.11～		**家具新製品陳列会**［長堀店］（『百華新聞』第 21 号、1926 年 11 月 11 日）
昭和 2	1927	9 月		※東京・南伝馬町の旧店舗跡地に京橋店新築竣工（『髙島屋 100 年史』1941 年、291-293 頁／『髙島屋 150 年史』1982 年、104-105 頁）
昭和 2	1927			**第 6 回　髙島屋呉服店洋家具陳列会**［場所不詳］（『帝国工芸』第 2 巻第 9 号、1928 年 1 月、口絵）／**髙島屋呉服店装飾部主催家具新作品展覧会**［場所不詳］（『木材工芸』第 105 号、1927 年 11 月、口絵）

和暦	西暦	月 日	『近代家具装飾資料』	髙島屋史料館及びその他の資料
昭和3	1928			髙島屋新興家具展覧会／新興家具陳列会［場所不詳］（『木材工芸』第118号、1928年12月、口絵、11-12頁）
昭和6	1931	10.25〜29		家具装飾陳列会［長堀店7階］（『競和』第6号、1931年11月21日）
昭和6-8	1931-33			☆「家具」東京髙島屋家具装飾部通信販売しおり［京橋店］
昭和6-8	1931-33			☆「Furniture by Takashimaya」東京髙島屋家具装飾部通信販売カタログ［京橋店］※1927（昭和2）年及び1928（昭和3）年の新作家具展出品作品を所収
昭和8	1933	3.20		※東京日本橋店（日生館）新築開店（『髙島屋100年史』1941年、313-315、348-356頁、年表102頁／『髙島屋150年史』1982年、116-117頁）
昭和8	1933			［第1回］東京髙島屋創作洋家具展［東京日本橋店］（『髙島屋工作所50年史』1989年、50頁）
昭和8	1933	4.1〜7		新製和家具陳列会［東京日本橋店6階及び8階］（『帝国工芸』第7巻第3号、1933年3月、96頁）
昭和c9	c1934			［第2回］新設計家具陳列［東京日本橋店］（『住宅と庭園』第2巻第3号、1935年3月、121-122頁）
昭和10	1935	4.1〜7		日本名所に因む新製和家具陳列会［東京日本橋店］（『家具画報』第43号、1935年5月、4頁）
昭和10	1935	4.14〜17		［第3回］新興洋家具陳列会［東京日本橋店］（『住宅と庭園』第2巻第6号、1935年6月、313-315、338頁／『家具画報』第43号、1935年5月、4頁）
昭和10	1935	5.14〜19		新興洋家具陳列会［長堀店6階］（案内状）
昭和10	1935	11.19〜24		新撰洋家具陳列会［長堀店5階家具装飾部］（案内状）
昭和11	1936	4月	［第4回］新興漆芸家具創作展［東京日本橋店］（第3集）	［第4回］東京髙島屋に於ける新漆芸応用家具の展示［東京日本橋店］（『帝国工芸』第10巻第5号、1936年4月、139-142頁）
昭和11	1936	6.2〜14		新製和洋家具陳列大売出し［長堀店5階家具装飾部］（案内状）
昭和11	1936	12.7〜18		林二郎氏新作泰西家具木工品陳列会［東京日本橋店］（『帝国工芸』第11巻第1号、1936年12月、15-16頁）
昭和12	1937	4.24〜27	第5回 創作洋家具展［東京日本橋店］（第13集）	昭和12年［第5回］第3回 創作家具展覧会［東京日本橋店］（アルバム、No.22、4/12）

和暦	西暦	月　日	『近代家具装飾資料』	髙島屋史料館及びその他の資料
昭和12	1937	11.11 ～ 14		林二郎新作泰西家具展［東京日本橋店］（『帝国工芸』第11巻第12号、1937年11月、353頁）
昭和13	1938			昭和13年［第6回］第4回　創作家具展覧会［東京日本橋店］（アルバム、No.22、1/12前半）／ぶな製洋家具セット（東京ぶな材協会、絵葉書）
昭和13	1938	5.12 ～ 17 （12日：招待日）	第1回　工精会家具展［梶田恵・林二郎・渡邊明］［東京日本橋店］（第20集）	第1回　工精会家具展覧会［梶田恵・林二郎・渡邊明］［東京日本橋店］（しおり／出品目録／招待状／招待券／『帝国工芸』第12巻第7号、1938年6月、203頁）
昭和14	1939	3.30 ～ 4.5 （3.30-31：内見）	［第7回］創作洋家具展［東京日本橋店］（第26a集）	昭和14年［第7回］第5回　創作家具展覧会［東京日本橋店8階］（出品目録／アルバム、No.22、1/12後半）
昭和14	1939	5.10 ～ 16 （10日：招待日）	第2回　工精会家具展［梶田恵・林二郎・渡邊明］［東京日本橋店］（第28集）	第2回　工精会家具木工展覧会［梶田恵・林二郎・渡邊明］［東京日本橋店8階］（しおり）
昭和c14	c1939		夏の家具展［東京日本橋店］（第27b集）	
昭和14	1939			※（株）髙島屋工作所設立［大阪：住吉工場→玉造工場］（『髙島屋工作所50年史』1989年、52-53頁）
昭和15	1940	3月	［第8回］新設計洋家具展［東京日本橋店］（第34a集）	
昭和15	1940	5月		［第3回］工精会家具展覧会［梶田恵・林二郎・河井寛次郎］［東京日本橋店］（林二郎：『ペザント・アートへ』住まいの図書館出版局、1989年、132-134頁）
昭和16	1941	3月	［第9回］新時代洋家具展覧会［東京日本橋店］（第39集）	昭和16年春季［第9回］新時代洋家具展覧会［東京日本橋店］（写真帖［アルバム］、No.22、2/12）
昭和16	1941	3.27 ～ 4.6 東京 5.13 ～ 18 大阪		※商工省貿易局招聘　ペリアン女史　日本創作品展覧会　2601年住宅内部装備への一示唆　選択伝統　創造（『シャルロット・ペリアンと日本』鹿島出版会、2011年、96-129頁）
昭和16	1941	6月	東京木工芸作家協会第1回作品展覧会［東京日本橋店］（第41集）	
昭和16	1941	10.9 ～ 18 東京 11.12 ～ 19 大阪		※第1回　国民生活用品展覧会：商工省主催（『工芸ニュース』第10巻第7号、1941年8月、276-277頁）
昭和c17	c1942	11.12 ～ 17	第10回　新作洋家具展覧会［東京日本橋店］（第47集）	第10回　新作洋家具展覧会［東京日本橋店4階南側］（アルバム、No.22、3/12）

※　括弧（　）内は開催の根拠の出典を示す。

場を増設せり。是れ長堀店開店後の準備の為にして、以来屢々家具陳列会、或は時には家具に関する講演会をも併せ催し、得意先の吸引策に積極的努力を払いたり[5]。

ところが、木材工芸学会の機関誌『木工と装飾』（後に『木材工芸』と改題）第16号及び第17号には、「髙島屋家具装飾展覧会」が1920年6月9日から開催されたことが記録されている。発行所の樫葉会（後に木材工芸学会と改称）は東京府下高田町雑司ヶ谷696番地にあった。このことを考慮すると、『木工と装飾』第16・17号に掲載された「髙島屋家具装飾展覧会」（1920年6月開催）は、髙島屋東京南伝馬町店［1916（大正5）年12月1日新築開店］の3階で開催されたものである可能性がある。後述のとおり、同店は1923（大正12）年9月の関東大震災で全焼するが、その3階の一部には織物装飾部が置かれ、和洋室内装飾全般を取扱っていた。すなわち、窓掛、壁掛、敷物、絨毯、西洋家具、その他建築に関する装飾品並びに附属品一切の製作並びに販売に従事していた。そして3階の大部分は予備室（いわゆる催場）となっており、四季の商品催しに利用されていた[6]。

『木工と装飾』第16号の「口絵」には「髙島屋家具装飾展覧会」の2室の写真が掲載されている[7]。

　　（口絵上）「婦人室用家具」（延子案）［写真：割愛］
　　（口絵下）「書斎用家具」（寺尾氏案）［写真：割愛］

そして、「「髙島屋家具装飾展覧会」記事参照、猶本文中ダルマ小児家具写真ハB氏案」と記されて、後段（3頁）に写真が掲載されている。

　　（3頁）「ダルマ小児家具」（B氏案）［写真：割愛］

また、後段（22-23頁）には櫻木武吉による「家具装飾陳列会の批評」が記述されている。櫻木武吉は、「今月［1920年6月］9日から髙島屋呉服店装飾部が、家具装飾品の展覧会を開催した。年々かかる催しのある事は喜ばしい事である、此の出品の内で家具に就いて批評してみよう」と述べ、以下の各室の家具についての批評を展開している。

　　喫煙室家具（髙島屋案）［批評文：割愛、以下同じ］
　　朝餉室家具（延子案）
　　書斎家具　（寺尾氏案）
　　応接室家具（髙島屋案）
　　婦人室家具（延子案）
　　子供室家具（B氏案）

同様に『木工と装飾』第17号には、前号で掲載しきれなかった「髙島屋家具装飾展覧会作品」の写真と設計図が掲載されている[8]。

　　（3頁）朝餉室の食卓子［設計図：割愛］
　　（5頁）朝餉室家具（延子案）［写真：割愛］
　　（7頁）朝餉室の小椅子［設計図：割愛］
　　（16頁）広間の家具［写真：割愛］
　　（17頁）T氏案書斎家具図案［第16号口絵寺尾氏案］

それから、『木工と装飾』第33号には、心斎橋店における1921年11月の「第2回生活改造家具陳列会」を観覧したことを示す記事がある[9]。ここには、「食堂室家具」と思われる写真が2点掲載されている。

1922（大正11）年9月に竣工した大阪長堀店は、地下1階・地上7階・塔屋2階・エレベータ設置の鉄筋コンクリート造の本格的な建築であった。長堀店では家具装飾品の常設売場が5階に設けられた。そして6階には催し場があった[10]。この長堀店が開店した1922年の10月30日から11月7日にかけて開催されたのが「流行だより臨時増刊」が示す「第3回家具装飾陳列会」であったと推定されていた。しかし、『木材工芸』第56号（1923年10月発行：実際には1923年11月23日印刷納本）には、<u>1923年10月30日より11月7日まで</u>「第3回家具装飾陳列会」が開催された旨の報告が記載されている。また同展の出品作品の写真が「大阪髙島屋呉服店第3回家具装飾展覧会作品」として掲載されている。したがって、長堀店で開催された「第3回家具装飾陳列会」は、1922年ではなく、1923年10月30日から11月7日までの開催であった。

1923年9月、関東大震災によって焼失した髙島屋呉服店東京店（南伝馬町店）の跡地には、1927（昭和2）年7月着工、同年9月竣工の京橋

店が建設されることになる。関東大震災直後からこの京橋店開店までの間、東京店は、筋向かいの千代田館を借用して臨時営業所として営業を行っていた。そして1924（大正13）年3月、この南伝馬町の旧店舗跡地に東京店家具装飾部仮営業所（家具装飾部専門別館）が開設された。その直後の3月15日から開催されたのが、「［東京］髙島屋第1回家具陳列会」であった。同展の模様は『木材工芸』第61号に掲載されている。関東大震災からの復興に忙しい東京に建てられたバラック普請の仮店舗である家具装飾部専門別館における新作洋家具展であったが、「緒しむらくは今少し実用的のものを提供して貰いたかった[11]」との批評のあるとおり、瀟洒なものが多かったようである。その後、この南伝馬町旧店舗跡地に建てられた仮営業所は取り払われ、1927年9月、木骨リシン塗人造石張3階建の京橋店が竣工することになる[12]。

その後、1925（大正14）年に開催された「髙島屋呉服店第4回家具陳列会」［場所不詳］は、『木材工芸』第82号に掲載されている。同展ではモデルルームは設営されていないように見受けられる。

また、翌1926（大正15）年11月には、『百華新聞』第21号において「日本の生活に適した洋式家具の創造」と題して来店を促した「家具新製品陳列会」［長堀店］が開催されている。

さらに、『帝国工芸』第2巻第9号及び『木材工芸』第105号に掲載された、1927年開催の「第6回髙島屋呉服店洋家具陳列会」［場所不詳］では、新作洋家具が各モデルルームに展示されている。しかし洋家具の背後に見える壁は3尺巾のパネルを並べたようなもので、仮設モデルルームのように見受けられる。

ところが、上野公園の東京府美術館において「仏蘭西装飾美術家協会展覧会」が開催された1928（昭和3）年に開催された「髙島屋新興家具展覧会」［場所不詳］からは、髙島屋においても「室内の綜合展示」を目指した動きが出てきた。同展の模様は『木材工芸』第118号に掲載されている。また同号には、髙島屋呉服店家具装飾設計部の宮内順治による「新興家具陳列会に就て」という記事も掲載されている。同展のモデルルームについて宮内順治は、「各室はそれぞれ綜合陳列をする事［。］即ち家具にはそれぞれ色調のよき備品を置き［、］壁面とカーテンとの調和［、］更に窓を通して外光の感じを室内に取り入れ［、］或は照明により室内を美化し、椅子張りの裂地と敷物との調和、室内全体としては清楚で余計な飾りはない様にする事。色々と実際生活から美を求めて室内を美術的に装飾する傾向になりました。特に今春仏国美術展覧会開催により綜合陳列が盛んになりました」と述べている。そして、展示された新興洋家具の特徴は、「日本の趣味嗜好並びに生活様式に全く合った家具」という折衷様式であった。その特徴は家具材料にも現れていた。当時、洋家具に頻繁に使用されていたのは「楢、チーク、桜［、］塩地材」であったが、「松、桧、桑、欅、神代欅、本楠、ケンポ材、槇、縞柿、楓、桐材等」も適度にあしらい、椅子張りには、日本座敷にも調和するように日本趣味の裂地を使用した[13]。

次に、1931（昭和6）年10月に「家具装飾陳列会」［長堀店］が開催されている。髙島屋社内報の『競和』第6号には、「装飾部では［10月］25日より29日まで趣味豊かな家具12種のセットに室内装飾品取合せ長堀店7階に於いて陳列会を開催した」との文章と展示会場の一部の写真が掲載されている[14]。

ところで、昭和初期の髙島屋における家具装飾品の常設売場の展示風景が、1931-33（昭和6-8）年頃に髙島屋京橋店から発行された、東京髙島屋家具装飾部通信販売しおり「家具」の表紙に掲載されている。後の新作洋家具展のようなモデルルームは見られず、腰高の壁で仕切られた場所や、四方開け放ちのステージの上に安楽椅子・卓子などが展示されている。

また同じ頃（1931-33年頃）に髙島屋京橋店から発行された、表紙にアール・デコ風の室内装飾の絵画が描かれている、東京髙島屋家具装飾部通信販売カタログ「Furniture by Takashimaya」の中には、髙島屋家具装飾部が当時扱っていた洋家具・和家具の複数の例が収録されている。そして、この通販カタログ所収の家具セットの中には、上述の1924年開催の「［東京］髙島屋第1回家具陳列会」、1925年開催の「髙島屋呉

服店第4回家具陳列会」、1927年開催の「第6回髙島屋呉服店洋家具陳列会」、及び1928年開催の「髙島屋新興家具展覧会」に出品された家具セットが掲載されている15)。つまり、新作洋家具展で発表されたものの内のあるものが、定番化して通販カタログに掲載されたのである16)。

1933（昭和8）年3月20日、髙島屋の東京日本橋店（日生館）が新築開店した。髙島屋東京日本橋店の建築は、地下2階・地上8階・塔屋2階の鉄骨鉄筋コンクリート造、エレベータ及びエスカレーター設置・全館冷暖房完備であった。そして家具売場は6階に設けられた17)。ここに、髙島屋における関東大震災からの復興は一応の完成を見た。そして、『髙島屋工作所50年史』によれば同1933年に「［第1回］東京髙島屋創作洋家具展」［東京日本橋店］が開催されている18)。

次に、『住宅と庭園』第2巻第3号（家具特集号）に、髙島屋［東京日本橋店］における「新設計家具陳列」出品家具作品が掲載されている。同号が1935（昭和10）年3月1日に発行されていることと、髙島屋東京日本橋店における新作洋家具展が、その後、毎年春季（4月もしくは3月）に開催されていることを考えると、この新作洋家具展は、前年すなわち1934（昭和9）年の春季に開催された髙島屋東京日本橋店における「第2回」新作洋家具展であったと考えられる。

また、『住宅と庭園』第2巻第6号には、1935年4月に髙島屋［東京日本橋店］で開催された「新興洋家具陳列会」の模様が掲載されている。同号には、髙島屋家具装飾部の宮内順治による同展の紹介文も掲載されている。宮内順治によれば、1935年の髙島屋による「新興洋家具陳列会」は、「仏蘭西装飾美術家協会展覧会」が開催された1928年に続いて、今回が2回目であり、「日本趣味を取り入れた家具の新様式」の発表を行ったものであった。また家具調度品一式の「綜合陳列」を目指したものでもあった19)。同展は、髙島屋東京日本橋店における「第3回」新作洋家具展であったと考えられる。なお、同1935年5月には、髙島屋大阪長堀店においても、同名の「新興洋家具陳列会」が開催されている。

さて、『近代家具装飾資料』に髙島屋東京日本橋店における新作洋家具展の模様が掲載され始めるのは、1936（昭和11）年4月に開催された「新興漆芸家具創作展」（『近代家具装飾資料』第3集）からである。同展の模様は『帝国工芸』第10巻第5号においても「東京髙島屋に於ける新漆芸応用家具の展示」として紹介されている。同展は、髙島屋東京日本橋店における「第4回」新作洋家具展であったと考えられる。両誌に掲載された同展の写真の比較対照を「表2-2髙島屋史料比較表（『近代家具装飾資料』3・『帝国工芸』10-5）」にまとめた。これを見ると、両者は全く異なる写真（ネガ）を使用していることが判る。そして、『帝国工芸』の方では各モデルルームについて1枚の写真だけを掲載しているが、洪洋社の『近代家具装飾資料』の方ではまずモデルルーム全体の写真（集合写真）が掲載され、次に個々の家具（椅子・卓子・飾棚など）のクロースアップ写真が掲載されている。このようにすることによって、「全体から細部へ」と読者の目を向けさせている。

髙島屋史料館には、昭和戦前期に髙島屋東京日本橋店で開催された創作家具展のアルバムが4冊所蔵されている。これらのアルバムは、（株式会社髙島屋）旧装飾部・設計部のもので、同事業を引き継いだ髙島屋スペースクリエイツ株式会社から、近年髙島屋史料館に移管された資料である。この4冊の内の1冊には、前後半に分けて2回分の創作家具展の写真が収録されているため、実際には5回分の創作家具展の写真が収録されている。この「髙島屋史料館所蔵アルバム」を以下では「髙島屋アルバム」と略記する。

『近代家具装飾資料』第13集に収録された、1937（昭和12）年4月に髙島屋東京日本橋店で開催された「創作洋家具展」の写真を収録した髙島屋アルバムが遺されている。同展の開催回数について、『近代家具装飾資料』第13集の解説文では「第5回」と記されているが、髙島屋アルバムでは「第3回創作家具展覧会」となっている20)。なお、両者に見られる開催回数の相違についての私見は後段に記述する。

「表2-3髙島屋史料比較表（『近代家具装飾資料』13・髙島屋アルバム昭和12年）」は、両者の写真の比較対照表である。両者を比較すると、

どちらかにしか掲載されていない写真も少々見られるが、その大部分は、両者とも全く同じ写真であることが判る。置物の陰影、撮影角度（アングル）などが全く同じである[21]。

1938（昭和13）年［春季］に開催された「創作洋家具展」の写真が髙島屋アルバムに収録されている。髙島屋アルバムによれば、同展は「第4回創作家具展覧会」である。そして、この回の新作洋家具展だけ、『近代家具装飾資料』には収録されていない。同展は、髙島屋東京日本橋店における「第6回」新作洋家具展であったと考えられる。そして、興味深いことに、「東京ぶな材協会」発行の絵葉書「ぶな製洋家具セット・其の一・其の二」に、髙島屋アルバム収録写真と全く同じ写真が使用されている。同展は『近代家具装飾資料』に収録されていないために、木材の材質、塗装の種類・色、裂地の素材・織柄・色彩などの情報が全くない。しかし、「東京ぶな材協会」発行の絵葉書に見られる2点の新作洋家具セットは、明らかに竹材と思われる箇所以外では、「ぶな材」が使用されていたのではないかと思われる[22]。なお、同1938年4月には「国家総動員法」が制定され、同法に基づく「各種材料使用禁止または制限令」が発令されており、代用品時代に入っていた。

『近代家具装飾資料』第26a集に収録された、1939（昭和14）年3・4月に髙島屋東京日本橋店で開催された「創作洋家具展」の写真を収録した髙島屋アルバムも遺されている。同展は、髙島屋東京日本橋店における「第7回」新作洋家具展であったと考えられるが、髙島屋アルバムでは「第5回創作家具展覧会」となっている。「表2−4 髙島屋史料比較表（『近代家具装飾資料』26a・髙島屋アルバム昭和14年）」は、両者の写真の比較対照表である。両者を比較すると、同じモデルルームを撮影したものは、両者とも全く同じものであることが判る。ただし、『近代家具装飾資料』第26a集の写真の方が、家具が大きく見えるように周囲をトリミングしている。逆に、髙島屋アルバムの写真からは、8階特設会場に設営されたモデルルームの外形が判る[23]。同展で特筆すべきは、約1年半前の1937年11月下旬に三越本店において初披露された城所右文治設計による竹製成形合板のカンチレバー構造の椅子に対抗して、髙島屋においても竹製成形合板のカンチレバー構造の椅子3種が開発・発表されたことであろう。しかし、これらの竹製成形合板のカンチレバー構造の椅子のためには、モデルルームは制作されなかった。ただ会場入口の展示台の上に他の籐製椅子と一緒に展示されただけであった。なお、同年には「9.18停止令」（価格等統制令）が発令され、いよいよ戦時下の統制経済の厳しさが増して来た。

同1939年に開催されたと思われる「夏の家具展」については、『近代家具装飾資料』第27b集にだけ記録が遺されている。

同様に、翌1940（昭和15）年3月に開催された「新設計洋家具展」についても、『近代家具装飾資料』第34a集にだけ記録が遺されている。同展は、髙島屋東京日本橋店における「第8回」新作洋家具展であったと考えられる。同展では、新たに2種の竹製成形合板のカンチレバー構造の椅子が発表され、モデルルーム内に展示された。同展の各写真の背景には、辛うじてモデルルームらしきものが見られるが、このように袖壁を床から天井まで設営する本格的なモデルルームの設営は、この年が最後となった。

『近代家具装飾資料』第39集に収録された1941（昭和16）年3月開催の「新時代洋家具展覧会」は、髙島屋アルバムでは「昭和16年春季新時代洋家具展覧会」に相当する。同展は、髙島屋東京日本橋店における「第9回」新作洋家具展であったと考えられる。「表2−5 髙島屋史料比較表（『近代家具装飾資料』39・髙島屋アルバム昭和16年）」は、両者の写真の比較対照表である。両者を比較すると、髙島屋アルバムの方が、写真点数が多いことが判る[24]。そして、両者に共通する写真では、ほとんどすべての写真が全く同じものである[25]。また、同展の髙島屋アルバムには、展示会場の風景写真が遺されている。これらの会場風景写真は、『近代家具装飾資料』だけでは伝わらない、当時の展示会場の様子を知ることができる貴重なものである。その展示会場を見渡すと、モデルルームらしきものは見当たらない。背後の壁から間仕切り用の腰壁が6尺程度突き出していて、その腰壁の上

にスリット状に間柱を立てている。時節柄、使用できる材料に制限があり、苦肉の策として、簡易な間仕切り壁を設営して、モデルルームに見立てたのである。そして、同展で発表された新作洋家具は「実用洋家具」であった。そして同年12月、大日本帝国は太平洋戦争へと突入していった。

なお、1941年3～4月には東京店において、また同年5月には大阪店において、商工省貿易局が招聘したシャルロット・ペリアンによる「日本創作品展覧会　2601年住宅内部装備への一示唆　選択　伝統　創造」が開催されている。

また、『工芸ニュース』第10巻第9号によれば、第1回の商工省主催国民生活用品展覧会が、1941年10月9日から18日まで髙島屋東京日本橋店において、同年11月12日から19日まで髙島屋大阪店（大阪難波）において開催されている。初回である同展は、商工省工芸指導所による国民生活用品の試作品の発表と一般公募品の審査から構成されていた[26]。

『近代家具装飾資料』の最終巻である第47集（1943年12月13日印刷・1944年1月13日発行）所収の「第10回新作洋家具展覧会」であるが、これは髙島屋アルバムの「第10回新作洋家具展覧会」に相当する。会期は11月12日から17日まで髙島屋東京日本橋店4階南側で開催された。しかし、『近代家具装飾資料』第47集にも、髙島屋アルバムにも、同展の開催年を示す記述はない。

本書では、同展は1942（昭和17）年11月に開催されたと推定するが、その理由を少々長くなるが、以下に記す。まず、前号の『近代家具装飾資料』第45・46集（1943年8月25日印刷・1943年9月8日発行）は、1942年11月下旬に三越本店で開催された「家具及び工芸品綜合展観集」であった。次に、戦時の物価高騰を抑制する目的で1939年に発令された「9.18停止令」（価格等統制令）による家具の「公定価格表」の内容を図解した渡邊泰亮他編・伊知地重幸作図による『洋家具類銘柄参考図集』（改訂版）（全日本洋家具商工連盟：1943年2月～4月頃発行）の「改訂版序言」には、以下のように記されている[27]。

本聯盟は皇国産業の本義に則り曩に洋家具類の規格基準を制定したり、而して全国業者が之に基き製作するに当たりて規格を一目瞭然たらしむる為め銘柄品の参考図集上巻を集録刊行したるに、意外の好評を博し、版を重ねること再回、猶其の需要を満たさず、依って更に之れが再版と続篇の刊行とを急ぎたるも、用紙等の都合により遺憾ながら遷延今日に至る、然るに今回辛うじて資材を入手したるにより、伊知地重幸氏の研究にかゝわる原図に基き本部役員並びに新潟県支部渡邊泰亮氏等の甚大なる努力により、権威ある専門家の厳密なる校閲を仰ぎ、既刊図集に改訂補修を加え、茲に洋家具類規格の全般に渉る銘柄品の図集を完成上梓するに至れり、本図集の刊行によって既刊上巻の不備を補修し幸に全日本斯界業者各位の座右に供して参考たるを得ば、編者の最も欣快とする所なり[28]。

このように1943（昭和18）年当時は、物資不足から印刷すらままならない状態であった。これらのことから、『近代家具装飾資料』第47集は、1943年12月13日に印刷されているが、そこに掲載された「第10回新作洋家具展覧会」は、前年の1942年11月中旬に髙島屋東京日本橋店（日生館）で開催されたものであったと考えることが最も妥当であろう。そして、そのように考えると、髙島屋東京日本橋店における戦前の新作洋家具展は、同店が開店した1933年から10年後の1942年までの全10回毎年開催されたことになる。

「表2-6髙島屋史料比較表（『近代家具装飾資料』47・髙島屋アルバム第10回）」は、『近代家具装飾資料』第47集と髙島屋アルバムとの比較対照表である。両者を比較すると、同じ家具を撮影したものは、両者とも全く同じ写真であることが判る[29]。ただし、一つの写真（安楽椅子の座クッションを取り外して、座枠に縦横に結ばれたロープが見えるもの）だけ、左右反転して使用されている。これはネガの表裏を誤ったためである。背景に写る2連の書棚に置かれた書籍の位置を、同室を写した別の写真と比較して

みると、髙島屋アルバム所収の写真の方が、ネガの表裏が正しいことが判る[30]。そして、同展で発表された新作洋家具は前年同様に「実用洋家具」であった。

ここで、『近代家具装飾資料』に記載された髙島屋東京日本橋店における創作家具展の開催回数の表記と、髙島屋史料館所蔵アルバムに記載された開催回数の表記とが食い違うことについての所見を述べる。髙島屋史料館所蔵アルバムにおいては、あくまでも「創作［洋］家具展」だけを数えた開催回数表記になっているのに対して、『近代家具装飾資料』の方では、髙島屋東京日本橋店の新築開店以降、主に春季に開催された新作洋家具展の開催回数の表記になっている。昭和戦前期に髙島屋東京日本橋店において、主に春季に開催された計10回の新作洋家具展の内、「創作」の文字がタイトルに入っているものは、以下のとおりである（表2-1）。

1933（昭和8）年「東京髙島屋創作洋家具展」
1936（昭和11）年「新興漆芸家具創作展」
1937（昭和12）年「創作［洋］家具展覧会」
1938（昭和13）年「創作家具展覧会」
1939（昭和14）年「創作［洋］家具展覧会」

このように考えると、1937年の「創作［洋］家具展」が第3回、1938年が第4回、1939年が第5回に当たる。

さて、時代は前後するが、1938年から1940年の間、髙島屋東京日本橋店においては、「創作洋家具展」と平行して「工精会家具展覧会」が開催されている。「工精会」とは、岡田三郎助を会長、大隅為三を副会長に仰ぎ、会員である梶田恵、林二郎、渡邊明の三氏が、各人の木材工芸研究の成果である家具木工作品の新作を発表する展示即売会であった。この「工精会家具展覧会」に出品された新作家具作品は、西洋の伝統的家具様式を忠実に復刻しようとする「様式家具」や「ペザント家具」（農民家具・田舎風家具）が主流であった。当時の百貨店の家具装飾部の新作洋家具開発の流れが、アール・デコ、近代合理主義モダン、国風家具へと移り行く中で、西洋の様式家具やペザント家具を欲する顧客の需要にしっかりと応える髙島屋の強かな対応を見ることができる。

1938年5月に髙島屋東京日本橋店において開催された「第1回工精会家具展覧会」の出品作品は、『近代家具装飾資料』第20集及び『帝国工芸』第12巻第7号に掲載されている。また、髙島屋史料館にも「第1回工精会家具展覧会」しおり・出品目録・招待状・招待券などの資料が遺されている。この「出品目録」から、梶田恵37種類、林二郎29種類、渡邊明31種類、計97種類の出品があったことが判る。『近代家具装飾資料』第20集は、その巻頭解説文に記されているとおり、「此れ等出陳作品の代表的なものを収録したもの……」ある。同様に、「第1回工精会家具展覧会」しおりの掲載作品も三氏の代表作である。

実は、髙島屋東京日本橋店では、この工精会家具展覧会に先立って、林二郎の新作洋家具展を開催している[31]。1936年12月には「林二郎氏新作泰西家具木工品陳列会」を、翌1937年11月には「林二郎新作泰西家具展」が開催されている。前者は『帝国工芸』第11巻第1号に、後者は『帝国工芸』第11巻第12号にそれぞれ報告されている。「泰西」とは「西の果て」すなわち「西洋」の意であり、「泰西家具」とは「西洋家具」のことである。このように前段階を踏んだ上で、梶田恵、林二郎、渡邊明の三氏による新作家具木工作品の展示即売会としての「第1回工精会家具展覧会」が開催されたのである[32]。

翌1939年5月には「第2回工精会家具展」が開催され、その出品作品は『近代家具装飾資料』第28集に掲載されたが、東京日本橋髙島屋が発行した同展の「しおり」によれば、同展の名称は「第2回工精会家具木工展覧会」であった。出品者は工精会会員の梶田恵・林二郎・渡邊明の三氏であった。

林二郎によれば、この工精会家具展覧会は1940年5月にも開催されている。この［第3回］工精会家具展覧会では、渡邊明が降りたため、その代わりに陶芸家の河井寛次郎が加わっている。同展に際しての工精会会長の岡田三郎助の推薦文と畑正吉の推薦文が、林二郎著『ペザント・アートへ──木工生活80年』に転載されて

表 2-2　髙島屋史料比較表（『近代家具装飾資料』3・『帝国工芸』10-5）

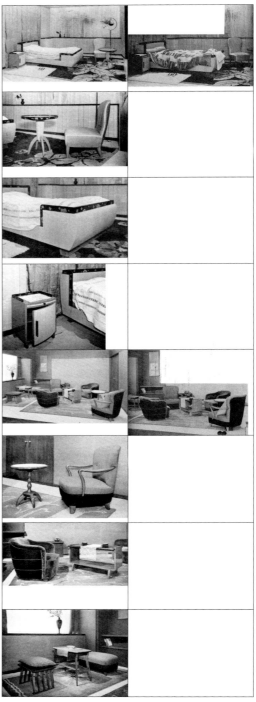

『近代家具装飾資料』第3集　　『帝国工芸』第10巻第5号
「[第4回] 新興漆芸家具創作展」　「東京髙島屋に於ける新漆芸応用
（1936年4月・東京日本橋髙島屋）　家具の展示」

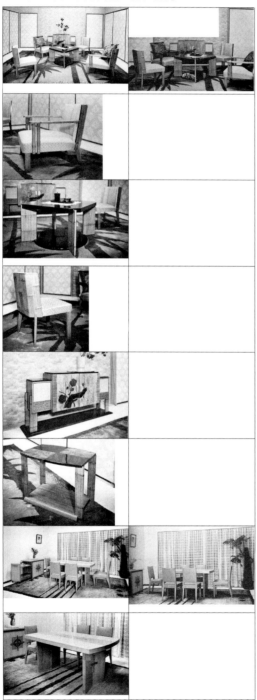

『近代家具装飾資料』第3集　　『帝国工芸』第10巻第5号
「[第4回] 新興漆芸家具創作展」　「東京髙島屋に於ける新漆芸応用
（1936年4月・東京日本橋髙島屋）　家具の展示」

| 『近代家具装飾資料』第3集 「[第4回] 新興漆芸家具創作展」（1936年4月・東京日本橋髙島屋） | 『帝国工芸』第10巻第5号 「東京髙島屋に於ける新漆芸応用家具の展示」 | 『近代家具装飾資料』第3集 「[第4回] 新興漆芸家具創作展」（1936年4月・東京日本橋髙島屋） | 『帝国工芸』第10巻第5号 「東京髙島屋に於ける新漆芸応用家具の展示」 |

※　写真の並び順は『近代家具装飾資料』における掲載順による。

表2-3 髙島屋史料比較表(『稀代家具装飾資料』13・髙島屋アルバム昭和12年)

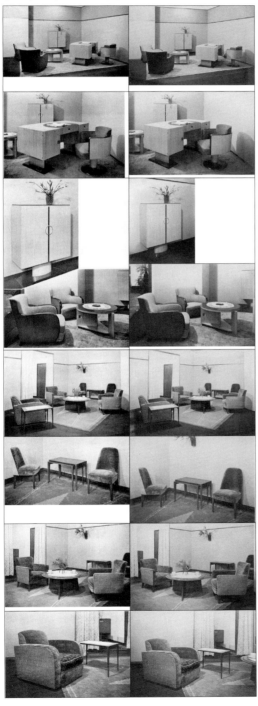

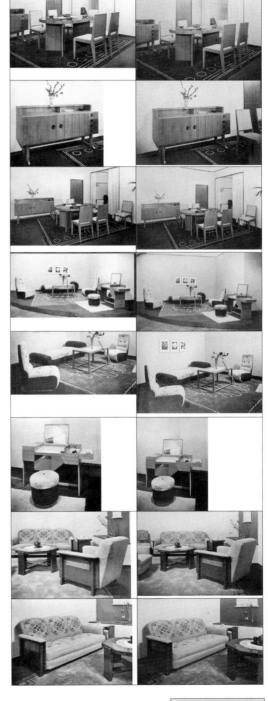

『近代家具装飾資料』第13集　髙島屋史料館所蔵アルバム
「第5回　創作洋家具展」　「昭和12年　第3回創作家具展
（1937年4月・東京日本橋髙島屋）　覧会」

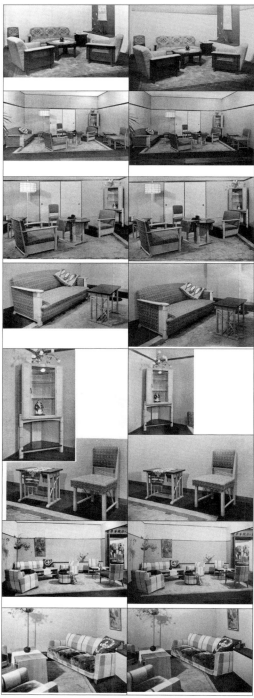

髙島屋史料館所蔵

『近代家具装飾資料』第13集　髙島屋史料館所蔵アルバム
「第5回　創作洋家具展」　「昭和12年　第3回創作家具展
（1937年4月・東京日本橋髙島屋）　覧会」

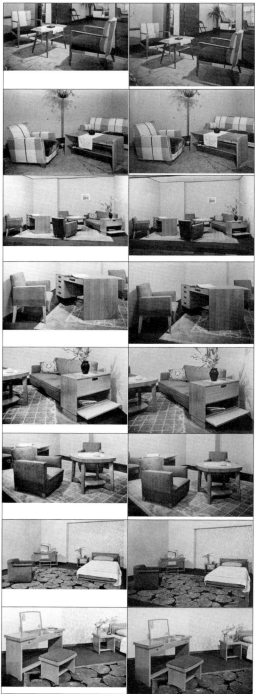

髙島屋史料館所蔵

『近代家具装飾資料』第13集　　髙島屋史料館所蔵アルバム
「第5回　創作洋家具展」　　　「昭和12年　第3回創作家具展
（1937年4月・東京日本橋髙島屋）　覧会」

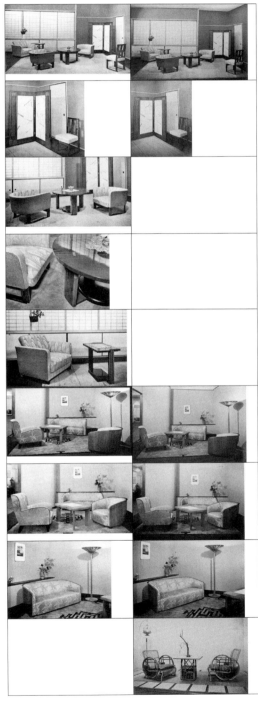

※　写真の並び順は『近代家具装飾資料』における掲載順による。

髙島屋史料館所蔵

表 2-4　髙島屋史料比較表（『近代家具装飾資料』26a・髙島屋アルバム昭和14年）

髙島屋史料館所蔵

髙島屋史料館所蔵

※　写真の並び順は『近代家具装飾資料』における掲載順による。

表 2-5　髙島屋史料比較表（『近代家具装飾資料』39・髙島屋アルバム昭和 16 年）

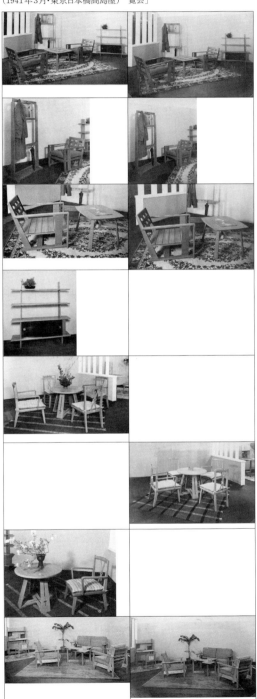

『近代家具装飾資料』第 39 集　髙島屋史料館所蔵写真帖［アルバム］
「［第 9 回］新時代洋家具展覧会」「昭和 16 年春季　新時代洋家具展
（1941 年 3 月・東京日本橋髙島屋）　覧会」

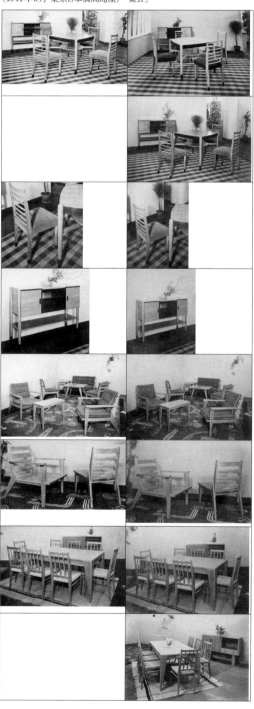

髙島屋史料館所蔵

『近代家具装飾資料』第 39 集　髙島屋史料館所蔵写真帖［アルバム］
「［第 9 回］新時代洋家具展覧会」「昭和 16 年春季　新時代洋家具展
（1941 年 3 月・東京日本橋髙島屋）　覧会」

髙島屋史料館所蔵

『近代家具装飾資料』第 39 集　　髙島屋史料館所蔵写真帖［アルバム］
「［第 9 回］新時代洋家具展覧会」　「昭和 16 年春季　新時代洋家具展
（1941 年 3 月・東京日本橋髙島屋）　覧会」

『近代家具装飾資料』第 39 集　　髙島屋史料館所蔵写真帖［アルバム］
「［第 9 回］新時代洋家具展覧会」　「昭和 16 年春季　新時代洋家具展
（1941 年 3 月・東京日本橋髙島屋）　覧会」

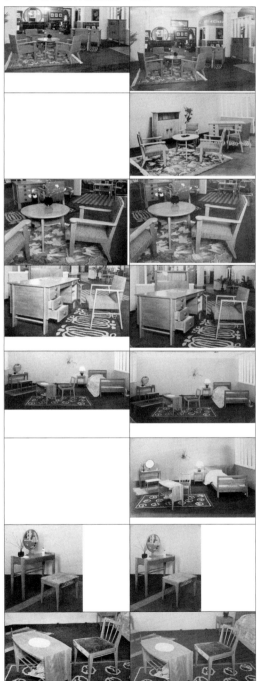
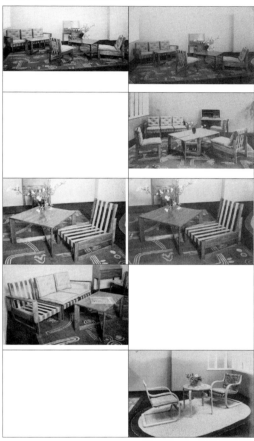

髙島屋史料館所蔵

髙島屋史料館所蔵

『近代家具装飾資料』第39集　　髙島屋史料館所蔵写真帖［アルバム］
「［第9回］新時代洋家具展覧会」　「昭和16年春季　新時代洋家具展
（1941年3月・東京日本橋髙島屋）　覧会」

髙島屋史料館所蔵

※　髙島屋史料館所蔵写真帖［アルバム］「昭和16年春季　新時代洋家具展覧会」からは、「会場全景ソノ七」、「第一室
　広間」（全4枚）の最初の写真、「第六室　応接室（故船戸銀男氏設計）」（全3枚）の最初の写真、「第七室　食堂」（全4枚）
　の最後の写真、以上4枚の写真が欠落している。
※　髙島屋アルバムの「第二室　応接室」には2枚の写真があるが、全く同じ被写体をほぼ同じアングルで撮影したもので
　あるため、1枚を割愛した。
※　写真の並び順は『近代家具装飾資料』における掲載順による。

表2-6　髙島屋史料比較表（『近代家具装飾資料』47・髙島屋アルバム第10回）

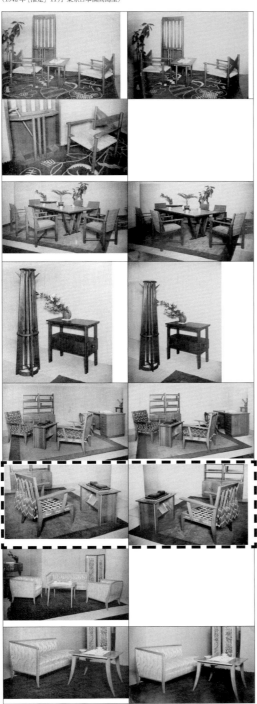

『近代家具装飾資料』第47集　　髙島屋史料館所蔵アルバム
「第10回　新作洋家具展覧会」　　「第10回　新作洋家具展覧会」
（1942年［推定］11月・東京日本橋髙島屋）

『近代家具装飾資料』第47集　　髙島屋史料館所蔵アルバム
「第10回　新作洋家具展覧会」　　「第10回　新作洋家具展覧会」
（1942年［推定］11月・東京日本橋髙島屋）

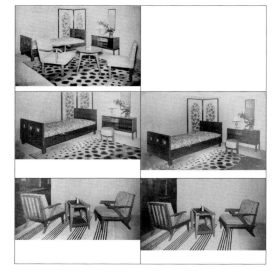

髙島屋史料館所蔵

髙島屋史料館所蔵

※　髙島屋史料館所蔵アルバム「第10回　新作洋家具展覧会」からは、「4　応接室」（全2枚）の最初の写真、「7　食堂」（全2枚）の最初の写真、「13　書斎」（全3枚）の真ん中の写真、「14　寝室」（全2枚）の最初の写真、「15　ベランダ」（全1枚）の写真、以上5枚の写真が欠落している。
※　破線太枠で囲まれた写真は『近代家具装飾資料』と髙島屋史料館所蔵アルバムとにおいて左右反転していることを示す。
※　写真の並び順は『近代家具装飾資料』における掲載順による。

いる[33]。

なお、『近代家具装飾資料』第41集にだけ記録が遺されている、1941年6月開催の「東京木工芸作家協会第一回作品展覧会」では、梶田恵、林二郎、渡邊明という工精会会員の他、名立たる木材工芸作家の出品があった。

（2）創作洋家具展の特徴

<1> 髙島屋創作家具展の家具スタイル

(a) アール・デコ調

髙島屋の創作家具展においても、アール・デコ調のものが見られた。1937（昭和12）年の髙島屋の長椅子・安楽椅子・肘掛椅子には、黄色と茶色とで構成された大胆な幾何学模様があしらわれた裂地が使用された。また肘掛椅子・卓子の木部の主材は憲法梨と杉糸柾で、木地色に仕上げられており、全体的に明るい軽快な印象を与えるものであった（図2-1）。また1940（昭和15）年の客間の家具にも同様の幾何学模様の張地が用いられていた（客間の家具、『近代家具装飾資料』第34a集、11）。同年の食堂用の「メカニカルな」飾棚は、その形状が幾何学的印象を与えるものであった。主材は塩地の木地色仕上げで、一部にチーク材が使用されていた（食堂の家具、『近代家具装飾資料』第34a集、12）。

図2-1　居間の家具（髙島屋第5回創作洋家具展」1937年4月、『近代家具装飾資料』第13集、12上）

(b) 近代合理主義モダン

1937（昭和12）年に三越で発表された竹製成形合板のカンチレバー構造の椅子に追随する動きが髙島屋にあった。1939（昭和14）年と1940（昭和15）年に髙島屋から発表された竹製成形合板のカンチレバー構造の椅子は、少なくとも5種類あった。1939年には、①三越の2種の内の一つの型と略同形状のもの（背座を通して竹材平板を簀状に配したもの）、②マルセル・ブロイヤーの鋼管製カンチレバー構造の椅子「チェスカ」と同形状のもの（ただし背座は布張り）、③②よりも背座の張りぐるみクッションが若干大きなものが開発された（①：バンブーチェアー、『近代家具装飾資料』第26a集、6下／②③：図2-2）。1940年には、④背部がウイングチェア状になっている張りぐるみクッションに竹製成形合板の肘部・脚部を持つもの、⑤背座を籐編みとしたもの（背の中央部分の撓み防止のために背裏に補強用横材を使用）が開発された（④⑤：居間の家具A、『近代家具装飾資料』第34a集、8下）。この竹製成形合板のカンチレバー構造の椅子フレームは、資材制限令（1938年）に対応して、鋼管の代用品として考案されたものである。

図2-2　バンブーチェアー（髙島屋「[第7回] 創作洋家具展」1939年3・4月、『近代家具装飾資料』第26集、6上）

(c) 国風家具

髙島屋家具装飾部の宮内順治の記述から、洋風家具に日本趣味を取り入れる明確な動きが、髙島屋においてもあったことを窺い知ることができる。そして、髙島屋の創作家具展においても、国風家具が見られた。1936（昭和11）年の髙島屋では、肘掛椅子の肘部の刳物の意匠が、伝統的な日本の文様「香狭間（こうざま）」[34]を想起させた（図2-3）。また竹ベニヤを練り付けた塩地材を、椅

子の背裏や卓子脚部に使用したり、卓子甲板・飾棚天板を布目漆塗りにしたりした国風色の強いものも見られた（客間の家具A・B・C、『近代家具装飾資料』第3集、8・9・10)。また1937（昭和12）年には、竹と塩地の木地色仕上で、一部桐材のウズクリ仕上という長椅子・肘掛椅子や、ウルミ色漆塗仕上の甲板を持つ卓子といった国風家具も出品された（客間の家具A・B・C、『近代家具装飾資料』第13集、9下・10・11)。

図2-3 応接室の家具（髙島屋「[第4回]新興漆芸家具創作展」1936年4月、『近代家具装飾資料』第3集、3上）

<2> 髙島屋創作家具展の家具材料

『近代家具装飾資料』・『住宅と庭園』・『帝国工芸』に記載された髙島屋「創作洋家具展」（全10回：1933～1942年）の出品家具作品に使用された木材の中で最も多用されたものは、他の百貨店と同じく、桜材である。その他、松・チーク・桐・塩地・楢などの木材も使用された。1938（昭和13）年には、東京ぶな材協会の絵葉書から「ぶな材」が使用されたことが判る。また1939・1940（昭和14・15）年には、竹製成形合板のカンチレバー構造の椅子が髙島屋でも開発されており、竹材の使用が認められる。時局が切迫してくる1941・1942（昭和16・17）年には、楢材が多用されてくるのが判るが、依然として桜材の使用も認められた。その他、髙島屋においては、籐製家具の新作発表展示会も開催されている。

<3> 髙島屋創作家具展の家具設計者

髙島屋の新作家具展の模様を示す情報は、『近代家具装飾資料』を始め、同時代の工芸雑誌や髙島屋史料館所蔵資料などにたくさん収録されているが、「工精会家具展」を除く、「家具装飾陳列会」・「創作洋家具展」の新作家具を設計した家具設計者に関する情報はほとんどない。判明している髙島屋の新作家具展の家具設計者を年代順に列記すると、以下のようになる。

「髙島屋家具装飾展覧会」（1920年6月）の家具設計者として明記されているのは、延子氏、寺尾氏、B氏の3名のほか、髙島屋[家具装飾部]社員であった。この3名は髙島屋社員ではなく、外部の人間であった可能性が高い。

「第6回髙島屋呉服店洋家具陳列会」（1927年）の家具設計者として明記されているのは、植實宗三郎、井上猛の2名である。

前述のとおり、「髙島屋新興家具陳列会」（1928年）においては、髙島屋呉服店家具装飾設計部の宮内順治が記した「新興家具陳列会に就て」という解説文が『木材工芸』第118号に掲載されている。また、「新興洋家具陳列会」（1935年）においても、髙島屋家具装飾部の宮内順治が記した「「新興洋家具陳列会」に際して」という解説文が『住宅と庭園』第2巻第6号に掲載されている。後者の文中に「今回の新興家具は、我が設計部各員の不断の研究を発表したもので、……」とあることから、宮内順治が当時の髙島屋家具装飾部を統括する責任者であったと思われる。そして両文から、髙島屋家具装飾部の責任者として、宮内順治が新作家具展の全体の方向性を示したことは疑いない。しかし、具体的にどの程度、宮内順治が新作家具展の家具・室内装飾の設計に携わったのかは不明である。

最後に、髙島屋アルバム「昭和16年春季新時代洋家具展覧会写真帖」（1941年3月）では、「第六室　応接室（故船戸銀男氏設計）」、「第十一室　寝室（故船戸銀男氏設計）」のように、家具設計者名として「船戸銀男」の名が見られる。この2室の設計者が髙島屋家具装飾部にとって恩のある故人であることを偲んで、あえて氏名を記載したのではないかと思われる。

このほか、1918（大正7）年に髙島屋に入社した鈴木三一によって、戦前期の髙島屋における家具様式研究の成果が体系化されている[35]。そ

して、この鈴木三一直筆のドローイングを復刻収録したスケッチ集（全4巻）が発行されている[36]。

（3）工精会家具展の特徴

<1> 髙島屋工精会家具展の家具スタイル・家具設計者

工精会は岡田三郎助を会長、大隅為三を副会長とする家具研究会であり、「工精会家具展」では会員の梶田恵、林二郎、渡邊明（第三回は河井寬次郎）の三氏の作品の展示があった。この三氏の家具作品に見られるスタイルは、「欧米風様式家具」、「北欧風農民家具」（ペザント家具）、「オリエンタル風家具」であった。

(a) 梶田恵

梶田恵の作品は中近東から極東までのオリエンタル的印象を受けるものが多かった。

(b) 林二郎

林二郎は兄忠雄が経営していたフタバ商店で西洋の家具室内調度品・衣服などに触れていた[37]。そのため、林二郎は様式家具の知識が豊富であった。そしてゴシック、ジャコビアン、ルネッサンス等の質実剛健なイメージの様式家具（図2-4）や、北欧風のペザント家具（peasant furniture：農民家具）を得意とした。工精会家具展では、林二郎の欧米風様式家具・北欧風農民家具の作品が展示された。

図2-4　ルネッサンス風の家具（髙島屋「第1回工精会家具展」1938年5月、『近代家具装飾資料』第20集、10上）

(c) 渡邊明

渡邊明は渡米して家具を勉強してきた人であり、やはり様式家具を得意としたが、早逝した[38]。

<2> 髙島屋工精会家具展の家具材料

工精会会員の三氏がそれぞれ得意とする家具スタイルによって、各人の家具作品に使用される材料も異なっていた。

「オリエンタル風家具」を主に出品した梶田恵の作品では、胡桃材の使用が多く見られた。また「欧米風様式家具」、「北欧風農民家具」を得意とする林二郎や、同じく「欧米風様式家具」を得意とする渡邊明の作品では、楢材の使用が多かった。

【注】

1)『髙島屋100年史』・『髙島屋150年史』・『髙島屋工作所50年史』・『おかげにて135──髙島屋インテリア事業135年の歩みとこれから』などによれば、髙島屋の装飾事業は、1878（明治11）年に京都に段［緞］通店を開業したことに始まる。1885（明治18）年には西洋風建築の大阪府庁舎に窓掛け装飾品一式を納入している。1889（明治22）年には帝国議会議事堂の室内装飾を受注している。翌1890（明治23）年には帝国ホテル初代本館に窓掛け装飾品を納入している。また1909（明治42）年に竣工した東宮御所（現・赤坂離宮）にも刺繍壁張り、窓掛けなどを製作・納品している。さらに、豪華客船の船内装飾も多く受注している。髙島屋は京都の古着商の出身なので、初期の室内装飾業は繊維物の納入が主であった。

2)【再掲】……当時髙島屋家具装飾部の展示は、断然一頭地を抜いていたように記憶する。だが、此の室内展示が真に手に入りかけたのは、昭和3年［1928年］3月、仏蘭西美術展覧会が東京に開かれてから、家具装飾部が深く之に感動して、奮然室内綜合美の研究に進み出してからのことである。……（木檜恕一「52、百貨店の室内綜合展観」『私の工芸生活抄誌』木檜先生還暦祝賀実行会、1942年、208-212頁）

3) 池澤丈雄『大阪髙島屋40年史』大阪髙島屋本部、1937年／大江善三『髙島屋100年史』髙島屋本店、1941年／髙島屋150年史編纂委員会『髙島屋150年史』髙島屋、1983年／髙島屋工作所50年史編纂委員会『髙島屋工作所50年史』髙島屋、1989年／髙島屋スペースクリエイツおかげにて135編纂室『おかげにて135──髙島屋インテリア事業135年の歩みとこれから』髙島屋スペースクリエイツ、2014年／初田亨『百貨店の誕生──明治大正昭和の都市文化を演出した百貨店と勧工場の近代史。』三省堂、1993（三省堂選書178）・同、1999年（ちくま学芸文庫）。特に同著「第6章 家庭生活の演出」の「4 室内装飾に進出」「5 和洋折衷の意匠」「6 手のとどく文化生活」（文庫版、194-210頁）を参照／神野由紀「第6章 百貨店と室内装飾」『百貨店の文化史──日本の消費革命』山本武利・西沢保編、世界思想社、1999年、155-177頁／中村圭介『文明開化と明治の住まい──暮らしとインテリアの近代史（上）』理工学社、2000年。特に同著の「3-6 洋家具製造業の発達」の「2. 呉服屋が内装業へ」（150-151頁）を参照／藤岡里圭『百貨店の生成過程』有斐閣、2006年。特に同著の「第5章 髙島屋装飾部の役割と部門別管理」（115-157頁）を参照。

4) 髙島屋150年史編纂委員会『髙島屋150年史』髙島屋、1982年、92, 98頁

5) 大江善三『髙島屋100年史』髙島屋、1941年、253-254頁（新漢字・現代仮名遣い改め）

6) 同上（5）、大江善三、231-236頁

7) 武間主一編「髙島屋家具装飾展覧会」『木工と装飾』第16号、樫葉会、1920年6月、口絵、3, 22-23頁。編著者が参照した『木工と装飾』第16・17号の写真は、静岡大学附属図書館所蔵のマイクロフィルム版を印刷したものである。残念ながら、これらの写真の品質は充分良好とは言い難く、本書に転載することは断念した。

8) 武間主一編「髙島屋家具装飾展覧会作品」『木工と装飾』第17号、樫葉会、1920年7月、3, 5, 7, 16-17頁

9) Y生「新案家具展覧会を見る（大阪髙島屋呉服店に於ける）」『木工と装飾』第33号、樫葉会、1921年11月、23頁。同様に本書への写真の転載は断念した。

10) 前掲（4）、髙島屋150年史編纂委員会、98-99頁

11) 小野政次郎編「髙島屋主催第1回和洋家具特製品陳列会」『木材工芸』第61号、木材工芸学会、1924年3月、19頁

12) 前掲（5）、大江善三、278-282, 291-293頁／前掲（4）、髙島屋150年史編纂委員会、104-105, 473頁

13) 髙島屋呉服店家具装飾設計部 宮内順治「新興家具陳列会に就て」『木材工芸』第118号、木材工芸学会、1928年12月、11-12頁

14) 大阪・髙島屋文書課編集発行『競和』第6号、昭和6年11月21日発行。『協和』は髙島屋店内ニュース。1日・11日・21日旬刊。

15) これらの比較対照関係については717頁の表2-7を参照。

16) 本書で主に焦点を当てている新作家具展に出品された家具作品は、常設展示品・通販商品と比較すると、デザインにおいても、品質においても、上位のものである。しかし、三越の1933・1934年の「新設計室内装飾展観」出品目録に記されているとおり、新作洋家具展の出品作品であっても、複数の顧客が同じ家具作品を所望すれば、同型の再生産（リピート生産）は可能であった。これは髙島屋においても同じであった。後掲注（32）参照。

17) 前掲（5）、大江善三、313-315, 348-356頁、年表102頁／前掲（4）、髙島屋150年史編纂委員会、116-117頁

18) 髙島屋工作所50年史編纂委員会『髙島屋工作所50年史』髙島屋、1989年、50頁。同展の具体的記録は見つけられなかった。

19) 髙島屋家具装飾部 宮内順治「「新興洋家具陳列会」に際して」『住宅と庭園』第2巻第6号、住宅と庭園社、1935年6月、338頁

20) 本書は『近代家具装飾資料』の再編・再録を主としているので、本書では『近代家具装飾資料』の記録に即した推定の開催回数を使用する。

21) 問題は、『近代家具装飾資料』と髙島屋アルバムとに収録された、これらの全く同じ写真が、①洪洋社写真部員が撮影したものを『近代家具装飾資料』への掲載許可の御礼に髙島屋に献上したものなのか、それとも、②髙島屋側で撮影したものを洪洋社側が借用して『近代家具装飾資料』に掲載したものなのかということであるが、どちらかに決める根拠に欠ける。

22) このアルバムの写真についても撮影者は不明。

23) このアルバムの写真についても洪洋社写真部員・髙島屋のどちらが撮影したのか不明。

24) この髙島屋アルバムからは、さらに4枚の写真が欠落

している。「会場全景ソノ七」、「第一室　広間」全4枚の最初の写真、「第六室　応接室（故船戸銀男氏設計）」全3枚の最初の写真、「第七室　食堂」全4枚の最後の写真、以上4枚の写真が欠落している。

25) このアルバムの写真についても洪洋社写真部員・髙島屋のどちらが撮影したのか不明。

26) 商工省工芸指導所編「商工省主催国民生活用品展覧会規定発表さる」『工芸ニュース』第10巻第7号、工業調査協会、1941年8月、6-7頁／商工省工芸指導所編「国民生活用品展開催に関する懇談会」『工芸ニュース』第10巻第8号、工業調査協会、1941年9月、6-7頁／商工省工芸指導所編「国民生活用品展鑑審査委員決す」『工芸ニュース』第10巻第9号、工業調査協会、1941年10月、6-7頁

27) 『洋家具類銘柄参考図集』については、新井竜治「昭和戦前期の『家具公定価格集』に基づく『洋家具類銘柄参考図集』の特質」『芝浦工業大学研究報告』（理工系編）第59巻第2号、芝浦工業大学、2015年（2016年3月）、49-58頁、参照。

28) 渡邊泰亮他編・伊知地重幸作図「改訂版序言」『洋家具類銘柄参考図集』（改訂版）全日本洋家具商工連盟、1943年2月～4月（新漢字・現代仮名遣い改め）

29) この髙島屋アルバムからは、さらに5枚の写真が欠落している。「4　応接室」全2枚の最初の写真、「7　食堂」全2枚の最初の写真、「13　書斎」全3枚の真ん中の写真、「14　寝室」全2枚の最初の写真、「15　ベランダ」全1枚の写真、以上5枚の写真が欠落している。

30) このアルバムの写真についても洪洋社写真部員・髙島屋のどちらが撮影したのか不明だが、洪洋社の方がネガの表裏方向を誤ったということから、髙島屋が提供した写真のネガを洪洋社が使用した可能性が浮かび上がる。

31) 林二郎『ペザント・アートへ──木工生活80年』住まいの図書館出版局、1989年、125-127頁

32) 昭和戦前期の東京地区百貨店の新作家具展における実際の販売方法は、一点物である展示品の現物販売が基本であったが、複数の顧客が一つの作品を気に入れば、受注生産で複製品を製造した。つまり出品作品は見本の役割も兼ねていた。髙島屋の工精会家具展や個展に出品した林二郎は、兄が経営していたフタバ商店を経由して小笠原伯爵邸のスペイン風のテーブルと革張椅子の特注家具を受注したが、その革張椅子を少し変化させたものを髙島屋の個展に出品したところ、白井晟一と林芙美子から偶然同日に注文を受けて製作・納品したと回顧している（同上（31）、林二郎、118-124頁）。

33) 前掲（31）、林二郎、132-134頁。同著は林二郎の記憶に頼って記されているが、工精会の発足年や工精会家具展の開催年などの情報が不正確であり、他の資料と比較して判読する必要がある。

34) 香狭間：壇・台などの側面や唐戸などに施される、上部は火灯形、下部は椀形の曲線から成る装飾的な刳形（三省堂編『大辞林』第三版、オンライン）。

35) 神野由紀「百貨店とインテリアデザイン──髙島屋のインテリアが目指した日本的表象」『「暮らしと美術と髙島屋」展図録』橋本善八・村上由美編、世田谷美術館、2013年、176-180頁

36) 鈴木三一『鈴木三一スケッチ集1・2・3・4』コーヨーエンタープライズ、1981年

37) 前掲（31）、林二郎、108-117頁

38) 前掲（31）、林二郎、132, 135頁

第2節
洋家具展

(1) 髙島屋
「[第4回]新興漆芸家具創作展」

（1936年4月開催） 第3集

【表紙解説文】

新興漆芸家具創作展集

日本橋・髙島屋
書斎・応接室・寝室・客間・食堂・サロン・書斎兼居間・ベランダ等々の家具・書棚・人形棚・飾棚・ファイヤスクリン

【巻頭解説文】

髙島屋・新興漆芸家具創作展作品

　本集は昭和11年4月上旬、日本橋髙島屋に開かれた漆芸家具創作展の蒐集である。

　漆芸家具展と銘打っただけに、漆の加工によって国風的な清新味が多分に盛られている点、流石に出色の作品が少なくない。

　日本の持つ特殊な材料を主題として工夫創案されることにより、そこに予期せざる工芸的発展性を見出し得るのではないか。斯かる意味に於いて本展覧会は、一般木材工芸界に多大の示唆を与うるものと信ずる。

洋家具展

1　書斎・A

松材の杢の美しさを表わしたもので、椅子の肱及び台物の引手、脚台等にはチークを用いて全体の調子をとり、書机の引違戸及び飾棚のパネルは漆塗仕上となし、裂地（きれじ）は錦織の荒い感じのものを用いてある。上図は其の全観、下図は椅子・卓子の詳細。

（1936年4月開催）　第3集

髙島屋「[第4回]新興漆芸家具創作展」

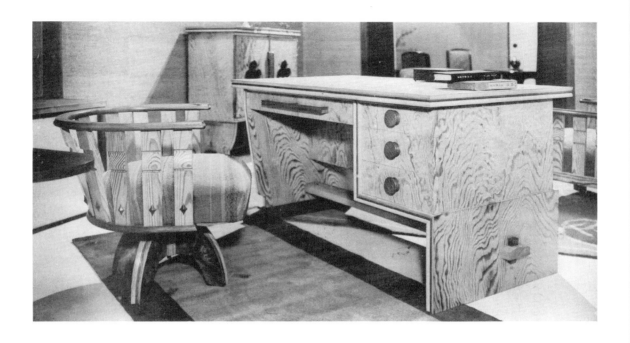

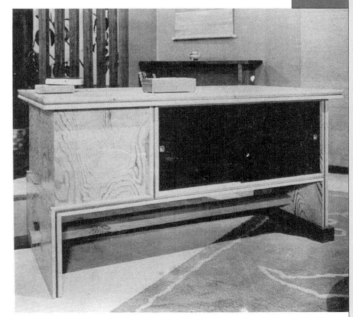

2　書斎・B

1のセットの書机及び飾棚の詳細を示したもの。

507

洋家具展

3 応接室

主材は桜、金剛石目塗、溜呂色塗、一部甲板及びパネルにクリーム鶏冠が用いられている。肱掛に香狭間の手法を用いた処、絹緞子の張裂の柄合せ等、如何にも日本的な優雅さである。

※「甲板」はテーブルトップのこと。※「香狭間」：501頁、注（34）参照。

（1936年4月開催） 第3集

髙島屋「［第4回］新興漆芸家具創作展」

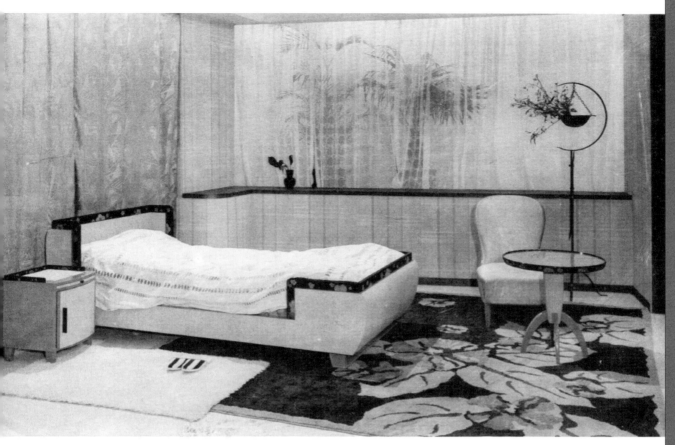

4　寝室・A

桐材ネリ付け、桜材灰色ラッカー仕上で、黒色ラッカーの部分に漆モザイックを応用したもの、下図は椅子・卓子の詳細である。

洋家具展

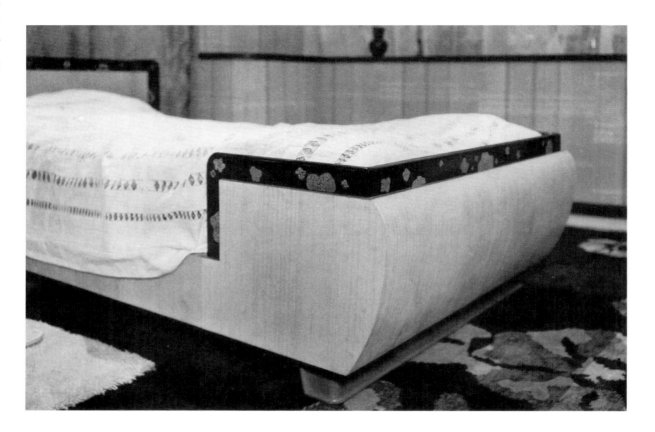

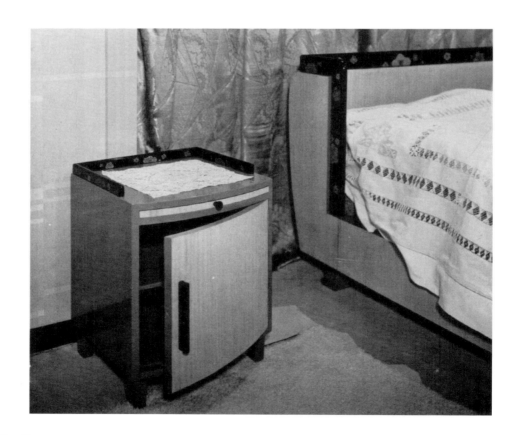

5 　寝室・B

4の寝台と手許台の詳細である。桐材の持つ温雅さに、黒色ラッカーと漆モザイックの対照、何と云う美しさだろう。国風的な、そして清新な、全く創造的な手法と云えよう。

（1936年4月開催）　第3集

高島屋「[第4回]新興漆芸家具創作展」

6　客間・A

作者の意図としては「和風造作の室内に調和する家具として綜合したもの」とある。椅子や丸卓子は別として、其の他の卓子、殊に窓際の腰掛は、和服の婦人等に適切なものであろう。

511

洋家具展

7 客間・B

右［6］の詳細であるが、主材は桜でラック仕上、卓子甲板は漆塗、裂地は七子地で金茶・濃焦茶張交ぜ、ビロードは鶯茶色である。

高島屋「[第4回]新興漆芸家具創作展」(1936年4月開催) 第3集

8　客間・A

塩地材に竹ベニヤをあしらい、角切卓［子］及び飾棚甲板は布目張り漆塗、飾棚戸板は杉杢、梅模様木地蒔絵を施したもの。下図は其の肘掛椅子の詳細。

洋家具展

9　客間・B

卓子と小椅子の詳細で、著しく眼を射るものは卓子の脚部と、椅子の背の竹ベニヤから来る日本的な清新味である。
此の家具を入れた室は、直に「竹の間」とでも称し得るだろう。

（1936年4月開催） 第3集

髙島屋「[第4回]新興漆芸家具創作展」

10　客間・C

豪奢な梅模様蒔絵を配した飾棚の杉杢板戸や、其の両袖の松葉散らしの襖様引戸や、それ等の結合を竹張りの脚で支えているなど、飽くまでも日本趣味的な表現である。下図卓子も主材は竹ベニヤ張り。

洋家具展

11　食堂・A

主材は桜、一部塩地材練付、木地色仕上、漆モザイック応用、椅子皮張り

※本来は「革」とすべきところだが、原文のママとする。

髙島屋「[第4回]新興漆芸家具創作展」(1936年4月開催) 第3集

12　食堂・B

小形の食器戸棚で、使用時は車の付いた側面を引き出す様になっている。

洋家具展

13 サロン・A

桜材木地色仕上、漆モザイック応用、卓子類甲板は真珠ラッカー塗仕上。

(1936年4月開催)　第3集

高島屋「[第4回]新興漆芸家具創作展」

14　サロン・B

前葉［13］の詳細で、肘掛椅子の文様は漆モザィィ［ッ］クである。

洋家具展

15　書斎兼応接室／書斎兼居間・A

桜材一部チーク錬付、木地色仕上、甲板一部漆モザイック応用、椅子張り表クリーム色、裏グリーン色の張り別け。

(1936年4月開催) 第3集

髙島屋「[第4回]新興漆芸家具創作展」

16 書斎兼応接室／書斎兼居間・B

抽斗を持つ机の袖は別に置かれたもので、前葉［15］中図の如く、其の一方は長く伸びて、卓子の代用になっている。

洋家具展

17 応接室／居間・A

安易と休息を主眼とする家具として、親しみ易い暖か味と、格ばらない形式とが嬉しい。

(1936年4月開催) 第3集

髙島屋「[第4回]新興漆芸家具創作展」

小卓子

18　応接室／居間・B

主材はチークで木地は蠟仕上、卓子類の甲板は布目漆を用い、丸卓子の棚は籐張りである。椅子張りは二種裂地の張り別けとし、肘掛椅子のシート及びバックは籐張り、裂地は婦人洋服地を用いてある。下図右は茶卓子で、漆モザイック嵌込の引出盆付である。左図丸卓子は黒漆塗で、甲板は漆モザイック入である。

洋家具展

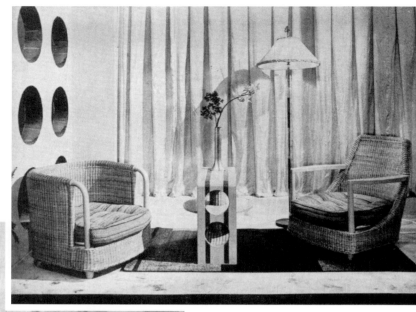

19 ベランダ

籐に木をあしらったもので、木部はラッカー塗とし、卓子には漆モザイックが応用されている。

（1936年4月開催）　第3集

髙島屋「[第4回]新興漆芸家具創作展」

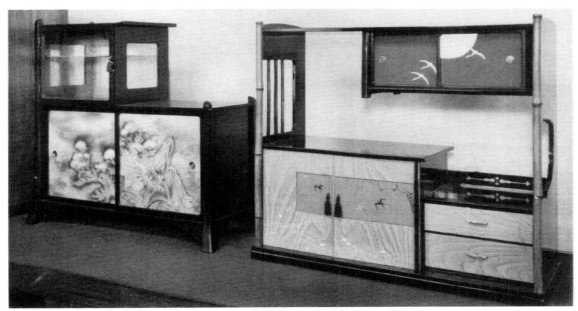

20　和家具とファイヤスクリン

此の頁の上下の和家具は創作ではないから、創作展の出陳物としては適わしくないが、漆工を施してあるので、附加的に陳列したのだそうである。ファイヤスクリンは純然たる創作品で、左は枠桜材黒ラッカー、両袖塩地木地色仕上。右は桐と桜材で、足黒ラッカー塗、漆モザイック付。

(2) 髙島屋「第5回 創作洋家具展」

(1937年4月開催) 第13集

【表紙解説文】

創作洋家具展集

日本橋・髙島屋
書斎・応接室・食堂・婦人室・居間・客間・夫人室・寝室の家具等々新奇を衒わぬ穏健な作品揃い

【巻頭解説文】

創作洋家具展集

　本集は昭和12年4月24日から同27日まで、日本橋髙島屋に開かれた第5回創作家具展の第1室から第11室までの全観的蒐集で、見渡すところ、余りに新奇を衒わぬ穏健な作品揃いである。

洋家具展

1　書斎の家具（A）

1・2　書斎（安楽椅子、デスク、廻転椅子、丸卓子、書棚）

単一の材料より来る量（マス）の美と、近代的な線の美との組合せから成ったもので、主材は桧の総練付にて、クリヤーラッカー仕上、甲板（こういた）、台及び椅子の肱はナッシュブルー色のラッカー仕上げである。裂地は、安楽椅子は油色と緑色との張り分け、廻転椅子は茶褐色。

※「甲板（こういた）」はテーブルトップのこと。

(1937年4月開催) 第13集

髙島屋「第5回 創作洋家具展」

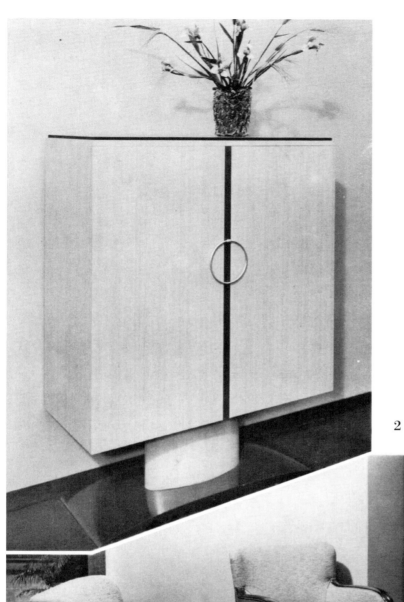

2 書斎の家具 (B)

洋家具展

3 応接室の家具（A）

3・4 応接室（肱掛椅子、安楽椅子、小椅子、丸卓子、三ツ組茶卓子）

平易な気安さを覘（うかが）ったもので、主材は桜とチーク、木地色仕上とし、裂地は海老茶と白茶色の張り分けである。

髙島屋「第5回 創作洋家具展」 （1937年4月開催） 第13集

4 応接室の家具（B）

洋家具展

5 食堂の家具（A）

5・6（上） 食堂（食卓子、小椅子、配膳棚）

「食事と云う——生活に於ける大きな目的を十二分に満たすために、より機能的に、より生活的に計画せり。」とは作者の意図である。主材は楢、薄色付蠟仕上げ、食卓子の甲板は「日昭ライト」を使用し伸縮自在、小椅子の座及び背は籐の市松張り。

※「日昭ライト」は「住友ベークライト」の前身（長岡京市史索引より）。日昭ライトはメラミン化粧板と思われる。

髙島屋「第5回 創作洋家具展」（1937年4月開催） 第13集

6（上） 食堂の家具（B）

6（下） 婦人室の家具（A）

洋家具展

7　婦人室の家具（B）

6（下）・7　婦人室（長椅子、小椅子、卓子、化粧台、スツール）

華やかな雰囲気を作る為に、色彩の点に意が用いられている。主材は桜、一部塩地を用い、木地色仕上とし、化粧台と小机を兼ねたものの内部は、黄色のラッカー仕上、裂地は黄土色、ボタンは紺色、大きい敷物はピンク、クリーム、黒、小さい敷物は白色である。

（1937年4月開催）第13集

髙島屋「第5回 創作洋家具展」

8　客間の家具（イ）

8・9（上）　客間（安楽椅子、小椅子、長椅子、八角卓子、茶卓子）

平和織の裂地の味と模様を任意に簡単に織り出し得ることに依って、座及び背表に、其のスペースに適応せる日本風の模様を配し、木地は金剛石目塗（漆）を用い、全体に日本的な気持を表現したもので、主材は桜、金剛石目塗仕上、チョコレート色、羽目［板］及び甲板はクリーム鶏冠である。

※原文には「羽目」としか記されていないが、「羽目板」のことであると考えられる。

洋家具展

9（上）　客間の家具（ロ）

9（下）　客間の家具（A）

（1937年4月開催） 第13集

髙島屋「第5回 創作洋家具展」

10　客間の家具（B）

9（下）―11　客間（楕円卓子、長椅子、肱掛椅子、小椅子、茶卓子、隅棚、フロアースタンド）

日本的な素材を生かした日本間向きのセットである。主材は四方竹及び塩地の木地色仕上、一部桐材ウズクリ仕上、甲板はウルミ色漆塗仕上で、フロアースタンド及び隅棚内部は雲龍紙張り、裂地はダークブルーの「座ぶとん地」である。

洋家具展

11　客間の家具（C）

髙島屋「第5回 創作洋家具展」（1937年4月開催）第13集

12　居間の家具（A）

12・13　居間（長椅子、長方椅子、安楽椅子、スツール、肱掛椅子、茶卓子）

日本間向きの材料によって、明るい仕上を見せたもの、主材はケンポ梨と杉糸柾で木地色仕上、裂地は黄と茶との配合である。

※「ケンポ梨」は「献保梨」「憲法梨」のこと。

洋家具展

13　居間の家具（B）

(1937年4月開催) 第13集

髙島屋「第5回 創作洋家具展」

14　居間の家具（A）

14・15　居間（卓子、安楽椅子、長椅子、肱掛椅子、茶卓子、書机）

男性的な感じを出さんが為に、婦人室に対して、色彩上にも形態上にも反対の効果を示している。主材はスピナールと桜材、木地色仕上、裂地はグリーンと茶で、茶色のボタンと線を施したもの、敷物は灰青と明るい褐色。

洋家具展

15　居間の家具（B）

髙島屋「第5回 創作洋家具展」

(1937年4月開催) 第13集

16 寝室（安楽椅子、寝台、ナイト卓子、化粧台、スツール）

静かに寝ると云う目的の為に、落着いた、おとなしい調子を求め、閑素な雰囲気を覘った作例で、主材は塩地、ラッカー仕上の上に目止めをしたもの。

洋家具展

17　応接室の家具（A）

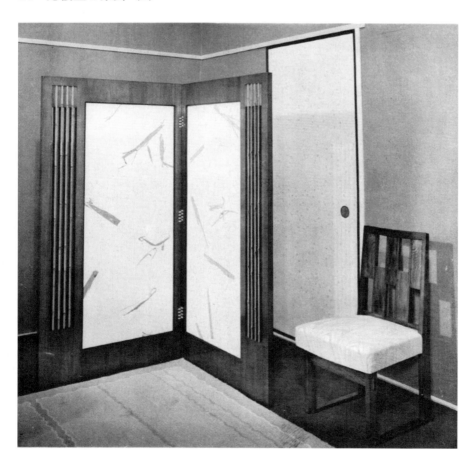

17—19（上）　応接室（丸卓子、肱掛椅子、衝立、安楽椅子、茶卓子、小椅子）

日本間向きに考案された美しいセットである。主材は神代杉と杉柾で、白目止めラッカー仕上げ、裂地は薄模様茶色地、裏無地張り。

(1937年4月開催) 第13集

髙島屋「第5回 創作洋家具展」

18 応接室の家具 (B)

洋家具展

19（上）　応接室の家具（C）

19（下）　夫人室の家具（A）

高島屋「第5回 創作洋家具展」（1937年4月開催） 第13集

20　夫人室の家具（B）

19（下）・20　夫人室（角形安楽椅子、丸形安楽椅子、長椅子、卓子、フロアースタンド）

ふるくさい虚礼を排して、モダンな明るさの中に落着きを求めたもの、主材は塩地、一部ラッカー仕上。

(3) 髙島屋「[第7回]創作洋家具展」

（1939年3・4月開催＊）　第26a集

＊開催年月は髙島屋史料館所蔵資料より

【表紙解説文】

二つの家具展集（2）

日本橋髙島屋・銀座松屋
髙島屋・創作洋家具展——松屋・洋家具試作展の二大展観より蒐集せる現代住宅用家具の逸品を網羅・国策線上最高標準を指示せる新傾向家具種々相の一展望台

【巻頭解説文】

二つの家具展集（2）

　本集は日本橋髙島屋百貨店に開かれた「創作洋家具展」と、銀座松屋百貨店に催された「洋家具試作展」との二家具展より、優秀なる代表的作品を抜粋収録して一巻となせるものである。作品は何れも国策線に沿うべき主旨に基き、豪華なる粉飾を排し堅実にして明朗に、穏健にして雅趣に富み、或は又数寄屋調の国粋的意匠を配するなど、清廉なる容姿に潑剌たる生気を湛（たた）うる傑作揃いである。

髙島屋・創作洋家具展

洋家具展

1（上） 客間の家具 ［第一室］

1（下） 居間の家具 ［第二室］

1 （上）客間の家具・（下）居間の家具

上図は客間の家具で主材は桜、甲板は憲保梨材。温灰色の全色調が彫刻台のゼブラによって、明快なコントラストを示している。下図は居間の家具で桜の木地仕上げに、一部クリーム色ラッカー仕上、甲板は硝子。敷物はクリーム色とエメラルドの配色で、明朗にして軽快な調和を見るもの。

※「甲板」はテーブルトップのこと。

（1939年3・4月開催）　第26a集

高島屋「[第7回] 創作洋家具展」

2（上）　応接室の家具　[第三室]

2（下）　応接室の家具　[第四室]

2　(上) 応接室の家具・(下) 応接室の家具

上図は和風趣味の小応接室に適合せしむべきスケールで作製され、材料の持つ美しさを生地のまま表わせるもの。主材は憲保梨に杉の糸目柾をあしらったものである。下図は赤松を主材とし、一部に皮付を用ひ、甲板に栗を使用。裂地は暗赤色に白線入り、敷物は鼠の無地、重厚な感じの中に特殊な味わいの表現を試みたもの。

551

洋家具展

3（上）　食堂の家具　[第五室]

3（下）　客間の家具　[第六室]

3（上）食堂の家具・（下）客間の家具

上図は食堂の家具で桜材生地色透明ラッカー仕上とせるもの。単調な象牙色に朱色の裂地を配し、近代的明朗な調子(トーン)を求めたもの。下図は客間の家具で、主材は憲保梨、胡麻竹の練付と部分的にラッカー塗を施し、裂地は日本的趣味の横溢せる縞柄模様を用い、高雅貴賓の風格を保たしめ、畳敷きの日本間にも適わしく設計されたセット。

(1939年3・4月開催) 第26a集

髙島屋「[第7回]創作洋家具展」

4（上） 書斎の家具　［第七室］

4（下） 応接室の家具　［第八室］

4　（上）書斎の家具・（下）応接室の家具

上図の書斎家具は桜を主材とし、チーク練付、椅子張りは緑色シール、裏張りは淡緑灰色の斜子織。茶卓子は書籍及び新聞雑誌等を入れられる様にし、デスクは無駄な空間を最も合理的に全部利用すべく考案されている。下図の応接室家具は主材を憲保梨とし、一部に桐材を配し、部分的に黒ラッカー塗を施せるもの。椅子張りは淡青色格子縞の日本的なものである。

553

洋家具展

5 寝室の家具　[第九室]

桜生地仕上げに一部を楓材とし、椅子張りは黄色地と濃茶色地とのコントラスト。物静かな落着きを主眼として設計されている。

髙島屋「[第7回]創作洋家具展」 （1939年3・4月開催） 第26a集

6 バンブーチェアー

竹のベンディングを応用して構造されたもので、非常時局に於いて鋼管家具に代るべき逸品である。其の機能的構造が素晴しい近代美を構成し、その単化された瀟洒な型態は日本間にもマッチするものの一つである。

(4) 髙島屋「[第8回]新設計洋家具展」

(1940年3月開催)　第34a集

【表紙解説文】

二つの家具展集（3）

東都家具界代表的二展観の全貌的蒐録篇［・］モデルルームの建築構成にマッチせるセットは何れも躍進日本の気概と新興亜建設の鋭気横溢・新世紀装飾文化の最高峰

【巻頭解説文】

二つの家具展集（3）

　本集は昭和15年3月、髙島屋東京店に於いて開かれた「新設計洋家具展」と、昭和14年10月白木屋本店に催された「洋家具逸品会」との全貌的蒐集で、何れも時局認識のもとに新日本文化建設の気概を強調した好作品揃いである。

髙島屋「新設計洋家具展」（1—12）

　本展観に就いて、同設計部は次の如くその設計要旨を示している。

　『興亜新建設の機運一段と本格的段階に入り、更に光輝ある2千6百年の黎明を告ぐるに当たり、我々は過去の輝く歴史を通して数多くの秀でたる先人達の作れる装飾文化の足跡を見る事が出来る。其の技と術とを尋ね究める時に来るべき新時代と新世紀への「装飾文化」や「住工芸」の数多くの暗示が自ら与えられて来る。この暗示の現代への具体化と実現化こそ新日本の「室内工芸」の創造であり、更に進んで大陸への住文化建設の一端ともなれば幸いである。』

洋家具展

1　客室の家具（A）

1・2（上）　客室の家具

躍進日本新興亜建設への鋭気と大陸進出の意気を持って設計されたもので、主材は献保材素地色仕上、甲板は漆に代わるに朱色ラッカー彩色仕上とせるものである。

※「甲板（こういた）」はテーブルトップのこと。

(1940年3月開催) 第34a集

髙島屋「[第8回]新設計洋家具展」

2（上） 客室の家具（B）

2（下） 応接室の家具（A）

洋家具展

3　応接室の家具（B）

2（下）・3　応接室の家具

伝統を尊重し、然も瀟洒にして近代的な感覚をもつ新日本的意匠である。材料は楢材ワックス仕上。

髙島屋「[第8回]新設計洋家具展」（1940年3月開催）第34a集

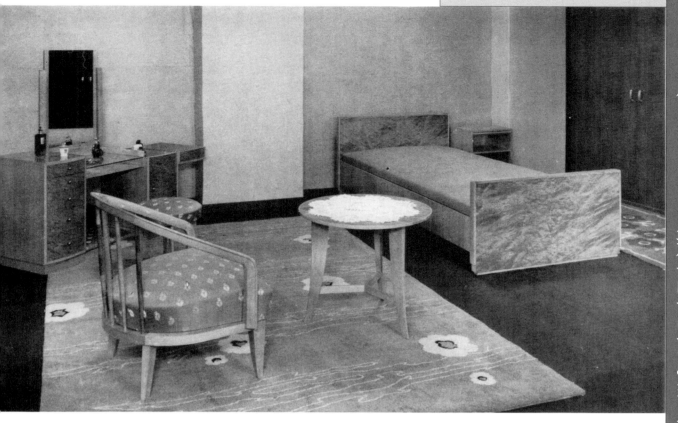

4　寝室の家具

清楚にして優雅な日本的精神を基調として新考想を加味したもので、色調も明るく然も落付あるもので統一されている。
主材は桧材、一部楓材ネリ付素地色透明ラッカー仕上。

洋家具展

5　居間兼食堂の家具（A）

5・6（上）　居間兼食堂の家具

主材は桜材、一部シトロニヤ。裂地は同一模様で赤とブルーの色合いに依り食堂と居間との調子を整えている。サイドボードに使われた模様は此の度新しく発明された真空鍍金鏡を応用した新趣向である。

髙島屋「[第8回]新設計洋家具展」 （1940年3月開催） 第34a集

6（上） 居間兼食堂の家具（B）

6（下） 応接室の家具

軽薄なモダン意匠を追わず、然も旧来のスタイルを固持せず、最も着実な意図を以って設計せられたもので、材料は桜材、一部アメリカンバーチを使用し、全体に渋い落付を見せた調子である。

※「バーチ」（birch）は、カバノキ。

563

洋家具展

7　居間兼応接室の家具（A）

7・8（上）　居間兼応接室の家具

「直線は建築の線であり、曲線は工芸の線である」とか、人体の外殻が曲線で包まれているならば之を容れる家具も曲線を以って形成されると云い得るであろう。適度の曲線とニュアンスな色調との交流の中に居間としての快適さを求め、変形の卓子を囲む丸型の長椅子の一群と角卓子を囲む他の一群は二枚の敷物と共に自ずと二つの目的（居間・応接）に当てたいものである。主材はピンガロン材、一部シトロニヤ使用、（扉）甲板及び肱はグレーラッカー塗、飾卓子扉には象嵌使用、椅子裂地淡黄色、丸型長椅子のみグレー地に淡紅色模様入り裂地、敷物は緑色に飛模様入り。

髙島屋「[第8回]新設計洋家具展」

(1940年3月開催) 第34a集

8（上）　居間兼応接室の家具（B）

8（下）　居間の家具（A）

洋家具展

9　居間の家具（B）

8（下）・9　居間の家具（B）

木部は桜材素地仕上げ、卓子甲板献保杢ネリ付、バンブーチェア竹籐張り。椅子張りはグリーン。明るい軽い気持で住める居間。食後の団欒などには最適のものであろう。

高島屋「[第8回]新設計洋家具展」 （1940年3月開催） 第34a集

10　書斎の家具

主材は欅材、一部色ラッカー仕上。卓子甲板はガラス（エッチング入り）。欅という日本的な素材の中に現代の趣向を生かさんとしたものである。

洋家具展

11　客間の家具

躍進日本の潑剌たる鋭気を以って意図されたもので、材料から来る特有な味と、清新軽快な感覚をもつものである。材料は桧材、透明ラッカー[、]一部鼠色ラッカー塗。

高島屋「[第8回] 新設計洋家具展」　（1940年3月開催）　第34a集

12　食堂の家具

日本人の生活に最も簡易に且つ端的に椅子式生活を取入れられるものに食堂がある。八ヶの椅子には忘れられない畳への愛着を求めて畳を張り、食卓は心地良い光沢をもつ漆塗り仕上である。背景を作るメカニカルな飾棚は種々の食事への必需品と什器の整頓に当てられる。主材は塩地木地仕上げ、椅子の背及び飾棚の一部にはチーク材使用、食卓子甲板は漆塗り、椅子の座は畳表張り、飾棚左右廻転式扉棚、中央食器入、小抽、スプーン、フォーク等の整頓。

(5) 髙島屋「[第9回]新時代洋家具展覧会」

(1941年3月開催) 第39集

【表紙解説文】

新時代洋家具展集

日本橋・髙島屋
統制は家具の構造法と形態を如何に変化せしめつつあるか？——資材節減・廃材利用の新研究及び施工法の経済的研究を具現化・意匠の統一による簡素美の精華

【巻頭解説文】

新時代洋家具展集

　本集は昭和16年3月中旬、日本橋髙島屋百貨店に催された「新時代洋家具展覧会」の出陳作品を蒐録一巻となせるもの。材料節減、使用禁制等々幾多の緊迫した情勢下にある我が家具界に於いて、"統制時代の家具を如何にすべきか？"は当面の問題であり、最近各方面に於いてその解決策を求むべく研究されつつあるが、本展作品は何れも新しき統制時代の家具とも云うべく、殊に資材節減を更に廃材活用の域にまで進めた貴重なる発表等には、大いに注目すべきであると思う。

　終りに髙島屋家具部諸氏の熱誠にして真摯なる設計態度に対し、深甚の敬意を表する次第である。

洋家具展

1　玄関広間用セット（A）

1・2　玄関広間用セット

簡素の中に日本的な美しさを表現したセットで、応接間兼用ともなる。主材は楢、グレー薄色仕上。ピンク色のモケット置きクッション付のもの。

高島屋「[第9回]新時代洋家具展覧会」　(1941年3月開催)　第39集

2　玄関広間用セット（B）

洋家具展

3 応接間用セット

簡単な小応接室向きのセットで、楢材の生地仕上である。薄黄色の裂地の淡い色調によって早春の気分を表現すべくねらったもので、裂地の白い文様、椅子の背と卓子の透かし文様等に見るX形に一連の関係を持たせた意匠構成である。

（1941年3月開催） 第39集

髙島屋「[第9回]新時代洋家具展覧会」

4　居間用セット（A）

4・5　居間用セット

主材は桜材、生地色仕上である。卓子には甲板下に2枚の小甲板を仕込み、引出して補助卓、或いはカードテーブルに利用することが出来る。裂地はクリーム色の粗織にブルーの玉ぶちを付け、全体に明るい調子を出したものである。

※「甲板」はテーブルトップのこと。

洋家具展

5 　居間用セット（B）

(1941年3月開催) 第39集

髙島屋「[第9回]新時代洋家具展覧会」

6 子供室用セット (A)

6・7 子供室用セット

「新時代は子供から」というモットーからも子供室に対する家具も亦重要な課題の一つと云わねばならない。このセットは玩具程度の境界を超えて、より良く融合改善された理想的家具の一試案である。主材はブナ、生地色仕上、一部コバルトブリューラッカー塗。

577

洋家具展

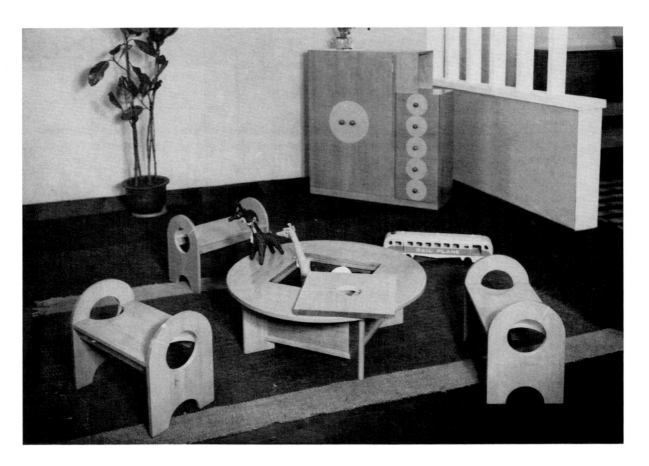

7　子供室用セット（B）

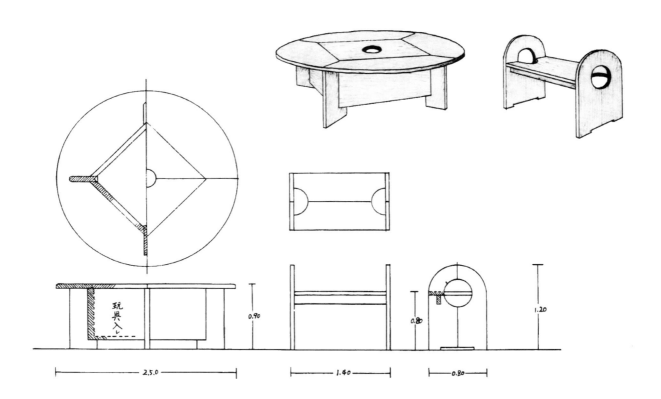

高島屋「第9回」新時代洋家具展覧会　(1941年3月開催)　第39集

8　食堂用セット（A）

8・9　食堂用セット

小食堂用として可なり強い色調の調和をねらったもので、赤味生地色仕上の塗装に華やかな深碧色のベロスキン、さらに黒かと見える同系色のラッカー塗を一部に用いたもの。主材は塩地、椅子張りはベロスキン。

※ベロスキン：織物の一種。

洋家具展

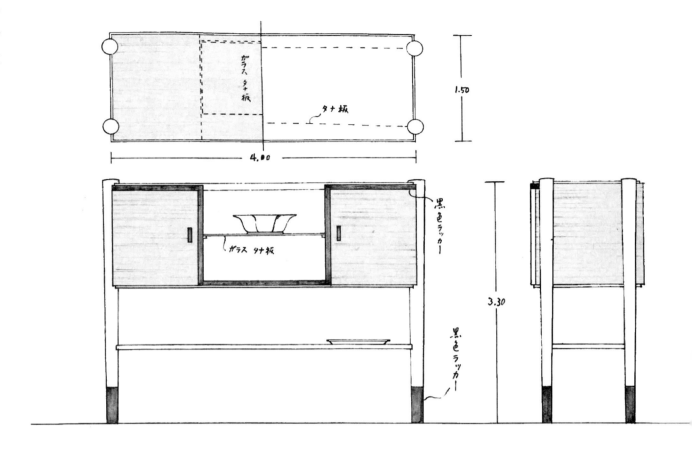

9　食堂用セット（B）

(1941年3月開催) 第39集

髙島屋「[第9回]新時代洋家具展覧会」

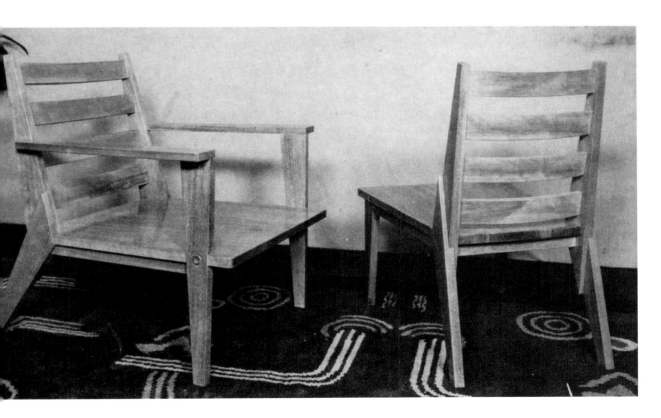

10 応接間用セット

近代的な感覚を取入れ、軽快明朗調の作品である。主材は桜、生地色仕上で、ブルーの裂地に白のボタン、玉ぶちを付し、清楚な感じのセットである。

洋家具展

11　食堂用セット（A）

11・12　食堂用セット

住居に於いて食事は生活の重要な一面であるが、其れだけ家具も亦常に新しく吟味されなければならない。抽斗をもつ食卓子を囲む八ヶの椅子は軽量を主眼としたもので、食卓及び食器整理戸棚共すべて板張り構造体である。主材は楢、ライトグレー蠟仕上。

（1941年3月開催）　第39集

髙島屋「[第9回]新時代洋家具展覧会」

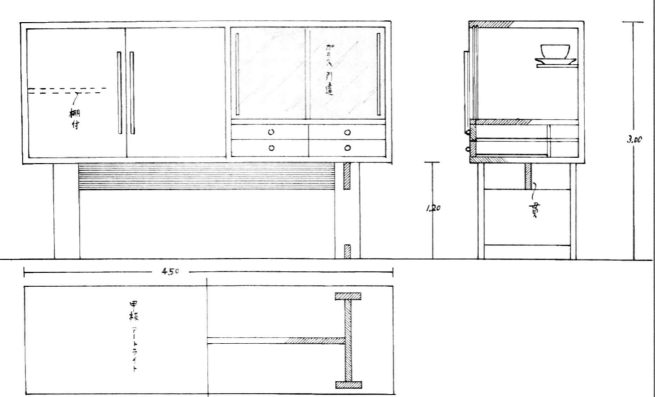

12　食堂用セット（B）

洋家具展

13 居間用セット

安易さと休息を目的とする居間の家具にも統制の波は新しいスタイルを要求する。張りぐるみ椅子より板張り構造の椅子へ、重量より軽量へ、材料の節減は其れ等の型態にまで必然的な変遷を示している。主材は桜、薄色付ラック仕上、椅子の背は白色ロープ張り、背及び座の置きぶとんは緑色。

(1941年3月開催) 第39集

高島屋「[第9回] 新時代洋家具展覧会」

14 ベランダ用セット

小割りものの廃材を利用し、大量生産を目ざした作品である。主材はブナ材、生地色仕上で、座ぶとんを置き、広縁又は小座敷に向く日本趣味の軽快なセット。

洋家具展

15　書斎用セット（A）

15・16　書斎用セット

簡単な応接セットをも兼ねる書斎用のセット。主材は楢、薄色付光沢無き蠟仕上。

（1941年3月開催）第39集

髙島屋「［第9回］新時代洋家具展覧会」

16　書斎用セット（B）

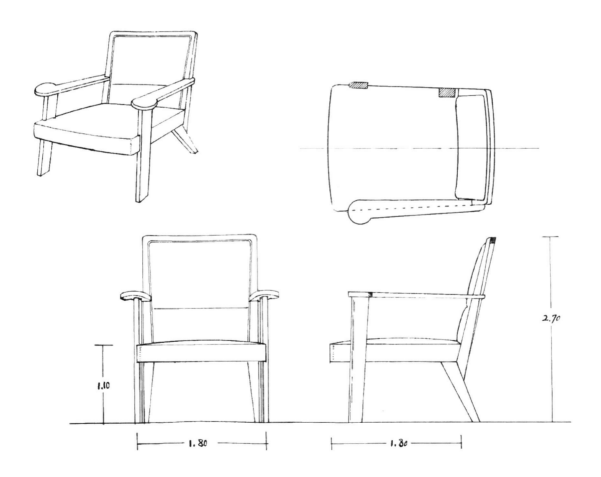

洋家具展

17　寝室用セット（A）

17・18　寝室用セット

小住宅又はアパートに居住する若人向きの簡易な寝室用セットである。桜材生地色仕上で、椅子張りはピンク色。

（1941年3月開催）　第39集

髙島屋「第9回」新時代洋家具展覧会

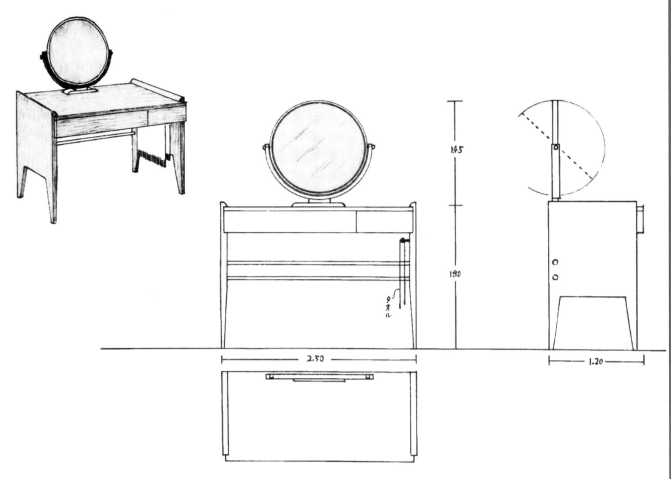

18　寝室用セット（B）

洋家具展

19　婦人居間用セット（A）

髙島屋「[第9回]新時代洋家具展覧会」（1941年3月開催）第39集

20　婦人居間用セット（B）

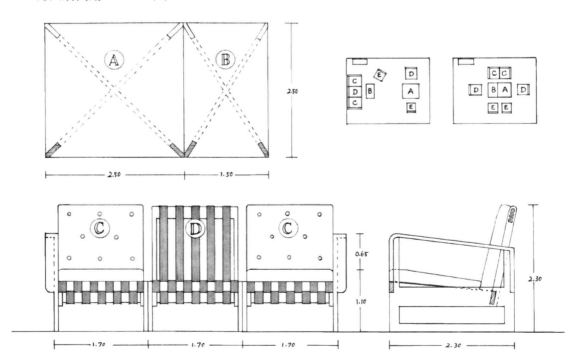

19・20　婦人居間用セット

主材は桜、赤味生地仕上で、クッションは薄茶色生地に赤の玉ぶちを付したもの。機能的な構成を主眼とし、材料の節減を計り、椅子はテープ（力裂）を利用し、スプリング代用とし、其の上にクッションを置く。卓子は図示の如くＡ、Ｂの二種類とし之を結合し大卓子ともなり、又分離して別個にも使用し得る様になっている。椅子はＣ・Ｄ・Ｅの３種でＣ二本を結合すれば、二人掛となり、中にＤを入れれば三人掛の長椅子ともなる。又別個に分離しても使用し得る様計画されている。如何なる室でも其の組合せの方法により、数種の変化ある配置が出来るものである。

※「テープ」とは「ウエビングテープ」のこと。

(6) 髙島屋
「第10回 新作洋家具展覧会」

(1942年11月開催＊) 第47集

＊開催年は推定、開催月は髙島屋史料館所蔵資料より

【表紙解説文】

新作洋家具展集

髙島屋
住宅用及び事務用家具五十種・八十余点［・］堅実なる作風に構作的創意豊かなる作品の展望・時局下日本家具の新動向を現示

【巻頭解説文】

新作洋家具展集

　本集は髙島屋百貨店に於いて開催された第10回「新作洋家具展覧会」を全貌的に蒐録せるもので、何れもが簡素にして堅実な作風を示し然も夫々其の用途に適う構作的創意豊かな作品のみである。第1室より第15室まで住居用家具を主とし、之に事務用家具を加え50種81点が展示されている。本集はその総てを収録し、併せて製作図を添付して実際工作に資した。本集発刊のために寄せられた同店家具部諸氏の御好意に対し深甚の謝意を表するものである。

洋家具展

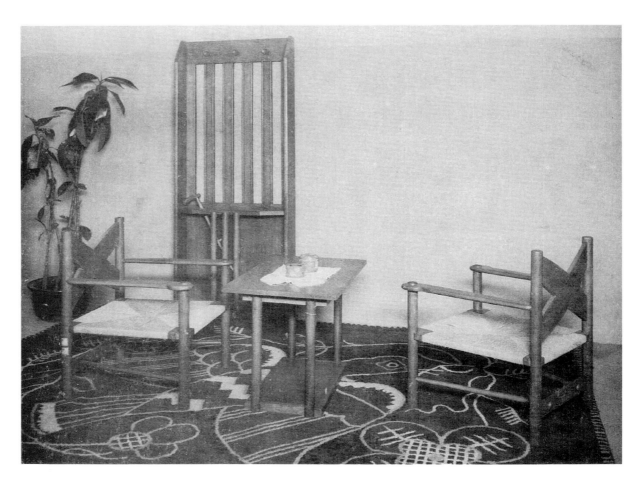

1　①玄関広間の家具

1　玄関広間の家具

帽子掛1、卓子1、肘掛椅子2脚よりなる玄関の広間用家具、楢材を用い、淡色仕上とし、椅子の座は葦、脊板の十字意匠が目新しい。

(1942年11月開催)　第47集

高島屋「第10回　新作洋家具展覧会」

2（上）　②事務用応接室の家具

2（下）　②事務用応接室の家具　帽子掛と小卓子

2　事務用応接室の家具

上図はその全観。下図は附属家具としての帽子掛と小卓子。堅実な感じを主調とし、楢材の暗色調仕上である。

洋家具展

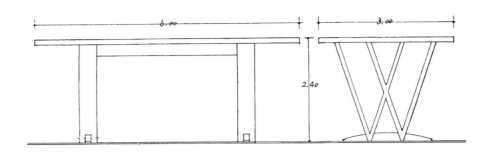

3（上） ②事務用応接室（卓子設計図）

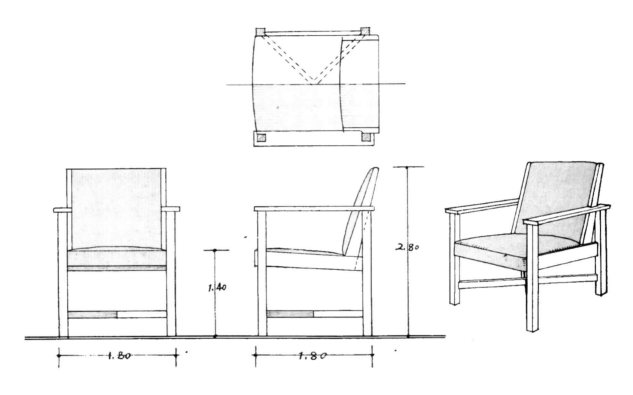

3（中） ②事務用応接室（椅子設計図）

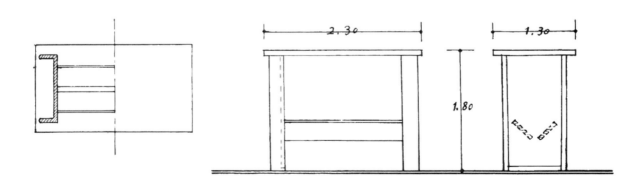

3（下） ③書斎（小卓子設計図）

3（上・中） 事務用応接室の家具設計図（2点）／3（下） 書斎の家具設計図（1点）

(1942年11月開催) 第47集

髙島屋「第10回 新作洋家具展覧会」

4　③書斎の家具

4　書斎の家具

簡素な書斎家具で椅子の構想に目を惹かれる。座はロープ張りの上に置かれ、脊は簡単にホック止めとし、脇卓子の書物棚も使いよい。楢材の淡色仕上である。

洋家具展

5　④応接室の家具

5　応接室の家具

優美な曲線を基調とした家具で、婦人用応接室にも適わしいものである。桜材の生地色仕上げと、ピンク色の裂地が婉麗な調和を見せている。

（1942年11月開催） 第47集

髙島屋「第10回 新作洋家具展覧会」

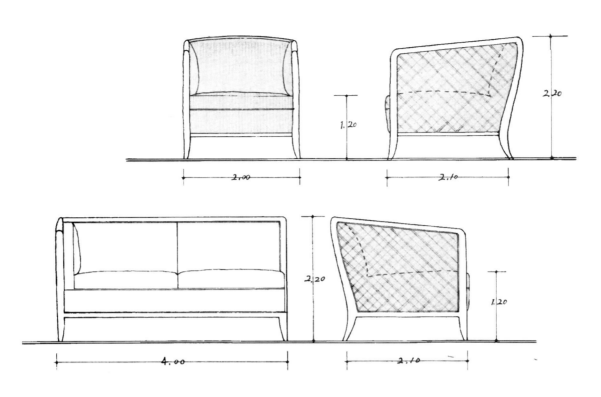

6（上） ④応接室（椅子及び長椅子設計図）

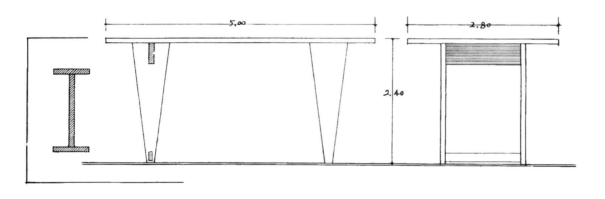

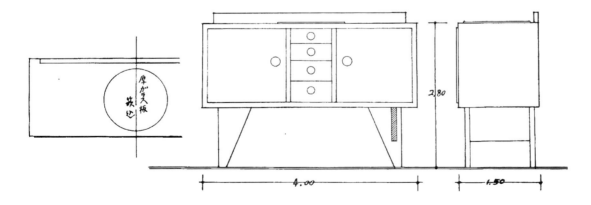

6（下） ⑤食堂（卓子 食器棚設計図）

6（上） 応接室の家具設計図（2点）／6（下） 食堂の家具設計図（2点）

洋家具展

7　⑤食堂の家具

7　食堂の家具

上図は全観を示し、下図はサイドボードの詳細。椅子は脊から座に竹の簀子(すのこ)を用いクッションを結び付ける。桜材の生地色仕上で明快な構成である。

（1942年11月開催）第47集

髙島屋「第10回 新作洋家具展覧会」

8（上）　⑥事務室の家具

8（下）　⑦食堂の家具（1）

8（上）　事務室の家具／8（下）　食堂の家具（1）

上図事務室の家具は楢材の黒っぽい仕上。廻転椅子の脊は曲木、机の抽斗は右上1個の錠で全部開閉される。下図食堂の家具は桜材の生地仕上、椅子の座は葦の縄を編んだもので、硝子入りのサイドボードも清楚な感じである。

洋家具展

9（上） ⑦食堂の家具（2）

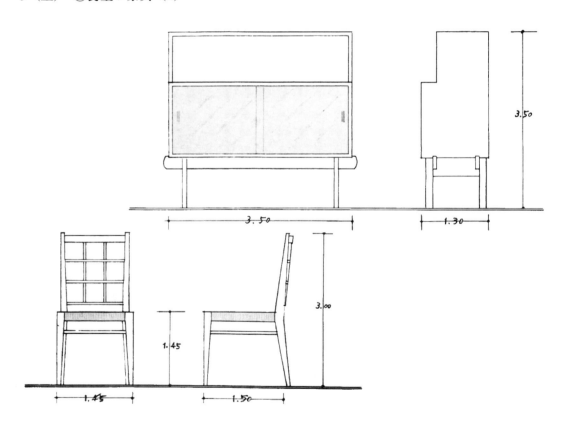

9（下） ⑦食堂（椅子及び食器棚設計図）

9（上） 食堂の家具（2） サイドボード詳細／9（下） 食堂の家具設計図（2点）

(1942年11月開催) 第47集

高島屋「第10回 新作洋家具展覧会」

10（上） ⑧小応接室の家具

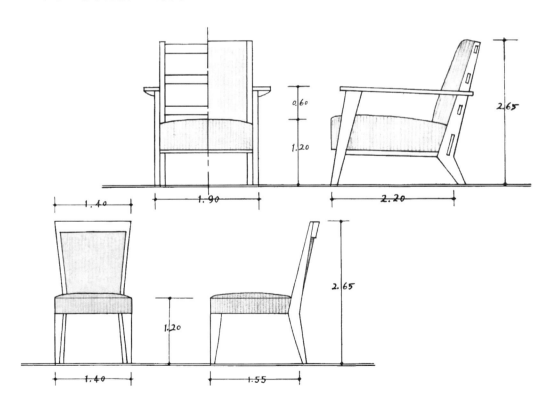

10（下） ⑧小応接室の家具（椅子設計図）

10（上） 小応接室の家具／10（下） 小応接室の家具設計図（2点）

堅実な楢材のセット。クッションは座と共裂で、脊の上部で簡単にとめる。

603

洋家具展

11（上） ⑨客室の家具

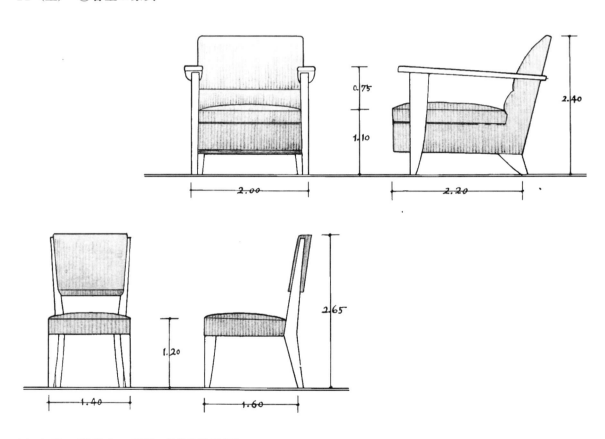

11（下） ⑨客室の家具（椅子設計図）

11（上） 客室の家具／11（下） 客室の家具設計図（2点）

楢材の濃茶色仕上げで、裂地も渋い色調。

(1942年11月開催) 第47集

髙島屋「第10回 新作洋家具展覧会」

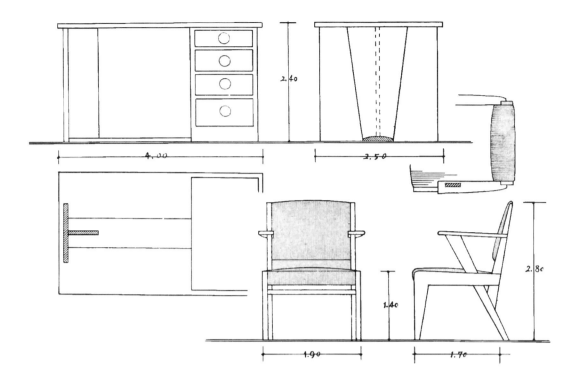

12（上） ⑩書斎（机及び椅子設計図）

12（下） ⑩書斎の家具

12（上） 書斎の家具設計図（2点）／12（下） 書斎の家具

楢材を主材とし、金属を全然使用していない。椅子の構作も合理的に考えられている。

洋家具展

13 ⑪食堂の家具

13 食堂の家具

上図は全観、下図は卓子の構造を示す詳細。楢材の淡色仕上げで椅子は葦張り。卓子は簡単で堅実な折り畳み式である。

(1942年11月開催) 第47集

髙島屋「第10回 新作洋家具展覧会」

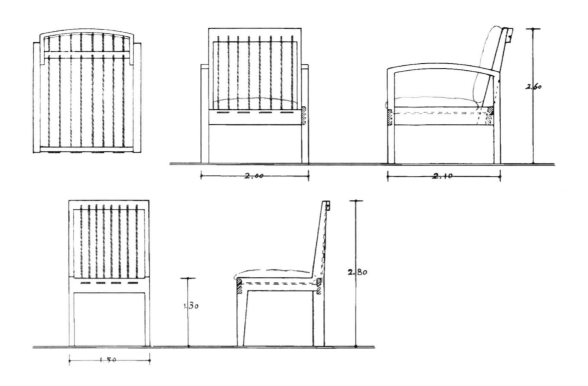

14（上） ⑫居間（椅子設計図）

14（下） ⑫居間の家具（1）

14（上） 居間の家具設計図（2点）／14（下） 居間の家具（1）

第三の書斎家具と同様のロープで脊と座を張ったもので、桜材を主材としている。

洋家具展

15（上）　⑫居間の家具（2）

15（下）　⑬書斎の家具（1）

15（上）　居間の家具（2）／15（下）　書斎の家具（1）

上図は前頁の居間家具の全観。下図は書斎家具の書棚で、楢材の渋い色調。

(1942年11月開催) 第47集

髙島屋「第10回 新作洋家具展覧会」

16（上）　⑬書斎の家具（2）

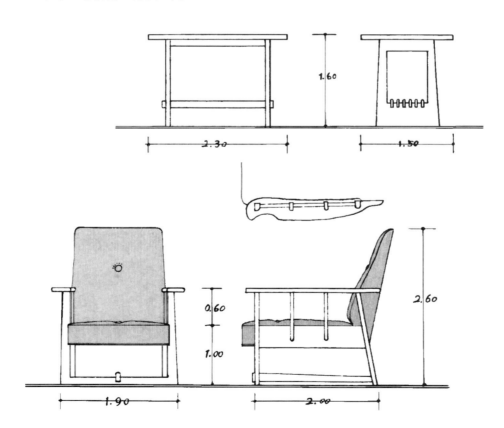

16（下）　⑬書斎（椅子及び卓子設計図）

16（上）　書斎の家具（2）／16（下）　書斎の家具設計図（2点）

隅々まで気取った意匠になるもので、全体に落着いた色調、脚部で敷物、畳などを損わないように工夫されている。主材は楢材。

洋家具展

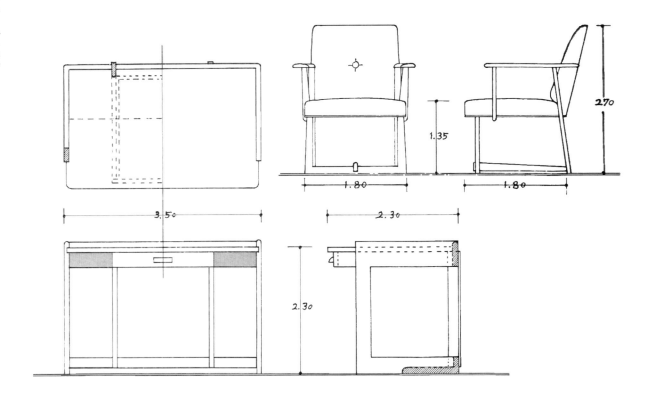

17（上） ⑬書斎（机及び椅子設計図）

17（下） ⑬書斎の家具（3）

17（上） 書斎の家具設計図（2点）／17（下） 書斎の家具（3）

下図は書机と肱掛椅子の詳細。主材は何れも楢材、暗調色の仕上げである。

(1942年11月開催) 第47集

髙島屋「第10回 新作洋家具展覧会」

18（上）　⑭寝室の家具（1）

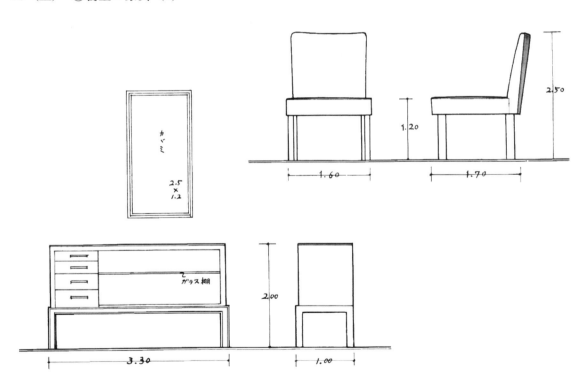

18（下）　⑭寝室（椅子及び化粧台設計図）

18（上）　寝室の家具（1）／18（下）　寝室の家具設計図（2点）

桜材の生地色仕上げで、明朗なセット。鏡は直接壁面に取り付ける。

611

洋家具展

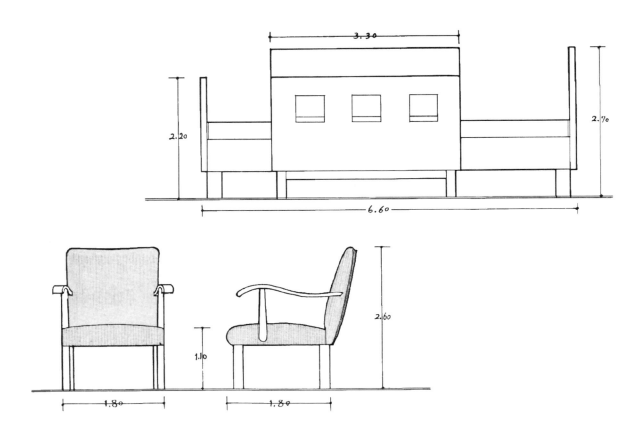

19（上） ⑭寝室（寝台及び椅子設計図）

19（下） ⑭寝室の家具（2）

19（上） 寝室の家具設計図（2点）／19（下） 寝室の家具（2）

寝台は桜材の生地仕上げ。置物台、スツールと共に簡素な意匠に統一されている。

(1942年11月開催) 第47集

髙島屋「第10回 新作洋家具展覧会」

20（上）　⑮ベランダの家具

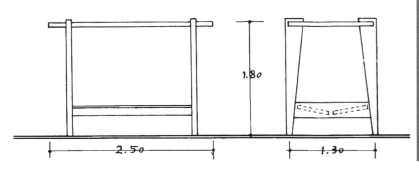

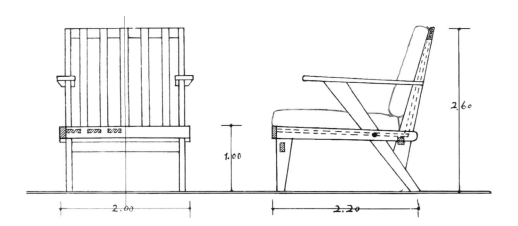

20（下）　⑮ベランダ（椅子及び卓子設計図）

20　ベランダの家具

上図は全観、堅固な構造を主眼とし、脊と座は取り外し得るようになっている。ブナ材で淡色仕上、寸法もベランダに応わしくゆったりとしている。下図はその設計図。

第3節
工精会家具展

(1) 髙島屋「第1回 工精会家具展」

(1938年5月開催) 第20集

【表紙解説文】

工精会家具展集

日本橋・髙島屋
ビウローデスク・手許簞笥・小形鏡台［・］透彫小卓・懸時計・飾棚等の小工芸品を始め応接・居間・客間・玄関・ベランダ用セット・椅子卓子・スモーキングデスク・籐製家具等々・新興工芸の精髄を聚め時代色豊かなる様式的家具作品の展観

【巻頭解説文】

工精会家具展集

　工精会は会長に岡田三郎助画伯、副会長に大隅為三氏の任ずる家具研究会である。本会の第一回作品発表会として、会員の梶田惠氏、林二郎氏、渡邊明氏、三氏の力作多数が本年［昭和13年］5月中旬、日本橋髙島屋に於いて一般に展観された。本集は此れ等出陳作品の代表的なものを収録したもので、作品は何れも時代的な趣味を主調とし、而も近代的な嗜好に適応すべき新意匠や新考案が、之に加えられた佳品である。殊に東洋風のデザインに成る小工芸品の創作は、全て優麗な意匠図案と、精巧を極めた技術とを以って製作された、芸術的香り高き作品のみで、真に我が国新興工芸の精髄に触るるの感がある。本集では頁数の制限に依り、其の一部を割愛したことを遺憾とするが、これ等は何れ他日の後篇に俟つこととした。

工精会家具展

1　櫃〔参考出品〕　フランボアイアン（火焔式ゴシック）　　　中上川三郎治氏所蔵

髙島屋「第1回 工精会家具展」

(1938年5月開催) 第20集

2（上） スツール〔参考出品〕 18世紀イスパノモレスク　　岡田三郎助氏所蔵

2（下） 椅子〔参考出品〕 ルイ13世　　山下新太郎氏所蔵

工精会家具展

3　机〔参考出品〕　伊太利ベネチヤゴシック・17世紀後半　　　大隅為三氏所蔵

髙島屋「第1回 工精会家具展」

（1938年5月開催） 第20集

4　ビウローデスク　　梶田　惠氏作

黒柿を主材として、上正面、両側面は葡萄玉木目の地板にサラセン風の紋様を象牙、蝶貝等で嵌入（インレイ）し、同様式の透彫金具を配して装飾したもので、書机及び用簞笥を兼用するものである。

※「インレイ」（inlay）とは、無垢材に溝を彫り、そこに異なる樹種の木材や金属などを埋め込むこと。これに対して、「寄木象嵌」（marquetry / parquetey）とは、寄木をベニヤ（化粧突板）とするもの。

工精会家具展

5（上左）小机／5（上右）手許簞笥　　梶田　惠氏作

小机の主材は桜材。李朝風の紋様を彫刻、嵌入せる小形文机である。手許簞笥は花林(かりん)材に李朝風の紋様を蝶貝で嵌入し、透彫真鍮金具を配したもの。貴重品等を納める小形の簞笥である。

※「花林」は「花梨」の当て字。

5（下左）方形透彫小卓／5（[下]左上）卓上燈台／5（下右）卓上小形鏡台　　梶田　惠氏作

方形透彫小卓は憲法梨材、両側を透彫となし、甲板に李朝風の紋様を蝶貝で嵌入した小卓。上の卓上燈台は紫檀材に、李朝風紋様を蝶貝で嵌入装飾をなしたもの。卓上小形鏡台は胡桃材を主材とし甲板に花紋様を象牙、貝で嵌入した可憐な小鏡台である。

髙島屋「第1回 工精会家具展」

(1938年5月開催) 第20集

6（上） 懸時計・飾棚／6（下左） 鏡付小机／6（下右） 花形小卓　　梶田　惠氏作

上図の懸時計は胡桃材、ゴシック風の紋様を彫刻象嵌したもの。飾棚も胡桃材で、古代鎌倉風の紋様を彫刻嵌入し装飾したものである。下図左は鏡付小机で、胡桃材を主材とし、竹、梅、蘭、菊、萄葡［葡萄］、菊等の丸紋を洋白蝶貝で嵌入、雲形彫刻を配し装飾したもの、平常は机の用をなし、展開すれば鏡台となるもの。右の花形小卓は胡桃材、李朝風の紋様を甲板に蝶貝で嵌入したものである。

※「甲板」はテーブルトップのこと。

工精会家具展

7 ヂャコビアン風の家具（A）　　　林　二郎氏作

ヂャコビアン風（英王ヂェームス1世時代の様式。1564—1625）の様式を近代的な趣味に活かしたもので、上図はその全観。下図はスモーキング小卓子、茶卓子及び喫煙用小卓子類である。

(1938年5月開催) 第20集

髙島屋「第1回 工精会家具展」

8 ヂャコビアン風の家具 (B)　　　林　二郎氏作

前頁の詳細を示したもので、上図の椅子はルネッサンス・ホールディングチェアー（17世紀頃の陣営椅子）で、四出揚［楊］材、打出模様を施した革の背とシートをもつもの。左は盆卓子で、本桜材及び四出揚［楊］材、甲板は桑の練付け、時代色蠟磨き仕上、盆と脚とは取外しが出来る様になっている。
下図はビウローデスクと小椅子。材料は何れも楢材を主材とし、殊に板目材を使用、着色は木地の味わいを殺さぬ程度のオイル仕上を施したものである。

※「四手楊」の「四手」は「垂」の当て字。「垂楊」（しでよう／すいよう）は「垂柳」（すいりゅう）すなわち、シダレヤナギのこと。

625

工精会家具展

9 スエーデンペザント風の家具　　林　二郎氏作

スエーデンペザント風（北欧農民芸術風）の様式で統一された応接室向きのセットである。肘掛椅子は四出［楊］材、シートは型模様裂張り。八角卓子は甲板に桑材を用い、其の他は雑木練り付としたものである。壁面の窓飾りはロシア及び英国民芸風、懸棚及び卓上果物入は南支の民芸品に摸せるものである。

（1938年5月開催）第20集

髙島屋「第1回 工精会家具展」

10　ルネッサンス風の家具（A）　　林　二郎氏作

西班牙（スパニッシュ）風の家具で、応接室向きのもの。下図は卓子の一部詳細、材料は四出楊材を用い、オールナット［ウォールナット］時代色仕上を施したものである。

工精会家具展

↑模様革西班牙キャビネット

↑金唐草模様西班牙肘掛椅子

11 ルネッサンス風の家具（B）　　林　二郎氏作

上図は模様革西班牙キャビネットで、桜材を主材とし、扉は模様革を彩色せるものにボーダーを飾鋲打ちとしたもの。下図は金唐草模様革張り肘掛椅子の詳細で、応接室用としてシートを低くしたもの、用材仕上は前記卓子と同様。

(1938年5月開催) 第20集

髙島屋「第1回 工精会家具展」

12　ペザント風の家具（A）　　　林　二郎氏作

農民芸術風の粗野な味わいを主眼としたベランダ用小セットである。材料は四出楊を効果的に活用し、卓子甲板もクセの儘の型を用い、椅子も亦同様の気持で製作したもので、シートは厚い革を革紐で張ったもの、仕上は蠟磨き。

工精会家具展

13 ペザント風の家具 (B) 　　林　二郎氏作

農家の素朴な炉辺などで使われるペザント風ベンチである。玄関用スリッパ入れを兼用する腰掛に使われるもので、材料は楢に古代色仕上を施したもので、下図は座板を上げ、スリッパ入れを示したもの。

（1938年5月開催）　第20集

髙島屋「第1回　工精会家具展」

14（上）　四方畳み茶卓子・椅子　　　　林　二郎氏作
14（下）　三方畳み茶卓子・木瓜形桑小卓子・スモーキング小卓子　　　林　二郎氏作

上図の卓子は四方からその甲板を畳めるもので、拡げた場合は二倍の面積として使用することが出来る。材料は山樏、ラッカー仕上である。小椅子は楢材の古代色仕上。下図左は三角形の卓子甲子板［甲板］を開いて、六角卓子と成るもの。中央は木瓜形、桑の小卓。左［右］は抽斗とタバコ棚を持ち、灰皿を置くスモーキング小卓で、材料は桂、時代色ラッカー仕上を施したものである。

※「甲子板」は誤植。「甲板」のこと。
※「樏」は「そり：雪や氷の上を滑らせて走る乗り物または運搬具」（大辞泉）のことである。しかし、この箇所での「山樏」は「やまぞり」ではなく、「山毛欅」（ぶな）のことではないかと考えられる。

631

工精会家具展

15 椅子・卓子　　林　二郎氏作

日本間、殊にベランダ等の籐椅子代りに使用する様、座、背共に竹を用いて試作したものである。主材は日本杉と四方竹の太目なもの。同卓子は素朴な感じを表現し、甲板などは荒木のままの仕上としたもの。

高島屋「第1回 工精会家具展」（1938年5月開催） 第20集

16（上） ディヴァンチェアー／16（下） ビウローデスクと椅子　　　渡邊　明氏作

上図のディヴァンチェアーは、肱及び其の支柱の部分に背の傾斜を加減し得る装置をなしたもので、用材は楢材。下図のビウローデスクの主材は楢、時代色仕上である。

工精会家具展

17 椅子・卓子　　渡邊　明氏作

スペイン風（18世紀）の様式になるもの。用材は楢、時代色仕上を施したもので、椅子の座は麻縄張りである。

(1938年5月開催) 第20集

髙島屋「第1回 工精会家具展」

18　椅子・卓子・飾棚　　　渡邊　明氏作

スカンヂナビア風の様式で統一されたもので主材は楢。下図は椅子・卓子の詳細を示したもの。

工精会家具展

19（上） 飾棚詳細／19（下） 揺籃　　　渡邊　明氏作

上図は前頁の全景に見る飾棚の詳細を示したもので、英国18世紀（コミュニオンチェスト）風飾棚である。用材は胡桃を主材としたもの。下図揺籃の［用材］は桜材、ピンク色ラッカー塗り仕上としたものである。

(1938年5月開催) 第20集

髙島屋「第1回 工精会家具展」

ティーワゴン・椅子詳細

20　籐製家具　　渡邊　明氏作
ティーワゴンは甲板を硝子張りとし、椅子及びワゴン共に色ラッカー塗り仕上を施したものである。

(2) 髙島屋
「第2回　工精会家具展」

(1939年5月開催)　第28集

【表紙解説文】

工精会家具展集 (2)

日本橋・髙島屋
卓子・椅子・飾棚・応接間セット・スツール・食卓・卓上スタンド・盛器・懸鏡［・］カップボード等の小家具を始め小箱・莨箱(たばこ)・状差・雑誌入・喫煙セット等の小木工芸品・欧風家具の正伝を究め現代生活への豊かな潤いを求むる独自的製作境

【巻頭解説文】

工精会家具展集 (2)

　本集は本年［昭和14年］5月、日本橋髙島屋楼上に催された「第2回工精会家具展」の出陳作品を収録せるものである。岡田三郎助、大隅為三両氏の指導を仰ぎ、現代木工家具界に名声ある梶田惠、林二郎、渡邊明三氏を会員とする工精会は、欧風家具の正伝を究めつつ現代生活への豊かな潤いを求めて独自の製作境を邁進し、会員諸氏の撓(たゆ)まざる努力と絶えざる精進に依って、その作品は今や我が工芸界に多大の反響を呼び起すに到ったのである。

　本展観には会員並びに新進木工家の作品の参加出品を併せて陳列し、時節柄大作を差控えて、専ら小工芸に主力を注いだものであるが、何れも室内家具としての落着きと、正しい示唆に富む作品揃いである。

工精会家具展

1（左）　18世紀アラビア小卓
　　　参考出品　　　中條家蔵

1（右）　ゴシック・フラムボアイアン式カップボード
　　　参考出品　　　中條家蔵

高島屋「第2回 工精会家具展」（1939年5月開催） 第28集

2（上） サラセン風　椅子二脚　　参考出品　　中條家蔵

2（下） サラセン風　スツール　　参考出品　　中條家蔵

工精会家具展

3（左） サラセン風　八角小卓
　　　　梶田　惠氏作

3（右）　支那風　飾卓　　梶田　惠氏作

（1939年5月開催）第28集

髙島屋「第2回 工精会家具展」

4（上）　木皿（マガレット・チューリップ／チウリップ紋）　　　梶田　惠氏作

4（下）　木皿（波紋）　　梶田　惠氏作

工精会家具展

5（右）卓上スタンド　　梶田　惠氏作

5（左）卓上スタンド　　梶田　惠氏作

高島屋「第2回 工精会家具展」(1939年5月開催) 第28集

6（上） 盛器（二種）　　梶田　恵氏作

6（下） サラセン風 灰皿　　梶田　恵氏作

工精会家具展

7（上）　小箱（インレイ・金具装飾）　　　梶田　恵氏作

7（下）　小箱（赤革張り・金具装飾）　　　梶田　恵氏作

※「インレイ」(inlay)とは、無垢材に溝を彫り、そこに異なる樹種の木材や金属などを埋め込むこと。これに対して、「寄木象嵌」(marquetry / parquetey)とは、寄木をベニヤ（化粧突板）とするもの。

(1939年5月開催) 第28集

髙島屋「第2回 工精会家具展」

8（左） 懸鏡　　梶田　惠氏作

8（右）　サラセン風　エッチング小額　　梶田　惠氏作

工精会家具展

9（上）　ジャコビアン・ダイニングセット　　　林　二郎氏作

9（下）　ジャコビアン・サイドテーブル　　　林　二郎氏作

髙島屋「第2回 工精会家具展」 (1939年5月開催) 第28集

10（上左）　スツール（籐網代張り・材塩地）　　　　林　二郎氏作
10（上中）　桶型　丸卓子　　　　　　　　　　　　林　二郎氏作
10（上右）　肘懸椅子（杉材・竹シート）　　　　　　林　二郎氏作

10（下）　日本間セット〔小椅子・丸卓子・肘懸椅子〕（杉材・竹シート）　　　林　二郎氏作

工精会家具展

11（上） チュードル・サイド・テーブル（甲板折畳み）　　　　林　二郎氏作
11（下） 楕円形食卓ゲートレッグステーブル　　　　　　　　　林　二郎氏作

※「チュードル」とは英国チューダー朝様式（Tudor）のこと。

髙島屋「第2回 工精会家具展」

(1939年5月開催) 第28集

12（上左上）　チッペンデール（壁懸棚）　　　　　　林　二郎氏作
12（上右）　　ペザント風　フロアースタンド　　　　林　二郎氏作
12（上左下）　変り型　ティーテーブル（桑練り）　　林　二郎氏作
12（下左）　　ペザント風　カップボード（食器棚）　林　二郎氏作
12（下右）　　編物卓子　　　　　　　　　　　　　　林　二郎氏作

工精会家具展

13（上左）　ゴシック風　肘懸椅子　　　林　二郎氏作
13（上右）　ゴシック卓子　　　　　　　林　二郎氏作

13（下左）　籐手付雑誌入　　　　　　　林　二郎氏作
13（下中）　ニュースホルダー（新聞入）　林　二郎氏作
13（下右）　ブックラック　　　　　　　林　二郎氏作

髙島屋「第2回 工精会家具展」（1939年5月開催） 第28集

14（上左）　ルネッサンス裂地張り小椅子　　　林　二郎氏作
14（上右）　ルネッサンス八角卓子　　　　　　林　二郎氏作

14（下）　X型籐張りスツール（材楢）　　　　林　二郎氏作

工精会家具展

15（上） ビューローデスク（材桜・前板桑練り）　　林工房　二村五郎氏作

15（下） 丸甲板ホールディングスクリーンテーブル　　林　二郎氏作

(1939年5月開催) 第28集

髙島屋「第2回 工精会家具展」

16（上左）　ペザント風　懸花入　　　　　　　　　　　　　　　林　二郎氏作
16（上中）　六角格子透かし屑入〔花いれに使用せしもの〕　　　林　二郎氏作
16（上右）　六角提花器　　　　　　　　　　　　　　　　　　　林　二郎氏作
16（中）　　楢刳抜き盆付　煙草入　　　　　　　　　　　　　　林　二郎氏作　※左側は蓋を開けたところ。
16（下）　　黄楊象嵌　喫煙セット　　　　　　　　　　　　　　林　二郎氏作

工精会家具展

17（上左）　サウイング［ソーイング］　テーブル
　　　　　　　　　　　　　　　渡邊　明氏作

17（上右）　伊太利ルネッサンス飾椅子
　　　　　　　　　　　　　渡邊　明氏作

17（下）　ゴシック風　ファイヤースクリーン　　　渡邊　明氏作

※「サウイング［ソーイング］テーブル」（sewing table）とは、縫物台のこと。

髙島屋「第2回 工精会家具展」（1939年5月開催）第28集

18（上）　ベランダセット　　　渡邊　明氏作

18（下右）　盛器　　渡邊　明氏作

18（下右）　状差　　　渡邊　明氏作

工精会家具展

19（上）　スペイン風　応接間セット（X型肘懸椅子・八角卓子）　　　林工房　高松邑行氏作

19（下）　ゴッシク肘懸椅子　　　林工房　高橋善右衛門氏作

（1939年5月開催）第28集

髙島屋「第2回 工精会家具展」

20（上左）　小箱　　林工房　服部松三郎氏作

20（上右）　莨箱　　林工房　服部松三郎氏作

20（中左）　莨箱　　林工房　服部松三郎氏作

20（中右）　卓上スタンド
　　　　　　梶田工房　金井武男氏作

20（下）　ビール盆　梶田工房　井上源之助氏作

659

第4節
籐家具・木工芸作品展

(1) 髙島屋「夏の家具展」

(開催年月不詳：c1939年) 第27b集

【表紙解説文】

実用洋家具及び夏の家具展集

渋谷東横・日本橋髙島屋
実用本位・手頃な価格・洋家具普及を目標に構想せられし住宅各室家具の展観及び夏向き籐製家具の新作種々相を収録・時局精神に即応して堅実なる好作例の展示

【巻頭解説文】

実用洋家具及び夏の家具展集

　本集は東横百貨店に開かれた「新作実用洋家具陳列会」の出陳作と、髙島屋百貨店に催された「夏の家具展」に於ける作品中より、夫々優れた新作品を蒐め一集とせるものである。「新作実用洋家具陳列会」〔1頁―10頁〕は会名の示す如く意匠の新しさや華美な装いよりも、実用的であり、手頃な価格であることを主眼として製作せられしもの。「夏の家具展」〔11頁―20頁〕は籐製家具を主とする軽快な夏向き家具の展観で、和洋室何れにも調和し得るよう、日本的な意匠構成を試みられたものが多い。何れも時局精神に即せる健実味を基調とし、実質本位的な好作例を示すもののみである。

夏の家具展

籐家具・木工芸作品展

11 和洋応接室向きの家具

主材は太民籐、周囲皮籐及びオリーブ空色の愛国ファイバーを用い煉瓦編となせるもの。

(開催年月不詳：c1939年)　第27b集

高島屋「夏の家具展」

12　和洋両室向きの家具
骨は太民、背は皮籐及び赤オリーブ芯籐ラッカー塗変編(かわりあみ)、座は丸芯籐、袖下は黒竹使用。

籐家具・木工芸作品展

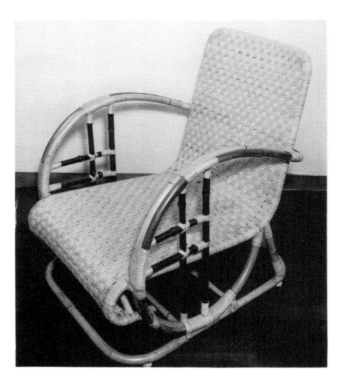

13（上）　日本間向きの家具／同詳細

主材太民、編は皮籐に霜降り愛国ファイバー市松編、袖下は栗竹を用い卓子甲板は米松材。

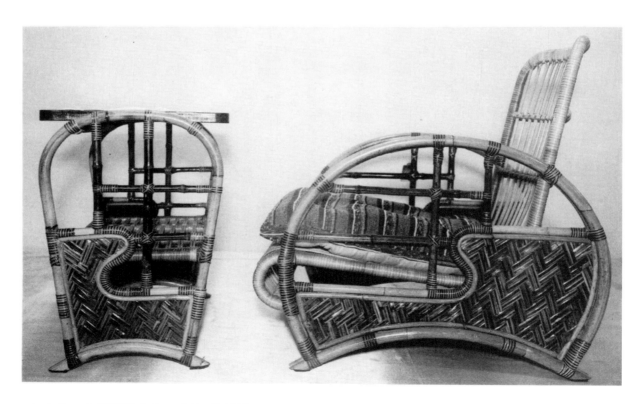

13（下）　和洋居間向きの家具／同詳細

主材太民、背より座にかけ丸芯籐連結堅矢来式編、側面は荒く網代に黒竹で格子風の組合せ。

（開催年月不詳：c1939年）　第27b集

高島屋「夏の家具展」

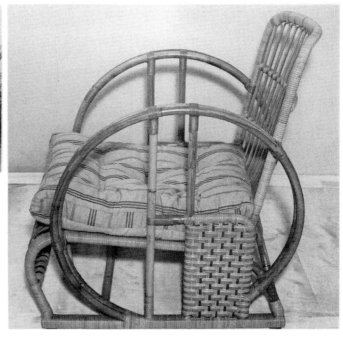

14（上）　喫煙室向きの家具／同詳細
主材太民、背より座にかけて丸芯籐を連結堅矢来式編、茶とグリーンの愛国ファイバーを編込む。

14（下）　ベランダ向きの家具／同詳細
主材太民籐、全体を生地其の儘クリーム色、編方は四ツ目編背より座にかけて黒色籐にて木目編三本の堅縞を表わし、布団地はクリーム地に藤と淡紺の堅縞日除地を応用せるもの。

籐家具・木工芸作品展

15　洋室向き・サンルーム向きの家具

主材は太民籐で骨組をなし、背より座にかけて丸芯籐にて連結堅矢来式編、茶とオリーブ色の愛国ファイバーを適当に配し、茶卓子は新聞雑誌入兼用とする様考案されている。

（開催年月不詳：c1939年）　第 27b 集

髙島屋「夏の家具展」

16（上）　和洋ベランダ向きの家具

主材太民籐、背より座にかけて丸芯籐堅矢来編、極めて軽快な安楽椅子、全体をクリーム色に着色し淡茶色の愛国ファイバーで適宜に色調をとりしもの。

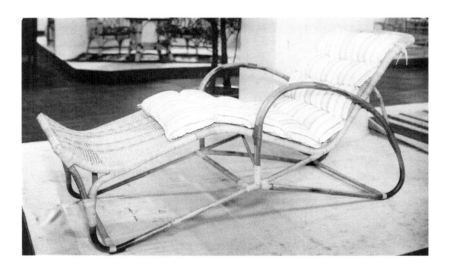

16（中）　寝椅子

主材は太民籐生地色で、全体を四ツ目編にしオリーブとグリーンの愛国ファイバーをあしらい、木目編で二本の縞を表わし曲線に富む軽快な寝椅子である。

16（下）　ベランダ向きの家具

主材太民、背丸籐及び芯籐グリーンラッカー塗。

籐家具・木工芸作品展

17（上） 談話室向きの家具
主材太民丸芯籐にて連結堅矢来編、紺色の愛国ファイバーを適当に配合す。

17（中） 婦人室向きの家具
主材太民、背は連結堅矢来編、淡茶に空色の愛国ファイバーで色調を施す。

17（下） 洋間向きの家具
白と黒との調子を主眼とせるもの、骨は太民、純白丸芯籐を用い部分的に巻籐は黒籐を用う。

髙島屋「夏の家具展」

(開催年月不詳：c1939年) 第27b集

18（上） 和洋ベランダ向きの家具

主材は太民、背は丸籐及び芯籐、ラッカー塗、敷は裂張り。

18（中） サンルーム向きの家具

主材太民、籐独特の弾力を利用し、鮮やかなる曲線美を現わし、背より座にかけて丸芯で連結堅矢来式編、全体をクリーム色に仕上げ、紺の愛国ファイバーで色調をとりしもの。

18（下） 喫煙室向きの家具

主材太民籐、大部分を生地のクリーム色とし、背及び腰に適宜紺色の丸籐をあしらい［、］敷［物］は丸型。

671

籐家具・木工芸作品展

19（上） 和洋ベランダ向きの家具

主材は太民、全体を皮籐で編み、オリーブとグリーンの愛国ファイバーで背より座にかけ二本に縞を現し、布団はそれに適わしい縞クレトン地を使用。

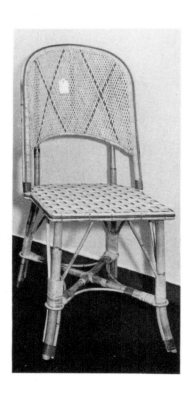

19（下左） 和洋室向きの家具

主材は太民籐でガッチリと組合せ、周囲は細い萩を用う。

19（下右） 喫茶室向きの小椅子

主材は太民、全体を美しい皮籐で菱形に編み、座はオリーブとグリーンの愛国ファイバーを適当に配し煉瓦編となせるもの。

（開催年月不詳：c1939年）　第27b集

髙島屋「夏の家具展」

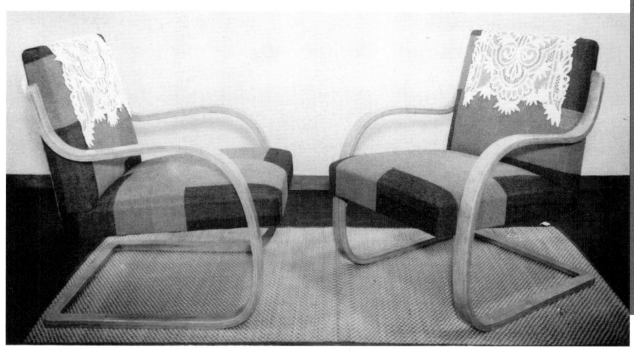

20　バンブーチェアー（2点）

竹独特のベンディングを利用せるもので上図は裂地包みとなし、下図は竹の簀子(すのこ)張りとなせるものである。

(2) 髙島屋「東京木工芸作家協会第一回作品展覧会」

(1941年6月開催) 第41集

【表紙解説文】

東京木工芸作家協会作品集（1）

日本橋・髙島屋
伝統日本の誇り木工芸界の新体制運動は「東京木工芸作家協会」の誕生に発足す！対社会への積極的動向を具現する旺盛なる新制作意欲の発露は全展観作品に横溢

【巻頭解説文】

東京木工芸作家協会作品集（1）

　本集は昭和16年6月下旬、日本橋髙島屋楼上に催された、「東京木工芸作家協会第一回作品展覧会」の出陳木工芸作品を全貌的に収録せるものである。東京木工芸作家協会は富本憲吉氏、森田亀之助氏、大隅為三氏、森口多里氏を顧問とする工芸作家の新団体であるが、その団結と発足に際する抱負に就いては、以下顧問森口多里氏の「木工芸と新体制」と題することばをかりることにする。

　「官展の第四部では木工芸品は甚だ影が薄い。竹細工さえ幅を利かせ始めたのに、貴い伝統を持つ木工芸がこの有様では心細い。その代り、現代の木工芸家は、官展から独立して向上してきたのだという誇りを持つ事が出来る。これは大きな強味であると云える。官展による世俗的関心に煩わされることなく、また官展的競争につきまとう臭気に染むことなく、工芸の道を歩いてきたからである。この道程は正しいが、それと共に、とかく制作意欲が退嬰的（たいえいてき）となり、対社会的に消極的になりやすいという弊もある。そこで、木工芸家が強固に団結して、その制作意欲を旺盛にし、社会に積極的に働きかける必要が起るのである。かくする事によって、貴い伝統を如何にしてよく現代社会に生かすべきかという課題の解決に向って心を併せて邁進し得るのであって、これこそ木工芸界の新体制であり、今回の展覧会はこの新発足の第一声である。個々の作品の成績よりも、この新しい発足に期待すべきである。」（森口多里）

※「退嬰的（たいえいてき）」とは、進んで新しいことに取り組もうとしないさま。

籐家具・木工芸作品展

1 卓子と椅子　　渡邊　明氏作

髙島屋「東京木工芸作家協会第一回作品展覧会」

(1941年6月開催) 第41集

2（上）　　シャンデリア　　　　渡邊明氏作
2（下左）　廻転茶テーブル　　　堀内正三氏作
2（下右）　玄関用椅子　　　　　本吉春三郎氏作

677

籐家具・木工芸作品展

3（上）　キャンドルスタンド　　　河津直武氏作

3（下）　ペング[ブ]ロークテーブル　　　林　二郎氏作

※「ペング[ブ]ロークテーブル」(pembroke table) は甲板の両端を下方に折り下げることができるテーブルのこと。

高島屋「東京木工芸作家協会第一回作品展覧会」（1941年6月開催）第41集

4　寝椅子・卓子・スツール　　　伊藤幾次郎氏作

籐家具・木工芸作品展

5（上左）　ケーク[キ]スタンド　　　　須田桑月氏作
5（上右）　ゲートレックステーブル　　二村五郎氏作

5（下左）　紫檀高卓　　　　　　　　　本橋玉齋氏作
5（下右）　ケーク[キ]スタンド　　　　作山宗章氏作

(1941年6月開催) 第41集

高島屋「東京木工芸作家協会第一回作品展覧会」

6（上）懸棚　　梶田　惠氏作

（下）卓上燈台　　梶田　惠氏作

籐家具・木工芸作品展

7（上）　棚　　　星野克齋氏作

7（下）　棚　　　山田文治氏作

高島屋「東京木工芸作家協会第一回作品展覧会」 （1941年6月開催） 第41集

8（上）　桑八角脚付杯　　　山口壽泉氏作

8（下左）　蜻蛉（とんぼ）紋香盆　　　山口壽泉氏作
8（下中）　桑つく羽根紋平棗（なつめ）　　　山口壽泉氏作
8（下右）　水辺香盆　　　山口壽泉氏作
8（下手前）木斛（もっこく）仙媒　　　森田藻巳氏作

※「木斛」（もっこく）はツバキ科の常緑高木。

籐家具・木工芸作品展

9（上）　仏手柑茶托　　　森田藻巳氏作

9（中）　盛器　　　萩合吉五郎氏作

9（下）　果実盛　　　麻田金三郎氏作

(1941年6月開催) 第41集

髙島屋「東京木工芸作家協会第一回作品展覧会」

10（上） 懸鏡　　梶田　惠氏作

10（下） 手筥（てばこ）　　梶田　惠氏作

籐家具・木工芸作品展

11（上）　瑇瑇［瑇瑁］張小筥　　仰木政齋氏作

11（中左）　木彫小筥　　近藤善久氏作

11（下）　黒柿木画手筥（二種）　　木内省古氏作

※「瑇瑇」（まいたい）は「瑇瑁」（たいまい）の誤植と思われる。「瑇瑁」はウミガメ科のカメ。甲長約1メートル。甲は鼈甲として装飾品の材料になる。

髙島屋「東京木工芸作家協会第一回作品展覧会」 （1941年6月開催） 第41集

12（上） 木彫手筥　　林　二郎氏作

12（下） 花形盆　　梶田　惠氏作

籐家具・木工芸作品展

13（上左）筥　　本吉春三郎氏作　　　　13（上右）グローブボックス　　小川悠山氏作

13（中）書類筥　　河津直武氏作

13（下左）シガーケース　　本橋玉齋氏作　　　　13（下右）筥　　福井清司氏作

(1941年6月開催) 第41集

髙島屋「東京木工芸作家協会第一回作品展覧会」

14（上）　飾筥　　　野口芳良氏作

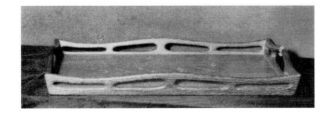

14（中左）　手付盆　　高橋翼風氏作

14（中右）　花器　　金井武男氏作

14（下）　サービス盆（上）　吉原良雄氏作
14（下）　サービス盆（下）　小川悠山氏作

籐家具・木工芸作品展

15（上左）　マガジンスタンド　　小川悠山氏作

15（上右）　花器　　本吉春三郎氏作

15（下左）　ダストボックス　　山田文治氏作

15（下右）　状差　　小川悠山氏作

(1941年6月開催) 第41集

髙島屋「東京木工芸作家協会第一回作品展覧会」

16（上）［台の上］　蠟色八角厨子　　　前田南齋氏作
16（上）［台本体］　粉地華脚几　　　　前田南齋氏作

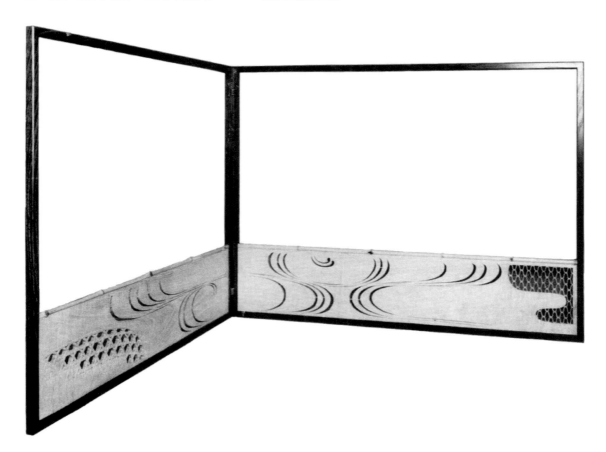

16（下）　桑縁風炉先屏風　　　前田南齋氏作

籐家具・木工芸作品展

17（上）桑厨子　　須田桑月氏作

17（中）台・厨子　　前田保三氏作

17（下）卓　　前田保三氏作

(1941年6月開催) 第41集

髙島屋「東京木工芸作家協会第一回作品展覧会」

18（上）　小屏風
　　　　　　星野克齋氏作

18（中）　水指棚
　　　　　　須田利雄氏作

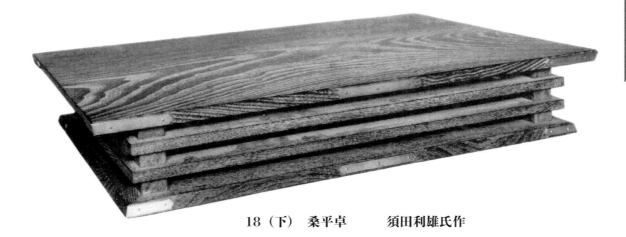

18（下）　桑平卓　　須田利雄氏作

籐家具・木工芸作品展

19（上）　一位卓　　三好定次郎氏作

19（中）　美欄紫檀平卓　　小川悠山氏作

19（下）　大平卓　　小川悠山氏作

（1941 年 6 月開催） 第 41 集

髙島屋「東京木工芸作家協会第一回作品展覧会」

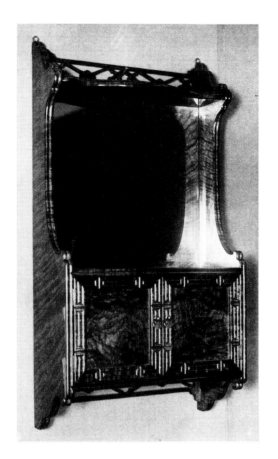

20（上左） 献保梨懸棚　　土屋伊之助氏作　　20（上右）　掛花入　　吉原良雄氏作

20（下）　桑文机・硯箱　　山田文治氏作

第5節
髙島屋史料館及びその他の資料

(1) 髙島屋「第3回家具装飾陳列会／大阪髙島屋呉服店第3回家具装飾展覧会」

（1923年10・11月長堀店開催）
「流行だより臨時増刊」案内状／『木材工芸』第56号

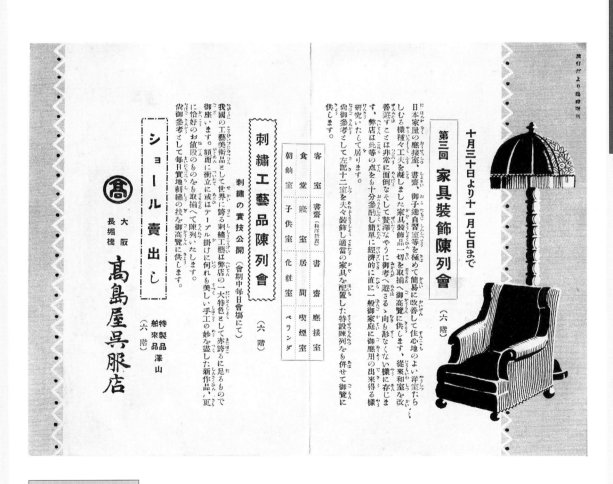

髙島屋史料館所蔵

流行だより臨時増刊

10月30日より11月7日まで

第3回　家具装飾陳列会　（6階）

日本家屋の応接室、書斎、御子達自習室等を極めて簡易に改善して住み心地のよい洋室たらしむる様種々工夫を凝らしました家具装飾品一切を取揃え御高覧に供します、従来和室を改善遊ばすことは非常に面倒なそして贅沢なように御考え遊ばさるる向きも少なくない様に存じます、弊店は此れ等の点をも十分参酌し簡単に経済的に直ちに一般御家庭に御応用の出来得る様研究いたして居ります。
尚御参考として左記［下記］十二室を夫々装飾し適当の家具を配置した特設陳列をも併せて御覧に供します。

　　　　　客室　　書斎（和洋折衷）　書斎　応接室
　　　　　食堂　　寝室　　　　　　　居間　喫煙室
　　　　　朝餉室　子供室　　　　　　化粧室　ベランダ

刺繍工芸品陳列会　（6階）

刺繍の実技公開（会期中毎日会場にて）

我が国の工芸美術品として世界に誇る刺繍工芸は弊店の一大特色として亦誇るに足るもので御座います。額面に衝立に或はテーブル掛けに何れも美しい手工の妙を尽くした新作品、更に恰好のお値段のものをも取揃えて陳列いたします。
尚御参考として毎日実地刺繍の技を御高覧に供します。

ショール売出し　　特製品　舶来品　沢山　（6階）

　　　　　　　　　　　　　　　　　　　［社徽章］　大阪　長堀橋　髙島屋呉服店

※ 1898（明治31）年に開店した大阪心斎橋店は、1919（大正8）年5月に火災に見舞われたが、同年9月に復興開店した。そして翌1920（大正9）年、初めて装飾部が常設売場を持つことになる。そして同年、心斎橋店において「第1回家具装飾陳列会」が開催された。更に、翌1921（大正10）年には「第2回生活改造家具陳列会」を開催したが、その際には外部講師による「日本人の新生活に就いて」という家具に関する講演会が開催された（『髙島屋150年史』1982年、92-99頁）。岡田信一郎設計監理・竹中工務店施工によって、1921年5月に着工して1922（大正11）年9月に竣工した大阪長堀店は、地下1階・地上7階・塔屋2階・エレベータ（客用4基・店用4基）設置の鉄筋コンクリート造の本格的な建築であった。長堀店では家具装飾品の常設売場は5階に設けられた。そして6階には催し場があった（出典同上）。この長堀店が開店した1922年の10月30日から11月7日にかけて開催されたのが「第3回家具装飾陳列会」であったと推定されていた。しかし、『木材工芸』（第56号、口絵、1923年10月［1923年11月23日印刷納本］、18頁）には、1923（大正12）年10月30日より11月7日まで「第3回家具装飾陳列会」が開催された旨の報告が記載されている。また同展の出品作品の写真が「大阪髙島屋呉服店第3回家具装飾展覧会作品」として掲載されている。したがって、「第3回家具装飾陳列会」は1923年10月30日より11月7日までの開催であった。

髙島屋「第3回家具装飾陳列会」

(1923年10・11月長堀店開催)「流行だより臨時増刊」案内状／『木材工芸』第56号

大阪髙島屋呉服店第3回家具装飾展覧会作品

【出典】小野政次郎編『木材工芸』第56号、木材工芸学会、1923年10月［1923年11月23日印刷納本］、口絵

1. 朝餉室家具

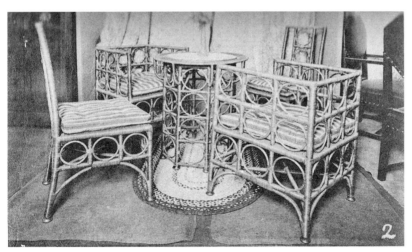

2. ベランダー家具

3. 子供室家具

(1923年10・11月長堀店開催)「流行だより臨時増刊」案内状／『木材工芸』第56号

髙島屋「第3回家具装飾陳列会」

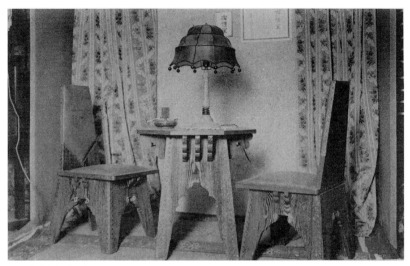

4．喫煙室家具

第3回家具装飾陳列会

【出典】小野政次郎編『木材工芸』第56号、木材工芸学会、1923年10月［1923年11月23日印刷納本］、18頁

　去る10月30日より11月7日まで大阪髙島屋呉服店6階で開催された同店装飾部の新製品展覧会である、日本家屋の応接室、書斎等を簡易に改善して住心地のよい洋室とするため簡単に経済的に一般家庭に応用し得る様簡易な家具を陳列する外に客室、書斎（和洋折衷）［、］書斎、応接室、食堂、寝室、居間、喫煙室、朝餉室、子供室、化粧室、ベランダの12室を夫々装飾した特設陳列は観者をしてよく西洋家具を理解せしむるに充分の効があった、右［上］会期中会場で同店の特色として居る刺繍の作品を陳列し毎日刺繍実技の公開があった。（本号口絵参照）

※髙島屋史料館所蔵の案内状（流行だより臨時増刊）に見られる「第3回　家具装飾陳列会」［長堀店］は、1922（大正11）年の開催ではなく、1923（大正12）年の10月30から11月7日までの開催であった。

(2) 髙島屋「[東京]髙島屋第1回家具陳列会／[東京]髙島屋主催第1回和洋家具特製品陳列会」

(1924年3月東京店家具装飾部専門別館（南伝馬町旧店舗跡地）開催）
『木材工芸』第61号

髙島屋第1回家具陳列会作品

【出典】小野政次郎編『木材工芸』第61号、木材工芸学会、1924年3月、口絵

ベランダー用籐製家具

小食堂用家具

応接室家具

居間家具

客室家具

(1924年3月東京店家具装飾部専門別館（南伝馬町旧店舗跡地）開催）『木材工芸』第61号

髙島屋「[東京]髙島屋第1回家具陳列会」

陳列場正面全景

髙島屋主催第1回和洋家具特製品陳列会

【出典】小野政次郎編『木材工芸』第61号、木材工芸学会、1924年3月、19頁

　髙島屋呉服店に於いては旧店跡に新たに家具装飾部専門の別館を新築し3月15日より開館第1回の和洋家具特製品陳列会を開催した[。]特別陳列としては客室、ベランダー、居間、書斎、小食堂、喫煙室等の家具新製品があった。緒しむらくは今少し実用的のものを提供して貰いたかった事と出来合電燈器具の陳列等には猶充分努力されんことを望む点がある。

南伝馬町旧店舗跡地の仮店舗の配置略図

【出典】大江善三：『髙島屋100年史』髙島屋本店、1941年3月、281頁

※ 1923（大正12）年9月、関東大震災によって焼失した東京店（南伝馬町店）の跡地には、1927（昭和2）年7月着工、同年9月竣工の京橋店が建設されることになる。関東大震災直後からこの京橋店開店までの間、東京店は、筋向かいの千代田館を借用して臨時営業所として営業を行っていた。そして1924（大正13）年3月、この南伝馬町の旧店舗跡地に東京店家具装飾部仮営業所が開設された。その直後の3月15日から開催されたのが、「髙島屋第1回家具陳列会／髙島屋主催第1回和洋家具特製品陳列会」であった。その後、この南伝馬町旧店舗跡地に建てられた仮営業所は取り払われ、1927年9月、木骨リシン塗人造石張3階建の京橋店が竣工することになる（『髙島屋100年史』1941年、278-282, 291-293頁／『髙島屋150年史』1982年、104-105, 473頁）。

(3) 髙島屋
「髙島屋呉服店第 4 回家具陳列会」
（1925 年開催）『木材工芸』第 82 号

髙島屋呉服店第 4 回家具陳列会作品（大正 14 年 11 月）
【出典】小野政次郎編『木材工芸』第 82 号、木材工芸学会、1925 年 12 月、口絵

寝室家具
本桜材サクラ色塗

1.	寝台（附属品付）	210.00 ［円］
1.	ランプ台	36.00
1.	化粧台	70.00
1.	服戸棚	165.00
1.	丸卓子	48.00
1.	小椅子	43.00

(1925年開催)『木材工芸』第82号

髙島屋「髙島屋呉服店第4回家具陳列会」

喫煙室家具
松材ウルシ塗

1. 丸卓子	65.00 ［円］
1. 肱掛椅子	130.00
1. 茶卓子	28.00

(4) 髙島屋「第6回髙島屋呉服店洋家具陳列会：新しい趣味の家具／髙島屋呉服店装飾部主催家具新作品展覧会」

（1927年開催）『帝国工芸』第2巻第9号／『木材工芸』第105号

第六回髙島屋呉服店洋家具陳列会出品：新しい趣味の家具

【出典】植實宗三郎「第六回髙島屋呉服店洋家具陳列会出品：新しい趣味の家具」『帝国工芸』第2巻第9号、帝国工芸会、1928年1月、口絵

考案者　植實宗三郎

第一の写真は日本趣味を含める仏蘭西気分を表す趣味の家具です。今日迄日本趣味の家具と称するものは、主として無理に形を其の趣味に合す様苦心しましたが、最近其の趣味を気分で表す事につとめて居ります。この家具は塗と使用材料及び色と形の変化で新し味を出して居ります。材料は桜材で塗は黒ラック仕上げ（これは欧洲［ママ］に於ける漆塗の代用です）［。］これに籐を巻いて脊板の重い感じを軽く見せ、籐巻の中央に金色の金物で押えて居ります。脚は八角で籐でしめてあります。椅子張りはビロード緑色の無地を使用して居ります。尚椅子ヘリの鋲は金色です。卓子は一本脚で椅子と同様に籐で巻いて居ります。

（1927年開催）『帝国工芸』第2巻第9号／『木材工芸』第105号

髙島屋「第6回髙島屋呉服店洋家具陳列会」

考案者　植實宗三郎
第二に写真は農民芸術風のコッテージ向家具の一種です。北欧の気分を含めて、三本脚で、全部オーク材を使用し、これにアンティックな仕上げをほどこし脊板の中央と座板の木端には、チップカービング風に彫刻をして、彫刻は別に亦アンティックな仕上げを再び施しました。椅子の蒲団はスコッチ風の模様のある裂で出来て居ります。

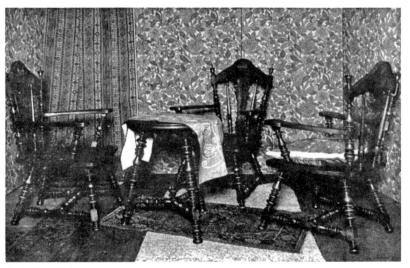

考案者　井上猛
第三の写真はコロニアルの変形で、古風なものから形を移して縁［線］の変化で興味を出して居ります。

※小野政次郎編「髙島屋呉服店装飾部主催家具新作品展覧会」『木材工芸』第105号、木材工芸学会、1927年11月、口絵にも第3の写真と同じものが「広間用セット、桜材」として掲載されている。

709

(1927年開催)『帝国工芸』第2巻第9号／『木材工芸』第105号

髙島屋「第6回髙島屋呉服店洋家具陳列会」

髙島屋呉服店装飾部主催　家具新作品展覧会作品

【出典】小野政次郎編「髙島屋呉服店装飾部主催家具新作品展覧会」『木材工芸』第105号、木材工芸学会、1927年11月、口絵

朝餉室　赤松　渋塗り

広間用セット　桜材

(5) 髙島屋「髙島屋新興家具展覧会／新興家具陳列会」

(1928年開催)『木材工芸』第118号

髙島屋新興家具展覧会作品

【出典】小野政次郎編「髙島屋新興家具展覧会作品」『木材工芸』第118号、1928年12月、口絵

1. 食堂

2. 客間

(1928年開催)『木材工芸』第118号

髙島屋「髙島屋新興家具展覧会」

3. 喫煙室

4. 居間

新興家具陳列会に就いて

髙島屋呉服店家具装飾設計部　宮内順治

【出典】髙島屋呉服店家具装飾設計部　宮内順治「新興家具陳列会に就て」『木材工芸』第118号、木材工芸学会、1928年12月、11-12頁

　過去文化の遺物として今日迄存在せる美術工芸は［、］其の時代に依り各特色を異にして居りますが［、］明治大正期に入って欧米諸国から盛んに洋風家具が輸入されまして［、］家具は殆んど洋風模倣でありました処が［、］漸く欧米風の様式から更に研究を進めた［、］即ち新しい様式の家具が現れて参りました。
　即ち日本の趣味嗜好並びに生活様式に全く合った家具を製作して皆様に御高評を御願いしたいとの希望に依って今回陳列会を催しました。
　　　　各室はそれぞれ綜合陳列をする事
　即ち家具にはそれぞれ色調のよき備品を置き［、］壁面とカーテンとの調和［、］更に窓を通して外光の感じを室内に取り入れ［、］或は照明により室内を美化し、椅子張りの裂地と敷物との調和、室内全体としては清楚で余計な飾りはない様にする事。
　色々と実際生活から美を求めて室内を美術的に装飾する傾向になりました。特に今春仏国美術展覧会開催により綜合陳列が盛んになりました。
　家具として特に御話し申し上げたい事は大略次の様です。
　材質と色調、木肌の具合杢目を文様の如く張り合わして単純にして清楚なる味わいを表わし［、］今迄家具の主材として取り扱った［のは］楢、チーク、桜［、］塩地材等であったが、松、桧、桑、欅、神代欅、本楠、ケンポ材、槇、縞柿、楓、桐材等の材料を適度にあしらって枯淡素朴の渋味を上品に取り扱い［、］塗上げの感じも材質との調和を考えて［、］適宜に金、銀、朱色、黒等をウルミ仕上げとして応用し［、］椅子張りの如きも日本趣味から取り入れた裂地を用いて日本座敷にも調和の宜しい様に考えました。
　特にヴェニヤ方法を利用して形状の美のみならず持ち運びに軽き様製作いたしました。
　敷物の如きも在来の如き舶来模様をさけて単調なる美を求めて気持よき感覚を味わう様取り計らいました。
　吾々は今後目的の為に充分の努力をして皆様の御高説を承って光輝ある日本の美術工業と相俟って大いに発展したい考えで居ります。

髙島屋新興家具展覧会　喫煙室家具【写真省略】　※（7）髙島屋「Furniture by Takashimaya」No.17（723頁）参照。
髙島屋新興家具展覧会　寝室家具【写真省略】　※同上 No.50（727頁）参照。

(6) 髙島屋「家具」

（年月不詳：c1931-33年京橋店）東京髙島屋家具装飾部通信販売しおり

　1923（大正12）年9月の関東大震災の際に焼失した土蔵造りの東京髙島屋「南伝馬町店」の店舗跡地に、髙島屋呉服店を施主として、岡田信一郎・岡田捷五郎の設計監理、竹中工務店の施工によって、木造2階・一部3階建ての「京橋店」が、1927（昭和2）年9月に竣工した。この店舗は、1933（昭和8）年3月の東京日本橋日生館の「日本橋店」開店時まで髙島屋の東京店であった。この「京橋店」の竣工当時の住所は、「東京市京橋区南伝馬町1丁目5番地」であったが、1931（昭和6）年3月からの区画整理により、「東京市京橋区京橋1丁目5番地」に地番が変更された。また、「日本橋店」（日生館）は、日本生命・髙島屋を施主として、片岡安・髙橋貞太郎・前田健二郎の設計監理、大林組の施工による地下2階・地上8階・搭屋2階の鉄骨鉄筋コンクリート造であった。この「日本橋店」（日生館）の住所は「東京市日本橋区通2丁目5番地」であった（髙島屋150年史編纂委員会編『髙島屋150年史』1982年、104-105, 106-107頁）。

　この「家具」東京髙島屋家具装飾部通信販売しおりは、記載されている住所表記が「東京市京橋区京橋一丁目」であることから、1931年3月の「京橋店」の地番変更から、1933年3月の「日本橋店」（日生館）開店までの間に印刷・発行されたことが判る。したがって、このしおりの表紙に掲載されている「家具陳列場」は、1931-33年頃の「京橋店」内の家具陳列場である。

(年月不詳：c1931-33年京橋店) 東京髙島屋家具装飾部通信販売しおり

髙島屋「家具」

D型	小應接間向セツト	三點	￥	53.00
	楢 地 材　ラツク塗　緞子張			
	長方形卓子（二尺三寸×一尺五寸）	1	￥	9.00
	肱掛椅子	2 @	￥	22.00

E型	書斎向セツト	二點	￥	27.00
	楢　材　ラツク塗　浮織張			
	書 机（間口二尺九寸）	1	￥	20.00
	小 椅 子	1	￥	7.00

I型	小應接間向セツト	三點	￥	56.00
	楢　材　ラツク塗　緞子張			
	長方形卓子（三尺×二尺）	1	￥	17.00
	肱掛椅子	2 @	￥	19.50

J型	客間向セツト	五點	￥	90.00
	楢　材　紫檀色塗　錦織張			
	丸 卓 子（徑二尺）	1	￥	13.00
	肱掛椅子	2 @	￥	26.50
	小 椅 子	2 @	￥	12.00

K型	客間向セツト	五點	￥	90.00
	楢　材　ラツク塗　緞子張			
	丸 卓 子（徑二尺）	1	￥	8.00
	安楽椅子	2 @	￥	32.00
	小 椅 子	2 @	￥	9.00

L型	應接間向セツト	五點	￥	35.00
	楢　材　ラツク塗　無地ベロア張			
	丸 卓 子	1	￥	5.00
	肱掛椅子	2 @	￥	10.00
	小 椅 子	2 @	￥	5.00

籐製三號　製張セツト	三點	￥	35.00
丸 卓 子（徑二尺）	1	￥	10.00
肱掛椅子	2 @	￥	12.50

籐製四號　蒲團付セツト	三點	￥	33.00
丸 卓 子（徑二尺一寸）	1	￥	9.00
安楽椅子	2 @	￥	12.00

髙島屋「家具」

(年月不詳：c1931-33年京橋店) 東京髙島屋家具装飾部通信販売しおり

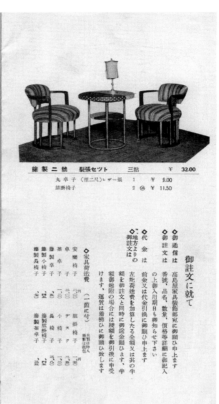

(年月不詳：c1931-33年京橋店）東京髙島屋家具装飾部通信販売カタログ

(7) 髙島屋
「Furniture by Takashimaya」

（年月不詳：c1931-33年京橋店）東京髙島屋家具装飾部通信販売カタログ

　1923（大正12）年9月の関東大震災の際に焼失した土蔵造りの東京髙島屋「南伝馬町店」の店舗跡地に、髙島屋呉服店を施主として、岡田信一郎・岡田捷五郎の設計監理、竹中工務店の施工によって、木造2階・一部3階建ての「京橋店」が、1927（昭和2）年9月に竣工した。この店舗は、1933（昭和8）年3月の東京日本橋日生館の「日本橋店」開店時まで髙島屋の東京店であった。この「京橋店」の竣工当時の住所は、「東京市京橋区南伝馬町1丁目5番地」であったが、1931（昭和6）年3月からの区画整理により、「東京市京橋区京橋1丁目5番地」に地番が変更された。また、「日本橋店」（日生館）は、日本生命・髙島屋を施主として、片岡安・高橋貞太郎・前田健二郎の設計監理、大林組の施工による地下2階・地上8階・搭屋2階の鉄骨鉄筋コンクリート造であった。この「日本橋店」（日生館）の住所は「東京市日本橋区通2丁目5番地」であった（髙島屋150年史編纂委員会編『髙島屋150年史』1982年、104-105，106-107頁）。

　この「Furniture by Takashimaya」東京髙島屋家具装飾部通信販売カタログは、記載されている住所表記が「東京市日本橋区通二丁目」となっているが、これは「上書きシール」によるものであり、そのシールの下には、「東京市京橋区京橋一丁目」の文字が確認できる。そこで、この通信販売カタログは、1931年3月の「京橋店」の地番変更から、1933年3月の「日本橋店」（日生館）開店までの間に印刷・発行されたが、「日本橋店」（日生館）開店後も引き続き使用され続けたことが判る。したがって、このカタログに掲載されている家具は、1931-33年頃の「京橋店」におけるものである。

　この通販カタログ「Furniture by Takashimaya」（1931-33年頃発行）の中には、1924年開催の「［東京］髙島屋第1回家具陳列会／［東京］髙島屋主催第1回和洋家具特製品陳列会」（『木材工芸』第61号）、1925年開催の「髙島屋呉服店第4回家具陳列会」（『木材工芸』第82号）、1927年開催の「第6回髙島屋呉服店洋家具陳列会」（『帝国工芸』第2巻第1号）／「髙島屋呉服店装飾部主催家具新作品展覧会」（『木材工芸』第105号）、1928年開催の「髙島屋新興家具展覧会／新興家具陳列会」（『木材工芸』第118号）において発表された家具セットが含まれている。通販カタログ掲載写真・展示会モデルルーム写真の双方とも全く同じ写真である。以下の表に、それらの比較対照関係を示す。

表2-7　髙島屋史料比較表
（「Furniture by Takashimaya」・『木材工芸』61・82・105・118・『帝国工芸』2-1）

「Furniture by Takashimaya」（1931-33年頃）	『木材工芸』61・82・105・118・『帝国工芸』2-1
No.2 ホール用セット	広間用セット（『木材工芸』第105号、1927年11月、口絵）第3の写真（『帝国工芸』第2巻第1号、1928年1月、口絵）
No.5 応接室セット	喫煙室（『木材工芸』第118号、1928年12月、口絵No.3）
No.10 御婦人向応接室セット	客間（『木材工芸』第118号、1928年12月、口絵No.2）
No.17 喫煙室セット	喫煙室家具（『木材工芸』第118号、1928年12月、11頁）
No.27 応接兼居間セット	居間（『木材工芸』第118号、1928年12月、口絵No.4）
No.37 食堂セット	食堂（『木材工芸』第118号、1928年12月、口絵No.1）
No.40 食堂セット	朝餉室（『木材工芸』第105号、1927年11月、口絵）
No.41 アフターディナー用セット	喫煙室家具（『木材工芸』第82号、1925年12月、口絵）
No.50 寝室セット	寝室家具（『木材工芸』第118号、1928年12月、12頁）
No.51 アパート向寝室家具セット	居間家具（『木材工芸』第61号、1924年3月、口絵）
No.64 籐製家具セット	ベランダー用籐製家具（『木材工芸』第61号、1924年3月、口絵）

※　括弧（　）内は出典を示す。

(年月不詳：c1931-33年京橋店) 東京髙島屋家具裝飾部通信販賣カタログ

弊店は別項營業品目各種の設計と製作販賣に永年の經驗を積んで居りますが、特に設計意匠は獨創的のものとして大方皆々樣より多大の御賞讚を頂いて居ります。
弊店專屬の和洋家具、金物、裝飾織物等の諸工場は充分の生產能力を繫へて皆樣の御期待に背かないやう常に研究を重ねて居ります、この度、カタログにて御覽の通りの華麗な品々を豊富に陳列し、同時に既製品の通信販賣を開始致しました、何卒御高覽御用命の程お願ひ致します。
尚有職室內御裝飾に就ては光榮ある歷史の下に、有職故實に造詣深き諸大家先生方の御指導を仰ぎつゝ、只管勉勵致して居りますから併せて御用命の程懇願申上げます。

御註文の栞

◇ 本カタログの定價は紙面の都合上、其の一例を記載いたしましたので、種類、數量に依り、この外、上下種々御座います。椅子被裝材料の皮革、織物類は、往々品切れも澗り難く存じますので、御用命の際は、一應御値頃の御指圖なり、御希望なりを御聞かせ下さいますれば好都合に存じます。

◇ 價格はすべて東京當店渡し、運賃別のお値段で荷造費其他諸掛りは實費を頂く事になつて居ります。但し近郊配達區域內は運賃無料で奉仕致します。

◇ 御通信は東京市日本橋區通二丁目髙島屋家具裝飾部宛にて、御註文書には、本カタログ記載番號、品名、色合、寸法、數量、價格、其他の御希望要項並に御入用期日等を御記し下さい。

◇ 特に、家具類御註文の際はお部屋の大きさを疊數か、なるべくは、入口及窓の位置などを示した平面圖を、又、志飾、敷物類に於きましては、窓額緣外寸法(下圖の樣な)、室內寸法を記した參考圖面をお添へ下さいますと、大變好都合でございます。

◇ 代金は振替貯金、郵便爲替、銀行小切手等に依る前金御送付又は代金引換の何れにても結構でございますが、特別御註文品は御手附金を戴く事になつて居ります。

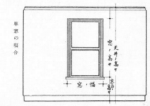
單窓の場合

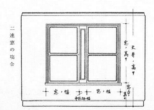
二連窓の場合

營業品目

◇ 和洋家具、建築造作の設計及製作　　◇ 船舶、車輛の裝飾並に金物類
◇ 電燈器具、並に建築金物類　　　　　◇ 內外壁紙並にリノリューム類
◇ ラヂオ、煖房器具、其他裝飾品一般　◇ 刺繡工藝美術品
◇ 有職織物、各種御裝束　　　　　　　◇ 祭典用器具各種

株式會社 髙島屋家具裝飾部

東京市日本橋區通二丁目
電話日本橋(24)代表 4111 4121 呼4120
振替口座東京510番

髙島屋「Furniture by Takashimaya」

髙島屋家具裝飾部專屬工場

和洋家具機械工場ノ一部

和洋家具仕上工場ノ一部

金物工場ノ一部

裝飾織物工場ノ一部

洋家具

No. 1　ホール用セツト　チーク材彫刻付アンチツク後仕上ゲ ¥ 350.00
御金具（ロートアイアン製）付
　壁付飾卓子　1個　¥ 200.00
　角卓子　　　1個　¥ 150.00

No. 3　ホール用セツト　¥ 205.00
楢材アンチツク後仕上ゲ 皮革張
御金具（ロートアイアン製）付
　中央卓子三尺×六尺　1個　¥ 50.00
　小椅子　2個 @ 35.00　¥ 70.00
　御椅　　1個　　　　　¥ 85.00

No. 2　ホール用セツト　¥ 95.00
楢材ウオールナツト後仕上ゲ
　丸卓子径二尺　1個　¥ 20.00
　肱掛椅子　　　3個
　　　　@ 25.00　¥ 75.00

(年月不詳：c1931-33年京橋店) 東京髙島屋家具装飾部通信販売カタログ

髙島屋「Furniture by Takashimaya」

(年月不詳：c1931-33年京橋店）東京高島屋家具装飾部通信販売カタログ

高島屋「Furniture by Takashimaya」

洋家具

No. 17 喫煙室セツト　樫材及枞材漆塗仕上ゲ　椅子緞子張　￥200.00
卓子二尺×三尺　　1個　　　　　￥50.00
肘掛椅子　　　　　2個　@35.00　￥70.00
長椅子　　　　　　1個　　　　　￥60.00
煙草スタンド　　　1個　　　　　￥20.00

No. 18 喫煙室セツト　枞材ラツク塗仕上ゲ　椅子天鵞絨張　￥155.00
丸卓子澤二尺　　　1個　　　　　￥30.00
長椅子　　　　　　1個　　　　　￥55.00
肘掛椅子　　　　　2個　@35.00　￥70.00

No. 19 喫煙室セツト　枞材ラツク塗仕上ゲ　椅子緞子張　￥53.50
丸卓子澤一尺五寸　1個　￥15.00
運動椅子　　　　　1個　￥20.00
肘掛椅子　　　　　1個　￥18.50

No. 20 喫煙室セツト　樫材ラツク塗仕上ゲ　椅子天鵞絨張　￥115.00
楕圓卓子棚付　　　1個　　　　　￥35.00
安楽椅子　　　　　2個　@40.00　￥80.00

洋家具

No. 21 応接室セツト　枞材ラツク塗仕上ゲ　椅子天鵞絨張　￥174.00
丸卓子澤三尺　　1個　　　　　￥45.00
肘掛椅子　　　　2個　@37.00　￥74.00
小椅子　　　　　2個　@15.00　￥30.00
茶卓子　　　　　1個　　　　　￥25.00

No. 22 和風応接室セツト　樫材黒ラツク塗仕上ゲ　椅子緞子張　￥146.00
卓子三尺角　　　1個　　　　　￥40.00
小椅子　　　　　2個　@17.00　￥34.00
肘掛椅子　　　　2個　@36.00　￥72.00

No. 23 応接室セツト　樫材ラツク塗仕上ゲ　椅子モケツト張　￥210.00
長方形卓子二尺×三尺　1個　￥29.00　肘掛椅子　2個　@35.00　￥70.00
飾棚　　　　　　　　　1個　￥75.00　小椅子　　2個　@18.00　￥36.00

洋家具

No. 24 小應接室セツト　欅材漆塗　椅子斜子織張　¥ 95.00
卓子　　　1個　　　　　　　¥ 35.00
肱掛椅子　2個 @ 30.00　　　¥ 60.00

No. 25 小應接室セツト　日本杉木地仕上ゲ　椅子緞子張　¥ 105.00
卓子棚付　1個　　　　　　　¥ 45.00
肱掛椅子　2個 @ 30.00　　　¥ 60.00

No. 26 小應接室セツト　欅地材色漆面取　椅子緞子張　¥ 74.50
小卓子　　1個　　　　　　　¥ 14.50
肱掛椅子　2個 @ 30.00　　　¥ 60.00

No. 27 應接兼居間セツト　欅地材漆塗仕上ゲ　椅子緞子張　¥ 220.00
卓子棚付　1個　¥ 30.00　　肱掛椅子　1個　¥ 40.00
隅棚　　　1個　¥ 65.00　　長椅子　　1個　¥ 85.00

洋家具

No. 28 書齋セツト　欅地材杉共混用　椅子紫子織張　¥ 165.00
デスク　　1個　¥ 45.00　　棚　　　1個　¥ 25.00
肱掛椅子　1個　¥ 25.00　　長椅子　1個　¥ 50.00
同用棚　　1個　¥ 20.00

No. 29 書齋セツト　欅材ラツク塗仕上ゲ　椅子天鵞絨張　¥ 305.00
デスク　　1個　　　　　　　¥ 85.00
回轉椅子　1個　　　　　　　¥ 45.00
丸卓子　　1個　　　　　　　¥ 25.00
安樂椅子　2個 @ 75.00　　　¥ 150.00

No. 30 書齋セツト　¥ 180.00
欅材ラツク塗仕上ゲ　椅子天鵞絨張混ゼ
デスク　　1個　　　　　　　¥ 30.00
書棚　　　1個　　　　　　　¥ 50.00
小椅子　　1個　　　　　　　¥ 10.00
丸卓子　　1個　　　　　　　¥ 15.00
肱掛椅子　3個 @ 25.00　　　¥ 75.00

(年月不詳：c1931-33年京橋店) 東京髙島屋家具装飾部通信販売カタログ

髙島屋「Furniture by Takashimaya」

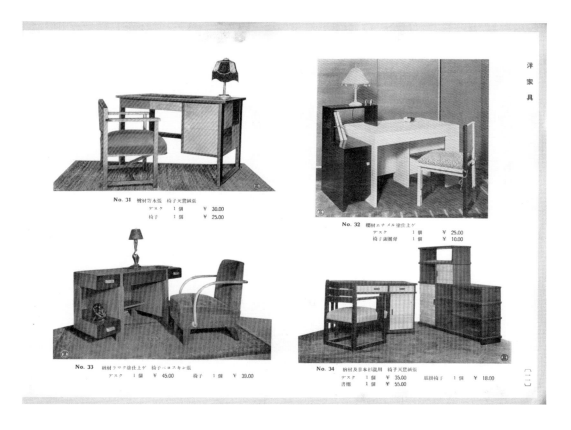

725

洋家具

No. 39　ベランダーセツト　古舟板應用　椅子籘張　￥ 110.00
　　丸卓子　1個　￥ 40.00　　腰掛椅子　2個 ㋐ 25.00　￥ 70.00

No. 40　食堂セツト　松丸太富貴漆塗仕上ゲ　椅子　斜子縞張　￥ 120.00
　　食卓子　1個　￥ 30.00　　飾棚　1個　￥ 50.00
　　小椅子　4個 ㋐ 10.00　￥ 40.00

No. 41　アフターデイナー用セツト　松ナグリラツク仕上ゲ　￥ 155.00
　　椅子籘張
　　丸卓子　1個　￥ 35.00　　安樂椅子　3個 ㋐ 40.00　￥ 120.00

No. 42　食堂セツト　松丸太ラツク仕上ゲ　椅子茶サーヂ張　￥ 173.00
　　食卓子　1個　￥ 40.00　　飾棚　1個　￥ 85.00
　　小椅子　4個 ㋐ 12.00　￥ 48.00

洋家具

No. 43　ケーキ スタンド
　　1個　￥ 13.50

No. 44　スタンドフローア
　　棚付
　　1個　￥ 70.00

No. 45　スモーキング セツト　1個　￥ 75.00

No. 43-47　全部標材マホガニー塗仕上ゲ

No. 46　ソーイング テーブル　1個　￥ 35.00

No. 47　ティー ワゴン　1個　￥ 45.00

(年月不詳：c1931-33年京橋店）東京髙島屋家具装飾部通信販売カタログ

髙島屋「Furniture by Takashimaya」

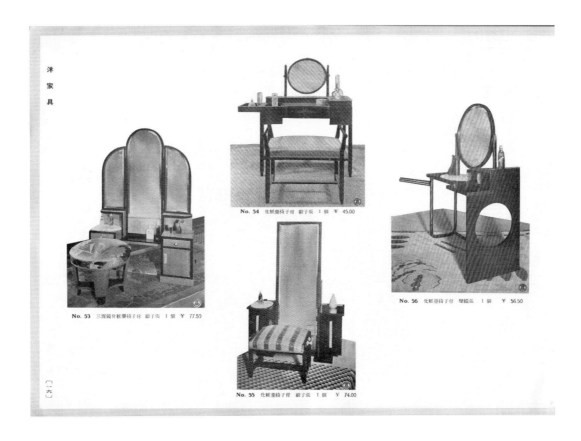

No. 57 輕便化粧鏡臺内部

No. 57 輕便化粧鏡臺 外裝
棚材マホガニー塗仕上ゲ 1個 ¥ 30.00

No. 58 洋風化粧臺
棚材マホガニー塗仕上ゲ
1個 ¥ 75.00

No. 59 寢室家具セツト　棚材マホガニー塗仕上ゲ
　　　　　　　　　　　椅子緞子張混ゼ
洋服箪笥　1個　　　￥ 45.00
化粧臺　　1個　　　￥ 75.00
化粧椅子　1個　　　￥ 13.00

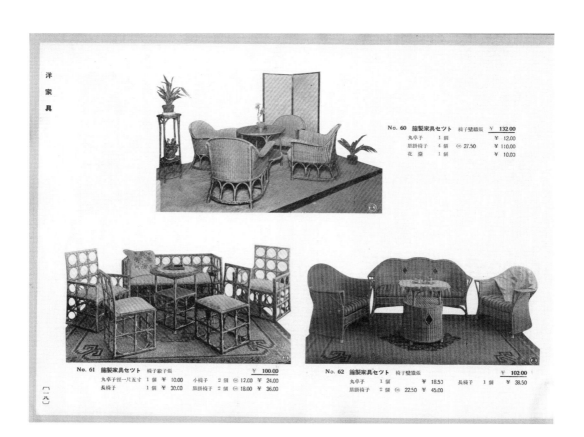

No. 60 籐製家具セツト　椅子綴織張　￥ 132.00
丸卓子　　1個　　　　　　￥ 12.00
腰掛椅子　4個 @ 27.50　￥ 110.00
花　臺　　1個　　　　　　￥ 10.00

No. 61 籐製家具セツト　椅子緞子張　￥ 100.00
丸卓子徑一尺五寸　1個　￥ 10.00　小椅子　2個 @ 12.00 ￥ 24.00
長椅子　　　　　　1個　￥ 30.00　腰掛椅子 2個 @ 18.00 ￥ 36.00

No. 62 籐製家具セツト　椅子綴織張　￥ 102.00
丸卓子　　1個　￥ 18.50　長椅子　1個　￥ 38.50
腰掛椅子　2個 @ 22.50 ￥ 45.00

（年月不詳：c1931-33年京橋店）東京髙島屋家具装飾部通信販売カタログ

髙島屋「Furniture by Takashimaya」

洋家具

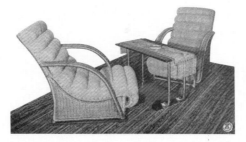

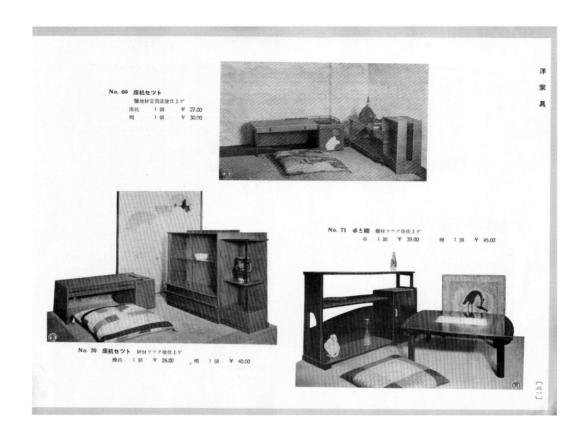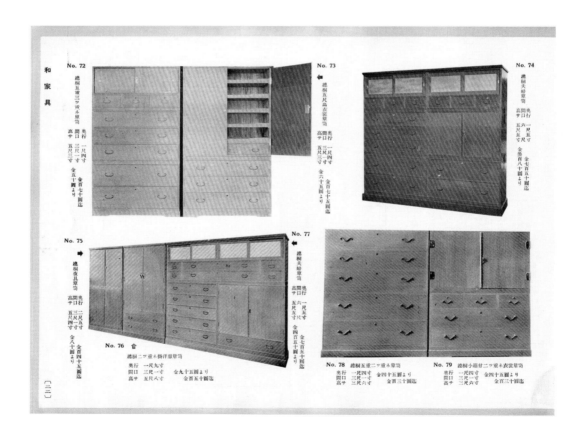

(年月不詳：c1931-33年京橋店) 東京高島屋家具装飾部通信販売カタログ

高島屋「Furniture by Takashimaya」

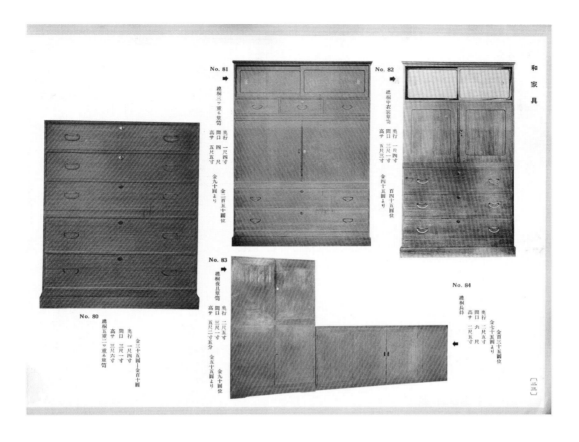

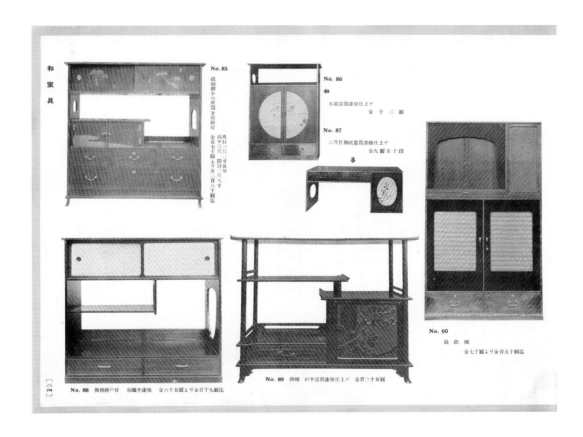

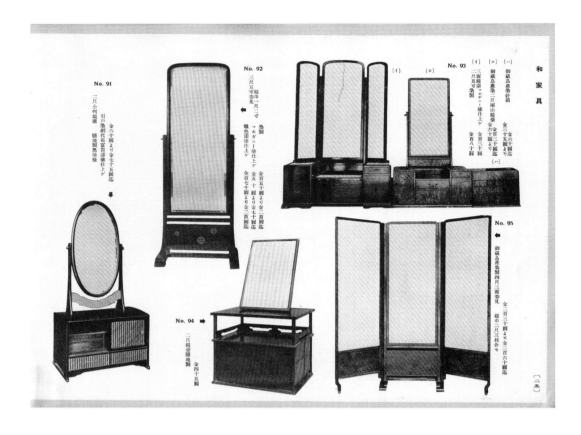
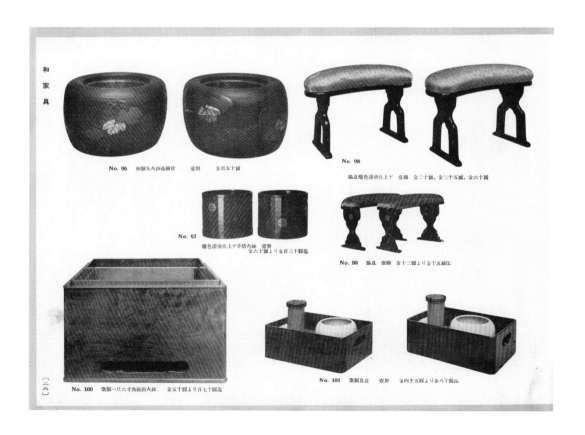

(年月不詳：c1931-33年京橋店) 東京髙島屋家具装飾部通信販売カタログ

髙島屋「Furniture by Takashimaya」

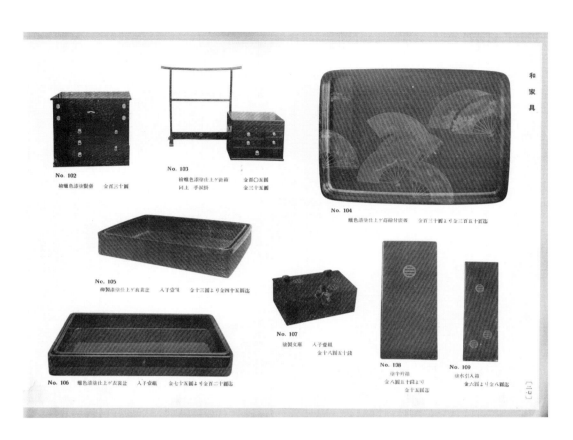

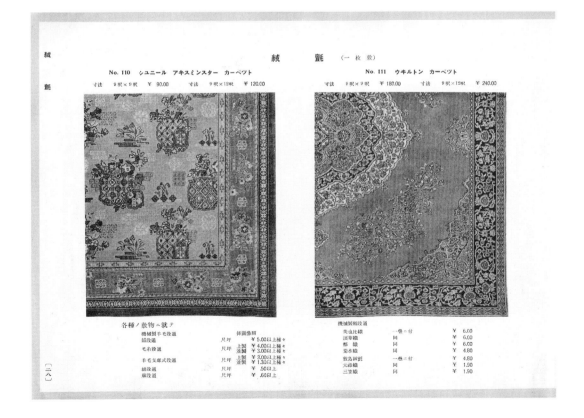

絨 毯 （縫合セ用並幅絨毯）

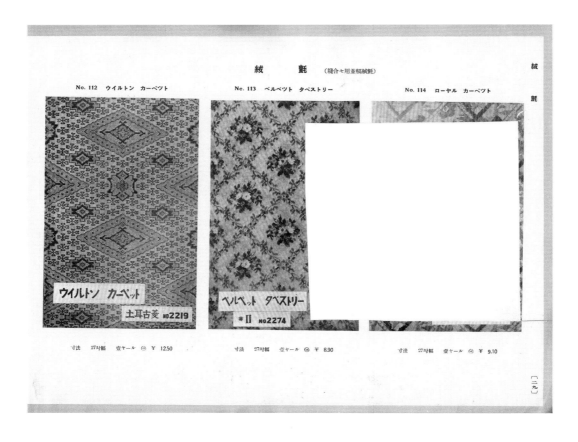

No. 112 ウイルトン カーペット　　No. 113 ベルベツト タペストリー　　No. 114 ローヤル カーペット

寸法　27吋幅　壹ヤール @ ￥12.50　　寸法　27吋幅　壹ヤール @ ￥8.90　　寸法　27吋幅　壹ヤール @ ￥9.10

カーテン

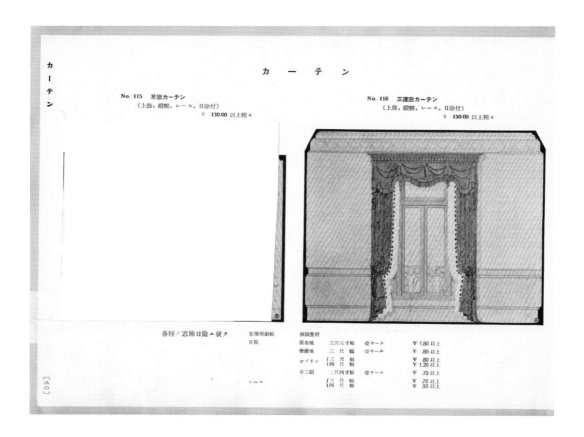

No. 115　單窓カーテン　　　　　　　　　　　No. 116　三連窓カーテン
（上飾、緞帳、レース、日除付）　　　　　　（上飾、緞帳、レース、日除付）
￥130.00 以上種々　　　　　　　　　　　　￥150.00 以上種々

各種ノ窓飾日除ニ就テ　装飾用緞帳　　　　挿圖參照
　　　　　　　　　日除　　　　　其布地　三尺三寸幅　壹ヤール　￥1.80 以上
　　　　　　　　　　　　　　　　　樂養地　三　尺　幅　壹ヤール　￥ .80 以上
　　　　　　　　　　　　　　　　　ポプリン ｛三 尺 幅　　　　　￥ .80 以上
　　　　　　　　　　　　　　　　　　　　　 四 尺 幅　　　　　￥1.20 以上
　　　　　　　　　　　　　　　　　不二絹　二尺四寸幅　壹ヤール　￥ .70 以上
　　　　　　　　　　　　　　　　　レース　 ｛三 尺 幅　　　　　￥ .70 以上
　　　　　　　　　　　　　　　　　　　　　 四 尺 幅　　　　　￥ .90 以上

(年月不詳：c1931-33 年京橋店) 東京髙島屋家具装飾部通信販売カタログ

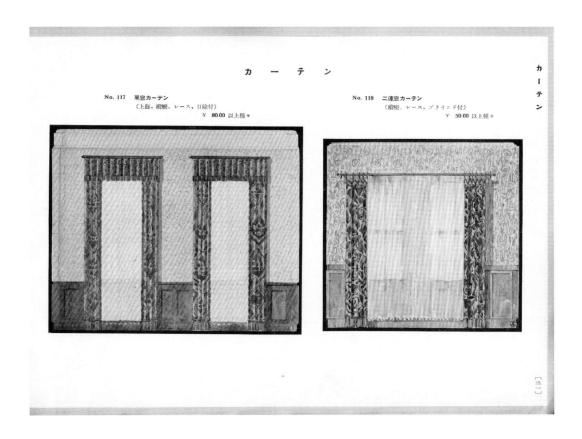

(8) 髙島屋「[第2回]新設計家具陳列」

(開催年月不詳:c1934年 [東京日本橋店]開催)
『住宅と庭園』第2巻第3号

髙島屋作品「[第2回]新設計家具陳列」

【出典】増戸敬止郎編『住宅と庭園』家具特集、第2巻第3号、住宅と庭園社、1935年3月、121-122頁

応接間家具
主材楢・一部黒柿象嵌

応接間家具
塩地杢板小端桜練付

(開催年月不詳：c1934年［東京日本橋店］開催）『住宅と庭園』第2巻第3号

髙島屋「［第2回］新設計家具陳列」

食堂家具
楢材・椅子葦縄張り・
甲板伸縮自在

化粧室家具
塩地材黒ラッカー仕
上・裂地緑色

(9) 髙島屋「[第3回]新興洋家具陳列会」
(1935年4月［東京日本橋店］開催)『住宅と庭園』第2巻第6号

髙島屋「新興洋家具陳列会」
(1935年5月長堀店開催＊) 案内状

髙島屋「新撰洋家具陳列会」
(1935年11月長堀店開催＊) 案内状

＊開催年は髙島屋史料館所蔵資料より

髙島屋「新製和洋家具陳列大売出し」
(1936年6月長堀店開催) 案内状

「新興洋家具陳列会」に際して

髙島屋家具装飾部　宮内順治

【出典】髙島屋家具装飾部　宮内順治「「新興洋家具陳列会」に際して」『住宅と庭園』第2巻第6号、住宅と庭園社、1935年6月、338頁

△時代に映じた家具の新傾向

　日本家屋の内部は世界中で最も優美で、最も高雅で、然も静寂な、行き届いた巧緻な仕上げ方である。その形のすっきりとした清楚な気持はえも云われぬ余韻をもっており、この余韻即ち「味」とか「香り」とかは、日本人でないと味わえないものだと信ずる。
　この日本人にのみ判る「持ち味」を家具の形態にぴったりと打ち込んだものを創作したい。これは誰しも考えて居る事である。
　昭和3年新秋の頃、新興洋家具展観を開催して日本趣味を取り入れた家具の新様式を陳列した。又他店に於いてもこの種の展覧会が開催され、何れも昭和新時代に即した家具が発表される様になったのである。然し日本式と云えば特に旧時代の様式を取り入れた時代家具が連想され、又新興ドイツ、フランスの近代式が多分に加味されており孰れも今一息と云う感じがする。
　今日の家具は常に近代性を帯びて居なければならない、休息の対象として、現代の技術によって構成せらるべきものであらねばならない、其の素質は時代に映じた形態で「機能本位」でなければならぬ。椅子に掛けた時は安息の為に筋肉神経のつかれない事が必要である。「構造」はいつでも堅牢なるべきで、「材料」の選択に際しては新材料を適所に応用せねばならない。尚用途の自由さをもつべきである。然して「経済観念」を離れては目的を達する事が出来ない。経済化の意味から機械工業を主とし、規格の統一も必要な役割をもっている。
　以上の諸要件を具備した家具は国際的のもので、孰れも主観的に考究された時代に映じた形態であるべきである。特に「趣味と虚栄」の対象として取扱った家具は今更ここで論じない。これは「美術品」で味わえば充分であると思う。
　今更理論を述べても結局以上の諸要素を完備した形態で、而も日本人の「持ち味」を打込んだものが製作され、公開されなければ意味をなさない。
　今回の新興家具は、我が設計部各員の不断の研究を発表したもので、各室それぞれ近代的な明朗さと情趣とを表現したものである。
　尚今回の陳列は「綜合陳列」としての意から特に各室に調和された敷物を考案し、壁面には新味豊かなカーテン裂地を配し、更に室内工芸味と草月流「季節向の瓶花」を適所に配置し、優美な風趣を添え実用と趣味との調和された、行き届いた陳列として新しき香りに充たされている。
　　昭和10 (1935) 年4月12日

(1935年4月［東京日本橋店］開催)『住宅と庭園』第2巻第6号

髙島屋「［第3回］新興洋家具陳列会」

髙島屋作品「新興洋家具陳列会」　　（1935年4月・［髙島屋東京日本橋店］）

【出典】増戸敬止郎編『住宅と庭園』第2巻第6号、住宅と庭園社、1935年6月、313-315頁

食堂家具

此の頁より3頁［次頁］に互って掲げた写真は、4月初旬髙島屋家具装飾部に於いてなされた「新興洋家具陳列会」の作品である。機能・構造・材料・経済等の各要素の綜合とそれに依って生れるであろう近代性とを心がけて造られたものである。

書斎家具

応接間家具

※『住宅と庭園』第2巻第6号には「髙島屋東京日本橋店」との明確な記述はないが、『家具画報』第43号（1935年5月）によれば1935年4月14～17日に東京日本橋店で開催されている。そして、5月に長堀店で同名の「新興洋家具陳列会」が開催されている。

サン・ルーム家具

応接間家具

応接間家具

高島屋「[第3回]新興洋家具陳列会

(1935年4月[東京日本橋店]開催)『住宅と庭園』第2巻第6号

新興洋家具陳列会　　(1935年5月・髙島屋長堀店) 案内状

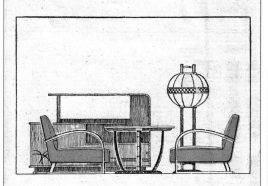

新興洋家具陳列會

5月14日—19日
於　長堀髙島屋・六階

髙島屋 家具装飾部

新興 洋家具陳列會…

材料に　型に　新機軸を加へ　仕上げに
塗色に　夏冬共調和よきものを製作いたし
ました
種類は次の如くでございます

◇客　間　　◇書　齋　　◇應接室
◇寝　室　　◇食　堂　　◇化粧室
◇ベランダ　◇庭園向

これ等に　壁紙　カーテン　敷物等の調和
を考慮致し　快適に配置致してをります
是非御高覧の程お待ち申上げます

會期・5月14日—19日
會場・長堀髙島屋—6階

髙島屋史料館所蔵

新撰洋家具陳列会 　　（1935年11月・髙島屋長堀店）案内状

髙島屋史料館所蔵

新製和洋家具陳列大売出し 　　（1936年6月・髙島屋長堀店）案内状

髙島屋史料館所蔵

（10）髙島屋「[第4回]東京髙島屋に於ける新漆芸応用家具の展示」

（1936年4月東京日本橋店開催）『帝国工芸』第10巻第5号

*『近代家具装飾資料』第3集の「[第4回]新興漆芸家具創作展」（1936年4月開催）に相当する。

東京髙島屋に於ける新漆芸応用家具の展示

【出典】宮下孝雄編『帝国工芸』第10巻第5号、帝国工芸会、1936年4月、139-142頁

1　（書斎）
松材の木工［杢］の美しさを表したもので椅子の肱及び台物の引手及び台等にはチークを用いて調子を取れり［。］デスクの引違戸及び飾棚のパネルには漆を用う。

2 (寝室)

主材桐ネリ付け、桜材灰色ラッカー仕上、(足、卓子甲板)(寝台上端、ランブ[プ]台コロビ止め、卓子甲板端。)の紋様漆モザイク黒ラッカー仕上。

3 (サロン)

桜木地色仕上、飾棚引出前板[、]六角卓子甲板[、]茶卓子甲板[、]肱カケの一部及び花台に漆モザイクを挿入し[、]六角卓及び茶卓子甲板には真珠ラッカー仕上にて[、]スクリーンは全部モザイク[。]

4 (客間)

桜材ラック仕上[、]中央卓子甲板漆塗仕上、椅子張り——肱カケ内部茶色[、]バック焦茶[、]丸型安楽[椅子]内部鶯茶[、]バック焦茶。

髙島屋「[第4回] 東京髙島屋に於ける新漆芸応用家具の展示」

(1936年4月東京日本橋店開催) 『帝国工芸』第10巻第5号

5　（居間）
チーク材ラック仕上[、]肱カケ椅子バック及び丸卓子柵板籐張り、丸卓子甲板布目ヅリ[摺り] 漆塗[、]植木台甲板厚ガラス落込み。

6　（書斎兼応接）
桜木地上[色]仕上、茶卓子及び脇卓甲板に漆モザイクを挿入せり。

7　（客室）
塩地材に竹ベニヤをあしらへ[い][、]角切中央卓子甲板及び飾棚甲板には布目づり[摺り] 漆塗とし[、]飾棚戸板は板材にて梅模様木地蒔絵を施せり。

（1936年4月東京日本橋店開催）　『帝国工芸』第10巻第5号

髙島屋「［第4回］東京髙島屋に於ける新漆芸応用家具の展示」

8　（食堂）
桜木地色仕上、食卓及びテーワゴン兼用皿台のパネルに漆モザイクを応用せり。

9　（応接室）
金剛石目塗にて全体には溜呂色にて丸卓の甲板及び棚脇パネル、茶卓子甲板、脇カケ、パネルをクリーム金鶏冠を用う。

(11) 髙島屋「林二郎氏新作泰西家具木工品陳列会」

(1936年12月東京日本橋店開催) 『帝国工芸』第11巻第1号

林　二郎氏新作　泰西家具　木工品陳列会

【出典】宮下孝雄編『帝国工芸』第11巻第1号、帝国工芸会、1936年12月、15-16頁

12月7日――18日／髙島屋に於いて

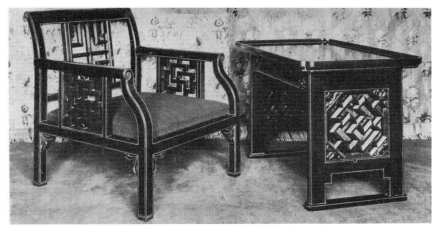

1　東洋風に肘懸椅子と卓子［を］李朝の模様を取入れて作りましたものです。材桜甲板、けんぽ［。］

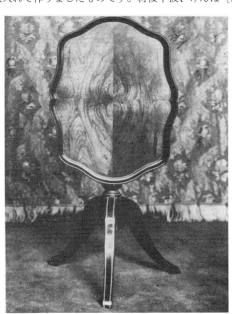

2　西班牙、革張り肘掛椅子を極く掛心地のよい様工夫致しました。

3　桑の杢目を出しましたスクリーンテーブル。

※冒頭の解説文は省略する。

4 バチック染応用衝立。

5 伊太利16世紀折畳肘掛椅子を軽くする為楢材を用いました。

6 木彫わく掛鏡ローソク立ラッカー仕上げ。

7 けんぽ本桜ネジ足マガジンスタンド。

(1936年12月東京日本橋店開催)　『帝国工芸』第11巻第1号

高島屋「林二郎氏新作泰西家具木工品陳列会」

8　ラッカー塗り絵模様小匣と、木彫の手付小箱蒐入小物入等［。］

9　英国の家具爛熟期の貴族の部屋を飾りましたラッカーキャビネット。即ち東洋趣味を多分に取り入れた型式のものであります。
美蘭と桑の杢目を巧みに生かしました。

10　ラッカー仕上［、］箔絵と色絵の屑入れ箱。

(12) 髙島屋「[第5回]第3回創作家具展覧会」

（1937年4月東京日本橋店開催）　アルバム

＊『近代家具装飾資料』第13集の「第5回　創作洋家具展」（1937年4月開催）に相当する。

髙島屋史料館所蔵

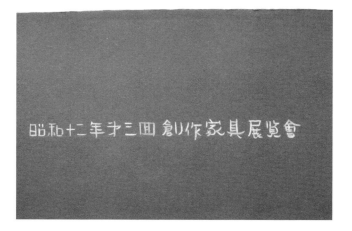

髙島屋史料館所蔵

髙島屋「[第5回] 第3回 創作家具展覧会」

(1937年4月東京日本橋店開催) アルバム

書斎　髙島屋史料館所蔵

書斎　髙島屋史料館所蔵

書斎　髙島屋史料館所蔵

書斎

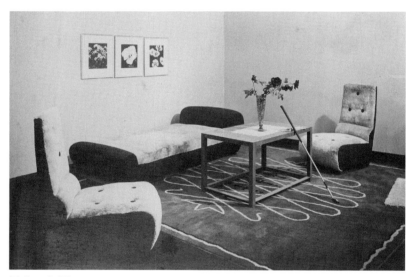
婦人ノ部屋

婦人ノ部屋

髙島屋「[第5回] 第3回 創作家具展覧会」 (1937年4月東京日本橋店開催) アルバム

髙島屋史料館所蔵

婦人ノ部屋

髙島屋史料館所蔵

食堂

髙島屋史料館所蔵

食堂

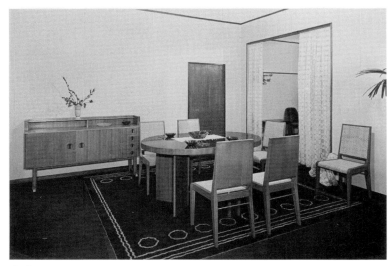

食堂　高島屋史料館所蔵

応接室　高島屋史料館所蔵

応接室　高島屋史料館所蔵

髙島屋「[第5回]第3回 創作家具展覧会」

(1937年4月東京日本橋店開催) アルバム

応接室　髙島屋史料館所蔵

応接室　髙島屋史料館所蔵

応接室　髙島屋史料館所蔵

夫人室

応接室　髙島屋史料館所蔵

応接室　髙島屋史料館所蔵

夫人室　髙島屋史料館所蔵

高島屋「[第5回]第3回 創作家具展覧会」

(1937年4月東京日本橋店開催) アルバム

夫人室　　高島屋史料館所蔵

夫人室　　高島屋史料館所蔵

居間　　高島屋史料館所蔵

居間

居間

居間

髙島屋「[第5回] 第3回 創作家具展覧会」

(1937年4月東京日本橋店開催) アルバム

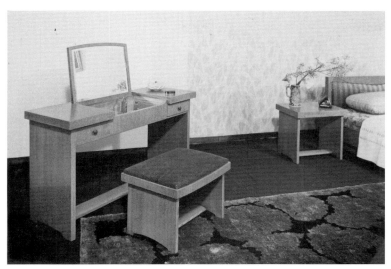

髙島屋史料館所蔵

寝室

髙島屋史料館所蔵

寝室

髙島屋史料館所蔵

男子ノ部屋

男子ノ部屋　　高島屋史料館所蔵

男子ノ部屋　　高島屋史料館所蔵

男子ノ部屋　　高島屋史料館所蔵

髙島屋「[第5回] 第3回 創作家具展覧会」

(1937年4月東京日本橋店開催) アルバム

髙島屋史料館所蔵

応接室

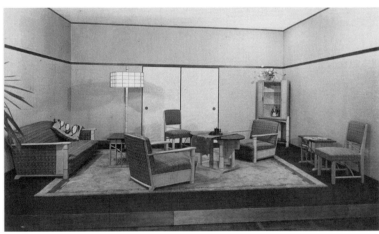

髙島屋史料館所蔵

応接室

髙島屋史料館所蔵

応接室

応接室

高島屋史料館所蔵

応接室

客間

高島屋史料館所蔵

高島屋史料館所蔵

髙島屋「[第5回] 第3回 創作家具展覧会」

(1937年4月東京日本橋店開催) アルバム

客間

[籐3点セット]

(13) 髙島屋 「林二郎新作泰西家具展」

（1937年11月東京日本橋店開催）『帝国工芸』第11巻第12号

林二郎新作泰西家具展

【出典】宮下孝雄編『帝国工芸』第11巻第12号、帝国工芸会、1937年11月、353頁

期日　11月11日──14日／場所　日本橋髙島屋

1．チュードル籐張りセット　長椅子、安楽椅子、卓子

2．チュードル卓子、ロシヤ・ペザントックス、カップ・ボード等

※「チュードル」とは英国チューダー朝様式（Tudor）のこと。

(14) 髙島屋「[第6回] 第4回 創作家具展覧会」
（1938年東京日本橋店開催）　アルバム／絵葉書

*『近代家具装飾資料』には存在しないもの。
　1938年春季に東京髙島屋で開催された「第6回創作洋家具展」に相当するものと考えられる。

髙島屋史料館所蔵

髙島屋史料館所蔵

髙島屋史料館所蔵

髙島屋史料館所蔵

髙島屋史料館所蔵

髙島屋「[第6回] 第4回 創作家具展覧会」

(1938年東京日本橋店開催) アルバム／絵葉書

髙島屋史料館所蔵

髙島屋史料館所蔵

髙島屋史料館所蔵

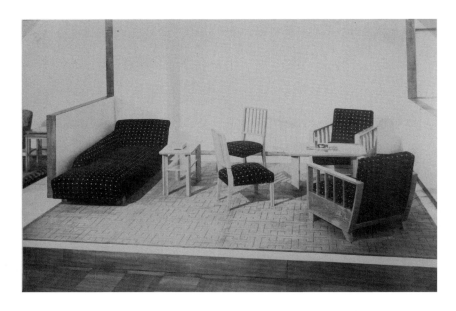

高島屋史料館所蔵

高島屋史料館所蔵

高島屋史料館所蔵

髙島屋「[第6回] 第4回 創作家具展覧会」

（1938年東京日本橋店開催）　アルバム／絵葉書

髙島屋史料館所蔵

髙島屋史料館所蔵

髙島屋史料館所蔵

（1938年東京日本橋店開催）　アルバム／絵葉書

東京ぶな材協会　絵葉書

ぶな製洋家具セット
其の一　　其の二

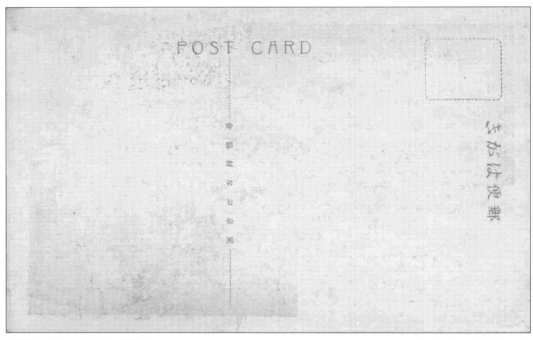

郵便はがき　POST CARD　　　　　　　　　　　　　　　（巾141×高90mm）
東京ぶな材協会

(15) 髙島屋「第1回　工精会家具展覧会」

（1938年5月東京日本橋店開催）　しおり／出品目録／招待状／招待券

*『近代家具装飾資料』第20集の「第1回　工精会家具展」（1938年5月開催）に相当する。

【表紙】
第1回工精会家具展覧会
昭和13年5月
【奥付】
昭和13年5月7日印刷
昭和13年5月12日発行　（非売品）
東京市日本橋区通2丁目5番地
　株式会社髙島屋東京支店
　編集兼発行人　木村宗一
東京市京橋区銀座8丁目2番地
　印刷人　大江恒吉
東京市京橋区銀座8丁目2番地
　印刷所　大江美術印刷社
【裏表紙】
［社徽章］　東京日本橋　髙島屋

【内表紙】
第1回工精会家具展覧会

会期　昭和13年5月　御招待日　12日　公開13日より17日まで
会場　東京日本橋　［社徽章］　髙島屋

【次頁】
工精会

会　長　岡田三郎助
副会長　大隅　為三
会　員　梶田　恵
　同　　林　二郎
　同　　渡邊　明

【挨拶1】
　私は自分の立場と趣味から凡ゆる工芸を愛護したいと思うものであるが、陶磁金工漆工染織等の工芸には各研究会の催しがあり作品展示も屢々行われているが、木工に至っては如何なる理由か今日までそうした組織のあったことを聞きませぬ。家具や調度といえば人の生活にはなくてはならぬものであり、広い領域をもつ工芸なるにもかかわらず、其の研究を等閑に附していたということは寔に不思議な事実であります。幸いにも今回木工芸に長い経験をもたれた諸君が集って工精会と称する団体を組織し、近作百有余点を東京髙島屋に於いて展観することになったのは斯界の為に洵に慶賀すべき企てと申さねばなりません。併し第一回の発表でもあり、会期さえ切迫せるため、悉くのものが逸品佳作ということは出来ぬかも知れませんが、会員、諸君は既に一家をなせる人でもあり、各よきものをもっておられるので、必ず此の展観が我が木材工芸界に良い刺戟を与えるであろうことは信じて疑わないところであります。

　　　昭和13年5月

　　　　　　　　　　　　　　　　　　　　　　　　　　　　　　岡田三郎助

【挨拶2】
　家具と一口に云っても富の程度と向向により異なるものの存することは茲に述べるまでもないが、其の本質としては堅牢にして耐久的な構造を第一とする。幾代も経た家具や調度の類には一種の味わいが出て親しみ深い或るものが自ずと生れるのものである。また其の処には小さい歴史が読める。即ちこの掛けよい椅子は祖父も好んだ、父も好んだ私のうら若い時代の思い出もこの椅子から語られるという、歴史をもつ家具こそ本当の家具であろう。

　古い祖先をもつ吾等には、そうした家具と調度に我等民族の誇りをもたねばならぬ。

　舗道の歩みに、街の騒音に疲れた吾等が、静かなやわらかい光線の一室にはいって、本当に寛ぐ気持になり得るは秩序よく配置されたソファーやカナペに身を倚せた時であろう。置かるべきところに置かれた家具から享ける印象は、それ等が恰も吾等を迎える感じであろう。必ずしも華美なるものを求めぬ、高貴なるものを必要とはせぬが、美の国日本に生れるこうした工芸には構成に色感に独特の味わいあるものたるを要する。

　勿論、本展観に於いては朝鮮李朝を倣い西欧を学ぶもの多きも、それらは悉く様式の持味と美の解釈を新たにしたものであって一種の創作である。そして今日の新生活に相応しい家具や調度を提供する一つの手段として些かも差支えないことと思う。

　会員梶田恵君は東京美術学校を出で木材工芸にいそしむこと約三十年、幾多の傑作をものして世に定評ある人であり、本展観に見る諸作は欧風と李朝を学んで更に一層精巧、雅致に富むもの、孰れも我が木材工芸のもつ良き幾つかの特徴を表現したもの、会員林二郎君も同じく東京美術学校の出身、今回は主として欧風による家具と調度に君得意の線ははたらきを見せ、皮革の研究と素材として四手楊を用いたもののあることは注目に値すべく、同じく会員渡邊明君の欧米生活より得たる家具への憧憬は遂に君をして工芸家たらしむべく導いたものと思われるのであるが、その溌剌たる元気と洗練されたる趣味は今回の制作となった。

　　　昭和13年5月

　　　　　　　　　　　　　　　　　　　　　　　　　　　　　　大隅為三

※「四手楊」の「四手」は「垂」の当て字。「垂楊」（しでよう／すいよう）は「垂柳」（すいりゅう）すなわち、シダレヤナギのこと。

髙島屋「第1回 工精会家具展覧会」

(1938年5月東京日本橋店開催) しおり／出品目録／招待状／招待券

ビウローデスク
(高サ2尺8寸 巾2尺 奥行1尺4寸)
梶田 惠 作

ビウローデスク
(高サ2尺8寸 巾2尺 奥行1尺4寸)
梶田 惠 作

ルネッサンス・ホールディングチヤー
(総高3尺8寸 巾1尺7寸5分 高サ1尺4寸)
林 二郎 作

コーヒー挽器
(高サ6寸 径3寸5分)
渡邊 明 作

灰皿 （径6寸 高サ2寸）　渡邊 明 作

手許簞笥 （高サ9寸　巾1尺4寸　奥行7寸）　梶田 惠 作

小机 （高サ9寸5分　巾2尺　奥行1尺2寸）　梶田 惠 作

髙島屋「第1回 工精会家具展覧会」

(1938年5月東京日本橋店開催) しおり／出品目録／招待状／招待券

ジャコビアンビューロー （高サ3尺1寸5分 巾2尺8寸 奥行1尺3寸） ［林 二郎 作］
小椅子 （高サ3尺5分 巾1尺3寸 奥行1尺3寸5分） 林 二郎 作

ペザントベンチ （高サ2尺4寸 巾4尺 奥行1尺3寸） 林 二郎 作

飾棚 （高サ4尺8寸 巾3尺2寸 奥行1尺3寸5分） 渡邊 明 作

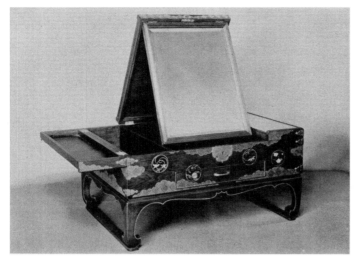

鏡付小机 （高サ9寸　巾1尺7寸7分　奥行1尺2寸6分）　　梶田　惠　作

鏡付小机 （高サ9寸　巾1尺7寸7分　奥行1尺2寸6分）　　梶田　惠　作

ペザントテーブル （高サ2尺　巾2尺5寸　奥行2尺5寸）　　林　二郎　作

（1938年5月東京日本橋店開催） しおり／出品目録／招待状／招待券

高島屋「第1回 工精会家具展覧会」

西班牙キャビネット （高サ3尺1寸5分　巾2尺5寸　奥行1尺）　　林　二郎　作

手許箪笥 （高サ1尺1寸　巾1尺2寸7分　奥行6寸5分）　　梶田　惠　作

手箱 （高サ4寸　巾1尺2寸　奥行8寸）　　梶田　惠　作

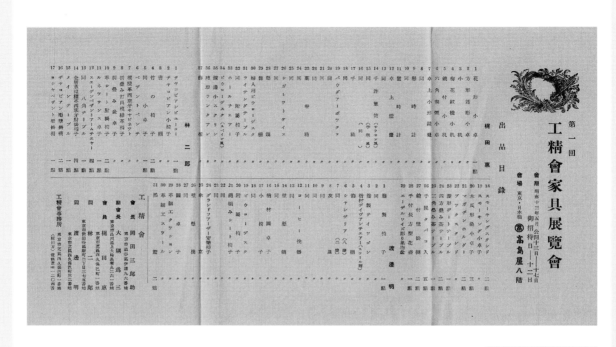

高島屋史料館所蔵

第1回
工精会家具展覧会

会　期　昭和13年5月　公開13日——17日
　　　　　　　　　　　　御招待日——12日
会　場　東京・日本橋　[社徽章]　髙島屋　8階

出品目録

梶田惠

1	花形小卓	1点
2	方形透彫小卓	1点
3	小机	1点
4	梅花紋様小机	1点
5	鏡付小机	1点
6	六角喫煙小卓	1点
7	卓上小形鏡台	1点
8	同	1点
9	懸時計	1点
10	同	1点
11	置時計	1点
12	卓上燈台	1点
13	同	1点
14	手許箪笥（サラセン風）	1点
15	同　　（李朝風）	1点
16	同　　（同）	1点
17	手箱	1点
18	同	1点
19	パウダアーボックス	1点
20	同	1点
21	同	1点
22	同	1点
23	葉巻箱	1点
24	同	1点
25	同	1点
26	シガレットケイス	1点
27	同	1点
28	懸鏡	1点
29	飾棚	1点
30	婦人用ビウローデスク	1点
31	ライテングテーブル	1点
32	同　附属椅子	1点
33	ホールチェアー	1点
34	ビウローデスク（スペイン風）	1点
35	炉辺小スクリン	1点
36	球形ランタアン	1点
37	飾楯	1点

(1938年5月東京日本橋店開催) しおり／出品目録／招待状／招待券

髙島屋「第1回 工精会家具展覧会」

林二郎

1	ヂャコビアンビューロー	1点
2	ヂャコビアン小椅子	1点
3	書棚	1点
4	竹の椅子	2点
5	同　小卓子	1点
6	ペザントベンチ	1点
7	模様革西斑牙キャビネット	1点
8	折畳み打出模様革椅子	1点
9	折畳み盆卓子	1点
10	革シート肘掛椅子	2点
11	ルネッサンス卓子	1点
12	スエーデンペザントアームチェヤー	4点
13	同　八角テーブル	1点
14	金唐草模様革西斑牙肘掛椅子	4点
15	メインテーブル	1点
16	ヂャコビアン彫壁掛棚	2点
17	ロシヤペザント壁掛棚	1点
18	スモーキングスタンド	2点
19	スモーキング小卓子	2点
20	木瓜形桑小卓子	3点
21	マガヂンホルダー	2点
22	ブックスタンド	2点
23	菱形ゲートテーブル	1点
24	四方畳み茶テーブル	2点
25	三角畳み茶テーブル	1点
26	手提タバコ入	5点
27	鏡付壁掛棚	2点
27	手付長方型花盛	1点
29	エーデルワイズ彫り果物盆	1点

渡邊明

1	籐製椅子	1点
2	同	1点
3	籐製ティワゴン	1点
4	楢材ディヴァンチェアー(スツール附)	1点
5	飾棚	1点
6	シャンデリア（八燈）	1点
7	同　　　　　　（二燈）	1点
8	灰皿	1点
9	同	1点
10	同	1点
11	同	1点
12	コーヒー挽器	1点
13	同	1点
14	壁懸鏡	1点
15	同	1点
16	楢材円卓子	1点
17	小椅子	1点
18	同	1点
19	ビウローデスク	1点
20	附属椅子	1点
21	縄編みシート椅子	1点
22	同	1点
23	同	1点
24	グランドファーザー安楽椅子	1点
25	傘立	1点
26	壁懸棚	1点
27	同	1点
28	円卓子	1点
29	革細工クッション	1点
30	革細工スツール	1点
31	揺籃	2点

工精会

会　長　岡田三郎助
　　　　東京市渋谷区伊達96番地

副会長　大隅為三
　　　　東京市品川区上大崎長者丸261番地

会　員　梶田恵
　　　　東京市芝区西久保巴町1番地

同　　　林二郎
　　　　東京市世田谷区新町2丁目375番地

同　　　渡邊明
　　　　東京市芝区西久保巴町32番地

工精会事務所
　　　　東京市芝区西久保巴町1番地
　　　　（梶田方）電話　芝（43）1204番

髙島屋「第1回 工精会家具展覧会」

(1938年5月東京日本橋店開催) しおり／出品目録／招待状／招待券

髙島屋史料館所蔵　　　　　　髙島屋史料館所蔵

御招待券

御招待日　来る12日　（公開13日より17日まで）

第1回　工精会家具展覧会　（8階）

御来店の節はお手数ながら此の券会場入口係へお示し下さいませ。

　　　昭和13年5月
　　　　　　［社徽章］　東京日本橋　髙島屋

第1回　工精会家具展覧会（8階）

　　　会　期　来る5月13日より17日まで
　　　　　　　　　　　　（御招待日12日）

此の度、岡田三郎助、大隅爲三両先生を指導に仰ぐ工精会の「第1回洋家具展覧会」を当店に於いて開催いたします。

工精会は現代家具界へ一つの理想をもって生れましたもので、会員に木工家具界に重きをなす梶田恵、林二郎、渡邊明の三氏を挙げ、我が国家具製作界に画期的の真摯な歩みを足しようとされて居ります。

今回の展列品は、各会員の方々が、正統な欧風家具の美しさを究めつつ、巧みに現代生活に即応させた理想的な家具の製作をモットーに、半歳の研鑽をつくされましたもので、一品一品、周到懇切な想いと技とになり、近頃まことに得易すからぬ逸作品揃いでございます。

何卒御同好御誘い合されゆるゆる御鑑賞御用命の程御案内旁御願い申し上げます。

　　　昭和13年5月
　　　　　　［社徽章］　東京日本橋　髙島屋

(1939年3・4月東京日本橋店開催) 出品目録／アルバム

(16) 髙島屋「[第7回]第5回 創作家具展覧会／新設計洋家具展覧会」

(1939年3・4月東京日本橋店開催) 出品目録／アルバム

*『近代家具装飾資料』第26a集の「[第7回]創作洋家具展」(1939年3・4月開催)に相当する。

髙島屋史料館所蔵

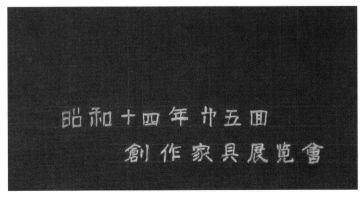

髙島屋史料館所蔵

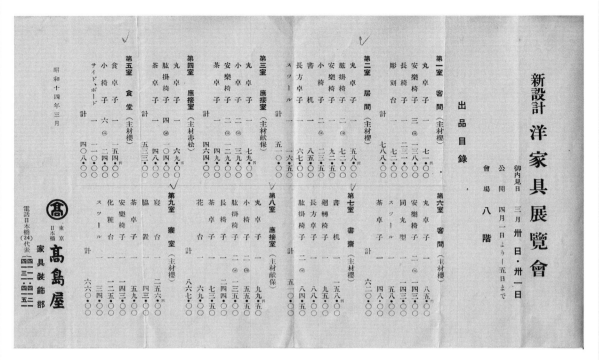

新設計洋家具展覧会

御内見日　3月30日・31日
公　　開　4月1日より――5日まで
会　　場　8階

出品目録

第一室　客間（主材桜）

丸卓子	1	71.00［円］
安楽椅子	3	@138.00
長椅子	1	231.00
彫刻台	1	72.00
	計	788.00

第二室　居間（主材桜）

丸卓子	1	58.00［円］
肱掛椅子	2	@72.00
安楽椅子	1	92.50
小椅子	2	@23.50
書机	1	85.00
長方卓子	1	67.00
スツール	1	16.50
	計	510.00

第三室　応接室（主材献保）

丸卓子	1	79.00［円］
小卓子	2	@39.00
安楽椅子	2	@129.00
茶卓子	1	49.00
	計	464.00

(1939年3・4月東京日本橋店開催)　出品目録／アルバム

髙島屋「[第7回]第5回 創作家具展覧会」

第四室　応接室（主材赤松）
- 丸卓子　　　1　　　69.00［円］
- 肱掛椅子　　4　　@104.00
- 茶卓子　　　1　　　48.00
- 　　　　　　計　　533.00

第五室　食堂（主材桜）
- 食卓子　　　1　　154.00［円］
- 小椅子　　　6　　@ 24.00
- サイド、ボード　1　110.00
- 　　　　　　計　　408.00

第六室　客間（主材桜）
- 丸卓子　　　1　　 85.00［円］
- 安楽椅子　　2　　@143.00
- 同丸型　　　1　　143.00
- スツール　　1　　 58.00
- 茶卓子　　　1　　 48.00
- 　　　　　　計　　620.00

第七室　書斎（主材桜）
- 書机　　　　1　　158.00［円］
- 廻転椅子　　1　　 95.00
- 長方卓子　　1　　 88.00
- 肱掛椅子　　2　　@ 84.50
- 　　　　　　計　　510.00

第八室　応接室（主材献保）
- 丸卓子　　　1　　 99.50［円］
- 小椅子　　　2　　@ 55.50
- 肱掛椅子　　2　　@135.00
- 長椅子　　　1　　244.00
- 茶卓子　　　1　　 73.50
- 花台　　　　1　　 69.00
- 　　　　　　計　　867.00

第九室　寝室（主材桜）
- 寝台　　　　1　　256.00［円］
- 脇置　　　　1　　 43.00
- 茶卓子　　　1　　 59.00
- 安楽椅子　　1　　143.00
- 化粧台　　　1　　125.00
- スツール　　1　　 34.00
- 　　　　　　計　　660.00

昭和14年3月

［社徽章］　東京日本橋　髙島屋　家具装飾部

電話　日本橋（24）代表 4111・4121［・］4131・4151

[会場入口]

高島屋史料館所蔵

髙島屋「[第7回]第5回 創作家具展覧会」

(1939年3・4月東京日本橋店開催) 出品目録／アルバム

髙島屋史料館所蔵

第一室　客間（主材桜）

髙島屋史料館所蔵

第二室　居間（主材桜）

髙島屋史料館所蔵

第三室　応接室（主材欅）

第四室　応接室（主材赤松）

第五室　食堂（主材桜）

第六室　客間（主材桜）

※第四室は『近代家具装飾資料』第26a集に掲載あり。

（1939年3・4月東京日本橋店開催） 出品目録／アルバム

髙島屋「[第7回] 第5回 創作家具展覧会」

髙島屋史料館所蔵

第七室　書斎（主材桜）

髙島屋史料館所蔵

第八室　応接室（主材欅保）

髙島屋史料館所蔵

第九室　寝室（主材桜）

(17) 髙島屋 「第2回　工精会家具木工展覧会」
（1939年5月東京日本橋店開催）　しおり

＊『近代家具装飾資料』第28集の「第2回　工精会家具展」（1939年5月開催）に相当する。

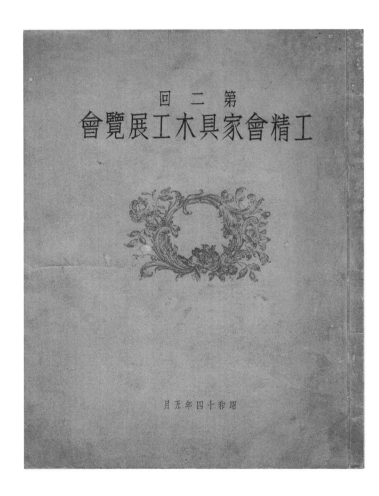

【表紙】
第2回工精会家具木工展覧会
昭和14年5月
【奥付】
欠落
【裏表紙】
［社徽章］　東京日本橋　髙島屋

髙島屋「第2回 工精会家具木工展覧会」

(1939年5月東京日本橋店開催) しおり

【内表紙】
第2回工精会家具木工展覧会

会期　昭和14年5月　御招待日　10日　公開11日――16日
会場　東京日本橋　[社徽章]　髙島屋

【次頁】
工精会

会　長　岡田三郎助
副会長　大隅　為三
会　員　梶田　恵
会　員　林　二郎
会　員　渡邊　明

【挨拶1：髙島屋】
　御招待日　10日　（公開　11日より16日まで）
　第2回　工精会家具木工展覧会（8階）

　岡田三郎助、大隅為三両先生を指導に仰ぎ、現代木工家具界に名声ある梶田恵、林二郎、渡邊明三氏を会員とする工精会は、欧風家具の正伝を究めつつ現代生活への豊かな潤いを求めて只管独自の製作境を有しておりますが、ここに上記の如く第2回の新作品発表展覧会を開催致します。
　木工家具独得の落ちついた味わいと文化的ニユワンス［ニュアンス］……誠に室内家具として正しい示唆に富んだ逸作品揃いでございます。
　同時に新進木工家の作品と、春台美術工芸部員数氏の参加出品をも併せて陳列致します［。］
　就いては公開に先だち御清覧御高評を賜り度く来たる10日を御招待日を[に]定めました。
　清々しい初夏の一日、何卒御同好の皆々様お誘い合せ、ゆるゆる御来観の栄を賜りますよう偏にお願い申し上げます。
　　昭和14年5月　　　　　　　　　　　　　　　　　　　　　[社徽章]　東京日本橋　髙島屋

【挨拶2：岡田三郎助／大隅為三】
　私共が木工、家具の製作を中心とする工精会を結成しましてから早や3年になります。昨年は春秋2回にわたり髙島屋楼上に於いて会員の作品展観を行いましたが、孰れも予期以上の好成績を挙げ、我が工芸界に相当反響を与えましたことは、会員諸君の精進、努力が酬いられたともいえるし、其の処に又、髙島屋当局が多大の犠牲を忍んで会の為に何かと便宜を与えられたことも見落す訳にはゆきません。
　興亜政策遂行の為に物資の統制を余儀なくされている刻下の情勢に於いては、材料其の他に不便を感じ、思う様な仕事の出来ないことは、どの制作者にとっても確かに苦痛には相違ないが、しかし其の間にありても、各自の立場から凡ゆる困難に打ち克ち、与えられたる責務を果すことが肝要です。
　今回の展観には会員並びに新進木工家の作品と春台美術工芸部会員数氏の参加作品があります。大作は時節柄差し控えて専ら小工芸品に主力を注ぎました。勿論、中には試作程度の域を脱せぬものがあり、或は技術的に見て、完成品とはいえないものもありましょうが、これから伸びようとする新しい会としてはやむを得ぬことであります。然し純正木工芸の研究と製作とに専心する本会の如きは、より以上に、吾等の生活を潤沢ならしめようとする目的に準拠して明かに存在の理由をもつものと吾人は密かに自負しているものであります。
　　昭和14年5月　　　　　　　　　　　　　　　　　　　　　　　　　　岡田三郎助
　　　　　　　　　　　　　　　　　　　　　　　　　　　　　　　　　大隅　為三

八角小卓 （高サ1尺5寸　径1尺4寸）
梶田　惠　作

ヂャコビアンサイドボード （高サ4尺　間口4尺7寸　奥行1尺5寸）
林　二郎　作

(1939年5月東京日本橋店開催) しおり

髙島屋「第2回 工精会家具木工展覧会」

書架
(高サ2尺5寸　間口2尺5寸　奥行1尺5寸)
渡邊　明　作

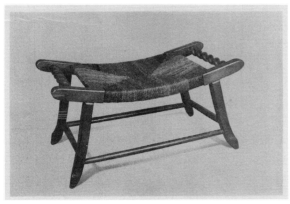

ストール
(横2尺2寸　縦1尺)
渡邊　明　作

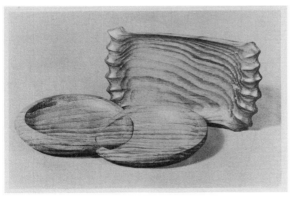

長方形小盆
(横7寸　縦4寸)
丸繋形小盆
(横8寸5分　縦5寸)
渡邊　明　作

煙草箱
(高サ2寸3分　長サ7寸　巾4寸5分)
渡邊　明　作

飾台
(高サ3尺5寸　巾1尺7寸　奥行1尺2寸)
梶田　惠　作

ペザント風カップボード
(高サ5尺9寸　間口1尺8寸　上奥行6寸〇分　下戸棚奥行1尺2寸5分)
林　二郎　作
※上台奥行「分」の寸法の記入はない。

(1939年5月東京日本橋店開催) しおり

髙島屋「第2回 工精会家具木工展覧会」

卓上燈台
（高サ1尺3寸）
梶田 惠 作

卓上燈台
（高サ1尺3寸）
梶田 惠 作

八角卓子（ルネッサンス）
（高サ1尺8寸 巾1尺6寸）
林 二郎 作

杉材竹シート座椅子
（高サ3尺2寸 奥行2尺 座高1尺 間口2尺）
林 二郎 作

吊花生
(1尺1寸　3寸5分)
渡邊　明　作

果実盛
(高サ5寸　径9寸)
渡邊　明　作

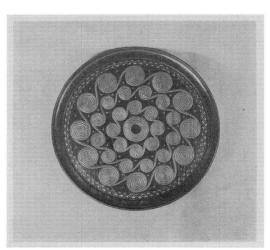

木皿（波紋）
(径1尺6分)
梶田　明［恵］作

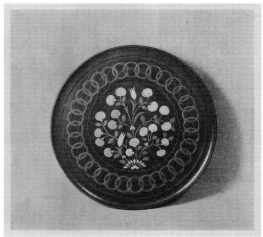

木皿（マガレトとチウリップ）
(径1尺6分)
梶田　恵　作

髙島屋「第2回 工精会家具木工展覧会」

(1939年5月東京日本橋店開催) しおり

杉材竹シート　丸卓子肘懸椅子及び小椅子
林　二郎　作

盛器（太陽と波紋）（高サ3寸5分　径8寸）
梶田　恵　作

小額（エッチング入り）
（縦9寸　横7寸）
梶田　惠　作

楢材マガヂンホルダー
（高サ1尺6寸　間口1尺5寸）
林　二郎　作

喫煙セット（桜材黄楊象嵌）
林　二郎　作

陶漆花瓶（卵殻漆モザイク）
三木義榮　作

(1939年5月東京日本橋店開催) しおり

髙島屋「第2回 工精会家具木工展覧会」

硝子モザイク
稗田研二 ［作］

絨氈（作品図案）
中野菊夫　作

(18) 髙島屋「[第9回] 新時代洋家具展覧会」
（1941年3月東京日本橋店開催）　アルバム

＊『近代家具装飾資料』第39集の「[第9回] 新時代洋家具展覧会」（1941年3月開催）に相当する。

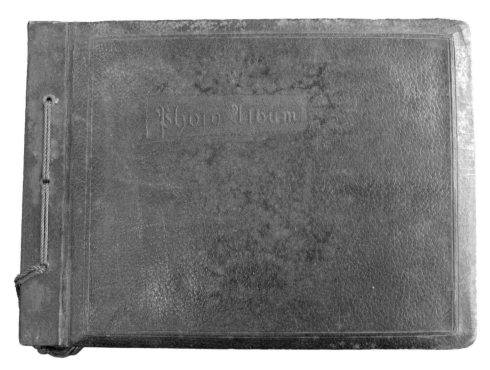

髙島屋史料館所蔵

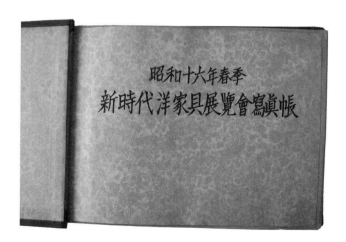

髙島屋史料館所蔵

※「会場全景ソノ七」、「第一室　広間」全4枚の最初の写真、「第六室　応接室（故船戸銀男氏設計）」全3枚の最初の写真、「第七室　食堂」全4枚の最後の写真、以上4枚の写真が欠落している。
※「第二室　応接室」には2枚の写真があるが、全く同じ被写体をほぼ同じアングルで撮影したものであるため、1枚を割愛した。

髙島屋「[第9回] 新時代洋家具展覧会」

（1941年3月東京日本橋店開催） アルバム

髙島屋史料館所蔵

会場全景　ソノ一

髙島屋史料館所蔵

会場全景　ソノ二

髙島屋史料館所蔵

会場全景　ソノ三

会場全景　ソノ四　　　　　　　　　　　　　　　高島屋史料館所蔵

会場全景　ソノ五　　　　　　　　　　　　　　　高島屋史料館所蔵

会場全景　ソノ六　　　　　　　　　　　　　　　高島屋史料館所蔵

髙島屋「[第9回] 新時代洋家具展覧会」

（1941年3月東京日本橋店開催）　アルバム

第一室　広間　　　　　　　　　　　　　髙島屋史料館所蔵

第一室　広間　　　　　　　　　　　　　髙島屋史料館所蔵

第一室　広間　　　　　　　　　　　　　髙島屋史料館所蔵

第二室　応接室

高島屋史料館所蔵

第三室　居間

高島屋史料館所蔵

第三室　居間

高島屋史料館所蔵

髙島屋「[第9回] 新時代洋家具展覧会」

(1941年3月東京日本橋店開催) アルバム

髙島屋史料館所蔵

第三室　居間

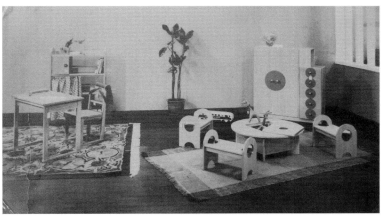

髙島屋史料館所蔵

第四室　子供室

髙島屋史料館所蔵

第四室　子供室

高島屋史料館所蔵

第四室　子供室

高島屋史料館所蔵

第四室　子供室

高島屋史料館所蔵

第五室　食堂

髙島屋「[第9回] 新時代洋家具展覧会」

(1941年3月東京日本橋店開催) アルバム

髙島屋史料館所蔵

第五室　食堂

髙島屋史料館所蔵

第五室　食堂

髙島屋史料館所蔵

第五室　食堂

第六室　応接室（故船戸錶男氏設計）

高島屋史料館所蔵

第六室　応接室（故船戸錶男氏設計）

高島屋史料館所蔵

第七室　食堂

高島屋史料館所蔵

高島屋「[第9回] 新時代洋家具展覧会」

(1941年3月東京日本橋店開催) アルバム

高島屋史料館所蔵

第七室　食堂

高島屋史料館所蔵

第七室　食堂

高島屋史料館所蔵

第八室　居間

第八室　居間

第九室　ベランダ

第九室　ベランダ

髙島屋「[第9回] 新時代洋家具展覧会」

(1941年3月東京日本橋店開催) アルバム

髙島屋史料館所蔵

第十室　書斎

髙島屋史料館所蔵

第十室　書斎

髙島屋史料館所蔵

第十室　書斎

高島屋史料館所蔵

第十一室　寝室（故船戸錻男氏設計）

高島屋史料館所蔵

第十一室　寝室（故船戸錻男氏設計）

高島屋史料館所蔵

第十一室　寝室（故船戸錻男氏設計）

髙島屋「[第9回] 新時代洋家具展覧会」

(1941年3月東京日本橋店開催) アルバム

髙島屋史料館所蔵

第十一室　寝室（故船戸鋠男氏設計）

髙島屋史料館所蔵

第十二室　婦人居間

髙島屋史料館所蔵

第十二室　婦人居間

髙島屋「[第9回] 新時代洋家具展覧会」 （1941年3月東京日本橋店開催） アルバム

髙島屋史料館所蔵

第十二室　婦人居間

髙島屋史料館所蔵

バンブー椅子　写真1枚

(19) 髙島屋「第10回　新作洋家具展覧会」
（1942年11月東京日本橋店開催＊）　アルバム

*『近代家具装飾資料』第47集の「第10回　新作洋家具展覧会」（1942年11月開催＊）に相当する。
＊開催年は推定、開催月は髙島屋史料館所蔵資料より

髙島屋史料館所蔵

髙島屋史料館所蔵

※「4　応接室」全2枚の最初の写真、「7　食堂」全2枚の最初の写真、「13　書斎」全3枚の真ん中の写真、「14　寝室」全2枚の最初の写真、「15　ベランダ」全1枚の写真、以上5枚の写真が欠落している。

髙島屋史料館所蔵

1　広間

髙島屋史料館所蔵

1　広間

髙島屋史料館所蔵

2　事務応接室

(1942年11月東京日本橋店開催) アルバム

髙島屋「第10回 新作洋家具展覧会」

髙島屋史料館所蔵

2　事務応接室

髙島屋史料館所蔵

3　書斎

髙島屋史料館所蔵

3　書斎

815

4　応接室

5　食堂

5　食堂

髙島屋「第10回 新作洋家具展覧会」

(1942年11月東京日本橋店開催) アルバム

髙島屋史料館所蔵

6　事務室

髙島屋史料館所蔵

7　食堂

髙島屋史料館所蔵

8　客室

高島屋史料館所蔵

9　客室

高島屋史料館所蔵

10　書斎

高島屋史料館所蔵

11　食堂

高島屋「第10回 新作洋家具展覧会」 (1942年11月東京日本橋店開催) アルバム

髙島屋史料館所蔵

11　食堂

髙島屋史料館所蔵

12　居間

髙島屋史料館所蔵

12　居間

高島屋「第10回 新作洋家具展覧会」

（1942年11月東京日本橋店開催） アルバム

高島屋史料館所蔵

13　書斎

高島屋史料館所蔵

13　書斎

高島屋史料館所蔵

14　寝室

15　ベランダ　欠落

【編著者】
新井竜治（あらい・りゅうじ）
1964年埼玉県生まれ。2012年東京大学大学院工学系研究科建築学専攻博士後期課程修了、博士（工学）。株式会社新井家具店・株式会社アライ取締役、共栄学園短期大学住居学科専任講師を経て、現在、芝浦工業大学システム理工学部環境システム学科非常勤講師、高崎経済大学経済学部非常勤講師、共栄大学国際経営学部非常勤講師。家具史、インテリア史、デザイン美術館を研究。著書に、『戦後日本の木製家具』（家具新聞社、2014年）がある。

戦前日本の家具・インテリア──『近代家具装飾資料』でよみがえる帝都の生活　上巻
2017年2月10日　第1刷発行

編著者　　新井竜治
発行者　　富澤凡子
発行所　　柏書房株式会社
　　　　　東京都文京区本郷 2-15-13　〒113-0033
　　　　　電話（03）3830-1891［営業］
　　　　　　　（03）3830-1894［編集］
装丁　　　鈴木正道（Suzuki Design）
印刷　　　壮光舎印刷株式会社
製本　　　小髙製本工業株式会社

©Ryuji Arai 2017, Printed in Japan
ISBN978-4-7601-4772-4

柏書房の本

インテリアデザインの歴史

ジョン・パイル［著］　大橋竜太ほか［訳］　A4変型判上製 520頁　本体 28,000円

居住の歴史が始まった約 6000 年前に遡り、宗教建築から現代の個人住居までそれぞれに活かされたインテリアデザインを 500 点以上の図版とともに紹介。ヨーロッパ、アジア、イスラム圏までを網羅した迫力の一冊。

写真でたどる　ヨーロッパ建築インテリア大事典

田島恭子［著］　B5判上製 282頁　本体 15,000円

古代文明から現在に至る建築・インテリア様式の変遷を、現存する建築物の写真をふんだんに用いて通史的に解説。建物の外観のみならずインテリアの細部までわかるオールカラー事典。

写真集　幻景の東京　大正・昭和の街と住い

藤森照信・初田亨・藤岡洋保［編著］　A4判並製 338頁　本体 5,800円

劇的に変貌してゆく大正・昭和の都市東京の姿を鮮やかによみがえらせるモダンな建築物の数々。近代建築史上、第一級の資料として評価の高い『建築写真類聚』を再編集し、厳選した 800 点で構成する建築写真集。

写真で読む　昭和モダンの風景　1935年–1940年

津金澤聰廣［監修］　B5判上製 460頁　本体 15,000円

華族・政治家・財閥・実業家・高級将校・大学教授らの家族をはじめ、住宅・書斎・趣味・服飾・美容・玩具まで。昭和前期の上流階級の秘められた生活の詳細を 900 点の写真で再現。皇族の写真も収録。

〈価格税別〉